로버트 미들코프 Robe

캘리포니아 대학교 버클리 사 명예 교수였다. 옥스퍼드 대학에서 함스워드 미국사 교구를 지냈고 헌팅턴 도서관, 아트 갤러리, 식물원의 이사를 지냈다. 저서로는 『고대인과 자명한 이치Ancients and Axioms』, 『벤자민 프랭클린과 그의 적들Benjamin Franklin and His Enemies』, 『워싱턴의 혁명: 미국 최초 리더의 자질 Washington's Revolution:The Making of America's First Leader』등이 있다. 『위대한 대의 Glorious Cause』로 1983년 퓰리처상 역사 부문 최종 후보에 올랐다.

이종인

고려대학교 영어영문학과를 졸업하고 한국 브리태니커 편집국장과 성균관대학교 전문 번역가 양성과정 겸임교수를 지냈다. 주로 인문사회과학 분야의 교양서를 번역했고 최근에는 현대 영미 작가들의 소설을 번역하고 있다. 지은 책으로 『살면서 마주한 고전』, 『번역은 글쓰기다』등이 있으며, 옮긴 책으로 『숨결이 바람 될 때』, 『호모 루덴스』, 『중세의 가을』, 『로마제국 쇠망사』등 다수가 있다.

미국인 이야기 1

일러두기

1. 이 책은 원서 The Glorious Cause를 3권으로 나눠서 펴냈습니다.
2. 저자의 원주는 1, 2, 3으로 표기하여 본문의 마지막 부분에 실어두었고, 옮긴이 주와 편집자 주는 본문 안에 추가했습니다.
3. 독자의 이해를 돕기 위해 원서에는 없는 도판과 지도를 추가했습니다.
4. 외국의 인명, 지명은 국립국어원 어문 규정의 외래어 표기법을 따랐습니다. 다만 관용적으로 굳어진 일부 용어는 예외를 두었습니다.
5. 길이의 단위를 원서에서는 마일을 사용했으나 국내 실정에 맞게 미터나 킬로미터로 환산하여 옮겼습니다.

미국인 이야기

독립의 여명

1763~1770

로버트 미들코프 지음

이종인 옮김

1

THE GLORIOUS CAUSE
THE AMERICAN REVOLUTION

사회평론

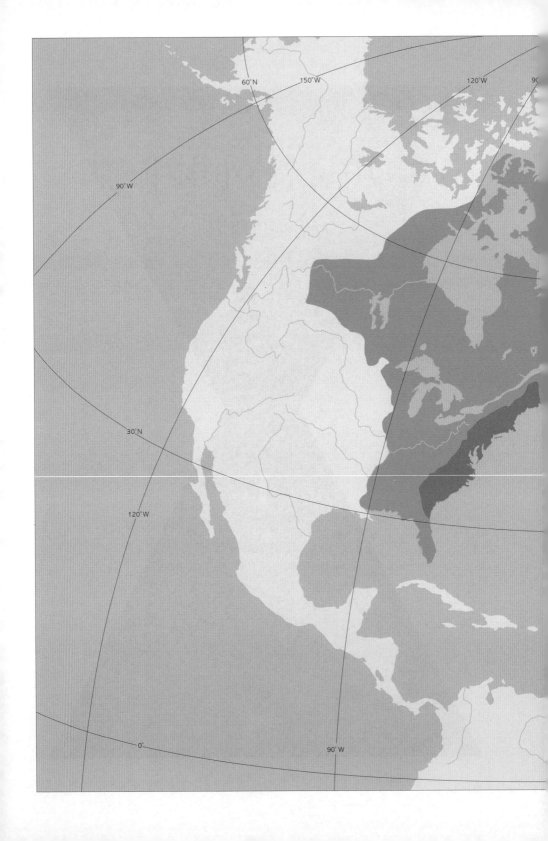

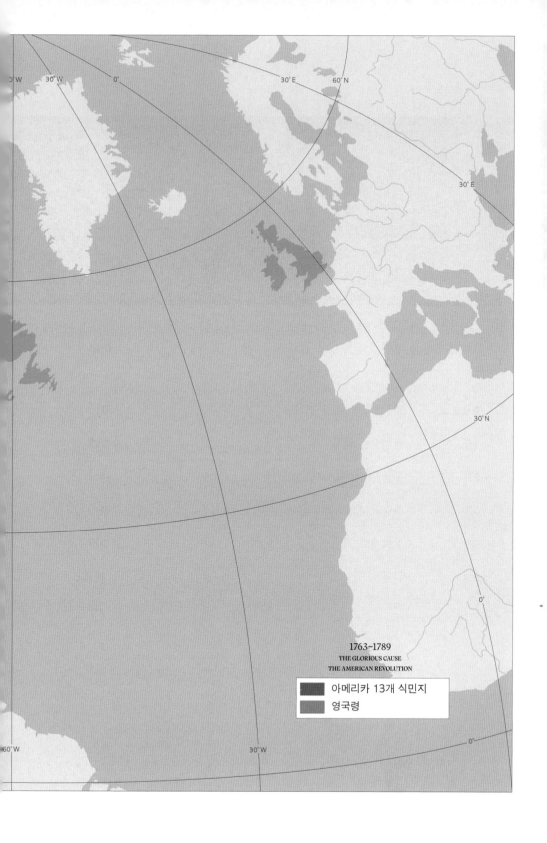

1763~1789
THE GLORIOUS CAUSE
THE AMERICAN REVOLUTION

아메리카 13개 식민지
영국령

한국 독자들에게

자유와 개인의 권리를 다룬 이 책이 한국어로 번역되어, 그런 가치들에 대한 신념이 확고한 한국 독자들이 읽을 수 있게 되어 매우 기쁩니다. 미국 혁명은 전 세계 모든 사람을 위해 자유와 계몽의 원칙을 확립했으며, 그 가치들의 중요성을 때때로 받아들이지 않으려는 곳에서 그 가치를 옹호하는 데 얼마나 많은 노력이 필요한지를 보여준 사례였습니다. 한국 독자에게 미국 혁명은 한국인이 자유와 정의로운 정치체제를 위해 기울여온 노력과 유사한 좋은 사례가 될 것입니다.

이 책은 형식이나 내용에서 하나의 이야기입니다. 좀 더 자세히 말하면, 아메리카 식민지 사람들이 유럽의 거대한 제국을 상대로 벌인 혁명의 의도와 목적을 풀이한 책입니다. 식민지인들이 처음 행동에 나섰을 때, 그들은 대영제국 내에서 자신들이 누렸던 자치권을 보호받기를 원했을 뿐 전쟁을 할 생각은 아니었습니다. 13개 식민지 주들은 자신들이 군주제 정부의 통치를 받는다는 것을 알았으나 그 통치가 대체로 관대한 것이어서 기꺼이 받아들였습니다. 하지만 1763년에 들어 영국이 이러한 통치 제도를 바꾸려 하자 문제가 발생했습니다. 식민지인들은 그전 2세기 동안 사실상의 자치정부를 운영해왔습니다. 그들은 독립 국가의 국민은 아니었지만 자유민이었습니다. 이런 방식을 기꺼이 받아들였으므로, 그들은 거의 200년 동안 대서양 건너 5000킬로미터나 떨어진 나라의 왕과 의회에 동맹의식을 느껴왔던 것입니다.

대영제국에 맞서는 혁명은 한 무리의 음모자들이 조심스럽게 설계한 음모의 결과로 발생한 것이 아닙니다. 그 혁명은 모든 사람을 놀라게 했습니다. 영국 정부가 식민지의 통치권을 아메리카 식민지 주민들의 손에서 빼앗아 본국 정부, 즉 영국 왕과 영국 의회에 넘겨주려는 책동에 식민지인들이 강하게 반발하면서 혁명이 시작됐습니다.

1775년의 렉싱턴과 콩코드 전투로 시작된 독립 전쟁은 이미 그 10년 전부터 전운이 감돌았습니다. 대륙군과 민병대 복무를 통해 아메리카 주민들이 전쟁에 기여한 노력은 13개 주의 각급 제도들에 큰 영향을 미쳤습니다. 더욱 극적이고 심오한 영향은 정치적 권리와 헌법적 권리에 대한 정의를 분명하게 정립했다는 것입니다. 전쟁 전의 저항운동과 아주 복잡한 양상으로 전개된 전쟁 그 자체가 가져온 결과들은 1787년에 미국 헌법을 제정하면서 그 파급 효과가 절정에 달했습니다. 1763~1789년의 전 기간은 미국의 독립 선언서와 헌법제정에 항구불변의 기준들을 제시했습니다.

독립 선언서에서 주장했듯이, 자유와 평등을 주장한 혁명과 그 혁명의 결과로 수립된 아메리카 공화국은 전 세계 정부에 아주 심오하고도 중요한 교훈을 주었습니다. 주지하다시피, 현대의 세계는 독재정부를 만들어내는 전쟁들에 익숙합니다. 그러나 미국의 사례는 비록 모든 면에서 아무런 결점이 없다고 말할 수는 없지만, 그래도 온갖 실패를 바로잡을 수 있는 수단을 제공합니다. 《연방주의자 논집》의 첫 번째 논문은 그러한 도전을 이렇게 규정하고 있습니다.

"사람들은 종종 이 나라의 국민이 그들의 행동과 모범으로 다음과 같은 중요한 문제를 결정해야 한다고 말한다. 인간 사회는 깊은 생각과 선택을 통해 훌륭한 정부를 수립할 능력이 있는가, 없는가. 아니면 인간 사회는 그들의 정치적 제도를 언제나 우연과 폭력에 의존해야만 하는가."

이 글을 통해 저는 전통적 형식의 역사서를 썼다는 것을 분명하게 밝히고자 합니다. 이 책의 주제는 혁명, 입헌주의, 인권, 그리고 이런 것을 지키려고 싸워온 전쟁입니다. 미국 혁명의 스토리는 이야기체로 서술된 여러 사실을 넘어서는 심오한 의미를 보여줍니다. 이 책을 쓴 이유는 혁명의 사건들과 그 뒤에 있는 여러 상황을 재구성하면서, 그 과정에서 실제로 벌어진 사건들뿐만 아니라 그 내재적 이유를 설명하려는 것이었습니다.

이러한 재구성을 통해 혁명이 자유민부터 여성, 인디언, 흑인 등 자유롭지 못한 사람들에게까지, 아메리카의 모든 부류 사람들에게 미친 영향에 대해서도 언급했습니다. 이런 다양한 집단의 사람들은 저마다 나름대로 혁명의 전개에 일정한 역할을 했습니다. 이로써 이 책은 폭넓은 관점의 정치적, 정치체제적 스토리가 되었을 뿐만 아니라 사회사의 측면도 갖추게 되었습니다.

이제 이 책이 한국 독자들에게 특별한 의미로 다가서기를 바랍니다. 한국인은 미국인과 마찬가지로 도전과 변화가 가득한 혼란스러운 역사를 걸어왔습니다. 20세기에 들어와 한국인은 스스로의 힘으로 광범위한 정치적 자유를 쟁취하는 놀라운 저력을 발휘했습니다. 다른 나라 사람들도 그런 자력 쟁취를 높이 평가하고 있습니다. 따라서 미국인이 그와 유사한 체험을 한 역사가 한국 독자들에게 흥미롭고 가치 있는 사례가 되리라고 확신합니다.

2017년 5월
로버트 미들코프

프롤로그

뒷심이 되어주는 진리들

존슨Johnson 박사는 스랠Thrale 부인에게 이런 글을 써서 보냈다. "여행의 목적은 현실을 가져와서 상상을 조정하는 것입니다. 사태가 이러저러하리라고 상상하는 것이 아니라, 사태를 있는 그대로 바라보려는 것입니다." 사물의 현상을 있는 그대로 바라보면서 그 현상에 대해 제멋대로 상상하지 말아야 한다는 존슨 박사의 생각은 그 시대의 사상을 대변한다. 그가 살았던 시대의 영국과 혁명 이전의 아메리카 대부분 지역은 존슨 박사가 말한 "공허한 개념들"—꿈과 환상 속의 망상들—에 대한 의심을 공유했다. 존슨과 동시대인인 위대한 아메리카 사람 벤저민 프랭클린Benjamin Franklin은 젊은 시절 우주의 본성에 대해 명상하는 것을 제쳐놓고, 감각의 체험을 통해 제시되는 이 세상과의 접촉에 신경을 쓰는 합리적인 사람으로 살아가기로 결심했다.

프랭클린은 실용적인 사람이었다. 실용적인 사람들은 통상적으로 혁명을 일으키지 않는다. 그것은 몽상가들의 주업이다. 그러나 벤저민 프랭클린은 아메리카의 다른 수백만 명과 함께 혁명가가 되었다. 그의 행동은 미국 혁명의 많은 아이러니 중 하나를 보여준다. 그러니까 혁명의 원천이 인생의 어려운 현실을 철저하게 잘 파악하는 교양인이라는 사실이 하나의 아이러니다. 그들은 프랭클린처럼 실용적이고 현실적인 사람들이었는데, 1776년에 '상식'이라는 다소 공허한 명분을 믿고서 대영제국에 대한 동맹을 내팽개쳤다. 상식이라는 말은 토머스 페인Thomas Paine이 아메리카의 독립을 옹호하는 위대한 논문의 제목으로 삼았던 것이었다. 이 아이러니는 우리에게 또 다른 아이러니를 제시한다. 즉, 토머스 페인에게 그리고 1776년에 대부분의 아메리카인에게 상식으로 보였던 사항이 그보다 12년 전이라면 몰상식으로 보였으리라는 점이다. 페인의 《상식Common Sense》은 정치 논문으로 변장한 설교인데, 그는 아메리카인을 상대로 이런 주장을 폈다.

영국과 맺어온 장기적인 유대 관계는 앞뒤가 맞지 않는 불합리한 것이다. 그것은 자연법과 인간의 이성을 침해하는 관계다. 그것은 '사물의 보편적 질서' 속에서 혐오감을 일으키는 것이다. 아메리카인이 그때까지 충성을 바쳐온 제도―군주제―는 우스꽝스러운 것이며, 모국과 맺어온 전통적인 관계만큼이나 부자연스러운 것이다. 페인에 따르면, 군주제에는 이교도적 근원이 있다. 군주제는 악마가 우상숭배를 추진하기 위해 만들어낸 제도다. 토머스 페인의 이런 말은 대부분의 아메리카인에게 손쉽게 받아들여졌다. 그들은 개종한 자들의 교회에 다녔고, 그는 그들이 듣고 싶어 하는 얘기를 들려주었다. 그들은 페인의 논문이 나온 지 6개월 뒤에, 자연법과 신의 법을 근거로 내세우면서 아메리카의 독립을 선언했다.

자연법과 사물의 보편적인 질서는 상당히 넓은 범위를 포함하는 개념이었다. 그래서 혁명 세대의 아메리카인은 그 개념의 경계를 정하느라고 힘이 다 빠질 지경이었다. 그들은 전에는 이런 일에 손을 대본 적이 별로 없었다. 게다가 영국과의 위기가 시작되기 전까지 보편적인 질서의 경계를 포함해 기본 사항은 꽤 분명한 것처럼 보였다. 세상의 질서는 군주보다 더 막강한 힘에서 시작되었는데, 그 힘은 곧 하느님이었다.

거의 모든 아메리카인—하느님의 뜻을 알아내기 위해 성경을 샅샅이 뒤지는 뉴잉글랜드의 칼뱅주의자Calvinist에서 자연의 신성한 구조를 연구하는 버지니아의 합리주의자에 이르기까지—은 모든 사물이 하느님의 섭리 안에 포섭된다고 동의했다. 신의 섭리는 인간사의 크고 작은 사건을 주관한다. 섭리는 천체의 회전에서 새들의 비상에 이르기까지 우주의 작동을 통제한다.

인간은 삶 속에서 벌어지는 사건의 의미에 대해서 의견이 일치하지 않을 수도 있다. 또한 때 이른 죽음, 전염병, 가뭄, 콜레라, 전쟁, 선과 악 등은 때때로 놀라운 현상이고 더러 설명할 수 없다. 인간은 이런 일들에 대해 외경심을 느끼며 그 원인을 하느님의 심판, 징벌, 경이, 신비 등으로 설명했다. 그렇지만 그들은 이런 일들에 의미가 있다는 점은 의심하지 않았다.

이 세상을 움직이는 하느님은 이런 외부적인 현상에서만 드러나지는 않았다. 그분은 마음속에서 느껴지기도 했다. 가령 버지니아 교회의 서늘한 침묵 속에서, 때로는 조용한 퀘이커 교도Quaker의 만남에서, 때로는 뉴잉글랜드 마을의 검소한 예배당에서 느껴졌다. 가혹하고 용서 없는 칼뱅주의자들이든, 칼뱅의 교리를 부정하는 평온한 합리주의

자인 아르미니우스주의자들Arminian이든, 신앙심이 용출하는 열광적인 신자들이든, 신성은 그들의 내부에서 느껴졌다. 어떤 사람들에게 하느님의 힘은 압도적이었고, 어떤 사람들에게 그분의 은총은 위안을 주었으며, 어떤 사람들에게는 하느님의 "장엄하신 온유함조너선 에드워즈 Jonathan Edwards의 놀라운 표현"이 강림해 그분의 장엄함과 자비로움이 하나로 합쳐진 현상을 보여주었다.

대부분의 사람은 생애의 어떤 시점에 들어서면 사물의 영원한 질서에 의미를 부여하는 하느님을 의식하게 된다. 위대한 종교적 열정을 오래 간직하는 사람들은 그리 많지 않지만, 그래도 그들은 신적 질서에 대한 믿음을 그대로 간직한다. 대부분의 아메리카인이 볼 때, 신의 섭리는 인구가 늘어나고 번영하는 발전을 통해 분명하게 드러났다. 아메리카인은 그들 자신을 번성하는 민족이라고 불렀는데, 그것은 아메리카를 찾아온 유럽 여행자들에게 아메리카인은 느긋하고 열광적이며 자신들의 성장과 성공을 기꺼이 받아들인다는 인상을 주었다.

아메리카인은 자기만족에 빠진 사람들은 아니었다. 많은 유럽인이 아메리카인의 '열광'에 대해 언급했다. 이 단어는 아메리카인이 종교적 광신에 가득 차 있을 뿐만 아니라 위험하기도 하다는 뉘앙스를 풍긴다. 많은 관찰자가 아메리카인은 다산가多産家라고 말했다. 아이들뿐만 아니라 물건들도 놀라운 속도로 생산해낸다는 뜻이었다. 그리고 다수의 유럽인이 아메리카 돈은 너덜너덜하다고 지적했다. 아메리카 사업계의 번성하는 시장에서 그 돈이 여러 번 손을 바꾸어 돌아다니다 보니 그렇게 되었다.

사업과 인구의 번창은 아메리카인을 놀라게 하지 않았다. 그들은 오랫동안 그들 자신에 대한 커다란 기대치를 갖고 있었던 것이다. 하느님에게 봉사하기 위해 신세계에 정착하게 되었다고 생각했던 사람들의 후손으로서, 성공—이 세상 물건들의 증가와 성장—은 그들에게 주어진 당연한 보상이요, 몫이며 영원한 만물의 질서 중 일부였다.

18세기 후반에 그 질서는 일상생활 속의 평상적인 것들, 특히 일과 가정까지 확대됐다. 일은 거의 신성시되었다. 일은 하느님이 부과한 의무였고, 그분에 의해 옳고 선량한 것으로 승인됐다. 모든 사람이 직업이나 소명을 가져야 한다는 것은 의심할 나위 없는 진실이었다. 직업은 열심히 임해야 하는 것이었고 소명은 충실히 따라야 하는 것이었다. 그래서 프랭클린은 말했다. "해야 할 일이 많이 있다. 당신의 손에 비록 힘이 없을지라도 일을 꾸준히 하다 보면 효과를 보게 된다."

이런 엄청난 노력의 고상한 목적은 과거 식민지의 창립자들이 보았던 것처럼 그리 명확하지는 않았다. 하지만 인생의 목적은 여전히 하느님의 영광을 드러내는 것이었다. 모든 권위자에게는 이 명제를 가르쳐야 할 의무가 있었는데, 부모가 그러했다. 특히 집안의 식구 전원을 지배하는 아버지는 더욱 철저히 그 의무를 지켜야 했다. 아버지들은 하느님으로부터 그런 임무를 명령받았으며, 그들의 말은 곧 법이었다. 아버지들은 일용할 빵, 훈련, 다른 가족의 책임 이행 여부, 본인 자신들의 실천 등에 대해서 책임을 졌다.

하느님에게서 시작되어 사람들의 일상생활 속에서 표현되는 신적 질서는 이제 사람들의 정부까지도 포용하게 되었다. 18세기 후반에 아메리카 사람들은 왕을 하느님의 직접적인 통치 수단이라고 보지 않았다. 그렇지만 왕의 정부는 주님의 승인을 받았기 때문에 사람들은 기존의 정부 구조를 아무런 의심 없이 받아들였다. 하지만 그들은 날마다 접촉해야 하는 왕의 대리인에 대해서는 종종 반발했다.

그들은 정부 구조는 곧 사회 구조를 반영해야 한다고 보았다. 선량하고 좋은 집안에서 태어나고 사회적으로 자격이 있는 사람이 통치해야 했다. 이런 제도는 언제나 있었기 때문에 계속 그 상태를 유지해야 마땅했다. 이 제도를 유지하는 것이 아메리카인에게는 바람직하게 보였다. 왜냐하면 그들은 그것이 영국 제도의 오래된 노선과 일치한다고 보았기 때문이다. 영국의 제도는 인간이 만들어낸 정부 형태 중에서 가장 영광스러운 것이었다. 아메리카인은 영국의 정치제도가 자유에 부여해준 오래된 보호와 격려의 역사에 경의를 표시했다. 영국의 정치제도는 제국의 자유, 그리고 영국인과 아메리카인의 자유를 보호했는데, 그보다 앞선 제국들의 전제적 행태와 그 당시 유럽 대부분의 지역에서 횡행하는 전제에 비하면 아주 뛰어난 업적이었다.

　이 널리 공유된 전제 조건에 따르면, 이런 공적 생활과 사적 생활은 필연적이고 불변하는 질서의 한 부분이었다. 그러나 아메리카 식민지인이 머릿속에 품었던 이런 전제 조건은 그들이 그토록 경의를 표한 현실과는 상응하지 않았다. 왜냐하면 신세계에서는 여건이 많이 달랐고, 완전히 새롭다고는 할 수 없어도 그래도 신선한 사회가 생겨나고 있었기 때문이다. 영국에서는 대영제국이라는 고정된 질서가 전제조건으로 널리 힘을 얻고 있었다. 이런 전제 조건에 대한 영국과 아메리카의 합의는 미국 혁명을 이해하기 어렵게 만드는 여러 요인 중 하나다. 과연 혁명은 어떻게 시작되었고 결과적으로 어떤 형태를 갖추게 되었는가? 그토록 많은 것을 공유한 사람들 사이에서 피비린내 나는 전쟁이 벌어지다니, 이것은 어찌 된 일인가?

견제받는 대국

1

미국 혁명이 일어나기 전 18세기 중반 영국은 북아메리카와
유럽, 아시아 등지에서 7년 전쟁을 겪었다. 조지 3세의 즉위를
전후한 시기였다. 총리인 윌리엄 피트의 리더십으로 이들 전쟁에서
승리한 영국은 군사, 재무 중심의 국정 운영을 통해 관료제를 공고히
하였고 아메리카 식민지에 대한 지배를 유지할 수 있었다.

조지 2세, 전쟁영웅 윌리엄 피트를 부르다

1760년, 영국 왕 조지 3세George III가 스물두 살의 젊은 나이로 왕위에 오르자 그의 신하들은 다시 한 번 활기차게 노래를 불렀다. 영국 애국가인 〈룰 브리타니아Rule Britannia〉가 그들의 입에서 터져 나왔다. 20년 전에 만들어진 이 애국시의 가사는 이러했다.

브리튼이 처음 하늘의 명령으로
푸른 바다에서 솟아올랐을 때
이것은 그 땅의 선언이었고,
수호천사들이 그 가락을 노래 불렀다.
"지배하라 브리타니아여, 바다를 지배하라.

브리튼 사람들은 결코 노예가 되지 않으리라.”

1760년에는 영국인들이 당당하게 이런 노래를 불렀을지 몰라도 불과 몇 년 전까지만 해도 영국은 아시아와 아메리카에서 전혀 영향력이 없는 신세였다. 1755년 프랑스와의 프렌치-인디언 전쟁에서 영국 군대는 끔찍하게 패배했고 영국의 자존심은 크게 구겨져 있었다.

그 전쟁은 조지 워싱턴George Washington이 이끄는 아메리카 식민지인과 프랑스 군대 사이에서 벌어진 어느 황무지의 소규모 전투로 시작됐다. 워싱턴은 전쟁을 영광스럽고 용맹한 행위를 보여줄 기회라고 생각했다. 그러나 영광과 용맹은 살아남았을지 모르지만, 그 후 몇 년 동안 수많은 영국인, 아메리카인, 프랑스인, 인디언들이 전장에서 죽어야만 했다. 무능하고 우둔하고 비겁한 전투에서 영국인과 아메리카인은 특히 참담한 죽음을 맞았다.

영국군의 총사령관 에드워드 브래독Edward Braddock 장군은 바보까지는 아니었지만 확실히 무능했고 자신의 무지를 자각하지 못한 사람이었다. 그는 오늘날의 피츠버그에서 몇 킬로미터 떨어지지 않은 곳에서 목숨을 잃었다. 용감하지만 무능한 제임스 머서James Mercer 대령은 온타리오 호수의 오스위고에서 프랑스군의 몽칼름Montcalm 장군에게 항복했는데, 이 프랑스 장군은 챔플레인 호수를 건너 조지 호수까지 밀고 내려와 윌리엄 헨리 요새를 장악했다.

바다에서도 사정은 별반 낮지 않았다. 영국 해군의 빙Byng 제독은 지중해의 미노르카를 프랑스 군대에 내주었기에 영국 해군성은 제독을 비겁자 혐의로 군사법정에 회부했다. 군사법정에서는 유죄를 인정해 그에게 총살형을 명했다.

머농거힐라 전투 브래독 장군과 워싱턴 대령이 이끄는 영국군은 1755년 7월 피츠버그 근처 프랑스군의 뒤 켄 요새를 공격한다. 이 전투에서 영국군이 대패하고 브래독 장군은 전사하며, 이후 아메리카 대륙의 패권을 둘러싼 프렌치-인디언 전쟁이 본격화한다.

1756년 벌어진 7년 전쟁으로 영국은 유럽 대륙에서도 참사를 겪어야 했다. 영국의 동맹인 프로이센의 프리드리히 대왕Frederick the Great이 프랑스와 오스트리아 군대에 대항하는 군대를 파견한 덕에 패배의 충격이 완화되었을 뿐이었다.

독일의 하노버군도 별로 나을 것이 없어서, 1757년 여름의 연이은 패배 이후에 사실상 영국 영토인 하노버를 프랑스에 넘겨주었다. 아시아에서는 프랑스군이 진격해 캘커타를 함락시키고 인도 아대륙亞大陸 전역을 프랑스가 거머쥐기 일보 직전까지 가 있어서 영국의 전망은 아주 어두웠다.

전쟁 수행의 이 시점까지 영국 지도자들은 자원을 낭비했다. 그들은 프랑스를 상대로 어떻게, 어디로 진군해야 할지에 대해 명확한 생

윌리엄 피트(1708~1778) 영국 제10대 총리(1766~1768)를 역임한 윌리엄 피트는 유럽 대륙과 전 세계 식민지가 얽혀 있던 7년 전쟁을 영국의 승리로 이끌고, 북아메리카에서 프랑스 세력을 몰아냈다.

각이 전혀 없었다. 또한 군사력을 적시에 동원해 적절한 곳에 집중시킴으로써 승리하는 방식도 알지 못했다. 이 지도자들은 1757년에 모두 현직에서 물러났다. 그러자 노왕 조지 2세George II 는 윌리엄 피트William Pitt를 불러들여 내각을 이끌게 했다.

피트는 18세기의 경이적인 인물이었고, 음울한 정치가들과 몽매한 대중을 동시에 환호하게 만든 지도자였다. 특별한 호소력을 가진 그의 기질과 심성으로 강력하게 일을 완수했으며, 사회적 통념과 반대를 모두 무시하며 자신이 원하는 바를 얻어냈다. 피트는 자신만의 독창성을 지닌 지도자였다. 그는 자신의 그런 성품대로 일을 완수했으며, 평범하고 뻔한 것을 경멸하면서 화려한 웅변으로 자신의 입장을 멋지게 설명했다. 사람들에게 정보를 주면서 영감까지 불어넣는 그의 웅변은 상당히 매력적이었다.

피트의 집중력은 매서운 눈빛에서 환하게 빛났고 자부심도 철저하고 대단했다. 전쟁의 위기 속에서 그는 말했다. "오로지 나만이 이 나라를 구할 수 있을 뿐 다른 사람들은 할 수 없다는 것을 나는 안다." 그는 위대한 영국이라는 이상에 사로잡힌 사람이었는데, 그 이상은 프랑스에 대한 증오와 스페인에 대한 경멸을 먹고 자랐다. 피트는 대륙에서 프랑스인을 엉성하게 상대했던 전임자들의 노력을 경멸했고,

아메리카에 파견된 무능한 영국 장군들을 답답하게 여겼다.

그래서 그는 새로운 장군들—영국 해군의 손더스Saunders와 보스카
웬Boscawen, 아메리카 주둔 육군의 제프리 애머스트Jaffrey Amherst와 제임
스 울프James Wolfe—을 임명했고, 참신한 전쟁 수행 전략을 고안해냈
다. 대륙에서는 지원금만 적절히 대준다면 프로이센의 프리드리히 대
왕이 프랑스군을 맡아줄 터였다. 영국 해군의 주 임무는 캐나다에 나
가 있는 프랑스 군대의 보급을 차단하는 것이었는데, 피트는 전쟁의
주력을 캐나다와 서부 지역에 투입하라고 주문했다. 피트는 신세계에
매혹됐다. 영국이 지배하는 광활한 지역이 제국의 힘을 키워줄 무역
의 땅이 될 것이라는 야심에 차 있었다. 그래서 프랑스가 유럽에 손이
묶여 있고 바다에서 힘을 못 쓰는 이때에 아메리카에 초강수를 던져
야 한다는 운명적인 결정을 내렸다.

이 전략은 멋지게 성공했다. 1758년 7월, 보스카웬 제독과 애머스
트, 울프 두 장군이 지휘하는 영국 육해군 합동군이 프랑스군의 루이
스버그 요새를 탈취했고, 그 직후 오늘날의 온타리오와 킹스턴에 있
던 프롱트낙 요새를 존 브래드스트리트John Bradstreet 대령이 이끄는 뉴
잉글랜드 민병대가 함락했다. 이 당시 조지 워싱턴은 존 포브스John
Forbes 장군 밑에서 근무하고 있었다. 포브스 장군은 브래독이 앞서갔
던 길을 되짚어가면서 프랑스군이 파괴하고 방치해두었던 뒤켄 요새
를 수복했다. 영국은 곧 피트의 과감한 리더십을 기념하기 위해 뒤켄
을 피츠버그로 개명했다. 피트는 인도에서도 클라이브 장군 덕분에
일련의 예기치 못한 성공을 거두었는데, 클라이브는 피트의 정력에
맞먹는 힘을 발휘해 인도에서 프랑스군을 격파했다. 유럽 대륙에서는
프리드리히 대왕이 프랑스, 러시아, 오스트리아의 포위 군대를 뚫고

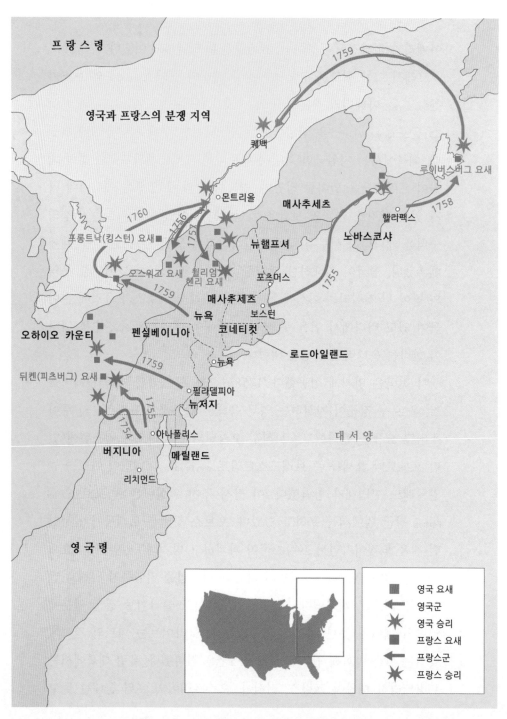

프렌치-인디언 전쟁 북아메리카 격전지 프랑스와 영국은 북아메리카 대륙 동부 영토를 둘러싸고 1754~1760년 집중적으로 격전을 벌였다. 영국군은 초반에는 수세에 몰렸으나 1758년 육해군 합동 작전으로 루이스버그 요새를 빼앗은 이후 연이어 프롱트낙과 뒤켄 요새를 함락하고, 프랑스 세력을 몰아내는 데 성공한다.

조른도르프 전투 1758년 프로이센군은 조른도르프에서 러시아군을 격퇴한다. 7년 전쟁은 슐레지엔 영유를 둘러싸고 유럽대국들이 둘로 갈라져 싸운 전쟁으로, 프리드리히 대왕은 이 전투로 7년 전쟁의 승기를 잡는다.

앞으로 나아갔다.

7년 전쟁에서 영국이 거둔 가장 큰 승리는 '경이로운 해'라고도 불리는 1759년에 찾아왔다. 에드워드 호크Edward Hawke 제독이 이끄는 영국 함대가 브레스트 남동쪽의 키브롱만에서 프랑스 함대를 격파해 캐나다로 가는 병력과 보급 조달을 원천봉쇄했다. 설탕이 많이 나는 섬인 서인도제도의 과달루프는 영국의 육해군 합동 원정군에 항복했다. 나이아가라 요새 전투에서는 2000명의 정규군과 1000명의 이로쿼이 인디언이 소임을 다해 싸웠다. 영국군의 윌리엄 존슨William Johnson이 전사한 존 프리도John Prideaux 준장의 뒤를 이어 부대 지휘권을 잡았는데, 7월에 이 요새를 탈환했다. 그러나 모든 유럽이 존경의 눈빛으로 바라보고 영국인을 자부심으로 부풀어 오르게 만든 승리는 울프가 에이브러햄 평원에서 거둔 승전이었다. 울프는 이 전투에서 사망했다.

에이브러햄 평원 전투 1759년 에이브러햄 평원 전투는 영국 지휘관 벤저민 울프 장군뿐 아니라 프랑스 지휘관 몽칼름도 사망한 격전이었다. 이 전투로 영국은 프렌치-인디언 전쟁에서 승리하고 북아메리카 대륙을 장악한다.

프랑스의 낭만적인 몽칼름 장군도 이 전투에서 사망했는데, 그의 죽음과 함께 아메리카 대륙에서 프랑스의 영향력은 사라져버렸다.

그다음 해에도 승리가 이어졌으나, 전쟁은 조지 3세가 즉위할 때까지도 계속됐다. 새 왕은 평화를 간절히 원했다. 그래서 피트를 사직시킬 의향도 있었다. 피트는 평화를 추구할 생각이 조금도 없었다. 오히려 전쟁의 무대를 더 확대해 스페인도 포함시켜야 한다고 주장했다. 피트는 조지 3세를 불편하게 만들었다. 피트는 너무 과감했고, 좀처럼 예측할 수 없었다. 또한 그의 과감한 행동에는 유혈적인 특징이 있었다. 결국 피트는 총리직에서 물러나야만 했다. 그는 1761년 10월에 사직했고, 강화 조건은 그다음 해 말에 마련됐다.[1]

야만의 영국, 문화의 프랑스를 힘으로 압도하다

조지 3세의 신하들은 피트가 사직하는 것을 달가워하지 않았다. 피트는 그들에게 영광과 권력과 흥분을 가져다주었기 때문이다. 그러나 유럽의 나머지 나라들은 생각이 달랐다. 그들은 피트를 무서워하긴 했지만 존경하지는 않았고, 영국과 영국인에 대해 존경과는 거리가 먼 감정을 느꼈다. 영국의 에너지와 힘은 존경받아 마땅하겠지만, 유럽인은 허풍이나 잘 치고 쇠고기를 뜯으며 맥주나 마셔대는 영국인에게서 별로 매력을 느끼지 못했다. 영국인은 문명된 세상을 해체하려고 광분하는 사람들로 보였다.

영국의 국력이 강하다고는 하지만, 세련된 유럽인에게 영국인은 야만인보다 약간 나은 존재에 불과했다. 영국인이 전쟁에서 승리를 거두고 영국의 상인들이 전 세계를 항해하며 거의 모든 지역에서 상업을 지배하고 있었던 것은 사실이었다. 그러나 이런 물질적인 성공에도, 유럽인은 영국인을 높이 칭송하거나 존경하지 않았다. 사실상 영국인은 문화가 없는 민족에 불과했다. 유럽인은 영국 화가들의 그림을 수집하지 않았고, 자식을 영국으로 유학 보내지 않았으며, 세계 일주를 하면서도 굳이 영국 살롱을 방문하지는 않았다.[2]

유럽인에게 위대한 국가는 영국이 아니라 프랑스였다. 유럽의 귀족은 프랑스 문화를 존경했고, 프랑스의 도서를 수집했으며, 잘 꾸민 방에 프랑스 가구를 들였다. 유행을 따르는 사람들은 프랑스 옷을 입었고 프랑스어를 했다. 영어는 영국 사람이나 쓰는 말이었다. '필로조프 philosophes'라 불린 18세기 프랑스의 자유주의 계몽철학자들은 과감함과 상상력을 존중하는 유럽 사람들에게 높은 지적 수준을 제시했다.

프랑스 과학 한림원 루이 14세가 1666년 설립한 프랑스 지식인들의 학술단체로서, 17~18세기 근대 과학의 제도적 기반을 마련했다. 이후 프로이센, 러시아, 스웨덴에서 비슷한 기관을 본 따 만들었다.

유럽인들은 그 밖에도 프랑스에서 모방의 가치가 있는 많은 것을 발견했다. 계몽철학자들이 편찬한 《백과전서Encyclopedie》와 제도적 연구의 산실인 과학한림원에서 드러난 프랑스 과학은 유럽의 학자들을 매혹시켰다. 상인들과 정치가들은 프랑스의 근대적인 도로와 운하, 그리고 점점 늘어나는 그들의 부와 인구를 부러워했다. 게다가 이런 국력과 문화와 화려함을 지배하는 위대한 군주가 있었는데, 이 왕은 영국의 하노버 왕가王家 출신 왕들처럼 통치력에 제약을 받는 그런 졸장부 왕이 아니었다.[3]

유럽의 귀족들이 볼 때 영국의 군주제는 진정한 의미의 군주제가 아니었다. 1세기 전에 영국인은 한 명의 왕을 참수했고 다른 왕은 쫓아버렸다. 유럽인의 눈으로 볼 때, 영국인은 불안정한 족속이고 대의 정치에 사로잡혀 있으며 왕이라는 사람은 각종 권리와 자유의 장전章典 때문에 겨우 시장 정도밖에 안 되는 존재였다. 영국인은 예측 불가능하고 제한된 정부를 두고 해외에서의 거친 모험에만 몰두하는 자들이었다. 게다가 그들의 해외 활동은 유럽의 여러 제국에 피해를 입히고 있었다.

영국인에 대한 이런 생각은 편견일 수도 있지만, 여기에는 중요한 진실이 숨어 있었다. 영국인의 에너지는 엄청나며 전쟁, 무역, 식민지 지배 등으로 그 힘을 드러낸다는 사실이다. 1760년 당시에 성장 잠재력이나 힘과 에너지를 집중시키는 능력, 그리고 국력을 동원해 확정된 정책을 밀어붙이는 힘 등의 측면에서 어떤 나라도 영국을 따라오지 못했다. 심지어 독일과 이탈리아도 상대가 되지 않았다. 이 두 나라는 근대 국가로 정립되어 있지도 않았고, 여러 공국은 조각조각 나뉘어 싸움을 벌이느라 일치단결할 수가 없었다. 프로이센에는 훌륭한 지도자가 있었지만, 무쇠·강철·석탄 같은 천연자원이 부족했다. 산업과 상업이 미비한 오스트리아 또한 영국의 상대가 되지 않았다. 한때 강국이었으나 지금은 국력을 탕진하고 에너지를 낭비하며 쇠락 중이던 맥 빠진 스페인 또한 마찬가지였다. 이제 영국의 위성국가 정도밖에 안 되는 포르투갈은 말할 것도 없고, 행정이 전혀 돌아가지 않는 연방정부 제도의 네덜란드, 너무나 허약한 스웨덴, 쇠약하고 부패해 사나운 이웃 국가에 의해 언제 강제 분할될지도 모르는 폴란드도 모두 상대가 되지 않았다.

문화, 철학, 예술, 스타일 그리고 세련된 취미를 갖춘 1760년의 프랑스도 국력은 영국보다 약했다. 여러 방면에서 진보적이고 발전한 프랑스였지만 교회와 국가라는 기존 이익집단의 무게를 벗어던지지는 못했다. 프랑스에서는 특혜를 누리는 귀족과 자만에 빠진 교회가 낡아빠진 정부를 통제했다. 프랑스는 이런 오래된 사치의 대가를 영

프랑스의 베르사유 궁전 바로크 양식의 대표적 건축물로서 화려한 건물과 크고 아름다운 정원은 당대의 영국 건축물보다 세련되었다는 평을 받는다.

국과의 전쟁에서 지불했다. 그리하여 전 유럽은 프랑스의 영광이 신흥 강국 영국에 충분히 맞설 만한 군사적·정치적 힘으로 바뀔 수 없다는 사실을 인정하게 되었다. 유럽의 흉폭한 족속인 영국인은 이제 전 세계적으로 성공을 거두고 있었다.

유럽이 영국을 한 수 아래로 보는 태도는 사실 편견에 따른 것이다. 영국 문화는 야만적이지 않았다. 물론 생생한 활기를 자랑하는 프랑스 문화와 같은 과감함과 상상력이 결핍되어 있었던 것은 사실이다. 그러나 프랑스 귀족제의 세련된 매너가 프랑스의 미술과 문학에 직접적으로 영향을 미친 것은 아니었다. 프랑스 귀족이 예술을 애호한 것은 사실이나 그건 영국 귀족도 마찬가지였다. 영국이든 프랑스든 예술을 만들어내는 자는 귀족이 아니었고, 그들이 세련된 수준과 기준

호턴 홀 저택 월폴가문의 저택으로, 1726년 영국 노퍽에 지은 조지언 양식의 대표적인 건축물이다. 당시 유행하던 영국 하노버 왕가의 스타일에 따라 거대하고 웅장하게 지어졌다.

을 제공하는 것도 아니었다. 프랑스의 기호嗜好가 영국보다 더 섬세한 것은 사실이다. 영국 귀족들의 거대한 시골 별장만 봐도 이를 알 수 있다. 영국 귀족의 대표인 월폴Walpole 가문이나 펠럼Pelham 가문은 그 무엇보다도 크고, 화려하고, 방탕한 양식을 선호했다. 이 분야에서는 프랑스의 감수성이 한결 더 세련되고 문명화됐다. 이는 18세기의 논평가들이 공통적으로 언급하는 바다.

영국 문화에는 분명 프랑스의 균형잡힌 화려함이 결핍되어 있다. 영국 귀족들의 집은 넓고 크지만 춥다. 물론 조지언 양식의 건축물도 아름다움을 갖추고 있고 동시에 위엄과 절제가 배어 있다. 프랑스 미술이 유럽의 기준을 세울 때, 영국 화가들은 주로 초상화에 치중했다. 창조성이 흘러넘치던 프랑스와 달리 18세기 영국의 대표적 초상화가

<케펠 제독>, 조슈아 레이놀즈 인물을 실제 모습보다 웅장하고 위엄 있게 그렸으나 화풍이 다소 경직되고 무겁다는 평가를 받기도 했다.

레이놀즈는 수많은 조수와 함께 완고한 예술적 관습에 따라 둔중한 영국인 얼굴들만 열심히 그려냈다. 혼자 작업한 또 다른 초상화가 게인즈버러는 자신의 차별성을 강조하기 위해 당대 스타일에 도전한 나머지 비평가와 일반 대중에게 불쾌감을 불러일으켰다. 화가이자 판화가였던 호가스의 야수적인 감각은 전혀 평가를 받지 못했다. 이렇듯 영국의 예술은 그림과 조각, 그리고 산문과 시 등에서 늘 아름다움을 뿜어내지는 못했다. 그렇지만 유럽인들이 말하듯 낙후된 문화는 전혀 아니었다.[4]

영국의 고급문화는 유행에 민감한 유럽인이 생각하는 만큼 야만적이지는 않았지만, 하층계급에서 상층계급에 이르는 사회에는 분명 야만적인 구석이 있었다. 영국인의 생활에는 아직도 흉폭한 측면이 있어서 진보와 발전에 대한 열망과 조화를 이루기가 어려웠다. 죄수들은 공개적으로 교수형에 처해졌고, 처형은 종종 축제의 한마당이 되었다. 조지 3세가 즉위한 지 6개월 되던 때, 엄청난 런던 군중이 타이번 교수형장에 몰려든 일이 있었다. 자신의 시종장을 살해한 페러스 경의 처형 장면을 구경하기 위해서였다. 결혼이 결국 교수대로 향하는 길이 되어버린 자신의 기막힌 운명을 상징하듯 형장에서 결혼 예복을 차려입은 그를 모든 런던 시민이 환영했다. 귀족이 이런 구경거리의 주인공인 경우는 드물었는데, 수많은 사람이 거리낌 없이 기꺼

〈게으른 도제의 죽음〉, 윌리엄 호가스 '근면함과 게으름' 시리즈 중 하나로 공개 처형이 이뤄졌던 타이번 교수형장의 모습을 묘사했다. 그림 우측에 처형을 구경하기 위한 관람석이 보인다. 호가스는 타락한 당대 사회상을 풍자하는 회화와 판화 시리즈를 많이 남겼다.

이 감상했다. 존슨 박사의 말처럼, 영국 국민에게는 자신들의 법으로 범죄자를 단죄하는 장면을 구경할 권리가 있었다. 범죄자들은 당시 런던과 시골길에 넘쳐났으며, 사람들 사이에서 공포와 흥분을 불러 일으키는 대상이었다. 그들은 대중가요에서 칭송받았고, 호가스의 스케치에도 묘사되었으며—물론 영국 사회의 다른 계급도 이런 대접을 받았다—헨리 필딩Henry Fielding의 소설 《조너선 와일드Jonathan Wild》에도 멋지게 서술되었다. 이 도둑들은 교수형 집행인의 올가미도 용케 벗어나곤 했다.

영국인의 생활은 그 나름의 우아함과 아름다움을 갖추었다. 조지언 양식 가옥과 시골의 별장에는 꽃과 채소들이 넘쳐났고, 그 주위에는 공공도로와 개발업자의 손이 닿지 않은 삼림이 있었다. 하지만 런던은 물론이고 작은 마을에도 빈민가가 있었다. 그런 거리는 어디든 지저분했다. 평범한 시민이 노상강도를 만나는 일은 드물었지만, 각종 질병과 더불어 더러운 환경과 남루한 가옥 속에서 살아야 했다. 사려 깊은 여행자 존 빙John Byng은 올더민스터의 검은 오두막집들을 가리켜 "밖은 진흙이요 안은 비참함"이라고 묘사했다.[5] 이처럼 위생이 미비한 시대에는 질병이 널리 퍼져 있었는데, 부유하고 유복한 사람들도 피해갈 수는 없는 운명이었다. 부자들 또한 지저분하고 위생에 대해 무지하기는 매한가지였다. 당연한 일이지만, 부자들은 방탕과 낭비적 과시에서, 가난한 사람들은 싸구려 술인 진과 충동적 폭동에서 위안을 얻었다. 오히려 중간 계층의 사람들은 웨슬리Wesly 목사와 그의 부흥운동에 몰려들면서 양극단의 사람들처럼 그리 심하게 고통받지는 않았다.

이처럼 범죄로 분열되고 불편한 가옥, 질병, 불결함, 폭동 등으로 고통받는 사회의 모습은 음울하다. 그런데 조지 3세가 등극하면서 사회적 여건이 향상되었고, 적어도 10년 동안은 꾸준히 나아졌다. 그것이 가능했던 근본적인 이유는 산업의 출현과 국부의 증가였다. 영국의 사업가들은 아시아와 인도, 서인도제도, 지중해의 변방 지대 등 온 세계로 퍼져 나갔다. 상업 기구 또한 개선되었고, 재정 관행 또한 점점 합리화되었으며, 금융은 자금을 동원하는 데 힘을 발휘했다. 원활한 수송체계의 중요성이 널리 인식되어 더 좋은 도로, 다리, 운하가 건설되었고, 이런 상황에서 산업이 본격적으로 자리 잡기 시작했다. 무역에서 나오는 수익은 산업의 시작을 촉진했고, 새로운 산업 절차는 신규 자원 개발에 도움을 주었다. 결과적으로 보통 사람들의 생활이 어느 정도 영향을 받기는 했지만, 대체로 산업주의로부터 혜택을 받은

것은 소수의 사람들이었다.[6]

18세기 영국, 보수주의라는 본능이 되살아나다

영국에서는 소수의 혜택받은 사람들이 계속 국정을 주관했다. 그 소수는 귀족이었고, 많은 토지를 소유한 지주였다. 토지는 사회, 정치 권력, 명성의 핵심이었다.

당연한 일이지만, 지주들과 하인들은 상상력과 변화를 그리 반기지 않았다. 그들은 사계절의 느린 리듬, 해마다 정해진 일, 지난해나 올해나 별반 다를 바 없는 한 해, 같은 계급 사람들과의 친숙하면서도 편안한 관계 등에 익숙한 무리였다. 토지에 단단히 결부되어 있던 그들은 자신들이 불변하리라 철석같이 믿었고, 그런 상황에 대체로 만족했으며, 사실은 많은 것을 체념하고 있었다. 교통과 통신이 개선되고 교량과 도로 덕분에 삶이 한결 편리해지자, 그들은 상업의 발달에 처음부터 저항하지는 않았다. 그것이 새로운 수입의 원천을 제공해 토지세에 대한 부담을 덜어주는 것 같았기 때문이다. 운송, 상업, 제조업의 진보는 그런 발전 때문에 덕을 보는 사람들에게는 환영받았으나, 오지奧地에 살아서 그런 혜택과 무관한 많은 사람에게는 무시되었다. 하지만 다른 종류의 변화와 개혁은 끊임없이 저항에 부딪쳤는데, 이를 통해 보면 18세기의 영국 사회가 얼마나 전통적, 관습적, 보수적인지를 잘 알 수 있다.

18세기 중반의 공공 조치들에서 변화에 대한 편견이 작용하는 다양한 사례를 볼 수 있다. 1751년에 의회는 외국인 개신교도를 귀화시키는 법안을 접수했는데, 이 법안이 관련 소위원회에 올라가자 런던 시와 다른 곳에서 항의가 터져 나와 당시 재무장관이었던 헨리 펠럼Henry Pelham은 이 법안을 포기해야 했다. 2년 뒤 유대인과 관련해 그와 비슷한 법안이 또다시 상정되었으나, 이 '유대인 법안'은 목적이 제한되어 있어 엄청난 악명을 얻었다. 법안의 핵심 조항은 유대인이 비공개 조례에 의해서 귀화할 수 있다는 것인데, "크리스천의 진정한 신앙을 바탕으로 해"라는 문구가 삭제되어 있었다. 하지만 국가에 대한 충성 맹세에는 여전히 이 문구가 들어가 있었다. 반면 이와 유사한 법령이 아메리카 식민지에서는 아무런 반대 없이 받아들여졌다.

영국의 대對 유대인 법안은 별 주목을 받지 못하고 의회를 통과했으나, 그다음 해에 대중의 엄청난 분노로 결국 폐지됐다. 신중한 성격의 펠럼은 오직 부유한 유대인만이 그런 비공개 조례를 감당할 수 있고, 소수의 자본 투자로 공공 세입에 도움이 될 것이라고 설명했다. 하지만 이같은 신중하면서도 합리적인 주장도 뿌리 깊은 편견과 종교적 보수주의 앞에서 전혀 힘을 발휘하지 못했다.[7]

같은 시기의 또 다른 개혁에 대한 저항에도 종교적 보수주의가 개입했다. 1752년에 영국에서 율리우스 달력을 개정해 만든 그레고리우스 달력을 채택한 사건이 그것이다. 원래 영국의 새해는 3월 25일에 시작됐다. 당시 영국에서 사용되던 율리우스 달력은 유럽 대륙에서 오래전에 채택한 그레고리우스 달력보다 11일이나 날짜가 뒤처졌다. 이런 날짜의 차이는 영국 밖으로 나가 해외에서 일하는 사람들을 매우 난처하게 했는데, 특히 상인과 외교관의 불편이 극심했다. 왕립학사원의 의장인 매클즈필드Macclesfield 백작은 영국 달력을 18세기 달력과 일치시키자는 법안에 과학의 권위를 실어주었고, 의회는 불안해하면서도 그 뜻을 따랐다. 새 법이 시행되었지만, 펠럼과 의회의 다른

〈맥주 거리〉(왼쪽)와 〈진 골목〉(오른쪽), 윌리엄 호가스 싸고 독한 술인 진의 위험성을 보이기 위해, 맥주 거리의 행복하고 활기찬 모습과 진 골목의 게으르고 피폐해진 하층 계급의 삶을 묘사했다.

지도자들은 새 달력 때문에 바뀐 성인기념일을 향한 화난 외침소리를 들어야 했다. 새 달력 때문에 9월 2일과 14일 사이의 11일이 사라져 버렸는데, "우리의 11일을 돌려다오"라는 말은 대중의 분위기와 이해 수준을 잘 표현해주었다.[8]

　한편, 진 소비량을 줄이려는 시도는 또 다른 종류의 저항에 맞닥트렸다. 로버트 월폴Robert Walpole은 1736년에 진 주조업체와 소매업자에게 엄청난 세금을 부과했다. 값싼 진이 사업을 부패시키고 가정을 파괴하며 하층계급의 삶을 크게 약화한다고 보았기 때문이다. 의도는 좋았지만 계획이 부실하고 단속이 불가능했던 터라 진 규제법은 음주 소비량도, 가난한 사람들의 사기 저하도 개선하지 못했다. 5년이 지나 월폴이 총리직에서 물러났을 때, 진은 이전처럼 널리 유통되고 있었다. 호가스의 〈진 골목〉1751년은 진이 런던의 서민에게 미치는 효과를 여실히 묘사해놓은 황량한 그림이다. 의회는 그 직후 또다시 법률을 마련했는데 이전보다는 성공을 거두었으나 대중적인 지지는 더 이상 얻어내지 못했다.[9]

　귀화, 달력, 진에 관련된 이런 기이한 일화를 통해 영국에 강력한 보수주의가 버티고 있음을 알 수 있다. 보수주의는 결코 예외적인 현상이 아니라 영국 문화의 뿌리 깊은 본능이었다. 17세기의 지나친 사건들, 예컨대 반율법주의, 광신주의, 유혈적인 내전을 겪고도 영국인들은 도덕적 권태나 사회적 피로를 느끼지 않았지만, 광신적 영감과 과도한 혁신을 의심하기 시작했다. 특히 일상적인 행동, 종교, 정치 등에서 그러했다. 물론 18세기 내내 영국에는 괴짜와 광신자들, 그리고 정치적 급진주의자들이 많았다. 그러나 이런 부류의 사람들은 모두 아웃사이더였다. 친숙하고 알려지고 관습적인 것만 받아들이고 나머지는 모두 거부하는 사회질서에 대항해 헛되이 머리를 들이박느라 머리통만 아플 뿐이었다.

　영국인이 볼 때 공기 중에는 더 이상 유령이나 요정, 복수의 여신인 퓨리스Furies와 정령, 마법사나 귀신 등이 넘쳐나지 않았다. 영국인들은 더 이상 예언자들과 종파주의자들이 활약할 자리를 내주지 않았다. 이들은 한 세기 전만 해도 충만한 성령의 흐름 속에서 세상을 뒤집어놓으려고 했다. 공기 중에 아직도 환상이 가득 차 있고 영국에 새로운 예루살렘을 건설해야 한다는 과도한 꿈을 꾸는 사람들이 여전히 있었지만 그 공기를 정화하는 과정은 이미 시작됐다. 과거에 그 과도한 꿈 때문에 사람들은 찰스 1세Charles I의 목을 치는 괴력을 발휘했고, 거룩한 공화국을 지상에 수립하겠다는 계획을 세웠다. 여기에 영감을 받아서 다른 사람들은 새로운 질서를 수립하겠다는 경이로운 계획을 확립했다. 그러나 이 흥분된 분위기 속에서 어떤 사람들은 움찔하며 뒤로 물러섰다. 예를 들면 철학자 토머스 홉스Thomas Hobbes는 허풍 섞인 모험담과 망상에 대해 누구보다도 강한 의심을 품고 있었다.

홉스는 미신을 과거의 유산으로 돌리고자 했고, 1651년에 이 시대의 정신은 곧 합리성이라고 주장했다. 홉스에 따르면 이제 과거는 완전히 떠나보냈다. 과거 시기에 사람들은 보이지 않는 작용을 가리켜 '신 또는 악마'의 이름을 부르며 설명하려고 했다. 이리하여 그들의 마음속 변덕이나 자연에서 일어나는 이해할 수 없는 사건들이 설명됐다. 또한 인간은 "뮤즈의 이름을 부르며 자신의 기지를 해석했고, 자신의 무지를 운명의 이름으로 설명했으며, 자신의 분노를 퓨리스의 이름으로 납득했다." [10]

하지만 이런 낭만적인 설명은 오래전에 설득력을 잃었다. 이성과 빛이 18세기를 지배했고, 현실적이고 단단하며 믿을 만하고 상식적인 현실 감각이 더 중요해졌다.

정부는 왕의 것, 관직은 나눠주는 것

정부의 본질과 역할에 대한 18세기 영국인들의 일반적인 생각을 살펴보면 그 당시 영국의 보수적인 문화가 얼마나 편견에 사로잡혀 있었는지를 알 수 있다. 정부라면 마땅히 일반 대중의 복지와 공공의 이익을 추진해야 한다는 오늘날의 사상을 18세기 정부에서는 조금도 찾아볼 수 없었다. 물론 18세기 정부도 이런 목적에 적대적이지는 않았지만 그보다는 훨씬 제한적인 역할을 정부의 소임으로 생각했다. 영국의 관습법과 오래된 전통이 말해주듯이, 정부는 '왕의 평화'를 유지하기 위해 존재했다. 이 개념은 치안 유지 또는 범법자에 대한 징벌 이상의 의미를 갖고 있다. 그것은 세상이 늘 그래왔듯 잘 돌아가게 하려고 정부가 어떤 행동을 취할 수도 있고 또 필요에 따라 아무것도 안 할 수도 있다는 것을 의미한다. 왕의 평화를 유지하는 것은 국내 정책의 핵심이었고, 해외 정책도 국내 정책의 연장선상에서 추진됐다. 실제로, 미국 혁명 이전에 영국의 지속적인 외교 문제는 하노버 건이었다. 하노버 왕가 출신의 조지 1세Georges I가 1714년에 영국 왕으로 즉위하면서 영국은 독일 북서부의 하노버 왕국을 떠안게 되었고 외교 문제가 계속 발생했다.

영국에서 모든 정부는 왕의 정부였다. 교구의 가장 낮은 관리에서 총리에 이르기까지, 행정 업무는 모두 왕의 이름으로 수행되었고, 행정은 정교하지만 효율적이지는 못한 정부 구조로 제도화되어 있었다. 그러나 사실 제도적이라기보다는 왕 자신의 개인적인 행정이라 할 수 있었다. 왕은 정부 조직의 맨 꼭대기에서 능동적인 조치를 취했다. 그는 행정부의 지도자, 왕실의 권한을 행사하는 장관들의 지도자였다. 왕은 일정한 제약 내에서 자신에게 봉사하는 장관들을 선택했다. 그 제약의 구체적인 내용은 이렇다. 의회의 지도자들이 다른 의원들과 함께 정부의 일을 할 용의가 있어야 하고, 상하 양원의 지지를 이끌어 낼 만한 능력을 갖추어야 한다. 왕에게 내각 구성이나 각료 개인에 관한 선택을 강요할 수는 없었다. 의회의 지도자들은 자신의 입맛대로 내각을 구성하려는 왕의 요구를 거부하지 않았다. 단 자신들이 왕의 지명자들과 함께 일할 수 있는 조건을 갖춰야 했다.

정부 내 리더십과 권력의 큰 원천은 558여 명의 선출직의원으로 구성된 하원이었다. 의원들 중 80명은 자치군인 카운티county 출신이고,

대학 출신이 4명, 그리고 나머지는 대도시와 자치구 출신이었다. 의원들이 하원에서 입법하려는 이유를 살펴보면 영국 정치에 대해서 많은 것을 알 수 있다. 국가적 정책이나 기존의 사회적·경제적 이익에 봉사하기 위해 하원에 들어온 사람은 거의 없었다. 그보다는 권력과 지위를 찾아서, 향토의 이익에 봉사하기 위해, 혹은 집안에서 하원에 진출하라고 했기 때문에 등이 주된 이유였다.

　대부분의 의원은 이런 개인적 목적으로 의회에 진출했다. 정부는 국가 내에 근본적인 문제점이 존재하지 않는다고 생각했다. 이런 상황이니 정치가 회전문 인사인 것은 그리 놀라운 일도 아니다. 그래서 영국 소설가 찰스 디킨스Charles Dickens는 장편소설 《황폐한 집Bleak House》의 등장인물인 부들Boodle 경의 입을 빌려 이렇게 말한다. "누들은 어떻게 하시렵니까?" 각료의 자리를 바꾸어야 하는 현안을 앞에

《황폐한 집》(찰스 디킨스) 표지 영국 상류사회의 부조리한 현실을 날카롭게 풍자한 작품. 디킨스는 무책임한 정치가들에게 우스꽝스러운 이름을 붙여 부패하고 혼란스러운 영국 정치를 비꼬았다. 부들Boodle은 강탈한 돈에 대한 속어, 두들Doodle은 무능한 자에 대한 별칭, 푸들Foodle은 음식을 희화해 비유한 탐욕, 구들Goodle은 위선, 후들Hoodle은 밀실정치, 주들Joodle은 배신자 등을 의미한다.

두고, 또한 모든 명망 있는 의원들에게 자리를 고루 나눠야 했기 때문이다. 그래서 현재의 정부가 해산한다면 결국 선택은 다음과 같이 될 것이다. "푸들 경이 구들과 협력하는 것이 불가능하다는 점을 감안할 때, 결국 선택은 구들 경과 토머스 두들 경 사이에서 이루어져야 한다. 푸들과 구들이 서로 틀어진 것은 후들 사건의 여파였다. 그런데 내무장관과 하원 원내대표 자리를 주들에게 주고, 재무장관 자리를 쿠들에게, 식민지장관 자리를 루들에게, 그리고 외무장관 자리를 무들에게 주고 나면, 그다음엔 누들은 대체 어떻게 하시렵니까? 그에게 추밀원 의장 자리는 줄 수가 없어요. 그건 푸들이 이미 맡아놓았어요. 그렇다고 그를 산림부장관에 앉힐 수도 없어요. 그건 쿼들에게도 성에 안 차는 자리예요. 그러니 이 나라는 난파하여 길을 잃고 산산조각이 났습니다. 누들의 자리를 마련해주지 못해서 말이에요!" [11]

영국 정계에서 활동하는 부들 류의 온갖 인사는 당연히 관직의 배분에 엄청난 중요성을 부여한다. 정계라는 시스템은 친구들과 추종자들에게 자리를 나눠주는 방식에 의존한다. 물론 부들은 누들이 장관 자리를 맡지 못할 경우 국가가 처하게 될 재앙의 규모를 과대평가했다. 국가는 파탄 나지 않겠지만, 내각은 파탄이 날 것이다. 이런 종류의 정치에 만연해 있는 근시안적 태도와 내각을 곧 국가라고 보는 생각 때문에 그 내각은 해산될 수밖에 없다. 그러나 간접민주제인 대의 정치가 국가를 불완전하게 대표하기는 했지만, 한편으로 지주 계급의 요구 사항을 억제하기도 했다. 다시 말하면 그 요구 사항을 늘 대표한 것은 아니라는 뜻이다. 각료와 정부의 개편이 아무리 자주 벌어진다고 해도, 의회의 이런 기능은 손상되지 않았다.

당대의 정치판을 뒤흔들었던 창의력 넘치고 재기 발랄한 재사였던 윌리엄 피트는 1757년에 입각해 1761년에 내각에서 나왔다. 4대, 6대 총리를 지낸 뉴캐슬Newcastle 공작은 40년 세월 동안 여러 각료직을 수행했다. 피트가 떠난 후 1년 뒤에 그도 내각을 떠났으나, 이 일은 영국의 정치 시스템을 뒤흔들지 않았다. 동일한 사람들 또는 동일한 부류의 사람들이 나타나서 역할을 수행하고 그런 뒤 물러갔다가 다시 나타나곤 했다. 그러나 정부는 의회와 마찬가지로 같은 종류의 일을 계속해서 수행했다. 공공정책과 관련해 의회가 한 일은 별로 많지 않다. 의회는 통치자가 아니었고, 국가의 에너지와 활동의 원천도 아니었다. 국가는 저 혼자 내버려두었을 때 봉사가 가장 잘 수행되었고, 자유는 의회의 간섭꾼들이 끼어들지 않을 때 가장 활짝 피어났다. 지주계급은 자신들의 요구 사항을 알아서 챙겼고, 그 결과로 국가와 왕에게 봉사했다.

스물둘에 왕이 된 조지 3세

18세기의 모든 영국 왕은 이러한 의회제도를 받아들였고, 그 제도 내에서 의욕적으로 일했다. 의회제도를 조지 3세처럼 숭배한 왕도 없었다. 그는 "법에 의해 확정된 영국 헌정체제의 아름다움, 탁월함, 완벽함"[12]에 대한 "열광"을 진술한 적이 있다. 조지 3세는 이 문장을 왕위에 오른 지 18년이 되는 1778년에 썼다. 당시 그는 민주정, 귀족정, 군주정이 공존하는 혼합 정부의 행정책임자로서의 역할을 수행하는 데 숙달되어 있었다.

하지만 조지 3세가 왕위에 오를 당시에는 이런 역할에 미처 준비가 되어 있지 않았다. 독일 하노버에서 태어나 성장한 할아버지 조지 2세와 달리 조지 3세는 영국에서 태어났다. 평균 이상의 공식 교육을 받았지만 여전히 왕위에 오르기에는 충분하지 않았다. 불충분한 교육 때문이 아니었다. 타고난 신경질적인 기질에다가 인간—18세기식으로 표현하자면 인간 본성—에 대한 이해가 부족한 탓에 그는 왕의 재목이 아니었다. 그는 이후 오랜 통치 기간 동안 인간에 대해서 많은 것을 알게 되었지만, 인간 행동의 복잡 미묘함은 결코 이해하지 못했다.[13]

조지 3세는 1738년에 황태자인 프레데릭의 장남이면서 두 번째 자식으로 세인트 제임스 스퀘어의 노퍽 하우스에서 태어났다. 그는 힘들고 외로운 유년시절을 보냈다. 어머니인 삭스-고타 가문의 어거스타는 일반적으로 알려진 것처럼 우둔한 여자라기보다 단지 겁먹은 여자였다. 그녀는 다른 어린아이들이 '나쁜 교육을 받은' 사악한 아이들이라는 이유를 내세워 자신의 아들을 그들과 어울리지 못하게 했다. 유년시절에 조지의 유일한 친구는 남동생 에드워드였다.

제임스 2세의 딸이자 명민한 관찰자인 왕녀 루이자 스튜어트Louisa Stuart는 조지 왕자가 "말이 없고 겸손하며 쉽게 부끄러움을 탄다"고 말했다. 그에 대한 부모의 태도 때문에 이런 과묵함과 겸손함이 생겨났다. 부모는 조지보다는 동생 에드워드를 드러내놓고 더 편애했다. 조지는 부모가 에드워드를 귀여워하는 모습을 보면서 자신의 생각을 겉으로 드러내지 않고 숨기는 법을 배웠다. 조지는 에드워드가 있는 곳에서는 무시되기가 일쑤였다. 그가 입을 열어 의견을 말하려고 하면 부드러운 비난과 함께 질책을 받았다. "조지, 입 다물고 가만히 있어. 바보처럼 굴지 말고."[14]

사실 집안의 진짜 바보는 조지 3세의 아버지 프레데릭이었다. 그는 39세의 나이에도 여전히 밤중에 남의 집 창문을 깨트리는 것을 재미로 여겼다. 물론 프레데릭에게도 장점은 있었다. 그는 아주 자상한 아버지는 아니었지만, 좋은 남편이었고 예술 애호가였으며, 과학과 정치에도 어느 정도 흥미를 느꼈다. 정치에 대한 흥미는 장래 언젠가 왕이 될 사람에게는 당연했다. 그러나 황태자로서 처신을 잘하지 못했고, 아버지 조지 2세와 때때로 언쟁을 벌이면서 반대 방향으로 엇나가기도 했다. 그의 집 레스터 하우스에는 권력에서 배제된 사람들이 몰려들었는데, 현왕이 죽고 황태자가 왕위에 오르면 권력을 누리기를 기대하는 사람들이었다. 그들은 1751년에 불쾌하면서도 놀라운 소식을 접했다. 조지 2세가 죽은 것이 아니라 프레데릭이 죽어버린 것이었다.

프레데릭이 죽은 1751년에 조지 왕자는 열세 살이었는데, 즉시 엄청난 관심의 대상으로 떠올랐다. 그의 정신과 의견을 잘 통제할 수 있도록 교육하는 것이 아주 중요한 과제로 인식됐다. 조지 2세는 어린 조지를 어머니에게서 떼어놓을 수도 있었으나 그렇게 하지 않았다. 황태자가 된 왕자는 주위 사람들과 더욱 단절됐다. 어머니는 조지 2세의 의도를 두려워했고, 아주 조심스럽게 검토한 인사들을 제외한 나머지 사람들의 영향력으로부터 아들을 보호하려고 애를 썼다. 1755년에 핵심적인 영향력을 발휘한 인사는 스코틀랜드 사람이요 고문관인 뷰트Bute 백작 존 스튜어트John Stuart였다. 뷰트가 조지 어머니의 애인이라는 은밀한 소문도 퍼졌으나 그것은 사실이 아니었다.

조지 왕자의 어머니인 어거스타 공주는 뷰트 백작을 미래의 조지 3세인 아들에게 소개했고, 그 뒤 5년 동안 뷰트는 황태자의 교사 겸 친구로 근무했다. 우정은 쉽게 피어났다. 황태자 조지의 애정과 관심에 대한 갈망을 뷰트가 채워줬기 때문이다. 그들의 관계는 따뜻하기는 했지만 동등하지는 않았다. 뷰트가 언제나 우위에 있었다. 그는 스물

다섯 연상이었고 고집이 센 데다 지성적이었으며 게다가 황태자의 교육까지 맡고 있었다. 뷰트는 훌륭한 교사는 아니었지만 황태자에게 여러 가지 공부를 시켰고, 조지가 이미 학습하던 것을 계속 해 나가도록 보살폈다. 이 당시 조지는 영국의 어린 신사들이 통상적으로 읽는 책들과 과목을 이미 다 공부하고 있었다.

뷰트가 황태자의 교사로 취임했을 때 조지 황태자는 열일곱 살이었다. 이 당시 조지는 프랑스어, 독일어, 라틴어, 그리스어 등의 다양한 언어는 물론 수학과 물리학의 초보 지식을 이미 습득한 상태였다. 그는 역사 분야의 책을 폭넓게 읽었으나 깊게 읽지는 않았다. 또한 신분과 배경이 있는 어린 신사들이 그러하듯이 군 요새의 축성도 공부했다. 뷰트 이전의 교사들은 군주에게 걸맞은 사교적 기술, 가령 말 타기, 펜싱, 춤추기, 음악 등을 어린 제자에게 가르쳤다. 물론 왕자는 영국 교회의 신조에 입각해 조심스러운 종교 교육도 받았다.

뷰트는 제자가 이런 과목들을 계속 공부하도록 살폈고, 영국사와 유럽사를 좀 더 깊이 이해하도록 몸소 감독했다. 이런 과정에서 황태자는 영국의 정치체제와 통치 기술에 대한 지식을 많이 습득하긴 했으나 둘 중 어느 것도 깊이 있게 이해하지는 못했다. 세상 경험이 부족한 뷰트 때문에 황태자의 불안정하고 다소 경직된 성품이 더욱 굳어지고 자신감이 없게 되었다. 동시에 왕자는 자만심만 커져서 자신이나 스승의 견해에 동의하지 않는 사람들에게 관용적이지 못했다. 뷰트 자신도 아는 것은 많았으나 주변 사람들이나 그들의 행동을 제대로 이해하지 못했다. 그의 자만심 때문에 왕자의 자만심도 덩달아 커졌다. 추상적인 원칙에 입각해 남을 판단하려는 뷰트의 성품—그에게는 현명한 사람들의 소중한 밑천인 경험이 부족했다—때문에 왕자의 그런 옹고집

성향이 강화됐다. 그리하여 스승과 제자는 이후에도 고집불통을 개인적인 강건함과 인품으로 오해하게 되었다. 당연한 결과로, 조지는 훌륭한 판단력, 자신의 원칙과 원하는 바를 양보하지 않으면서도 남들의 판단력이나 원칙을 이해하는 능력 등 현명한 군주가 갖추어야 할 자질을 배울 수 없었다.

1760년에 왕위에 올랐을 때 조지 3세는 스물두 살이었다. 그 뒤 몇 해 동안 그는 자신의 편견과 뷰트의 영향력에 단단히 사로잡혔다. 그는 정치 세계를 개혁하고 미덕을 진실한 동반자로 삼겠다고 생각했다. 이념이 아니라 이해관계에 바탕을 둔 파당 정치는 그를 역겹게 했다. 따라서 그는 어떻게든 파당 정치를 바꾸어놓겠다고 생각했다. 정치 세계에 대한 왕과 뷰트의 오해를 고스란히 반영한 태도였다. 이러한 꿈은 곧 실망 속에서 사라져버렸지만, 왕의 경직된 생각과 태도는 사라지지 않았다. 그는 때때로 능숙하고 정정당당하게 행동하는 요령을 배웠다. 하지만 초창기 실수와 뷰트에 대한 집착 증세는 영국 의회

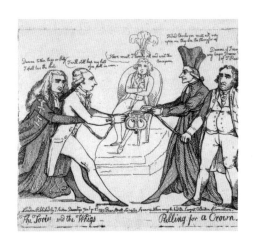

토리당과 휘그당 조지 3세 앞에서 토리당과 휘그당이 왕관을 두고 줄다리기하고 있다. 조지 3세는 보수적인 토리당과 자유주의적인 휘그당의 경쟁을 이용해 국왕의 권력을 되찾고자 했다.

안에 의심의 씨앗을 뿌려놓았다. 그리하여 그의 정부는 12년 동안 불안정한 세월을 보내게 되었다.

지방자치의 무정부 상태

미국 혁명이 발발하기 전 아메리카 위기 사태의 초창기였던 가장 안 좋은 시기에 영국 의회도 불안정해졌다. 영국의 정치제도가 위기 때보다는 평화 시기에 더 잘 작동하는 것은 너무나 분명했다. 기존 정치제도는 만족하는 자의 견해를 옹호했고 못 가진 자보다 가진 자의 견해를 반영했다. 신민臣民의 자유를 보호하기는 했으나, 정치제도의 무기력으로 인해 소극적 의미로 정의된 자유만을 지지했다. 하지만 자유를 달리 어떻게 정의하겠는가? 다행히 정적인 질서는 변화를 가로막았고, 권세가―땅을 소유하고 연줄이 많은 사람들―는 변화를 원하지 않았다. 만약 국가의 일을 주무르는 사람들에게 그들이 보는 인생의 전제 조건을 명시적으로 말해보라고 한다면, 그들은 이 세상이 본질적으로 완벽하고 고정되어 있으며 변화하지 않는다고 말했을 것이다.

사실 영국 부자들의 세계는 18세기 동안 거의 변하지 않았는데, 특히 미국 혁명 전에는 더욱 그러했다. 이 세상이 본질적으로 변화하지 않는다는 그들의 전제는 런던은 물론이고 영국의 마을과 교구들에서 널리 공유되었다. 영국의 지방정부들은 활기가 흘러넘쳤으나 서로 단절되어 있었고 중앙으로부터 적절한 조정을 받지 못했다. 대체로 왕실과 의회는 지방 자치구와 시청, 교구, 각 카운티의 4계법원―연 4회 열리는 하급 형사 법원―, 특별 목적으로 설립된 법적 기관 등의 행정에 대해서는 무심했다. 그러나 의회는 이런 기관들의 존재는 인정했고, 18세기 동안 지방행정과 관련하여 수백 건의 법을 산만한 방식으로 통과시켰다. 이렇게 통과된 법률들을 통해 당시 영국에서 행해지던 지방행정기관의 역할에 대한 지배적인 사상을 잘 알 수 있다.

의회는 17세기 초에 '지방법'을 통과시켰다. 이 법은 영국 전역에 적용되는 공공일반법과는 다르게 어떤 지정된 지방에 한해서만 적용됐다. 이 지방법 때문에 다시 특별 목적으로 설립된 법적 기관들이 생겨났다. 가령 하수도 위원회, 빈자 보호 위원회, 유료도로 위원회, 시설 개선 위원회—거리의 조명, 감시, 포장, 청소, 각종 개선 행위 등을 담당하는 기관—등이 그런 기관들이었다. 미국 혁명 당시 영국에는 이런 단체가 1000여 개 정도 있었다. 마침내 이 단체들의 숫자는 1800개까지 늘어났고, 모든 시청을 합친 것보다 더 많은 지역과 인구를 관장했다. 이 법적 기관들은 온갖 유형의 지방정부, 교구, 카운티, 자치구 등과는 아주 달랐다. 이 단체가 어떤 특정 지역에서 단 하나의 기능을 수행하도록 하는 의회의 특별법 아래 설립되었기 때문이다. 하수도 위원회는 수백 개 지역에서 빗물을 받아들여 처리하는 참호와 하수 시설을 유지했다. 또한 이 위원회는 하수구의 건설 이외에도 늪지를 준설하고 바닷물의 유입을 막는 작업을 관장했다. 녹음이 우거진 영국 중부 지역은 어떤 의미에서 보면 이 단체의 작품이었다. 이 단체는 하수를 배출해서 늪지를 멋지고 생산성 높은 들판과 초지로 만들었다.

이렇게 만들어진 수백 개에 달하는 특별 기관들은 지방행정기관들과는 독립적으로 운영됐다. 단, 가난한 사람, 게으른 사람, 방랑자, 기타 18세기 사회가 경멸했던 사람들을 관리하는 빈자 보호 위원회가 예외 기관이었다는 사실은 주목할 만하다. 이 위원회는 법률에 의해 교구와 연결되었고 때로는 카운티 정부나 자치구 정부와 연결되기도 했다. 그러나 이 위원회는 중앙정부의 내각과는 아무런 연계가 없었고, 내각에 무언가를 보고하거나 요구하지도 않았다. 그들의 회계 장부는 감사를 받지 않았고, 어떤 회계 보고서도 제출하지 않았으며, 어떤 기관도 그들의 행동을 조사하지 않았다. 하지만 빈자 보호 위원회는 관할하는 사람들을 체포, 구금, 처벌할 권리를 갖고 있었다.

이 위원회의 설립 형식과 의회의 무관심 때문에 이처럼 무책임하게 행동하는 자유가 생겨났다. 이 특별 기관은 의회나 행정부가 고안한 정책에 따르지 않고 지방 이익단체들의 주도로 설립됐다. 이 기관들을 탄생시킨 지방법은 상원이나 하원에서 충분히 논의되지 않았다. 그 대신 이 법의 영향을 받게 되는 카운티와 자치구의 소수 관련 인사들이 모인 회의에서 토론됐다.

이렇게 하여 시청이나 4계법원 같은 특별 기관은 추밀원이나 고등법원의 견제 없이 운영됐고, 그들 부모 격인 의회에서도 거의 관심을 두지 않았다. 각 지방이 이런 식으로 통치를 받았다. 가령 빈자를 감독하고 거리를 개선하며 늪지를 준설하고 도로를 건설하거나 보수하며 기타 다양한 필수적 서비스를 제공하는 등의 행위가 일관된 정책이나 중앙의 지휘 없이 이루어진 것이다. 그리하여 20세기 사회개혁가인 웹Webb이 멋지게 표현했듯이, 결과적으로 "지방자치의 무정부 상태"[15]가 발생했다.

세금과 차입금으로 군사 활동을 지원하다

앞에서 특별 기관들의 운영에서 일종의 무정부 상태가 발생한 경우를 살펴보았다. 그러나 사실상 그와 함께 전통적인 사회 질서 내에서 새로운 재정-군사 국가fiscal-military state가 들어서서 공공 생활의 핵심 부분을 차지하기 시작했다. 1688년 명예혁명 뒤 국가의 변화가 시작 된 이후부터 18세기 내내 계속됐다. 명예혁명 이후 국가가 일을 처리 하는 수단은 아주 크게 바뀌었다. 대규모 관료제가 자리잡았고, 국가 가 거두어들이는 돈이 늘어났으며, 육군과 해군이 엄청난 권력을 장 악했고, 전례 없는 국가 부채가 발생했다. 이런 변화를 궤뚫는 공통 요 소는 물론 돈이었다. 인생에서 피해갈 수 없는 두 가지는 죽음과 세금 이라는 벤저민 프랭클린의 말을 들었더라면 영국인은 틀림없이 동의 했을 것이다. 죽음은 연기가 가능할 수도 있지만 돈은 그게 되지 않았 다. 전쟁이 값비싸고 지속적인 지불을 요구했기 때문이다.[16]

세금 가운데 토지세는 오랫동안 국가 운영에 필요한 수입의 대부분 을 차지했다. 그러나 스페인 왕위 계승 전쟁의 끝 무렵인 1713년에 늘어난 전쟁 비용 때문에 토지세만으로는 국가가 충분한 재원을 확보 할 수 없었다. 국가의 자금 수요가 늘어나면서, 토지 소유자들이 지배 하던 의회는 다른 세입원을 찾아 나섰다. 아메리카 독립 전쟁 기간을 포함해 18세기 내내, 물품세를 통해 필요한 돈의 수요를 전부 또는 일 부 충당했다. 아주 다양한 물품들—부자나 가난한 사람이나 똑같이 소비하는 생필품인 비누와 소금, 맥주와 진, 종이, 비단, 사과주 등— 에 대한 세금이 토지세를 물리치고 국가 세수의 일등공신으로 올라섰 다. 이러한 세금 정책은 오늘날 같으면 역누진逆累進이라는 비난을 받 았을 것이다. 하지만 물품세는 비교적 거두기가 쉬웠고 과세 가능한 소비 물품의 리스트는 언제나 늘어나게 마련이다. 이 상황에서 납세 자들의 항의가 없었던 것은 아니다. 18세기 중반에 사과주 세금 때문

에 폭동이 일어났던 것이다.[17]

18세기에 상업이 성장하면서 무역에 대한 세금인 관세 또한 늘어났다. 영국 상인들은 미국 혁명 훨씬 이전에도 전 세계로 무역선을 보냈다. 그들이 가져온 물품도 당연히 과세 대상이었으나, 관세가 너무 높으면 밀수가 성행했다. 관세에서 나오는 돈은 해군 전쟁의 승패에 따라 늘어났다 줄어들었다 했다. 영국 해군은 대부분 영국 배들을 잘 보호했지만 때로는 실패를 맛보기도 했다.[18]

18세기의 전쟁을 재정적으로 지원하려는 이런 노력은 결과적으로 충분하지 못했다. 의회의 의원들도 그런 노력이 필요한 돈을 모두 만들어내리라고 기대하지는 않았을 것이다. 그리하여 정부는 점점 더 차입금에 의존하게 되었다. 그 과정에서 여러 종류의 개인 자금줄, 가령 은행이나 주식과 펀드 등이 등장해 자금 부족을 메웠다. 잉글랜드

잉글랜드 은행 1694년에 주식회사 형태 기업으로 설립되었으며, 당대 영국 정부에 돈을 빌려줘 국가의 재무와 군대를 유지하는 중앙은행 역할을 했다.

은행은 1694년에 개인 회사로 시작되었고, 2년 뒤에는 주식을 발행해 배당금을 지급했다. 은행은 설립 당시부터 정부가 돈을 빌려오는 핵심적인 원천이었다. 정부가 잉글랜드 은행과 다른 대출기관에 진 빚은 18세기가 흘러가는 동안 점점 늘어났다. 그리하여 영국이 프랑스와 7년 전쟁의 평화 협정을 맺은 1763년에는 부채 총액이 1억 3000만 파운드에 이르렀다.[19]

세금과 차입금에서 나온 이 모든 돈이 국가가 군사 활동을 지원하는 재정-군사 국가를 지탱하는 데 사용됐다. 명예혁명 이후 영국은 아우크스부르크 동맹전쟁(1688~1697), 스페인 왕위 계승 전쟁(1702~1713), 오스트리아 왕위 계승전쟁과 7년 전쟁(1739~1763년) 이렇게 장기간에 걸친 세 시기에 프랑스와 그 우방들을 상대로 전쟁을 했다. 그에 따라 전쟁을 치르는 데 필요한 행정 구조도 발전했다. 처음부터 지나치게 많아 보였던 행정 부서들이 창설되거나 확대됐다. 그 부서들의 명칭은 매우 익숙하다. 세관, 물품세청, 소금청, 재정위원회, 해군청, 재무부 등이다. 이런 부서들의 규모나 그곳에서 종사하는 서기, 필경사, 등사원, 회계사 등의 숫자도 처음부터 아주 많았다. 예를 들어 세관은 1690년에 1313명의 직원을 데리고 있었다. 그러다 약 20년 뒤에는 그 숫자가 1839명으로 늘어났고, 미국 혁명 전야인 1770년에는 2244명이었다. 물품세청의 인원도 같은 기간에 1211명에서 4066명으로 늘어났다. 세금을 거두어들이는 '징세관들'의 숫자는 1690년에서 1782년 사이에 3배로 증가했다. 이러한 인원 폭증의 원인은 무엇보다도 18세기의 전쟁이었다.[20]

많은 행정기관, 늘어나는 행정의 복잡성, 세수의 증가, 잉글랜드 은행의 광범위한 통제, 부채 증가 등과 함께 영국 육군과 해군 또한 크게 변모했다. 왜냐하면 1688년부터 100년 동안 양군의 규모가 3배나 커졌기 때문이다.[21] 군대는 균일하게 성장하지 않았다. 당연한 일이지만 군대는 전시에 급격히 팽창했다. 평화 시에는 군대의 규모가 줄어들었는데, 특히 육군의 경우가 현저했다. 그러나 당시의 전쟁은 거의 상시적이었기 때문에, 병기와 군함은 증가하지 않을 수 없었다. 영국은 유럽 대륙에서 전쟁을 치를 때에는 여러 세대에 걸쳐서 외국 용병에 의존했다. 이러한 관행은 18세기에 들어와서도 계속됐다. 용병에게는 복무 기간에만 보수를 지불하면 되었고, 평화 시에는 유지하지 않아도 되었기 때문에 육군은 자원을 아낄 수 있었다. 평화 시에는 해군도 선원들을 귀향시키고 선박들을 회수함으로써 비용을 절약할 수 있었다. 그러나 해군의 주된 투자는 군함 건조였고, 여기에는 엄청난 비용이 들었다. 육군의 전쟁 비용이 아무리 많다 해도 이와 비교할 수는 없었다.

18세기에는 이런 병력들을 어떻게 사용할 것인지에 대한 의견이 거의 일치했다. 내각은 해군의 목적을 분명하게 인식했다. 그것은 주로 프랑스로 상정되는 외적의 침입으로부터 본국을 지키는 것이었다. 이

영국 해군의 수비 범위 1730년 무렵 영국 해군은 프랑스군에 대비해 아일랜드의 클리어섬 해안에서 스페인의 피니스테레곶까지 이르는 서쪽 접근로를 지키려 했다.

런 고유 목적 아래, 해군 선단 또는 대부분의 선단은 '본국의 수역'에 머물러야 했다. 본국 수역은 반드시 영국과 프랑스 사이에 좁게 놓여 있는 영국 해협의 항구들만을 의미하는 것은 아니었고, 1730년 이후에는 다른 지역의 항구들이 본국 방어의 목적을 위해 수비 범위로 고려되기 시작했다. 1730년 무렵에 에드워드 버논Edward Vernon 제독과 그 직후의 조지 앤슨George Anson 제독은 아일랜드의 클리어섬에서 스페인의 피니스테레곶에 이르는 수역인 '서쪽 접근로'가 본국 방어의 목적에 훨씬 적합하다고 주장했다. 남서쪽에서 불어오는 바람이 영국 해협에 정박한 배들을 크게 파괴하거나 마비시켰기 때문이다. 특히 겨울에 동반되는 폭풍우가 영국 해협에 높은 파도를 일으켜 때로는 배들이 침몰해 본국 방어가 불가능했다.[22]

해군의 전통적인 목적은 본국을 지키는 것이었지만, 그렇다고 해서 해군성이 파견 선단을 다른 지역에 보내지 않은 것은 아니었다. 아메리카, 아시아, 오세아니아, 아프리카 등지에서 식민지를 지배하던 대영제국은 거대해진 상태였고, 18세기 중반(1756~1763)에 프랑스를 상대로 한 7년 전쟁에서 크게 이김으로써 프랑스의 식민지를 흡수해 국가 판도가 더욱 커져 있었다. 그러나 선단의 일차적 목적은 그때나 그 뒤에나 현대의 역사가들이 말하는 '푸른 바다 정책'—해군력에 의한 무역의 증진과 식민지의 발전—은 아니었다. 사실 해군의 사명은 어떤 장대한 정책이나 전략의 관점에서 생각된 것이 아니었다. 물론 해군에게 전혀 생각이 없었다는 얘기는 아니다. 하지만 진실을 말해보자면 해군에는 장기적 계획을 위한 제도적 장치나 관례 같은 게 없었다. 국가기관들은 변모했지만, 해군 지도부는 규모가 커지기는 했어도 기획 인원을 포함하지는 않았다. 해군성 본부의 인원은 장관 한 명,

서기관 한두 명, 부서의 사소한 업무를 맡아 해주는 해군 장교 후보생 한 명이 전부였다. 해군 위원회는 좀 더 세속적인 업무, 특히 선박과 인원의 확보에 집중했다. 해군장관은 해군을 대표하고, 내각의 각료이기는 했다. 하지만 장관이나 해군청은 선단의 전략 개념을 수립하지 않았다. 또한 해전海戰의 성격에 대해 깊이 생각하도록 이끌어주는 학문적이거나 전문적인 문헌 같은 것은 존재하지 않았다. 항해 매뉴얼이나 대포 거치 교본, 선박 건조 지침 같은 것이 있기는 했지만 그리 많지는 않았다. 재정-군사 국가 상태에서 비롯하는 복잡성이나 변화를 감당하기에는 해군에 한계가 있었다.[23]

그런 한계는 육군에서도 마찬가지였다. 육군의 생활은 연대를 중심으로 운영됐다. 연대장이나 연대들이 구성하는 사단이나 군단의 수장은 귀족이었다. 이들 대부분에게는 전쟁의 큰 그림에 대한 흥미나 지식이 거의 없었다. 장교들은 임관 후 자신이나 그들의 아버지가 돈을 주고 사들인 장교직을 '소유'하기도 했는데, 이런 드문 경우를 제외한 대부분은 연대 내에서의 복무 기간에만 신경을 썼다. 정부는 국가 방어를 현지 민병대와 외국 용병에게 크게 의존했기 때문에, 정규군에게는 후대에 와서야 정립된 전문적인 군인 정신을 별로 강조하지 않았다.[24]

18세기 중엽에 이르러 재정을 바탕으로 군사를 지원하는 형식의 국가 운영은 좀 더 성숙해졌다. 차입금 의존, 세금 징수의 견고한 구조, 재정 관리 등은 효율성을 발휘했다. 그리고 행정 기구는 이제 관료제라는 친숙한 질서를 단단히 갖추게 되었다. 차관급 이하의 수많은 관리 중에서 특히 서기, 필경사, 세금 공무원 등이 주를 이루었다. 영국은 전쟁을 수행하는 방법과, 전쟁 수행의 수단을 관직 임명권과 위계

뉴햄프셔

뉴욕

매사추세츠

로드아일랜드

펜실베이니아

코네티컷

뉴저지

델라웨어

버지니아

메릴랜드

노스캐롤라이나

조지아

사우스캐롤라이나

북아메리카 대륙 초기 13개 영국 식 민지 대서양을 사이에 두고 영국과 교류가 편한 아메리카 동부 해안을 따라 13개 식민지가 들어섰다.

제로 구성된 옛 정치제도 속에 편입시키는 방법을 배웠다.

영국의 화초이고 자녀이며 신하인 식민지 아메리카

"지방자치의 무정부 상태"라는 웹의 문구는 미국 혁명 직전 아메리카 식민지의 상황에도 잘 맞는 말이었다. 조지아를 제외한 모든 식민지가 17세기에 건설됐다. 17세기부터 18세기 초까지 아메리카에 13개 식민지가 건설됐고, 모두 영국의 감독을 받았지만 거의 자치적으로 행정을 펴나갔다. 식민지와 영국 왕실 사이의 형식적 관계에 대한 일반적인 윤곽은 알려져 있었지만, 식민지가 실질적으로 자치 행정을 펴나가고 있다는 객관적 상황은 알려져 있지 않았다. 객관적 현실과 영국에서 상상하는 것 사이의 불일치는 그리 놀라운 일이 아니었다. 영국과 아메리카의 거리는 아주 멀었고 의사소통이 불완전했기 때문에, 서로 의사소통이 원활하고 발달된 식민지 행정은 존재하지 않았다.

식민지는 왕실의 허가에 따라 건설됐고, 식민지의 행정적 권위는 국왕의 이름으로 행사됐다. 그러나 그 권위는 3대 영주식민지인 메릴랜드, 펜실베이니아, 델라웨어에서는 애매모호했고, 2대 법인식민지인 로드아일랜드와 코네티컷에서는 유명무실했다.

오랫동안 지속된 것은 그대로 놔두는 게 가장 좋은 방법인 것처럼 보였다. 왕실이 식민지들을 '통치'하기 위해 의존해온 행정 구조는 오래됐지만, 신세계의 방대한 땅을 통치하기에는 분명 적절하지 않았다. 1768년 이전에는 영국의 추밀원과 남부부가 아메리카에 대한 실제 행정 업무를 담당했다. 그러나 추밀원은 책임이나 이해관계라는 측면에서 식민지를 우선 순위에 두지 않았다. 또한 남부부의 주된 관심사는 유럽이었다. 남부부는 정책 판단에 있어 주로 무역을 담당하는 자문기관인 무역청의 자문에 의존했다.[25]

핼리팩스 백작(1716~1771) 1748~1761년 영국 무역청장을 맡아 노바스코샤(현재 캐나다 동남부 노바스코샤주) 식민지를 경영했다. 노바스코샤의 주도 핼리팩스는 그의 이름을 딴 것이다.

이 기관들은 식민지 행정의 책임 소재가 불분명한 혼란스러운 구조로 이루어져 있었다. 13개 식민지 행정부들 사이의 서로 다른 차이점도 그런 구조의 혼란스러움을 가중시켰다. 또한 대서양을 사이에 둔 정부들 사이의 의사소통 문제도 혼란스러움을 일으키는 한 가지 이유였다. 이런 구조 속에서 그래도 비교적 안정적인 기능을 발휘한 기관이 무역청이었다. 이 기관은 식민지로부터 받은 정보를 남부부 장관에게 전달했고, 장관의 지시를 아메리카 총독들과 기타 관료들에게 전했다. 18세기 초, 한동안 영국의 고위 관리들이 무역청의 권위를 제압하면서 그 영향력은 쇠퇴했다. 그러나 1748년에 핼리팩스Halifax 백작이 무역청장에 취임하면서 이 기관과 백작의 권위가 함께 높아졌다. 핼리팩스는 1757년에 추밀원의 위원으로 임명됐다. 그가 무역청장의 자리를 겸임한 덕에 식민지 행정의 혼란이 어느 정도 해소됐다.

그러나 핼리팩스가 1761년에 사임하자 무역청은 영향력을 잃었고, 13개 식민지는 유능한 행정가를 잃었다. 식민지의 행정 질서는 18세기 중반에 도달했던 수준을 결코 회복하지 못했다. 핼리팩스의 사임과 미국 혁명 사이에 이루어진 가장 중요한 조치는 1768년에 식민사업부 장관직을 설치한 것이었다. 식민사업부는 식민지의 감독을 주로 맡는 정부 부서였다. 그러나 불행하게도 다른 장관들의 질투심 때문에 이 부서에는 무능한 장관들이 임명됐다.

영국역사의 다른 시기에는 행정직의 비효율성, 심지어 관료들의 우둔함과 이해 부족 등이 별로 문제되지 않았겠지만, 미국 혁명이 일어난 시기인 18세기 후반에는 문제가 되었다. 행정기관들은 중요한 문제에 대해 정책을 수립하지 않았다. 다만 정보와 조언을 제공함으로써 정책에 기여했을 뿐이다. 행정기관들은 아메리카 식민지 사람들과 영국의 소관 부서가 서로 접촉하도록 도울 책임이 있었다. 만약 똑똑하고 정보에 밝은 직원들로 채워진 훌륭한 조직이었다면, 정책 입안

자들이 저지를 수 있는 실수를 사전에 막았을 것이고 성공적인 정책을 수립하도록 도왔을 것이다.

식민지 정책의 입안자들 중에는 영국 의회도 들어 있었다. 하지만 의회가 13개 식민지에 행사할 수 있는 권위의 일부 측면은 18세기에 들어와 불분명해졌다. 의회는 물론 대부분 17세기에 만들어진 일련의 법률을 통해 영국과 식민지와의 관계를 규정했다. 항해법과 무역법은 식민지의 무역을 영국과 식민지인이 소유하고 운행하는 배들로 국한했고, 영국 상인들에게 이로운 방식으로 식민지 무역을 규제했다. 영국 정부는 미국 혁명의 위기가 발생하기 이전의 18세기에 외국에서 생산된 당밀이 식민지로 수입되는 것을 막으려고 했다가 실패했었고, 양모, 모자, 철의 식민지 수입에 제한을 가했다. 이런 법률이 있는데도, 식민지를 규제하는 의회의 권한 범위는 그때까지 누구도 면밀히 검토한 적이 없었다. 그리고 드디어 의회가 규제 권한을 면밀히 검토하려고 하자 권한의 범위를 둘러싼 논쟁이 일어났다.

충분히 검토한 바가 없으면서도, 영국 내의 일반적인 의견은 식민지 관계에 대해서는 모든 것이 분명하다는 입장이었다. 결국 식민지는 식민지일 뿐이므로, 13개 식민지는 '속령'이며, 윗사람이 심어놓은 화초이고, '모국'의 '자녀들'이며, '우리의 신하'라는 것이었다. 식민지와 그 예속 상태를 묘사하는 이러한 언어 선택은 어떤 특정한 현실을 묘사한 것이었다. 가령 이런 식이다. 식민지 경제는 영국의 요구 사항에 부응해야 한다. 경제생활에서의 예속 상태는 절대적이지는 않아도 실질적이어야 한다.

게다가 이러한 예속을 설명해주는 이론적 기반도 있었다. 여러 세대에 걸쳐서 저술가들은 제국의 중심과 식민 변방 사이에 존재하는 경제 관계의 관점에서 국가 권력을 설명하는 중상주의重商主義를 분석했다. 당시 유럽 국가들이 채택했던 중상주의는 황금 보유량이 곧 권력이기에 무역을 엄격히 통제하는 '지금주의地金主義'에서, 교환, 무역수지, 제조, 원자재 등에 대한 사업의 정교한 설정을 강조하는 쪽으로 이행해왔다. 강조점이 어디에 있든 간에, 18세기 중반 영국 내에서 통용되던 식민지관은 아무리 중요한 문제라도 식민지에 대해서는 뚜렷하게 이차적인 지위를 부여했을 뿐이었다.[26]

식민지에 대한 정치적인 의견은 경제적인 의견보다 적었지만, 정치 현실 또한 경제 현실 못지않게 분명했다. 모국 영국은 국왕의 이름으로 행동하는 총독들을 13개 식민지에 파견했다. 영국 의회는 식민지를 위해 법률을 제정했다. 추밀원은 식민지 의회가 제정한 법률을 검토했고, 국왕은 거부권을 가졌다. 아메리카에서 법률은 영국의 법률이었고, 대부분의 정치제도 또한 영국의 제도였다.

정치적 · 경제적 이론을 뒷받침하는 이런 우월감과 거만함은 중상주의나 정치사상의 어떤 공식적 선언보다 훨씬 중요했다. 이런 우월의식은 아메리카를 바라보는 모든 계급의 영국인 머릿속에 스며들어 있었다. 아메리카의 식민지인은 자신들이 바다 건너 영국인보다 열등하다는 이런 노골적인 진술과 무의식적인 가정을 그들 특유의 방식으로 받아들였다. 식민지인 중 가장 세련된 사람들은 세계시민이 되기를 동경했고, 런던의 유행을 따랐으며, 영국 스타일을 모방했다. 식민지 예속 노선은 옳으며 그래서 앞으로도 그대로 유지되어야 한다는 영국 내의 지배적인 생각은 이렇듯 모방에 주력하는 식민지인의 모습을 통해 다시 한 번 확인됐다.

두 번 태어난 사람의 자녀들 2

18세기의 아메리카 식민지는 자치 행정과
식민지 의회를 갖추고 있었다. 외부의 통제를 싫어하고
개인의 자유를 중시하는 식민지인의 정신은 이후에 일어날
미국 혁명의 바탕이 되었다. 유럽에서 건너온 다양한 이민자
집단은 식민지 사회에 활력을 주면서도 갈등을 일으키기도 했다.
대규모 종교 부흥 운동인 대각성 운동은 개인의 종교적 각성에
기초한 신앙심을 불러일으키고 지역적 연대를 꾀함으로써 앞으로
다가올 혁명에 영향을 미쳤다.

지역주의에 빠져 있던 아메리카 식민지

18세기 아메리카 식민지는 영국의 행정 체제와 경직된 정치사상에 구애받지 않았다. 물론, 식민지는 영국의 국왕에게 충성해야만 했고, 충성을 바쳤다. 그러나 식민지에서의 생활은 모국에서와는 달랐으므로 그들은 모국과의 관계나 대영제국 정부 기관들과의 관계에 제약받지 않았다. 영국과의 먼 거리, 느린 의사소통 덕분에 그 정도 수준에서의 '정치적 유대'가 가능했다. 3대 대통령을 지냈으며 미국 민주주의의 초석이 된 독립 선언서의 작성자인 토머스 제퍼슨Thomas Jefferson은 바로 그 독립 선언서에서 영국과의 정치적 유대는 느슨하다고 표현했다. 아메리카 식민지에 나름 확고하게 수립되어 있던 정치제도도 그런 방식의 정치적 유대에 도움을 주었다. 식민지의 정치제도는 주 의회, 카운티, 타운 교구의 자치단체로 구성되어 식민지인의 삶에 질서를 부여하고 있었다. 아메리카인은 1776년 이전에 거의 완벽한 자치 행정 체제를 갖추고 있었다.

미국 혁명 당시에 영국 식민지에 닥쳐온 위기는 국가 제도와 관련된 문제였다. 인간은 어떻게 통치를 받아야 하는가라는 질문, 즉 아메리카인의 표현대로 하자면, 그들은 자유인으로서 스스로를 통치할 수는 없느냐는 질문을 제기했다. 전에도 개별 식민지 의회와 본국 정부 사이에 갈등은 있었다. 여러 식민지에서 국가 권위에 대항하는 반란이 일어난 적도 여러 번 있었다. 또한 식민지 내에는 외부의 통제를 싫어하는 오래 잠복된 적개심이 있었다. 그러나 이런 예전의 봉기들은 혁명은 아니었다. 무엇보다도 그런 반란에는 혁명이라 부를 만한 규모와 열기가 없었다. 더 중요한 것은 일반 시민의 도덕적 감수성을 자극하는 공감대가 없었다는 점이다. 반면 1764년에서 1783년 사이에 대영제국을 강타한 미국 혁명은 아메리카인에게 거의 모든 계급과 신분에 걸쳐서 일정한 도덕감정을 강력하게 불러일으켰다.[1]

아메리카인이 혁명에 가담한 이유를 알자면 우선 그들이 어떤 종류의 사람인가부터 살펴봐야 한다. 먼저 아메리카인이 대륙의 13개 식민지로 나뉘어 분열된 집단이라는 점을 알아둬야 한다. 그들에게는 공통된 정치적 중심이 없었다. 런던은 너무 멀리 떨어져서 그런 중심이 될 수 없었다. 식민지인은 행정적인 문제가 발생하면 자연스럽게 자신이 속한 주의 수도에 의지했다. 많은 식민지인이 마을, 교구, 카운티의 경계선 너머로 가본 적이 거의 없었다. 사업 문제로 그보다 먼 지역으로 진출하기는 했지만, 경제가 그들을 하나로 묶어주는 경우는 드물었다.

만약 담배농사나 쌀농사를 짓는 아메리카인이라면, 그는 거둔 농산물을 해외로 보냈다. 곡류나 밀가루, 구운 빵을 현지 시장에서 종종 거래하기도 했지만, 제품 중 상당수는 카리브해의 서인도제도로 수출했다. 돈이 있어 비싼 옷을 입고 집안에 우아한 가구를 들이고 멋진 마차를 타고 좋은 술을 즐기는 경우에도, 사들이는 물건은 영국이나 유럽 제품일 가능성이 높았다. 중장비가 필요한 때는 영국 쪽과 연락을 취했다. 그와 동료들은 면제품, 총, 각종 철물류 같은 다양한 영국 제품을 소비했다. 아메리카 현지 제품을 선호할 때면, 자신이 거주하는 지역에서 생산된 제품을 주로 이용했다. 즉, 식민지 사이의 상호 거래는 이렇다 할 게 없었다.[2]

그렇다고 해서 13개 식민지가 나뉘어 있다는 특징에만 너무 주목해서는 안 된다. 왜냐하면 13개 식민지를 서로 결합하는 힘도 있었기 때문이다. 예를 들어 18세기에 들어와 각 식민지의 경제는 점차 통합되기 시작했다. 주요 도시의 상인들은 점점 더 자주 다른 도시와 거래했다. 그렇지만 이때까지도 주된 사업 상대는 여전히 해외 쪽이었다. 농부들은 해외 시장으로 나가는 농산물 가운데 곡류를 때때로 인근 식민지의 무역업자에게 팔긴 했다. 하지만 식민지의 생산물은 대부분 현지 시장이나 해외 상인에게 흘러 들어갔다.

아메리카의 13개 식민지는 사실상 각자 독립해 있었으므로, 그들 사이의 정치적 협력은 그리 활발하지 못했고 누구도 식민지를 단합시키려고 하지 않았다. 인디언 문제나 전쟁 등의 공동 관심사를 해결하기 위해 서로 단합할 필요가 있을 때에도 별로 성공하지 못했다. 아메리카에서는 7년 전쟁이라고 부르는 프렌치-인디언 전쟁의 직전에 개최된 올버니 회의에는 7개 식민지의 대표들만이 참석했다. 이들은 매

올버니 회의 대표자들 1754년 영국은 프랑스에 대항하기 위해 아메리카 식민지 대표들을 뉴욕주의 올버니로 소집하였다. 왼쪽에서 두 번째 인물이 식민지 연합정부 수립을 제안한 벤저민 프랭클린이다. 이 올버니 연합안은 영국과 각 식민지의 이해관계가 달라 실시되지는 못했다.

사추세츠 총독인 토머스 허친슨과 펜실베이니아의 벤저민 프랭클린이 제출한 13개 식민지 연합이라는 거창한 계획을 장시간 논의해 계획안을 제출했다. 그러나 각 식민지 의회에 회부된 이 계획은 다른 유사한 계획과 마찬가지로 잊혀 갔고 결국에는 사라져 버렸다.[3]

아메리카의 13개 식민지는 18세기 중반에 기본적인 단합의 틀을 갖추지 못했고 단합 의사도 없었다. 지역주의에 깊이 빠져 있던 각 식민지는 나름의 제도를 고수하면서 대서양 건너 영국에 의지했다.

아무리 보아도 그들이 단합할 만한 대규모 위기 상황은 올 것 같지 않았다.

중간과 그보다 더 가난한 부류: 비영국계 이민자들

이렇게 식민지의 단합이 이루어지지 않는 상황에서도 각 식민지를 포괄하는 표준 문화가 있었다. 아메리카 식민지 고유의 것은 아니고, 아무래도 영국의 영향을 크게 받았다. 각급 정치와 행정 제도들은 대부분 영국의 모범을 따랐다. '공식' 언어, 그러니까 행정기관과 식민지 지도부가 사용하는 언어는 영어였다. 설립된 교회들도 영국식이었다. 지배적인 사회적 가치도 영국 것이었다. 하지만 둘 사이의 문화적 동질성은 불완전했다. 식민지의 인구 증가와 영토 확장으로 인해 영국의 지배력은 약화되었다. 표준 문화는 영국적 성향을 유지했지만, 비영국계 이민자들이 대규모로 유입되면서 영국 문화의 분위기는 약화되었다.

가장 규모가 큰 비영국계 집단은 흑인이었는데, 이들은 아프리카와 서인도제도에서 강제로 끌려온 노예들이다. 1775년 당시 아메리카 대륙의 식민지에는 약 40만 명의 흑인이 있었는데, 전체 인구의 17퍼센트가량을 차지했다. 대부분의 백인 주인이 볼 때, 흑인은 검은 피부, 꼬불꼬불한 머리카락, 구분하기 어려운 이목구비 등으로 모두 똑같아 보였다. 그러나 그들은 여러 세기 전에 이미 고유한 문화를 갖춘 문화권에서 강제로 끌려온 남녀들이었다.

16세기 이전에는 아프리카 사회가 유럽에 알려져 있지 않았고, 그 이후에도 그들은 유럽의 과학과 기술을 아주 느리게 받아들였다. 그러

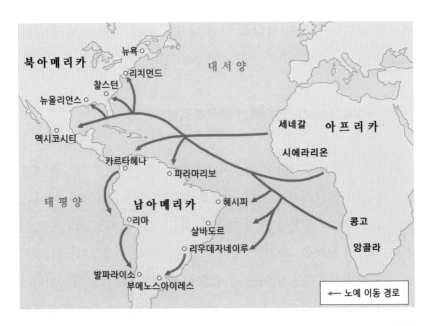

노예무역 경로 1650년에서 1860년까지 노예무역을 통해 아프리카에서 아메리카 대륙으로 1500만 명가량의 흑인 노예들이 이송되어 왔다.

나 서아프리카의 왕들은 무기의 중요성을 재빨리 파악했고, 강제 노동력을 원하는 유럽인의 요구를 재빨리 받아들여 노예무역에 응했다. 그 왕들은 이미 오래전부터 내부적으로 번성해 온 노예 거래 시장을 통제하고 있었다.[4]

아프리카인 다음으로 가장 규모가 큰 비영국계 이민자 집단은 스코틀랜드-아일랜드인, 즉 아일랜드 출신의 얼스터맨Ulstermen이었다. 17세기에 영국국교 왕들과, 청교도 혁명으로 군주제를 폐지하고 공화국을 세우는 데 큰 공을 세웠던 후대의 호국공 올리버 크롬웰Oliver Cromwell이 아일랜드의 가톨릭교도들을 그들의 땅에서 몰아내고 그 자리에 믿을 수 있는 선량한 개신교도들을 이주시켰다. 얼스터맨은 그

때 그 아일랜드의 얼스터로 이주해온 수천 명의 잉글랜드인과 스코틀랜드인의 자손들이었다.[5]

가톨릭 박해의 수혜자였던 얼스터맨들은 곧 피해자가 되었다. 명예혁명의 여파로, 영국 의회는 국교도를 보호하려고 아일랜드에서 개신교도가 일체의 공직이나 군 장교 자리에 취임하지 못하게 했고, 이미 판사나 우체국장으로 근무 중인 개신교도까지 그만두게 했다. 나아가 개신교도에게 영국국교회에 강제로 세금을 내도록 했는데, 대부분의 개신교도는 이런 모욕을 참으려 했다. 하지만 영국은 한발 더 나아가 아일랜드에서 수출되는 양모, 소, 리넨 등에 차별 정책을 시행해서 이들의 생계를 힘들게 했다. 이로 인해 아일랜드인 중 가난한 자, 절망에 빠진 자, 모험심이 강한 자 등은 고국을 등지고 신세계를 향해 떠났다.

얼스터맨들이 18세기 초에 제일 먼저 도착한 곳이 아메리카의 뉴잉글랜드였는데, 이곳의 회중교회주의자들은 이들 스코틀랜드-아일랜드인을 개신교 형제로 받아들였다. 그리고 그들을 최근에 인디언이 출몰해 파괴 행위를 벌인 경계지에 정착시켜 유용한 완충재로 삼으려 했다. 스코틀랜드-아일랜드인은 강인하면서도 재주가 많았으나, 신앙에 있어서만큼은 교조적이고 타협하지 않았다. 또한 이 지역의 현재 상황을 잘 인식해 일단 인디언과의 전투에 나서면 매우 용맹스러웠다. 그들은 지난 여러 해 동안 영국 왕들의 종교적 박해와 유혈 사태도 견뎌낸 사람들이다. 따라서 1713년 당시 변경 마을이었던 우스터 같은 곳은 스코틀랜드-아일랜드인이 도착하자 그들을 환영했다. 그리고 그 뒤 몇 년에 걸쳐서 다른 스코틀랜드-아일랜드인이 코네티컷 강 서안西岸, 뉴햄프셔 남부, 메인의 캐스코만 등에 정착했다. 그곳들은 모두 인디언 등으로부터 방어가 힘든 외진 곳이었다.

청교도 집회소 올드십 교회 회중교회주의자들은 영국 국교회의 지배를 거부하고 아메리카로 건너온 청교도의 한 갈래인데, 각 지역 신도(회중)를 중심으로 한 교회의 독립과 자치를 추구했다. 사진은 매사추세츠 힝엄에 있는 올드십 교회 내부로, 미국에서 유일하게 남아 있는 17세기의 청교도 집회소다.

스코틀랜드-아일랜드인과 같은 이민자들은 재산이 거의 없이 아메리카로 건너왔다. 일부 이민자는 신세계 생활을 시작하는 데 어려움을 겪었다. 서부에 좋은 땅이 있었지만, 그 땅을 경작하고 집을 지으며 농기구와 가축을 사들이는 데는 그들이 가진 것 이상의 돈이 필요했다. 당연한 일이지만, 가난한 상태로 도착한 사람들은 여전히 가난했다.

회중교회 목사였던 코튼 매더를 비롯하여 여러 뉴잉글랜드 주민이 그들을 불쌍히 여겼지만, 더 많은 사람은 스코틀랜드-아일랜드인이 다른 데로 이주하기를 바랐다. 가난한 사람들을 구호하는 사업에는 돈이 많이 들기 때문이었다. 그 뒤 20년 동안 일부 새로운 이민자는 뉴잉글랜드 말고 다른 곳으로 가라는 경고를 받았고, 또 일부 사람들은 보스턴에 정착할 수 있는 권리를 거부당했다. 1729년 보스턴의 군중이 스코틀랜드-아일랜드인을 배에서 내리지 못하게 한 일도 있었다. 이미 뉴잉글랜드에 들어와 있던 스코틀랜드-아일랜드인 또한 학대를 받았다. 우스터에 정착한 사람들은 1738년에 자신들의 교회를 지으려고 했으나 이웃의 개신교도가 그 교회를 철거해버렸다. 그 뒤 몇 년 우스터와 뉴잉글랜드의 다른 지역에 정착했던 대부분의 스코틀랜드-아일랜드인은 그곳을 포기하고 좀 더 우호적인 정착지를 찾아나섰다.

뉴잉글랜드에서 왔건 얼스터에서 직접 왔건 새로 온 사람들은 중부 식민지 지역에서는 환대를 받았다. 1740년 이후에는 뉴욕시와 필라델피아를 통과해 서부로 물밀듯 밀고 들어와서 델라웨어강과 서스쿼해나강 연안에 정착했다. 다른 일부 사람들은 오하이오강까지 나아갔고 이어 오늘날의 피츠버그까지 갔다. 이 지역들이 채워짐에 따라 스코틀랜드-아일랜드인은 남쪽으로 내려가 서부 메릴랜드, 버지니아, 남북 캐롤라이나로 이동했다. 어떤 사람들은 남부 주의 주요 항구 중 하나인 찰스턴을 통과해 남부 오지로 직접 들어갔다. 이 모든 지역에서 얼스터맨들은 농사를 짓고 곡식을 기르며 가축을 쳤다. 이 과정에서 서부의 인디언 지역과 동부 지역 사이에 있는 미개발 지역에 자연스럽게 정착했다.

스코틀랜드-아일랜드인이 흘러들어와 오지로 내려가는 동안, 또 다른 종류의 이민자 집단이 도착했다. 그들에게는 스코틀랜드-아일랜드인의 강인함은 없었으나 그에 못지않은 종교적 열정이 있었다. 또한 아메리카 식민지 어디에서도 찾아볼 수 없는 나름의 독특한 기술

1755년 무렵 아메리카로 건너온 이주민 분포도 18세기 다양한 유럽인들이 전쟁이나 폭동 등의 사회적 혼란 그리고 종교적 탄압을 피해서 아메리카로 이주하였다. 경제적 풍요와 자유에 대한 갈망이 컸던 이주민들은 초기 정착지였던 뉴잉글랜드보다 더 우호적인 지역을 찾아 점점 남서부를 개척해나갔다.

을 가져왔다. 이 집단은 독일에서 왔는데, 루터파Lutherans, 개혁파, 모라비아파Moravians의 대규모 인원과 메노파Mennonitis의 소규모 인원으로 구성되어 있었다.

실은 17세기에 이들에 앞서 소수의 독일인이 아메리카 식민지로 이민을 왔다. 그들은 펜실베이니아에 저먼타운이라고 불리는 정착지를 조성했다. 펜실베이니아 식민지의 창업주인 윌리엄 펜William Penn이 초기 이민자들을 끌어오는 데 공을 세웠다. 펜은 유럽의 박해받는 사람들을 자신의 식민지에 끌어오고 싶어 했다. 그런 의미에서 종교와 영농에 조용히 헌신하는 독일인은 특히 매력적인 이민 자원이었다. 그들은 의심할 나위 없이 아메리카 식민지에서 가장 뛰어난 농부들이었다.[6]

윌리엄 펜(1644~1718) 펜은 찰스 2세에게 북아메리카 델라웨어강 서안에 대한 지배권을 허락받고 그 땅을 펜실베이니아라 이름 지었다. 펜실베이니아는 라틴어로 '펜의 숲속 나라'라는 뜻이다.

윌리엄 펜은 자칭 프랑크푸르트 모임이라는 집단도 데려왔다. 이 모임은 인력을 동원하고 세금을 징수했다. 요한 켈피우스Johann Kelpius가 이끄는 두 번째 집단도 곧이어 도착했다. 지도자 켈피우스는 예수가 재림해 천년 동안 다스린다는 이상적인 왕국을 믿는 천년왕국설을 주장하며, 이 사악한 세계가 멸망을 맞이하고 새롭고 더 좋은 세계가 시작되기를 간절히 희망했다. 그의 추종자 중 한 사람도 그에 못지않은 강력한 희망을 품었고, 스스로 영감을 받았다고 주장하면서 1694년에 천년왕국이 시작된다고 예언했다. 하지만 지복 천년의 세월은 오지 않았다. 그래도 신앙만큼은 굳건하게 남았고, 독일인들은 하느님과 아메리카 땅에 대한 열성을 전혀 잃지 않았다.

미국 혁명 이전의 18세기에 적어도 10만 명의 독일인이 아메리카로 흘러들어 왔고, 스코틀랜드-아일랜드인처럼 서부에 정착한 뒤 꾸준히 버지니아의 셰난도아 계곡 아래로 내려갔다. 펜실베이니아가 이들을 가장 많이 받아들였는데, 1775년에 이르러 독일인의 인구는 이

아메리카에 도착한 독일 이민자들 18세기에 적어도 10만 명의 독일인이 종교와 경제적 이유 등으로 아메리카로 이주해 펜실베이니아주에 정착했다.

지역 인구의 3분의 1을 차지했다. 18세기 중반에 이르러서는 이와 비슷한 규모의 독일 이주민이 남쪽 멀리 조지아까지 내려갔다.

독일 이민자 집단들은 어떤 이민자 집단보다 서로 닮았지만 서로간에 차이점도 있었다. 스위스 지역 출신의 메노파는 자기들끼리만 어울렸고, 던커파Dunkers와 슈벵크펠트파Schwenkfelders 또한 지극히 배타적이었다. 독일인 집단 내의 양대 집단인 루터파와 개혁파는 전쟁에 대해 적극적이며, 전통 기독교적인 태도를 보였다. 반면 모라비아파와 메노파는 이와는 대조적인 태도를 보이면서 언제나 말이 없고 수동적이며 정치에 무관심했다.

스코틀랜드-아일랜드인과 독일 이민자 집단은 18세기의 백인 이민자 가운데 가장 많은 수를 차지했다. 이들 외에 다른 이민자 집단도 있었는데, 일부는 17세기에 이민을 왔고 다양한 방식으로 발자취를 남겼다. 중부 식민지에는 네덜란드인, 스웨덴인, 핀란드인이 있었고, 도시에는 소수의 유대인이 살았다. 또 웨일스인, 아일랜드인, 프랑스인도 있었지만 이들은 기껏해야 수천 명을 넘지 않았다. 나중에 도착한 사람들로는 스코틀랜드인이 있었는데, 혁명 직전의 30년 동안에 2만 5000명 정도가 유입됐다. 영국 고원지대에 살던 스코틀랜드인은 가난 때문에 가장 뒤늦은 1760년대에 이민을 왔다. 그들은 중부 식민지와 남북 캐롤라이나의 여러 지역에 정착했다.[7]

이들 스코틀랜드-아일랜드인, 독일인, 네덜란드인, 스코틀랜드인, 그리고 나머지 집단에게는 한 가지 공통적인 특징이 있었다. 가난과 종교적 박해와 같은 본국의 절망적인 상황 때문에, 또한 그에 못지않게 중요한 그들의 내면적 필요 때문에, 이민으로 내몰린 사람들이라는 것이다. 수백만 명에 달하는 이들의 동포는 유럽에 그대로 남아서, 종교적 박해와 지독한 가난을 견디며 척박한 땅과 부유한 지주로부터 생계를 유지하기 위해 안간힘을 쓰고 있었다. 아메리카 식민지로 건너온 사람들은 유럽에 남은 사람들보다 더 강인할 수도 있고 아닐 수도 있다. 어느 쪽이든 그들은 가난이나 박해 등 더 이상의 압박은 참지 않겠다고 결심한 사람들이었다. 그들은 저항하거나 도피한 사람들이었지만, 편안함과 성공을 추구하는 삶으로부터 스스로 절연한 이탈자라는 점에서 분명 특이한 사람들이었다. 18세기 언어로 말해보자면, 그들의 계급은 '중간과 그보다 더 가난한 부류'였다.

식민지가 성장하다

아메리카 식민지로 이주한 이민자들은 부지불식간에 아메리카 사회의 영국 성향을 약화시켰을 뿐만 아니라, 아메리카 식민지 인구의 성장에 기여했다. 다산多産하는 사람들이 자연스럽게 증가해서 18세기 내내 중요한 역할을 수행했다. 인구 통계 수치를 비교해보면 인구 증가가 얼마나 폭발적이었는지 알 수 있다. 1700년에 13개 식민지에는 대략 25만 명이 살고 있었다. 미국 독립 당시 이 인구는 250만 명으로, 과거보다 적어도 10배 이상 늘어났다. 식민지 전역에서 고르게 증가한 것은 아니었고, 매해 또는 매 10년마다 동일한 속도로 늘어난 것도 아니었다. 가장 믿을 만한 추정치에 따르면, 인구는 매 20년 또는 25년마다 2배가 되었는데, 이는 아주 놀라운 증가 속도였다.[8]

대부분 농촌 지방에서 인구가 증가했는데, 전체 아메리카인의 90퍼센트 이상이 사는 농장과 마을이 인구 증가의 주역이었다. 물론 도시

1720년대 보스턴 항구 아메리카 항구도시 보스턴은 식민지 무역의 중심지 역할을 했다.

에서도 인구가 늘어났다. 1775년 이전의 30년 동안에 필라델피아는 1만 3000명에서 4만 명으로, 뉴욕은 1만 1000명에서 2만 5000명으로, 찰스턴은 6800명에서 1만 2000명으로, 뉴포트는 6200명에서 1만 1000명으로 늘어났다. 오로지 보스턴의 인구만이 이 30년 동안 안정되어 있어서 1만 6000명 수준에 머물렀다. 이 도시들은 항구 도시였고 상업이 번창했다. 각 도시는 내륙의 농촌 지역과 연결되어 있었다. 농촌 지역은 잉여 농산물을 도시로 보내고 해외에서 수입해온 제품이나 도시의 소규모 공장에서 만든 제품을 소비했다.[9]

식민지의 인구 증가와 함께 식민지 경제는 고르지는 않았지만, 완만한 성장세를 보였다. 이런 경제성장은 꾸준한 인구 증가, 도시의 확대와 서부 진출, 농산물 생산의 증가, 활발한 해상 운송, 해외 무역 등의 결과였다. 남부의 식민지가 북부보다 더 급속하게 성장했는데, 대체로 18세기에 노예의 수가 증가한 결과였다.

아메리카 식민지에서는 온갖 종류의 무역도 계속 성행했다. 1688년에 식민지는 2800만 파운드의 담배를 영국에 수출했는데, 1771년에는 그 수량이 1억 500만 파운드로 늘어났다. 사우스캐롤라이나에 위치한 찰스턴의 쌀 수출은 1725년에 비해 1774년에는 8배로 늘어났다. 1775년 식민지의 대 영국 수출 총액은 18세기 초에 비해 7배 이상이나 증가했다. 빵, 고기, 곡류, 생선, 그 외에 다양한 제품의 수출이 18세기에 들어와 큰 폭으로 늘어났다. 이와 함께 영국, 서인도제도, 유럽으로부터의 물품 수입 또한 크게 증가했는데, 어떤 경우에는 대량으로 수입됐다.[10]

이러한 무역 확대가 실제적인 경제성장을 의미하는지는 확실하지 않다. 경제성장이 생산량 증가 또는 1인당 개인소득을 의미하는 것이라면 그렇다고 자신 있게 말할 수 없다는 뜻이다. 경제사학자들은 18세기에 노동 단위당 산출량이 증가했다고 말한다. 후대의 기준에 비추어보면 사소하지만 기술 향상도 경제성장에 일정한 역할을 했다. 또한 식민지 제품에 대한 해외의 요구도 경제성장에 기여했는데, 그 덕분에 식민지인은 자원을 더욱 효율적으로 활용해야만 했다. 그러나 경제성장에 가장 큰 힘이 된 것은 서부 진출 덕분에 1인당 사용 가능한 토지가 늘어난 것과 노동력과 자본을 증가시켜주는 노예의 수가 늘어난 것이었다.[11]

인구 증가와 경제성장, 서부로의 진출, 그리고 비교적 소규모이지만 도시로의 인구 이동 등은 아메리카 식민지를 끊임없이 변화하는 사회로 만들었다. 그리고 18세기에 스페인 왕위 계승 전쟁과 프랑스와 스페인을 상대로 한 7년 전쟁으로 호황과 불황을 반복하면서 이른바 '가변적 불안정성'이 생겨났다.[12] 이와 같은 많은 변화 탓에 때문에 식민지 사회에 대해서 정확하게 묘사하기가 어렵다. 이 사회에 대해 많은 것이 알려져 있지만, 구조나 내적 작용에 대해서는 깊이 이해되지 못했다.

아메리카 사회는 계급으로 계층화하는 경향도 보였다. 상류계급은 부와 생활양식 면에서 다른 사람들과 서서히 구분되기 시작했다. 반면, 수는 적지만 아주 가난한 하층계급이 도시에 나타났다. 식민지인의 대규모 단일 집단은 중산층인 농부 집단이었는데, 이들은 땅을 소유하고 경작했다.

농촌 지역에서는 많은 땅을 가진 지주들이 스스로를 남과 구분했다. 그중 소수는 수십만 에이커의 땅을 소유했다. 엄청난 땅을 소유한 지주 토호들은 대체로 현지에 살지 않았다. 4000만 에이커가 넘는 땅을 가진 펜 가문이 가장 큰 지주였는데, 캐롤라이나 식민지의 창설자인 카터렛 가문Carterets, 메릴랜드 식민지의 창설자인 캘버트 가문Calverts, 버지니아 식민지의 개척자인 페어팩스Fairfax 경 등도 수백만 에이커씩의 땅을 소유했다. 미국 혁명이 시작되기 몇 년 전에, 이 대지주들은 영국의 대지주 가문과 맞먹는 토지 수입을 올리고 있었다.[13]

도시에도 엄청난 재산을 가진 사람들이 있었다. 대부분은 상인이었는데 일부 인사들은 상업과 법조계에 함께 종사했고, 또 다른 사람들은 제조업으로 진출했다. 가령 프로비던스의 성공한 사업가 집안인 브라운 가문Browns은 제철공장을 세웠고, 뉴잉글랜드의 다른 제조업자들과 마찬가지로 향유고래에서 나오는 경랍 기름으로 양초를 만들었다. 펜실베이니아에는 철공이 많았다. 그들이 모두 해외 무역에 종사한 것은 아니었지만 그런대로 많은 사람이 참여했다. 그들로서는 선철 생산이 큰 돈벌이가 되는 사업이었다.[14]

도시에서는 상업으로 대부분 큰 재산을 형성했다. 18세기 중엽에 이르러 주요 도시 내의 여러 상인이 대영제국 내외의 대서양 연안에 퍼져 있는 연줄을 통해 이름과 재산을 널리 알렸다. 현지에서는 그들의 명성이 자자했다. 점점 더 많은 상인이 서로 통혼했고, 몇몇 상인은 식민지의 경계를 넘나들며 다른 지역의 가문과 인연을 맺었다. 이렇게 하여 뉴포트의 레드우드 가문Redwoods, 보스턴의 어빙 가문Ervings, 필라델피아의 앨런 가문Allens, 쉬펜 가문Shippens, 프랜시스 가문Francises, 뉴욕의 딜랜시 가문DeLanceys, 찰스턴의 이저드 가문Izards 등이 다른 식민 주에서도 가족 관계를 맺었다.[15]

뉴욕의 허드슨 계곡 주위의 대지주들, 메릴랜드·버지니아·사우스캐롤라이나의 대농장주들은 상인들보다 더 큰 부를 소유했을 가능성이 높다. 다수의 농장주들은 수천 에이커의 땅을 소유했고, 비교적 소규모의 땅만을 직접 경작하면서 나머지 땅은 모두 소작을 주었다. 이 토호들은 농촌 지방에서 귀족계급을 형성했고, 일부 인사들은 의식적으로 영국 귀족을 모방했다.

몇몇 대규모 지주들은 17세기에 발급된 칙허장과 토지 특허장을 부의 원천으로 삼았다. 특허장은 처음 발급된 이후 100여 년 동안은 가치가 없었다. 특허장에는 원래 소작인이 소유주에게 지대·수수료·소작료 등의 봉건적 수입을 지불해야 한다고 명시되어 있었지만, 소유주는 그런 수입을 벌어들이지 못했다. 이런 납부의무를 이행할 인구가 17세기에는 존재하지 않았기 때문이다. 그러다 식민지 인구가 큰 폭으로 늘어난 18세기에 들어와 펜 가문과 캘버트 가문 같은 원 칙허장의 소유주들은 칙허장 덕분에 비로소 수입을 올리게 되었다.

아메리카 식민지에서는 소수의 봉건 영주, 다수의 대상인, 농장주들, 부유한 법률가 등이 상류계급을 형성했다. 미국 혁명 이전의 75년 동안 이런 집단에 부가 점점 집중되는 추세가 장기적으로 나타났

로드아일랜드 특허장 17세기에 영국 국왕이 수여한 특허장은 식민지에서의 토지 점유, 이민 유치, 무역 독점, 지방 통치 등의 권리를 부여했다. 100년 가까이 특별한 의미가 없던 토지 특허장은 식민지 인구가 폭증하면서 지주들 수입의 원천이 되었다.

는데, 이에 대해서는 증거도 있다. 한 역사학자는 1687년에서 1774년 사이에 보스턴의 상위 최고 부자 5퍼센트가 과세 대상 부의 점유율을 30퍼센트에서 49퍼센트로 늘렸다고 주장했다. 필라델피아에서는 동일 집단의 점유율이 33퍼센트에서 55퍼센트로 늘었다. 하지만 1774년 당시 과세 대상 부의 측정 기준이 1687년과는 달랐다는 점이 문제로 제기된다.[16]

최근에 여러 역사학자가 아메리카 식민지의 경제 상황에 대한 유용한 통계 수치를 많이 내놓았다. 이런 자료들을 통해 18세기에 사회 계층화가 발생했다는 점을 알 수 있다. 이와는 다른 종류의 사례도 있었다. 보스턴과 필라델피아에서는 사회의 하위 50퍼센트가 과세 대상 부의 5퍼센트를 소유했다. 어느 역사학자는 또 다른 측정 수단을 활용해 1720년과 1770년 사이의 필라델피아에서 세금을 전혀 내지 않는 사람의 비율이 2.5퍼센트에서 10.6퍼센트로 늘어났다는 점을 밝혀냈다. 이 역사학자는 1772년경 필라델피아의 성인 남자 네 명 중 한 명은 당시의 기준으로 가난한 사람이었다고 추정했다. 이 가난한 집단 중 절반은 이런저런 종류의 공공 보조금을 받거나 아니면 감화원感化院, 구빈원, 펜실베이니아의 가난한 병자 병원에 들어갔다. 나머지 절반은 재산이 거의 없어서 세금을 내지 않았다.[17]

하지만 이러한 추상적인 통계 수치는 도시 빈민의 황폐한 삶을 다 말해주지 못한다. 틀림없이 어떤 빈자는 밥을 굶었을 것이고, 어떤 빈자는 아주 비좁고 비위생적인 집에서 살았을 것이며, 어떤 빈자는 아파도 치료조차 받지 못했을 것이다. 그리고 1750년대 이후에, 이민자 집단에 새로운 부류의 사람들이 편입되었는데, 그들은 18세기 중반의 전쟁에서 전역한 군인들, 전쟁과 인구 증가 때문에 생긴 사회적 불안정으로 피해를 본 많은 사람이다. 당연한 일이지만, 이들은 힘이 있을 때에는 항의를 했고, 거리에 나가 빵을 달라고 요구하거나 자신들의 빈궁한 처지를 당국에서 인정하고 조치를 취해달라는 폭동을 일으켰다.

하지만 도시에서 일어난 빵 폭동으로 빈자들은 빵은 커녕 그 어떤 것도 변변히 얻어내지 못했다. 18세기에 발생한 이런 폭동은 대규모로 벌어지지는 않았다. 도시의 빈자들이 소수였기 때문이다. 그래서 어떤 폭동도 공공 당국의 통제권에 위협이 되지 못했다. 도시가 식민지 경제의 중추이기는 했지만, 당시 그곳에는 비교적 소수의 주민만

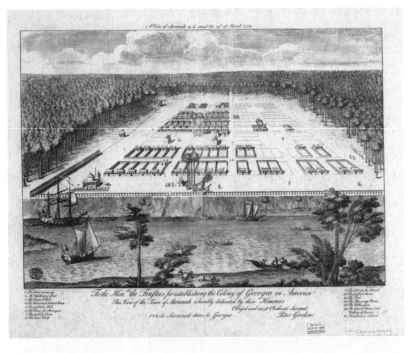

18세기 초 조지아 식민지 18세기에 식민지 인구가 폭증하면서 농장 소유주들은 소작인들에게서 각종 비용을 거두어 부를 축적했다.

살고 있었다. 적어도 식민지 인구의 90퍼센트가 인구 8000명 이하의 마을이나 촌락에서 살고 있었다. 그리고 그 90퍼센트의 대부분은 농장이나 소규모 촌락에서 살았다. 도시 빈민 계층 중에는 극소수의 아메리카 태생의 아메리카인도 포함되어 있었다. 가난한 사람들은 도시보다는 농가나 농장에 더 많이 살았는데, 그조차도 그리 많은 수는 아니었다.[18]

농사를 짓는 아메리카인 중 과반수는 자기 땅을 갖고 있었다. 하지만 어디에나 땅 없는 노동자들도 살았다. 이들은 땅을 소작 받아서 농사를 지었다. 그렇기는 해도 이들은 자유 토지 보유자freeholder와 거의 비슷한 수준의 독립을 보장받았다. 이들은 자유농이 되기를 열망하는 집단이었다. 뉴욕, 버지니아, 메릴랜드의 3대 식민지에는 가장 많은 수의 소작농이 살았다. 얼핏 보면 이런 식민지의 일부 지역에는 영주와 소작농으로 이루어지는 마치 신세계 봉건주의가 존재하는 것 같았다.

표면적으로 볼 때, 뉴욕의 허드슨강 일대보다 더 봉건적인 땅은 없었다. 그곳에는 대규모로 영주의 토지인 '장원'이 조성되어 있었고, 강의 동쪽 강변에만 6개의 웅장한 장원이 들어서 있었다. "장원의 소유주는 때때로 자신을 구세계의 봉건 '귀족'으로 생각했고, 실제로 귀족의 특혜와 면책을 일부 누리고 있었다. 예를 들어 일부 소유주의 특허장에는 다음과 같은 허가가 포함되어 있었다. "장원의 영주 법정을 개설해 민·형사 사건을 심리한다. 수렵과 어업, 목재의 벌채, 곡식의 제분 등을 통제한다. 장원 전속 목사를 임명한다." 또한 대부분의 소유주는 재산 몰수 권한을 갖고 있었다. 특히 소유주들은 소작농이 지대를 지불하지 않을 경우에 그들의 재산을 몰수할 수가 있었다. 또한 1년에 며칠 동안 담장과 도로를 보수하는 일에 소작농들을 강제 동원

뉴욕 인근 허드슨강 영국 식민지 시기 허드슨강 서안으로 거대한 장원과 독립 농장들이 들어서며 아메리카 농업 중심지로 발전했다.

할 수 있었다.[19]

실제 벌어지는 상황은 이런 권리의 주장과는 종종 달랐다. 이런 권리는 일률적으로 적용되지 않았고, 어떤 경우에는 아예 적용되지 않았다. 인가와 특허 상에 명시되어 있기는 했지만 영주 법정은 거의 열리지 않았다. 지역의 카운티 법정이 그 기능을 대신해 법률 서비스를 제공했기 때문이다. 다른 권리들도 대부분 행사되지 않거나 아니면 행사되더라도 그리 중요하지 않았다.

아메리카 식민지에서는 많은 사람이 소작을 원하기는 했으나 소작농의 조건이 그리 좋진 않았다. 소작농들은 뉴욕 허드슨 계곡 대장원의 땅을 경작하고 소정의 지대를 지불했다. 때로는 그런 장원을 운영하는 높은 사람들에게 경의를 표하기도 했다. 그렇다고 소작농의 운명이 보기만큼 그리 나쁘지는 않았다. 그들은 유럽의 농부들처럼 영주에게 영구히 예속되는 의무는 없었기 때문이었다. 허드슨 계곡의 영주들은 활용할 수 있는 것 이상으로 많은 땅을 가지고 있었는데, 18세기에 들어와 영국 정부로부터 그 땅을 활용하라는 압력을 받고 있었다. 정부가 생산에 활용된 땅에서 나오는 지대의 수수료를 원했기 때문이다. 코네티컷과 매사추세츠에서 흘러들어 온 무단 거주자 또는 정착민의 존재도 지주들이 토지 활용을 서두르는 이유였다. 지주들은 돈을 전혀 내지 않는 이 무단 거주자들을 조금이라도 지대를 내는 소작농으로 전환하려고 했다. 토지 소유주들은 처음 몇 년 동안 지대의 납부를 유예해주면서 소작농들을 유인했다. 또한 농기구와 가축을 빌려주기도 했다.[20]

이런 유인책은 성공을 거두었는데, 적어도 소작농들을 끌어들이는 효과가 있었다. 그러나 소작농은 으레 자유농이 되고 싶어 했고, 일단 출발의 수단으로 토지를 빌렸을 뿐 영원히 예속 상태로 남아 있으려고 하지 않았다. 그들은 소작농으로 농사를 짓다가 수입을 축적하면 그다음에는 땅을 사들였다. 허드슨 계곡의 영주들은 미국 혁명이 가까워오던 그 시기에 소작농들이 소작을 받아 농사를 짓던 땅에서 떠나는 광경을 자주 목격해야 했다.

반면 캘버트 가문의 영주 식민지였던 메릴랜드의 소작농들, 특히 소유주 장원의 소작농들은 활용할 땅이 비교적 넓었던 뉴욕의 소작농들과는 다른 삶을 살았다. 그들에게는 자유농 계급으로 신분이 상승할 가능성이 별로 없었다. 그들은 변화 없는 삶을 살았다. 같은 장소에서 가난하게 수십 년을 살면서 같은 땅을 경작했다. 그들은 그 땅을 수십 년 동안 임차했고, 일부 소작농은 소유주 영지에서 살다가 죽은 부모의 임차권을 물려받기도 했다. 어떤 소작농은 아버지의 땅 옆에 있는 땅을 임차했다. 오로지 소수의 사람만이 그 땅을 소유했고, 한두 명의 노예를 소유한 농부는 그보다 더 드물었다. 밀을 경작하는 동부 해안의 농부들은 내륙에서 담배농사를 짓는 농부들보다는 생활 형편이 나았다. 그러나 어느 경우이든 생활 조건이 비참하긴 마찬가지였다. 비좁은 집에서 대가족이 우글거리며 살았고, 원시적 기술로 영농을 했으며, 가축과 헛간은 별로 없었고, 빚을 진 경우도 많았다.[21]

다양한 당파가 생겨나다

미국 혁명 이전 시기 아메리카의 정치는 어땠을까? 통상 어떤 정치제도도 그 사회의 필요를 완벽하게 반영하지는 못한다. 아메리카 식민지 내의 어디서도 완벽한 정치제도를 구축하지는 못했다. 식민지 정부는 영국 쪽으로부터 전달된 칙허, 특허, 왕실의 명령 등에 연원을 두고 있었고, 정부 지도자들은 자신들을 영국 왕실이 임명한 인사로 생각했다. 또한 대표적인 영주 식민지였던 펜실베이니아와 메릴랜드의 지도자들은 18세기에 들어와 스스로를 영주로부터 임명을 받은 사람이라고 생각했다.

아메리카의 정치를 특징짓는 또 다른 상황도 있었다. 칙허나 특허 같은 영국과의 관계보다 더 중요한 것이 있었는데, 바로 투표권이다. 13개 식민지에는 주민이 선출한 정부가 들어서 있었고, 투표권은 거의 언제나 토지와 결부되어 있었다. 18세기 중반까지만 해도 토지는 비교적 쉽게 구입할 수 있어서, 대부분의 백인 성인 남자는 지방선거

펜실베이니아 식민지의회에서 발언하는 프랭클린 아메리카 각 식민지는 영국을 본떠 자치정부라는 정치형태를 이루어 식민지의 주요 사업을 결정했다.

에서 투표권을 행사할 수 있었다. 하지만 토지 소유권이 투표자의 필수 요건은 아니었다. 뉴욕에서는 토지 임차권자에게도 투표 자격을 부여했으므로 선거일에는 수천 명의 소작농이 투표를 하러 투표소로 몰려갔다.[22]

영국 정부와 마찬가지로 아메리카인도 관직을 그들끼리 나눠 가지면서 평화를 유지했고, 대체로 그런 식으로 질서를 유지했다. 하지만 그들은 관직 이상의 것, 이권을 추구했다. 식민지 의회에도 영국 의회처럼 찰스 디킨스의 소설에 나오는 관직추구형 인물인 '부들 경' 같은 이들이 있었는데, 아메리카의 '부들'들은 영주나 귀족이 아니었다. 1750년까지 아메리카 식민지의 실제 권력은 하원에 있었다. 아메리카의 '부들'들은 정치적 관직 배분 이상의 것을 원했다. 식민지의 정치적 이권은 별로 많지 않았고, 설령 있다고 해도 영국에 거주하는 어느 장관이나 국왕이 임명한 총독이 그 이권을 배분했다. 그래서 아메리카의 부들들은 그보다 더 큰 먹잇감을 노렸다. 바로 투기나 농장 건설용 토지를 확보하는 일이었다. 또한 공사 계약, 18세기에 자주 벌어졌던 전쟁에 필요한 물자와 장비 계약, 도로·다리·부두 및 기타 경제 개발에 필요한 시설 계약 등을 확보해 그 이권을 나눠 가졌다.

이런 활동 덕분에 13개 식민지 정부는 영국 정부에 비해 할 일이 많았다. 자칭 식민지의 소 의회들little Parliaments은 활기가 흘러넘쳤다. 각종 이권이 많이 걸려 있었기에, 상당한 갈등을 겪기도 했다. 그리하여 이권에 따라 만들어진 시끄럽고 혼란스러운 분파주의가 미국 혁명 이전 식민지 의회의 의사 절차를 지배했다. 그러나 13개 식민지가 모두 분열되거나 분파주의로 혼란을 겪지는 않았다. 식민지 중에서 규모가 큰 버지니아는 때때로 활발한 선거운동 분위기를 보였지만, 정치는 일상적으로 평온했다. 지주 계급의 엘리트들이 행정을 맡아서 일반 대중의 이익을 위해 일했고, 아주 가끔만 자신들의 이익을 돌보았기 때문이다. 1765년의 인지세법Stamp Act이 통과되기 전 25년 동안, 뉴햄프셔의 정계도 아주 조용하게 흘러갔다.

왜냐하면 뉴햄프셔의 총독인 베닝 웬트워스Benning Wentworth와 엘리트 계급이 행정을 맡았기 때문이다. 웬트워스와

1페니 인지 영국 정부는 아메리카 식민지의 방위비 일부를 식민지에 부담시키기 위해 1765년 인지제를 제정했다. 이에 따라 신문을 비롯하여 모든 문서에 관공서에서 구입한 인지를 붙여야 했다.

그의 친척과 친지들로 구성된 엘리트 계급이 1741년에서 1767년 사이에 뉴햄프셔의 정계를 주름잡았다. 웬트워스는 정치적 후원과 토지 불하에 관대했고, 이에 만족한 총독의 행정 자문위원회와 법원은 그의 행정 업무를 적극 지원했다. 하원의원들 또한 이따금 마을 전체의 토지를 불하받고 총독의 아첨을 받으면서 만족했다. 웬트워스는 단지 뇌물만으로 지지 세력의 애정을 이끌어내지는 않았다. 그는 그들의 이권, 특히 돛대 · 목재 · 선박 거래의 이권을 적극 보호했다. 뉴햄프셔의 돛대 거래와 목재 산업에는 노동력이 너무 많이 필요해서 때때로 노동자들에게 필요한 식량을 수입해야 할 정도였다. 이 사업을 적극 후원하다 보니, 웬트워스는 삼림을 함부로 벌채하지 말라는 국왕의 지시를 때때로 무시해야 했다. 오히려 그는 그런 지시에 별로 신경 쓰지 않았다. 뉴햄프셔의 다른 유지들도 마찬가지였다. 그만큼 그곳 정부는 안전하면서도 안정적으로 운영됐다.[23]

버지니아, 뉴햄프셔, 그리고 그 외에 한두 지역의 평온한 정치 상황은 다른 식민지의 불안정한 정치 상황과 대비된다. 뉴햄프셔 바로 옆인 매사추세츠의 정치는 파벌이 각축하는 식민지의 일반적인 정치 상황과 비슷했다. 다른 식민지에서도 그렇지만 매사추세츠에서도 갈등은 대부분 국왕이 임명한 총독을 둘러싸고 벌어졌다. 현지 인사들과의 갈등으로 일부 총독은 힘들게 지냈다. 18세기 초에 총독을 지낸 조지프 더들리Joseph Dudley도 그런 운명을 겪었다. 그의 후임자들인 새뮤얼 슈트Samuel Shute, 윌리엄 버넷William Burnet, 조너선 벨처Jonathan Belcher 등도 현지 의회 그리고 인디언과의 영토분쟁, 왕실 관리 급료 문제 등으로 아주 처절한 갈등을 겪어야 했다. 반면 1741년에서 1757년까지 총독을 지낸 윌리엄 셜리William Shirley는 임기 말 프랑스와 벌어졌던 프렌치-인디언 전쟁 덕분에 정치적 평화를 누렸다. 왜냐하면 이때 관직과 각종 공사 계약을 나눠줄 수 있었는데, 이는 정치적 반대세력을 무장해제시키는 좋은 수단이었기 때문이다.[24]

그러나 펜실베이니아에서는 전쟁 때조차도 당파들끼리 18세기 내내 서로 헐뜯어댔다. 매사추세츠와 마찬가지로, 이곳에서도 지사는 으레 많은 비난을 받았다. 특히 펜실베이니아 지사에게는 나름의 문제가 있었다. 그는 펜실베니아 식민지의 창업주 윌리엄 펜의 상속인인 부재 영주 토머스 펜Thomas Penn의 대리자였는데, 이 영주는 자신의 방대한 땅에 대한 세금을 영국에 납부하기를 거부했다. 토머스 펜은 1746년에 펜실베이니아 영주권을 상속했는데 미국 혁명 전야인 1760년대 그에 대한 주민의 환멸이 극에 달했다. 그래서 벤저민 프랭클린과 다른 인사들은 국왕에게 식민지 정부를 직접 인수해달라고 청원했다.[25] 하지만 이 청원은 받아들여지지 않았고 펜실베이니아의 평온한 정치도 실현되지 못했다.

뉴욕 역시 여러 파당으로 분열되어 국왕이 임명한 총독과 격렬하게 싸운 것처럼 자신들끼리도 치열하게 치고받았다. 반면에 로드아일랜드는 지사를 직접 선임했고, 주민은 세관 관리 이외에는 왕실 관리를 거의 보지 못했다. 그렇지만 이곳도 현지 파당이 생겨나서 이 식민지의 명성을 깎아내렸다. 메릴랜드와 노스캐롤라이나는 여러 면에서 로드아일랜드와 달랐고 그들끼리도 달랐지만, 총독과 정기적으로 이권을 둘러싼 당파 싸움을 벌였다.[26]

파당은 관직 배분으로 배를 불리고 권력자의 손에 있는 자원을 통해 영양분을 얻는다. 그들은 갈등을 통해 자신들의 이익을 이끌어내지만, 그렇다고 해서 정계를 해체하지는 않는다. 그들은 갈등에 한계가 있다는 점을 잘 알고, 그 이상으로 밀어붙이면 정치제도가 붕괴할 수 있다는 점도 알았다. 그리하여 당파 게임이 운영되는 규칙이 마련되었는데, 반대파에 대한 폭력 행사를 금지한다는 규칙이었다. 식민지의 '부들'은 역사를 충분히 공부해 폭력의 위험을 잘 알았다. 대부분의 식민지는 17세기에 여러 반란을 겪었다. 이런 반란은 18세기의 사람들을 불안하게 만들었다.

또한 그들은 영국에서 벌어진 내전에 대해서도 알고 있었다. 그들은 반란이나 내란이 일어나면 정치 관직, 미개발된 대륙, 사회질서 등 많은 것이 위태롭게 되리란 점을 인식했다. 능력 있는 자가 더 많은

찰스왕의 처형 1638–1651년에 일어난 영국 내전은 찰스 1세와 시민 의회와의 전쟁으로 의회군의 승리로 찰스 1세는 처형 당했다.

이권을 가질 수 있는 상황에서 많은 사람이 원칙을 무시한 행동에 나섰고, 정치적 갈등이 발생했다. 그러나 그들은 반란이나 내란에 대한 두려움 때문에 이권 다툼을 일정한 범위 내로 제한하기도 했다. 또한 원칙이 없는 당파 갈등을 경계했다. 그런 갈등이 계속되면 돌이킬 수 없는 상황을 맞이할지도 모르기 때문이었다.

이렇게 하여 18세기의 식민지에는 전반적인 안정 속에서 당파주의가 자리 잡았다. 역설적이게도 갈등을 만들어내는 힘이 정치질서에도 기여했다. 예를 들어 대부분의 백인은 투표권을 가지고 있었다. 유권자 수가 많아지면 선거운동이 격렬해지기도 하지만, 유전자 자신들이 정치제도의 일부라는 사명감을 느끼기도 한다. 정부가 상당한 권력을 가지고 있으면 사람들은 그 정부를 통제하고 싶어 하지만 동시에 정부도 어느 정도 자제하게 되는데, 이것은 사회제도 내에 형성되는 여러 사회적 관계를 수용한 결과이기도 하다.

18세기의 이러한 사회관계에 대한 인식은 처음 식민지가 건설되던 시기보다는 약해졌지만, 그래도 그 중요성은 유지되고 있었다. 이런 인식의 핵심에는 국가기관이 가정, 교회, 심지어 학교와 대학 같은 다른 제도와 연결되어 있다는 신념이 자리잡고 있다. 이런 상호 연결의 정확한 성격은 분명하지 않지만, 연결 관계는 분명히 존재했다. 세상사에 밝은 사람들은 귀족적 리더십의 존재에서 위안을 얻었다. 사실상 거의 모든 식민지 정치제도에서 귀족이라는 '더 훌륭한 자들'이 지도를 했기 때문이다. 대대로 유한계급에서 배출되는 이 리더십을 평범한 사람들은 사회제도와 정치제도가 영원하다는 증거로 받아들였다.

이런 식으로 식민지 정치와 사회는 여러 모순을 드러냈지만, 다른 한편 여러 가지 놀라운 합의와 단결을 과시했다. 부동산 소유자들과 사업가들이 주도하기는 했어도, 경제는 식민지 고유의 것이었다. 항해법과 무역법의 존재 때문에 식민지의 성장을 억제하려는 해외의 규정으로부터 자유롭지는 못했지만, 그래도 식민지 경제는 성장했다. 미국 혁명 전야의 식민지 사회 구조는 심하게 영국에 편중돼 있었다. 하지만 유럽 대륙에서 다수의 비영국계 이민자가 식민지로 들어오면서 영국에 편중된 사회 구조는 희석되었다. 대체로 영국의 대의제도를 모범으로 삼은 정치질서는 총독들이 주도했다. 그리고 이 총독들은 특허장으로 임명된 정치적 법인 식민지인 코네티컷과 로드아일랜드를 제외하고는 영국 본국에서 임명을 받았다. 그러나 이 총독들이 지니고 온 본국의 훈령과는 다르게, 대부분의 행정 업무는 현지의 관심사 위주로 이루어졌다. 아메리카 식민지인은 스스로 통치하려는 의욕이 정도에 지나쳐 종종 당파정치에 빠져들었으나, 정치를 원활하게 돌아가게 만드는 규칙을 준수했다.

종교적 열정을 일으킨 대각성 운동

종교, 특히 1740년 이후의 종교도 정치와 유사한 모순을 보였다. 13개 식민지 가운데 9개 식민지에는 주민들에게 종교세를 받는 기존 (국)교회가 설립됐다. 그러나 가장 열성적인 신자들은 그 교회 밖에 머무르며 입교入敎를 신청하지 않았다. 그들은 성령의 부름을 따르면서도 기존 교회의 형식주의와 합리주의를 죄악이라고 부르며 경멸했다. 이들 열성적 신자들 사이에서도 여러 문제에 대해 의견이 분열됐다. 성체성사, 사제의 자격, 자녀들의 교육, 예배 절차 등에서 모두 의견이 일치하지 않았다.[27]

순수한 믿음을 추구하던 회중교회주의자들은 17세기에 뉴잉글랜드에 정착했는데, 18세기에도 회중교회를 고집했다. 18세기 초에 회중교회주의자들은 영국국교도, 퀘이커 교도, 침례교도 같은 강력한 종파들과 갈등을 벌여야 했다. 이 종파들은 회중교회 측에 세금 내는 것을 면제받기 위해 투쟁했다. 이들은 회중교회에 공통적으로 염증을 느끼고 있었지만 그 밖의 사항에 대해서도 별로 합의를 이루지 못했고, 개별 종파 내에서도 단합이 잘 이루어지지 않았다. 때로는 격렬한 논쟁이 벌어져서 단합을 위협했는데, 특히 대각성 운동Great Awakening 이후에는 그런 사태가 더 심각해졌다. 대각성 운동은 1740년대에 있었던 종교 부흥 운동을 가리키는 용어인데, 이 현상은 개신교 내의 관

대각성 운동의 유명한 부흥사인 화이트필드 목사의 설교 장면 1740년대에 일어난 대각성 운동은 개인의 종교적 각성을 중요시하며 미국 혁명에도 영향을 미쳤다. 개인적 종교 감정을 중시하고 일반신자도 설교하는 등 신 앞에 모두가 평등하다고 여기는 교리상 이유로 회중교회주의자들과 갈등을 빚었다.

습을 많이 뒤흔들어놓았다. 예를 들어 침례교는 대각성 운동의 영향으로 '분리파separate'와 '정규파regular'로 나뉘었다. 또한 대각성 운동으로 인한 신자들 사이의 갈등으로 '새로운 빛파New Lights'와 '오래된 빛파Old Lights'가 생겨났다. 그렇지만 이러한 대각성 운동을 겪고도 회중교회는 특히 매사추세츠와 코네티컷에서 안정적으로 유지됐다. 회중교회주의자들은 이 두 식민지에서 19세기 후반에 이르기까지 일반 대중의 지지를 받았다.[28]

이와 달리 뉴잉글랜드의 교회는 여러 종파들이 갈등했던 중부 식민지 교회에 비하면 다소 유순했다. 이곳에서는 18세기 중반에 이르러 진정한 종교 다원주의가 확립됐다. 다원주의는 종교적 자유를 창출하

윌리엄 펜과 퀘이커 교도 퀘이커교는 1647년 영국의 조지 폭스가 창시한 신교로 탄압을 피해 아메리카로 온 신도들은 윌리엄 펜이 다스리던 펜실베이니아에 정착했다.

는 데 도움을 주었다. 이전 시기인 18세기 초반까지는 관용의 숨결을 거의 느낄 수 없었다. 17세기 후반에 펜실베이니아를 건설하는 데 주도적인 역할을 했고 영국에서 박해를 견뎌냈던 퀘이커 교도조차 아메리카에 건너와서는 종종 분란을 일으켰다. 아무튼 1720년 무렵, 아메리카 식민지의 다른 종파들과 교회들은 더 많은 신자를 확보했다. 퀘이커 교도는 결국 신자 수에서 다른 종파에 밀리게 되었다. 18세기 중반까지 펜실베이니아 정부를 계속 지배하던 퀘이커교는 그 이후 장로교에 밀려 권좌에서 물러났다.

장로교는 뉴잉글랜드와 아일랜드에서 신자를 끌어들였다. 하지만 뉴잉글랜드 사람들과 스코틀랜드-아일랜드인은 영국에 있을 때도 그랬지만 아메리카에 와서도 서로 사이좋게 지내지 못했다. 뉴욕, 뉴저지, 델라웨어, 펜실베이니아 등지에도 상당수의 장로교 신자들이 있었다. 그들은 어디를 가나 국적 이외의 다른 문제에 부딪혔다. 목사의 자격, 신조의 수용, 교회의 지배 구조 등을 놓고 치열한 논쟁을 벌인 것이다. 특히 1741년에 일어난 대각성 운동은 그들 사이를 크게 갈라놓았다. 그리하여 '장로교 신파'는 뉴욕에 그들 고유의 교회 회의를 설립한 반면, '구파'는 필라델피아 교회 회의 아래 집결했다. 종교 부흥운동의 새로운 조치들을 선호했던 신파는 허드슨 계곡 일대를 위시하여 남쪽으로 노스캐롤라이나까지 세력을 확장했다. 장로교는 1741년의 분열 이후 1758년에 다시 통합되었는데, 그 결과 중부 식민지에서 다른 어떤 종파보다 많은 신자를 거느리게 되었다.

구파가 구태의연하지 않았더라면 장로교는 더 많은 신자를 유치했을 것이다. 1741년의 분열로 상처를 입은 구파의 필라델피아 교회 회의는 원래 세력을 다시는 회복하지 못했다. 가장 까다로운 문제는 흩어진 목사단을 재건하는 일이었는데, 만약 그들이 목사를 양성하는 신학교를 세웠더라면 이 문제를 해결할 수도 있었을 것이다. 1741년 이후 한때 장로교 구파는 펜실베이니아의 독일 개혁교회와 통합할 기회가 있었다. 이 기회가 단순한 희망사항이었는지 어땠는지는 정확히 알 수 없지만, 만약 통합이 이루어졌더라면 장로교의 문제는 두 배로 복잡해졌을 것이다. 또한 장로교 구파는 스코틀랜드-아일랜드 이민 자들을 개종시키려는 노력에 박차를 가했을 것이다. 당시 이 이민자들은 서부 펜실베이니아로 진출하는 중이었고, 많은 경우에 그곳으로부터 세난도아 계곡으로 내려가 버지니아와 남북 캐롤라이나로 흘러들었다.[29]

하지만 펜실베이니아의 독일인들은 설사 시도를 했어도 스코틀랜드-아일랜드인들과 연결되지 못했을 것이다. 18세기 중반 독일인들은 언어와 문화 때문에 주류 사회와 격리되어 있었고 대체로 그들 주위의 다른 집단으로부터 고립되어 있었기 때문이다. 독일 개혁파와 루터파는 교회를 세우는 데 심각한 어려움을 겪었다. 아메리카로 이민 온 독일인들에게는 강한 종교적 신념이 없었고, 개인 자격으로 때로는 계약을 맺고 일정 기간 하인으로 일하기 위해 건너왔기 때문에 당초에 가입할 만한 교회가 없었다. 독일인 평신도의 경우, 유럽 교회에서 지도자 역할을 했던 사람이 별로 없었고 아메리카에서도 그들을 단합시킬 목사를 발견하기가 어려웠다. 반면 수가 많았던 메노파, 던커파, 모라비아파 등의 다른 독일 교회들은 펜실베이니아에서 잘 조직된 상태로 단합되어 있었다.[30]

아메리카 식민지에는 독일인, 네덜란드인, 스웨덴인, 소수의 프랑스인과 유대인 등 국적이 다양한 여러 개혁 분파들이 있었다. 이런 종파들은 신도 수나 위세에서 퀘이커교나 장로교의 상대가 되지 못했다. 이에 맞설 수 있는 단 하나의 국적이 잉글랜드인이었는데, 이들은 영국국교를 믿었다. 다른 곳에서도 그랬지만 펜실베이니아의 영국국교는 대각성 운동의 영향을 받지 않았다. 하지만 펜실베이니아 내에서도 소규모 분파 세력이 생겨났는데, 이들은 나중에 감리교라는 종파를 형성했다.

뉴욕은 펜실베이니아에 있던 많은 종파를 수용했으나, 그곳과는 다소 다른 종교적 노선을 추구했다. 뉴욕의 장로교는 뉴저지와 남쪽으로 교세를 확장해갔으나, 대부분의 다른 교회와 종파는 그렇게 하지 않았다. 뉴욕의 종교 다원주의가 무관심으로 이어지진 않았지만, 그렇다고 해서 더 깊고 경건한 신앙심을 유발하지도 않았다. 대각성 운동은 뉴욕에 별로 영향을 미치지 못했다. 맨해튼과 스태튼아일랜드에서 소규모 부흥회가 벌어지기는 했지만, 다른 곳에서는 종교 부흥에 실패했다. 독일의 루터파 교회 목사이자 선교사로 아메리카에 건너온 헨리 뮬런버그Henry Muhlenberg는 1750년에 뉴욕시 루터파 교회를 방문하고 나서 이렇게 말했다. "이곳에서 목사가 되는 것보다는 독일에서 양이나 소를 치는 것이 훨씬 더 쉽다."[31]

네덜란드 개혁교회의 목사들은 이런 논평에 동의했을 것이다. 그들은 신자들끼리 치열한 논쟁으로 갈등을 벌이느니 차라리 무관심한 편이 더 낫다고 생각했을 것이다. 사람들은 어떤 교리상의 원칙 때문이 아니라 권력을 얻기 위해 싸웠다. 양측은 아메리카와 네덜란드로 갈라져 싸웠다. 교회 업무를 볼 때 영어를 쓸 것인가, 네덜란드어를 쓸 것인가를 놓고 싸웠고, 현지 회중교회의 권위와 네덜란드 암스테르담에 있는 감독회의 권위를 맞세우며 싸웠다. 이러한 분열은 1754년에 발생해 미국 혁명 직전까지 치유되지 않았다. 거의 같은 시기에 뉴저지에서도 이와 유사한 갈등이 발생했다.[32]

영국국교는 남부 식민 주에서 일반 공중에 대한 세금 지원을 포함해 종교와 관련된 모든 일을 장악했다. 그러나 1740년 대각성 운동 이후에 종교적 열성분자들은 영국국교의 권위에 도전하기 시작했다. 허드슨 계곡 아래쪽의 오지로 진출한 스코틀랜드-아일랜드인은 대농장주들의 사업 방식을 존중하지 않았고, 자신들이 지지하지도 않는 대농장주들의 신앙을 위해 세금을 내려고도 하지 않았다. 이들보다 더 가난하고 정치적 의식이 미약했던 침례교도는 나름의 방식으로 예배를 올리는 침묵 공동체를 형성했고, 사치스럽게 살던 영국국교도에게서 목격한 무절제의 죄악을 피하려고 애썼다. 심지어 잘 확립된 교회 내에서도 부흥회의 영향을 받은 다수의 신자들이 예전의 신앙 행위와 전통적인 전도 방식에 불만을 품었다. 그들의 마음은 좀 더 성스러운 체험을 찾아 나서는 과정에서 자신들도 모르게 감리교 쪽으로 기울었다.[33]

근면과 검소함을 중시하는 도덕주의와 자유주의적인 휘그 사상

아메리카인은 여러 가지 방식으로 영국에 반란을 일으켰지만, 종교는 그런 여러 방식 중에서도 가장 중요한 요소였다. 심지어 혁명에 미온적이고 무관심한 사람들에게도 종교는 중요했다. 그렇게 된 이유는 무엇보다도 아메리카에서 종교가 문화를 형성했기 때문이다. 종교는 가치, 이상, 세상을 바라보고 반응하는 삶의 방식이었다. 13개 식민지는 각각 달랐지만 그래도 그러한 공통의 문화를 가지고 있었고, 이 문화 덕분에 사회적 동요와 전쟁의 위기 때 단합할 수 있었다. 물론 각 식민지의 교회는 서로 달랐다. 하지만 그런 표면 아래에는 유사성이 더욱 강하게 존재했다. 교회 지배 구조는 평신도들이 강력하게 장악하고 있어서 회중교회 민주주의를 형성했고, 아메리카의 목사는 유럽의 목사에 비해 훨씬 위세가 약했으며, 종교 생활에서는 교회 의례보다 개인의 신앙 체험을 중시했다. 이 마지막 특징은 영국국교에서는 그리 두드러지지 않았으나, 영국국교 내에서도 예배 절차는 예식과 성직자의 권위를 상대적으로 경시하는 저교회파low-church의 관습을 상당히 따랐다.

모든 종류의 교회에서 평신도는 권위를 갖고 있어야 했다. 그렇지 않은 경우 교회는 존재하지 못할 수도 있었다. 아메리카 식민지에는 이미 만들어진 교구도 없었고, 풍부한 교회 재산도 없었으며, 자격을 갖춘 목사도, 그런 목사를 초빙하거나 훈련할 기회도 없었다. 식민지에서는 교회를 설립하는 데 평신도가 처음부터 주도적인 역할을 했다. 목사들이 바다를 건너와 유럽에서 온 이민자들을 훈련시키기는 했지만 평신도는 교회의 주도권을 그들에게 넘겨주지 않았다. 이런 평신도의 주도적 역할과, 여러 방식이 식민지 사회의 종교에 다양한 영향을 미쳤다. 중부 식민지나 남부 식민지에서는 찾아볼 수 없는 자율권을 누린 뉴잉글랜드의 회중교회에서도, 교회 주변 사회가 교회에 영향력을 행사했다. 18세기 초부터 마을들은 목사의 임명권까지는 아니더라도 교회가 선택한 목사를 승인할 권리를 줄기차게 요구했다. 이러한 요구 사항에 관해 코튼 매더는 다음과 같은 말을 했는데, 이는 교회의 불안감을 은근히 드러낸다. "마을의 주민이지만 세례교인이 아닌 많은 사람이 목사의 선택에서 교회의 우선권을 인정하지 않으려

고 한다. 그들의 주장은 이러하다. '우리가 목사의 임명에 관여해야 한다.'" 34

매더는 대각성 운동 이전 시기에 글을 쓴 사람이었다. 그는 평신도가 목사와 교직자의 권위를 축소하려고 하는 명백한 방식에 대해서만 언급했다. 이에 비해 경제성장과 인구 증가가 종교 생활에 미친 영향은 분명하지 않았다. 그러나 이 영향이 기성 교회에 불리한 결과를 초래한 것만큼은 틀림없다. 왜냐하면 팽창하는 경제와 늘어나는 인구는 기성 제도의 권위를 무너트렸고, 어디에 새로운 권위를 세워야 하는지 알기 어렵게 만들었기 때문이다. 전통적인 교구가 경계 지역 바깥의 교회 없는 사람들에게 무엇을 할 수 있으며, 늘 옮겨다니며 출세를 좇느라 바쁜 사람들, 기존의 제도에 매여 있지도 않고 그 제도의 기준에 무관심한 사람들에게 무엇을 할 수 있었을까?

영국국교를 위시한 옛 교회들은 이러한 경제성장과 사회의 유동성에 대해 적절히 대처하지 못했으나, 새로운 종파들, 특히 장로교 분리파와 침례교 등은 그렇지 않았다. 또한 옛 교회들은 개인적인 성령 체험과 새로운 탄생이 진정한 종교를 의미한다는 대각성 운동에 따른 부흥회의 메시지에 동요하지 않았다. 그러나 대각성 운동을 통해 당대 사람들은 아메리카 식민지 건설 당시를 풍미했던 개혁적 프로테스탄티즘을 다시금 떠올렸다. 전통적인 교회 조직의 규율보다 개인적인 성령 체험을 중시하는 가치관을 크게 일깨웠던 것이다. 동시에 대각성 운동은 도덕과 올바른 행동, 공동체의 권리를 강조하는 사회 윤리나 개인주의의 주장 등도 옹호했다. 이러한 가치관이 드러난 사례로 하느님과 동료 신자들에 대한 교회 구성원의 권리와 의무를 규정하는 계약을 맺고 활동하는 계약 교회와, 전국 신자들의 동맹인 크리스천

유니언Christian Union을 들 수 있다.

대각성 운동은 사회 유동성, 경제성장, 인구 증가 등과 함께 회중교회 민주주의를 부양한 원천이었다. 종교의 부흥에 적극적인 목사들은 신자를 한 명이라도 더 개종시키려고 노력했다. 그들의 성공 여부는 그들이 데려온 개종자의 수로 측정됐다. 이처럼 목사들이 신자들에게 매달리면서 공동체 내에서 그들의 권위는 필연적으로 줄어들었다. 권위가 다른 사람들의 행동에 달려 있었기 때문이다.

1760년대 아메리카인의 정치사상은 회중교회 민주주의나 신앙 부흥 운동에 근원을 두지 않았다. 대부분의 아메리카 사상은 군주제에 반대하는 18세기 공화정 지지자들이 갖고 있던 위대한 전통의 일부였다. 그 전통은 개인의 자유를 중시하고 의회 중심적이며 반권위주의

찰스 2세(왼쪽)와 제임스 2세(오른쪽) 1679년부터 찰스 2세는 가톨릭 신자인 동생 요크 공작(훗날 제임스 2세)을 왕위 계승권에서 배제하고자 왕위 배제 법안을 상정했으나 의회에서 부결되었다. 이 과정에서 법안 반대파인 토리당과 찬성파인 휘그당이 생겨났다. 제임스 2세는 가톨릭 중심의 전제정치를 하다가 의회와 대립했고 이에 의회는 1688년 명예혁명을 일으켰다.

적인 견해를 표방하는 영국 정치의 급진적인 휘그 사상을 가리킨다. 이 사상은 영국의 왕당파와 의회파 간의 영국 내전(1642~1651), 왕위 계승 배제 위기(1679~1681), 명예혁명(1688) 등을 거치면서 생겨났다. 이 휘그 사상은 정치적 자유를 유지하는 데 두 종류의 위협이 있다고 보았다. 하나는 백성의 전반적인 도덕적 부패였다. 이런 부패의 결과로 결국 사악하고 전제적인 군주가 생겨난다고 보았다. 다른 하나는 행정부의 권력이 입법부를 침탈하는 것이었다. 권력자들이 혼합 정치 체제에 의해 잘 보호되는 자유를 억압하기 위해 언제나 이런 침탈을 시도해왔다고 본 것이다.

미국 혁명을 살펴보면 이런 급진적인 휘그 사상이 아메리카인의 마음속에 깊숙이 뿌리박혀 있음을 알 수 있다. 영국에서는 반체제를 표방하는 주변 세력만이 휘그 사상을 받아들였다.

반면에 아메리카에서는 이 사상이 널리 받아들여졌는데, 그렇게 된 이유는 이렇게 설명할 수 있다. 법적으로 대권을 부여받은 행정부의 권위가 실제로는 그리 강력하지 못했다는 정치적 불균형 때문이라는 것이다. 이러한 제도적 상황을 가리켜 한 역사학자는 "확대된 주장들과 축소된 권력들"이라고 묘사했다. 이런 제도적 상황은 당연히 당파주의를 만들어냈는데, 그 원인은 급진적인 휘그 사상에서 찾아볼 수 있다. 휘그 사상은 자유를 균형 잡힌 정부에서 찾았고, 앞서 말했듯이 독재를 도덕적 타락과 행정부 권력의 비대화로 이해하고 있었다.[35]

이러한 해석은 부분적으로 진실이지만 제도적 관계에 너무 집중한다는 점에서 지나치게 단순하다. 급진적인 휘그 사상은 아메리카에서 폭넓은 지지를 받았는데, 그 이유는 이 사상이 언제나 청교도주의와 맞닿아 있는 프로테스탄트 문화의 전통적 관심사를 대변했기 때문이다. 죄악을 피해 영국에서 도망쳐온 조상을 둔 사람들에게, 도덕적 부패가 자유로운 정부를 위협한다는 믿음은 전혀 놀라운 점이 아니었다. 미덕, 검소, 근면, 소명의식 등이 이들 도덕률의 핵심이었다. 영국의 위압적인 행정부, 나태하고 무익한 관리들이 저지르는 부정부패의 위협 때문에 이들은 아메리카 식민지로 이민을 왔다. 18세기 공화정 지지자들의 가치관은 일찍이 17세기에도 공화정 지지자들에게 영감을 준 바 있었다. 이 가치관은 정치를 휘그 사상적인 관점에서 바라보는 아메리카인의 심리를 형성하는 데 기여했다. 급진적인 휘그 사상은 17세기 이래 아메리카인의 문화 속에 널리 퍼져 있었기 때문에 18세기에 들어와 그들을 강하게 사로잡았다.

신앙의 각성을 통해 두 번 태어난 사람들. 그들의 자녀이자 17세기 종교적 전통의 후예였던 이들이 바로 미국 혁명을 만든 세대가 되었다. 조지 워싱턴, 토머스 제퍼슨, 존 애덤스, 벤저민 프랭클린, 그리고 이들을 따라 미국 혁명에 가담한 많은 사람은 단지 종교적 열정으로 행동에 돌입한 사람들은 아니었지만 모두 열정적 프로테스탄티즘의 도덕적 기질을 확고하게 갖고 있었다. 그들은 이런 종교적 문화에서 도망칠 수가 없었고, 그렇게 하려고 하지도 않았다. 그들은 아메리카인의 정치관을 형성한 미국적 도덕주의를 깊이 신봉했다. 그들은 1760년 이후에 여러 정치 위기를 겪으며, 이런 도덕적 사상은 엄청난 시련을 만난다. 하지만 신의 섭리에 따라 위대한 목적을 이루기 위해 선택받았다고 생각하는 사람들의 행동은 미국 혁명에 강렬한 이상주의를 만들어냈다.

혁명의 태동 :
위에서부터 아래로

3

영국 정부는 아메리카 식민지에서 무역을 단속하고
식민지의 안전을 확보하기 위해 상비군을 두기로 결정했다.
또한 지속적인 적자로 골머리를 앓던 그렌빌 내각은 설탕법을
앞세워 식민지에 과세하는 정책을 추진했다. 이에 반발한
아메리카인들은 상인들을 중심으로 뭉치기 시작했고,
소규모 폭력 행위부터 공무 집행 방해, 의회 청원 등
다양한 방법으로 자신들의 권리를 주장하고 나섰다.

아메리카에 영국 상비군을 두기로 결정하다

　영국 내각의 각료들은 1760년이 되자 아메리카 밀수업자들을 더 강하게 단속하기 시작했다. 이들은 아메리카인들이 제국의 재정적 부담을 덜어주기를 바랐지만 상대방이 어떤 사람인지는 모르고 있었다. 좀 더 자세히 말하면, 아메리카인의 완강한 기질과 원칙에 입각한 행동 능력을 전혀 알지 못했다. 영국 각료들은 상당한 기량을 갖춘 정치적 전략가라고 하기에는 몇 가지 놀라운 실수를 저질렀다. 아메리카인의 생각을 잘 모르는 채로 정책을 결정한 것이 최악의 실수였고, 그들이 생각을 분명하게 표명했을 때 타협하기를 거부한 것 역시 심각한 실수였다. 영국 각료들은 아메리카인을 통치하는 과정에서 타협과 유연성의 필요를 망각해버리는 등 정치적 감각을 잃은 듯 보였다. 아메리카와 영국 사이의 아주 먼 거리도 이들의 정치적 감각을 둔화시켰다. 한 번도 본 적 없는 사람들을 통치하는 일은 현지의 상황을 제대로 파악하기 어렵게 만든다. 평소 예리한 후각을 가진 많은 정치가도 결국은 아메리카의 관심사를 제대로 알아차리지 못했다.

영국인들에게 아메리카 대륙 사람들은 식민지인에 불과했다. 영국의 헌법은 그들을 예속된 사람들로 선언했다. 적어도 국왕의 각료들은 그렇게 생각했다. 각료들이 식민지에 대해 쓴 글을 보면 그러한 생각이 얼마나 일반적이었는지를 알 수 있다. 이들은 식민지를 '농장', '화초', 때로는 영국이라는 부모의 '아이들'로 표현했다. 식민지는 감시, 돌봄, 관리, 훈육의 대상이며 반항할 경우에는 강제로 복종시킬 것을 암시하는 용어였다. 이런 용어들에는 아메리카 13개 식민지가 영국의 요구에 부응하는 것이 옳고 타당하다는 전제가 깔려 있다. 개척자 영국에게 빚을 진 식민지 아메리카는 예속과 순종으로 빚을 갚아야 했다.

추상적인 권리 개념을 바탕으로 공공정책을 수립하는 것은 어느 정부에게나 위험한 관습이다. 1760년대 영국 각료는 그리 뛰어나게 유연한 사람들은 아니어서 아메리카에서의 계획들이 난관에 봉착하자 분노를 느꼈다. 그들이 보기에는 자명한 원칙들이 위반되었고, 한때 그토록 만족스러워 보였던 식민지와의 관계는 마치 배신을 당한 것처럼 보였다.

1760년 10월에 조지 3세가 왕위에 오르자 내각은 왕의 책임사항과 영국이 당면한 문제를 보고했다. 당시 내각은 18세기 영국 정계의 거물 중 한 명인 뉴캐슬 공작이 명목상 이끌고 있었다. 이때만 해도 통치의 원칙은 전혀 위태롭지 않아 보였다. 1년 전만 해도 치열하게 전개되던 프랑스와의 전쟁은 다소 잠잠해졌지만 아직 평화는 돌아오지 않았다. 영국 내에는 전쟁 피로증이 퍼져 있었다. 뉴캐슬은 피로를 느꼈고, 그의 친구 뷰트와 국왕도 마찬가지였다. 그러나 영국 정계를 여전히 주름잡던 피트는 피곤을 느끼지 않았는지 스페인과의 전쟁을 밀어붙이기 시작했다.[1]

신경질적이고 우유부단하며 늘 자신의 안위만을 걱정했던 뉴캐슬은 예상대로 쉽게 결단을 내릴 수 없었다. 피트를 두려워하면서도 존경했던 뉴캐슬은 내각에서 자기 자리를 지키면서 국왕을 위해 최선을 다하려고 했다. 그는 총리직을 차지하면서 의회를 이끌었고 40년 동안 두 명의 국왕을 모셨다. 1761년 10월 피트가 정부를 떠났을 때에도 뉴캐슬은 총리직에 남았는데, 이는 관직에 머물러 오랫동안 해오던 일을 계속하려는 그의 성향 때문이다. 10월 당시에 영국에 대한 적대감을 바탕으로 프랑스와 스페인이 협력 조약을 맺었다. 이 사실이 영국 정부에 전해졌지만 국왕이 전쟁에 말려드는 것을 거부하자 피트는 정부를 떠났다. 석 달 만에 영국은 스페인에 선전포고를 했고, 이어진 전투에서 필리핀과 쿠바 식민지를 얻는 등 믿기 어려운 일련의 승리를 거두었다.

1762년 봄, 국왕의 신임을 완전히 잃었다고 생각한 뉴캐슬도 정부를 떠났다. 그때부터 국왕의 입맛에 맞는 뷰트가 내각을 이끌게 되었다. 뷰트에게는 뉴캐슬의 끈기도 피트의 총명함도 없었다. 정부에 들어오기 전에 왕의 조언자 역할을 한 그는 책임 없는 권력을 어느 정도 누렸는데 이 시기가 그의 생애에서 가장 만족스러운 때였음이 분명하다. 스코틀랜드 사람인 그는 앞으로 언젠가 국왕 자리에 오를 한 소년을 가르쳤다. 소년은 그의 조언을 감사히 여겼고, 때로는 그것을 숭배

존 스튜어트(1713~1792) 영국 제7대 총리이자 제3대 뷰트 백작 존 스튜어트는 조지 3세의 스승이자 최측근으로, 1762년부터 1년간 내각을 이끌었다.

하면서 받아들였다. 왕의 손자를 가르칠 당시 뷰트는 사람들에게 주목받지 못한 인물은 아니었지만 그래도 무자비한 비판의 타겟에서 벗어나 있었다. 하지만 국왕 조지 3세의 수상이 되자 비판의 시선에 노출되었고, 당연히 비난받을 수밖에 없었다. 그가 국왕 어머니의 숨겨진 애인이었다는 소문이 돌며 비아냥거림은 날로 심해졌지만 그가 할 수 있는 일이라고는 그저 무시하는 것뿐이었다.

뷰트는 곧 이런 사실을 깨달았다. 평화를 만들어내는 사람은 축복받기야 하겠지만 세상 사람들의 사랑을 받지는 못한다는 것이었다. 프랑스와의 전쟁을 끝내기 위한 예비조약문이 완성되자 사임한 피트와 런던 군중은 격렬하게 분노했다. 1763년 2월에 이르러 최종적인 평화조약이 서명됐고, 4월이 되자 뷰트는 겨우 체면치레를 하며 재빨리 내각을 떠났다.

사직하기 전 뷰트는 영국 정치와 아메리카 식민지에 영향을 미치는 중요한 결정을 내렸다. 좀 더 정확히 말하자면 그는 이 결정을 내린 내각의 수반이었다. 그의 내각은 1763년 2월에 아메리카에 항구적인 영국 군대, 즉 상비군을 두기로 결정했다.

국왕 조지 3세 자신도 상세하고 구체적으로 결정에 참여했다. 식민지에 관심이 있었다기보다는 그 이전 독일 계통의 하노버 왕가 국왕들처럼 육군에 잘해주고 싶었기 때문이다. 어쨌든 육군은 왕의 것이었고, 전쟁이 끝나가던 1762년에 육군의 미래는 불확실했다. 군대 규모는 7년 전쟁 동안에 커졌고, 그 과정에서 수많은 장교에게 일자리와 급여를 주었으며, 이 장교들은 국왕과 내각에 중요한 정치적 지원을 해왔다. 다수의 연대장이 의회에 진출했고, 그들과 그 부하들은 국왕 보위 세력의 핵심이 되었다. 평화가 다시 찾아오고 정부를 압박하는 각종 예산을 줄여야 하는 시기에 이 소중한 장교들을 어떻게 할 것인가? 젊은 왕은 이 문제로 고민했고,

조지 3세(1738~1820) 스물두 살에 왕위에 오른 조지 3세는 재위기간(1760~1820)이 길어, 7년 전쟁부터 시작해 국내외 수많은 분쟁에 시달렸다.

1762년 9월 자신이 의지하던 뷰트에게 이런 글을 쓴 것도 그리 놀라운 일이 아니었다.

"짐은 며칠 동안 강화조약에 대비해 병력 계획서를 작성해왔고 그것을 오늘 저녁 송부하오. 전쟁 초에 편성했던 10개 연대는 그대로 남게 될 것이나 비용은 1749년보다 수백 파운드 덜 들어갈 것이오."[2]

왕은 이후에도 4개월 동안 계속해서 필요한 연대 숫자와 그들에게 들어갈 돈을 계산했다. 아메리카 식민지는 영국군의 유지에 기여할 것 같은 경우에만 이 계산 속에 포함됐다.[3]

물론 뷰트는 왕의 근심을 이해했지만, 그와 재무부 관료들은 다른 걱정거리들도 안고 있었다. 캐나다, 아메리카 서부, 플로리다에는 모두 인디언 '문제들'이 있었고, 이 문제들은 전쟁이 아닌 방식으로 해결할 필요가 있었다. 그러니 평화를 유지하고 안전을 확보하려면 군

대의 현지 주둔이 필요했다. 식민지 정보가 가장 많았던 무역청은 오래전부터 인디언 문제에 대해서는 현지 수준의 대응이 아니라 제국 수준의 대책이 필요하다고 주장했다. 무역청은 여러 차례에 걸쳐서 인디언에게서 백인 아메리카인을 보호하려면 인디언과의 무역을 규제하는 것이 가장 효과적이라고 주장했다. 이렇게 하면 갈등의 주요 원인인 백인 무역업자들의 인디언 수탈을 예방할 수 있다는 것이다. 또 백인 토지 수탈자들이 인디언 영토에 침입하는 것도 중단시키자고 했다. 그러나 제국 수준의 대 인디언 문제 대책은 모두 영국군의 활용을 전제로 했다.[4]

그 뒤 몇 년 동안 아메리카에 상비군을 두어 지속적으로 활용하는 해결책이 영국 관리들의 머릿속에 계속 맴돌았다. 몇몇 사람들은 군대로 관세를 거두어들이고 아메리카 사회를 단속할 수 있을 거라고 믿기에 이르렀다. 이런 믿음은 1763년 당시에는 그리 뚜렷한 윤곽을 갖추지 않았다. 그러나 상식과 대영제국의 비전에 비추어볼 때 아메리카에 군대를 주둔시키는 것이 필요했기 때문에, 그곳에 상비군을 주둔시키는 결정을 내리기란 어렵지 않았다.

상비군을 두기 꺼려한 영국의 오랜 역사에도 불구하고, 아메리카에 상비군을 두기로 한 결정은 의회에서 놀라울 정도로 쉽게 통과됐다. 이 문제는 의회에서 핵심 안건이 되지도 않았고, 충분한 검토와 논의도 거치지 않았던 것이다. 또다시 상식이 의문을 진정시켰다. 우선 아메리카에 건설된 귀중한 영국 식민지들의 변경에는 사람들이 별로 많이 살지 않는 황량한 영토들이 있었다. 캐나다에는 여전히 충성심이 의심스런 프랑스인들이 있었다. 서부에는 오랫동안 중요한 무역 상대이자 난폭한 행동으로 영국인들을 두려움에 떨게 한 인디언이 있었고

1763년 아메리카 식민지 경계 1763년 영국 영토가 크게 늘면서 아메리카에 상비군 주둔의 필요성이 대두되었다.

남부의 플로리다에는 프랑스인들만큼이나 신뢰할 수 없는 스페인인들이 있었다. 영국계 아메리카인의 충성심은 믿을 만했지만 외교 수완은 믿음직스럽지 않아 서쪽에 있는 다양한 이웃들과 갈등을 일으킬 소지가 다분했다. 캐나다에서 플로리다에 이르는 지역의 가장자리에 우수한 영국 군대를 배치하지 않는다면 어떻게 안전과 안정을 유지하겠는가? 영국 왕실이 상비군 유지를 거부해온 전통에 대해서는 상식이 또다시 해답을 줄 수 있었다. 그 전통이 해외보다는 영국 본토 내

조지 그렌빌(1712~1770) 영국 제8대 총리로 뷰트 총리에 이어 내각을 이끌었고(1763~1765), 인지세법 등 식민지 과세 정책을 주도해 아메리카 식민지와 갈등을 빚었다.

에서 더 잘 적용된다는 것이었다. 항상 스스로를 상식이 통하고 신민의 권리를 신경 쓰는 기관이라 믿어온 의회는 상비군에 대한 의심을 조용히 접어버리고 묵묵히 그 법안을 통과시켰다.[5]

1763년 봄, 뷰트에게서 수상직을 넘겨받은 조지 그렌빌George Grenville은 이 문제를 다시 꺼내려고 하지 않았다. 국왕의 군대가 아메리카에 주둔해서는 안 된다고 그렌빌이 생각했다는 증거는 없다. 그는 다른 정치가들보다 더 날카롭고 야망이 컸지만, 전통적인 영국 정치가였다. 그는 정치적 연줄이 풍부했는데 형인 템플Temple 백작 리처드Richard는 수년 동안 영국 정계의 거물이었다. 두 형제는 번창하는 영국 정치 가문에서도 독보적인 대표 주자였고, 이 가문의 힘은 30년 사이에 몇 개의 카운티에서 의회 전체로까지 확대됐다.

1712년에 태어난 그렌빌은 1741년에 의회에 들어가 1770년 사망할 때까지 의원을 지냈다. 그는 하원에 당선된 지 3년 만에 정부 부처의 요청을 받아 각료가 됐을 정도로 정치적 연줄뿐만 아니라 능력도 있었다. 그렌빌은 7년 전쟁을 대승으로 이끈 뉴캐슬-피트 연합 내각에서 각료로 일했다. 그의 형도 같은 정권에 있었으나, 1761년 10월에 피트와 함께 사임했다. 피트는 국왕과 의회를 상대로 대 스페인 전쟁을 설득하지 못한 데 대한 책임을 지고 사직했던 것이다. 그렌빌은 이 당시 북부장관을 맡고 있다가 이어서 해군장관으로 나갔다. 그는 뷰트 진영에 깊이 관여한 인물이었다.

뷰트가 사직하자 그렌빌이 재무장관 겸 수상이 되었다. 그는 노련한 정치가이기는 했지만 과거에 별로 다루어보지 못했던 문제들에 직면했다. 우선 잉글랜드 내에서 하원 개혁 운동의 조짐이 처음 나타나기 시작했다. 1763년에는 그렌빌을 포함한 어떤 정치가도 하원을 더 나은 대의기관으로 만들 수 없었는데, 그런 '조짐들'은 여러 가지 방식으로 읽힐 수 있었다. 런던 군중은 마치 폭동이라도 일으킬 것만 같았지만 자신들이 원하는 것을 명확하게 알고 있지는 못했다. 그렌빌과 내각 각료들이 볼 때, 군중은 폭력적이고 무책임한 오합지졸이며 온갖 피해만 끼치는 사회의 찌꺼기에 불과했다. 기자이자 정치가이며 난봉꾼이기도 한 존 윌크스John Wilkes가 군중의 총아가 되어가고 있었는데, 군중은 그에게서 어떤 강력한 힘을 보았고 그 힘으로 전혀 대의적이지 못한 대의기관을 개혁하려고 했다. 남부의 이른바 사과주 카운티들에서는 또 다른 종류의 소란이 발생했다. 그 지역의 주된 생산품이 사과주여서 이런 명칭이 붙었는데, 그곳 사람들은 사과주에 매기는 세금에 불만이 많았다.[6]

'서부로, 서부로' 이주하는 아메리카인들

윌크스, 군중, 사과주는 그렌빌에게 사소한 문제였다. 사실 그는 수상으로 재직하는 내내 다른 문제들로 고뇌했다. 아메리카의 서부는 계속 문제를 일으켰고 게다가 군대를 주둔시킨다고 해서 토지의 처분이나 인디언과의 관계 같은 긴급한 문제가 저절로 해결되지는 않았다. 프랑스로부터 얻은 땅을 어떻게 처분할 것인가 하는 문제는 대영제국의 관리들과 현지 관리들을 여러 해 동안 괴롭혀온 사안이었다. 사실관계는 명확했다. 땅에 굶주린 아메리카인은 인디언을 무시하면서, 또 인디언의 땅을 강제로 빼앗는 것을 단속하는 토지 감독관들의 지시를 무시하면서 계속 서부로 흘러들었다. 토지 회사들은 토지의 배타적 소유권과 판매권을 가질 수 있으리라는 기대로 허가를 따내기 위해 런던과 식민지의 중심지에서 경쟁을 벌였다. 인디언은 저항했고 토지 획득에 혈안이 된 백인을 당연히 혐오스러운 시선으로 바라보았다.[7]

아메리카 이주민 중에서도 버지니아인들이 가장 공격적이고 탐욕스러웠다. 버지니아인은 17세기에 작성된 특허장을 근거로 내세우면서 오하이오강 상류의 모든 땅을 자신들의 소유라고 주장했다. 버지니아의 소규모 집단과 개인들이 7년 전쟁이 발발하기 20년 전부터 이

오하이오강 주변의 평원 오하이오강은 아메리카 정착민과 인디언 영토 사이의 경계였다. 오하이오 회사는 이곳의 토지 권리를 이민자에게 되팔아 수익을 올리려 하면서 인디언과 갈등을 빚었다.

지역으로 살금살금 들어오기 시작했고, 다른 사람들이 뒤이어 계속 들어왔다. 특히 1758년의 대승大勝으로 이 지역이 안전하게 확보된 뒤에는 많은 사람이 흘러들어 왔다. 가장 야심만만한 부류의 버지니아인들은 1747년 함께 모여서 오하이오 회사를 조직했다. 이들은 왕실 칙허를 받은 농장주들이었고 그중에는 젊은 조지 워싱턴과 몇 명의 리 가문Lee 사람들도 있었다. 2년 뒤 이들은 왕실 칙허를 통해 오늘날의 피츠버그 남쪽에 있는 땅 20만 에이커를 수여받았다. 이 칙허는 그들을 기쁘게 했고, 투기를 통한 대규모 이익의 문을 열어주었다. 그러나 공짜로 얻을 수 있을 법한 것에는 돈을 지불하지 않으려는 무단 거주자들의 습성때문에, 돈을 벌겠다는 오하이오 회사의 원대한 욕망은 전쟁과 함께 좌절됐다. 더욱이 다른 아메리카인들도 오하이오 지역의 자원을 활용할 목적으로 이곳에 진출했다. 펜실베이니아에서 온 모피 거래업자들도 그들 중 하나였다. 이들은 황무지의 토지 소유권에 대해서 버지니아인들과는 전혀 다른 생각을 하고 있었다. 프랑스인들과 그들의 인디언 동맹 세력들도 무역업자들을 파견하고 영국인에 대한 인디언의 적대감을 부추겨 버지니아인들의 계획을 방해했다. 물론 전쟁도 온 사방 사람들의 행동을 제약했다.[8]

마침내 프렌치-인디언 전쟁이 끝나고 오하이오 지역에서 프랑스인들이 제거되자 무단 거주자들이 또다시 예전의 경계선 안쪽과 그 너머로 흘러들기 시작했다. 대부분의 서부인들처럼 헨리 부케Henry Bouquet 대령도 인디언을 증오했으나 백인의 세력 확장만은 억제하려고 노력했다. 물론 부케가 이타심을 발휘한 것은 아니었고, 아메리카 백인이 인디언의 영토로 계속 흘러들어 오면 문제가 발생할 것으로 보았기 때문이다. 부케는 북부 인디언 감독관 윌리엄 존슨William Johnson

과 남부 인디언 감독관 존 스튜어트John Stuart의 지원을 받았다. 이 두 감독관은 인디언 땅에 대한 백인의 침탈에 관해 무역청에 보고서를 올리고 있었다.[9]

무역청은 이런 보고서에 무관심하지 않았다. 사실 이 기관은 지난 1년 동안 인디언 토지에 대한 불법 침탈을 막아보려고 노력했으나 성공을 거두지 못했다. 무역청은 1761년 식민지 총독들의 손에서 토지 통제권을 빼앗았다. 토지를 백인에게 불하하는 권리를 금지하면서 인디언의 권리를 침해하는 경우 자신의 식민지 내에서도 토지 불하는 안 된다고 지시한 것이다. 총독들은 토지 신청서를 받으면 즉시 무역청에 보내라는 지시를 받았다. 4800킬로미터가량 떨어진 곳에 있는 무역청이 누가 땅을 얻을 수 있고 누가 얻지 못하는지를 결정하겠다는 뜻이었다.[10]

이러한 조치는 서부 정착을 안정시키는 데 그리 성공을 거두지 못했다. 특히 프랑스가 현지에서 철수하고 난 이후에는 더욱 관청의 지시가 먹혀들지 않았다. 1763년 초봄에 이르러, 식민지 문제를 공식적으로 통제하는 남부장관과 무역청은 새로 획득한 서부 지역을 인디언에게 주기 위해 국왕 선언 형식으로 토지 보호 조치를 취하기로 동의했다.[11]

무역청과 남부장관이 준비하는 거창한 계획을 몰랐던 인디언들은 영국 정부의 관대한 의도를 전혀 눈치 채지 못했다. 하지만 1763년 본국으로 소환된 제프리 애머스트 장군이 선물이나 담요, 옷감, 장신구, 도구 등으로 비위를 맞춰오던 오랜 관습을 중단했다는 것은 알았다. 좀 더 정확하게 표현하자면 뇌물을 주던 일이었다. 영국군의 저지 노력에도 백인 정착자들이 인디언의 땅에 계속 흘러들어 오고 백인 무

디트로이트 요새를 공격하는 오타와족 영국군 점령지 정책에 분노한 오타와 족의 폰티액 추장은 1763년 5월 인디언 군대를 이끌고 영국군 디트로이트 요새를 공격했다.

역업자들이 서부에서의 원시적인 거래 과정에서 자신들을 계속 속이고 있다는 사실도 깨달았다. 1763년 5월에 이르자, 인디언은 그런 사태를 도저히 묵과할 수 없었다. 결국 그들은 오타와족의 뛰어난 지도자인 폰티액Pontiac 추장의 영도 아래 유혈 반란을 일으켰다. 같은 해 7월 인디언은 버지니아, 메릴랜드, 펜실베이니아의 변경 정착지를 파괴했고, 디트로이트를 제외하고는 피트 요새보다 서쪽에 있는 영국군 주둔지를 모두 점령했다. 피트 요새도 아주 힘든 나날을 보내면서 부시 런 전투에서 힘겨운 싸움을 거둔 뒤에야 부케 대령의 구원으로 위기를 넘겼다. 부케는 휘하의 정규군과 머스킷 소총에만 의존하지 않고 인디언 사이에 천연두를 퍼트리는 수법도 사용한 듯했다. 인디언 감독관인 존슨과 스튜어트는 좀더 전통적이고 성공률이 높은 수법을

사용했다. 즉, 대부분의 이로쿼이족을 매수해 폰티액 반란군에게 협조
하지 못하도록 유도했고, 남부의 인디언들에게도 뇌물을 주어 중립을
지키게 했다.[12]

위대한 인디언 지도자의 이름을 따서 폰티액 반란이라고 명명된 이
사건으로 아메리카인의 서부 진출을 막겠다는 영국의 공식 입장은 더
욱 강화됐다. 아메리카의 관리들과 현지 사정에 밝은 영국 본토 관리

1763년 인디언 보호 구역 폰티액 반란 이후 영국은 분쟁을 잠재우기 위해 애팔래치아산맥과 미시시피강 사
이 서부 지역에 백인 진출을 금지하고 인디언 보호 구역을 선언하였다.

들은 지난 수년 동안 아메리카 식민지가 계속 실수를 저질러서 결국 인디언들이 전쟁을 일으킬 것이라고 경고했고, 결국 전쟁이 벌어졌으니 공식적인 조치를 더 이상 미룰 수가 없었다. 그러나 조치는 자꾸 지연되다가 1763년 10월 7일에 취해졌다. 그렌빌 내각은 애팔래치아 산맥과 미시시피강 사이의 서부 지역에 백인 점령을 금지한다는 내용을 공식 선언했다. 또한 이 선언에서 퀘벡, 이스트플로리다, 웨스트플로리다라는 3개 식민지를 설립한다는 내용을 공표했다. 이 지역들은 세인트로렌스밸리의 프랑스 정착촌과, 예전에 스페인 땅이었다가 7년 전쟁이 끝나면서 영국에 할양된 땅이었다.[13]

하지만 이 선언은 폰티액 반란을 종식시키지 못했다. 대신 영국군과 아메리카 민병대가 힘겨운 노력 끝에 반란을 진압해 인디언과의 전투는 1764년 말에야 끝이 났다. 또한 이 선언은 백인의 서부 진출도 막지 못했다. 영국군은 이들의 이민을 막으려고 하다가 개척자들과 모피 상인들, 토지 투기꾼들의 적개심만 얻었다. 예를 들어 거의 20년 전부터 캐너와밸리에 정착했다가 인디언의 저항으로 그곳에서 쫓겨난 버지니아인들은 원래의 농장으로 되돌아가기를 고집했지만 선언 조항 때문에 되돌아갈 수가 없었다. 영국군 지휘관들은 그들의 복귀를 막으려고 했다. 이 농부들과 수백 명에 달하는 다른 개척자들은 이런 조치에 크게 분노했고, 결국 그들은 1764년 말부터 1765년 초 사이에 무단으로 산맥을 넘어서 캐너와밸리로 되돌아갔다. 과거 변경을 지켜주지 못한 영국군을 하찮게 여기던 다른 사람들도 비슷한 심정이었고, 이 선언을 무시하기로 결정했다. 그 결과 서부 버지니아, 메릴랜드, 남서부 펜실베이니아, 북서부 펜실베이니아로 이민자가 계속 흘러들었다.[14]

주여 우리를 물품세와 악마로부터 지켜주소서

그렌빌 내각이 분명히 밝혔듯이 내각에 익숙한 대부분의 문제들은 결국 한 단어, 즉 돈으로 요약됐다. 물론 지나친 단순화이기는 하지만, 그렌빌 내각이 결정한 모든 주요 식민지 정책에서 돈이 필요했다. 돈 문제는 미국이 독립한 1776년까지 모든 내각이 겪은 문제이기도 했다.

1763년 영국의 국가 부채 규모를 살펴본 각료라면 누구라도 너무 놀라서 낙담이 이만저만이 아니었을 것이다. 1763년 1월 5일 당시 재무부 회계에 따르면 국가 채무는 1억 2260만 3336파운드라는 엄청난 금액이었다. 더욱이 이 원금에 대한 1년 이자만 440만 9797파운드나 되었다. 1년 후 700만 파운드 정도의 부채가 더 늘어났고, 그렌빌이 내각을 떠난 지 6개월 뒤인 1766년 1월에도 700만 파운드가 추가됐다.[15]

국가 부채에 대한 이자 조달은 내각의 골머리를 앓게 하는 문제였다. 이자 부담을 없애는 것이, 하다못해 일부라도 줄이는 것이 때로는 거의 불가능해보였다. 그렌빌이 수상직에 취임했을 때 영국 무역은 위축되어 있었는데, 전쟁이 끝나면서 과도한 지출이 줄어들어 나타난 후유증이었다. 새로운 세금을 신설한다든지 기존의 세수를 높인다든지 하는 것은 매력적인 해결안이 아니었다. 방만한 정부와 영광스러운 전쟁을 지원하는 부담에 억눌려서 일반 영국인의 반발심이 커져가고 있었기 때문이다. 이는 예상된 반응이었다.

토지세는 이미 오래전부터 과중했고 그 부담을 덜어줄 기미는 보이지 않았다. 물론 토지 소유주는 자신을 행운아라고 여길 만했다. 전통적인 세간의 평가에 따르면, 그는 주님에게 선택받은 자들 중 하나였다. 그에게는 투표권은 물론이고 선행의 덕이 있었다. 그러니 그는 자신의 돈이 국가의 이해관계와 명예를 전 세계적으로 선양하는 일에 쓰이는 것에 크게 개의치 않을 터였다.

하지만 오로지 맥주와 담배로만 위안을 얻었던 가난한 이는 어떻게 세금을 감당해야 했을까? 전쟁 중에는 맥주에도 무거운 세금이 붙었고, 연간 50만 파운드 이상의 세수를 올려주었다. 담배 또한 중과세가 되었고, 신문, 설탕, 종이, 리넨, 광고 등 다른 것들도 마찬가지였다. 가난한 사람들은 이 모든 제품에 붙은 세금을 의식하지 못했지만, 귀족은 아니어도 전문직에 종사하는 유산계급인 젠트리와 일부 중산층은 그 세금을 의식했다. 그리고 주택, 증서, 사무실, 브랜디, 각종 증류주 등에도 대부분 원가의 25퍼센트가 세금으로 부과됐다. 만약 누군가 집을 소유하고 있다면, 주택세를 낼 뿐만 아니라 그 집에 붙어 있는 창문에 대한 세금도 지불해야 했다. 만약 그가 세금 징수관을 피하여 마차를 타고 콧바람을 쐬러 나간다면 그 마차에도 세금이 붙는다는 울적한 사실에서 벗어나지 못할 것이었다.[16]

영국인들은 이런 세금 부담을 조용히 참아냈지만, 전쟁 말기에 이르러 분노는 항의와 반발의 수준으로 증폭됐다. 예를 들어 평화가 다시 찾아온 직후인 1763년 5월에 영국 남서부 엑서터에서는 사과주세에 대한 시위가 벌어졌다. 이 세금은 사람들의 반대가 많았음에도 의회에서 막 통과된 참이었다. 장례식 때 쓰는 축면사 천으로 장식된 사과들이 수많은 교회 문 위에 내걸렸다. 거기에는 "평화조약의 첫 열매에 물품세 부과"라는 문구가 새겨져 있었다. 같은 날 수천 명의 시위대가 거리로 나왔는데, 그 광경은 다음과 같이 묘사됐다. "맨 앞에 있는 남자는 당나귀를 타고 갔는데, 그의 등에는 '주여, 우리를 물품세와 악

사과주세 반대 시위 지역 영국에서 사과주를 주로 생산하던 서머싯주와 데번주에서 사과주세에 대한 반발이 심했고, 결국 엑서터에서 대규모 시위가 벌어졌다.

마로부터 지켜주소서'라는 문구가 걸려 있었다." 축면사로 꿴 여러 알의 사과가 당나귀의 목에 걸려 있었고, 30~40명에 달하는 남자들이 그 당나귀를 따라갔다. 남자들은 각자 하얀 막대기를 들었는데, 막대기 끝에는 축면사로 장식된 사과가 매달려 있었다. 이어 교수대에 매달린 뷰트 수상의 대형 인형을 실은 수레가 뒤따랐다. 그 뒤로 상복을 입은 남자가 가슴에 사과주 통을 안고 따라왔고 수천 명의 사람들이 "야유하고 고함치면서" 거리를 걸어갔다. 뷰트 인형은 마침내 모닥불에 던져졌고, 시위대는 그것이 불타는 모습을 지켜보면서 환호했다.[17]

이 사건은 사과주 카운티들에서 벌어진 여러 시위 중 하나였다. 이는 기존 세제에 대해 팽배했던 불쾌감을 보여주는 사건이었고, 만약 세금을 올릴 경우 어떤 사태가 벌어질지 경고하는 예고편이었다. 그렌빌은 이런 메시지를 놓치지 않았다. 아무튼 그는 아메리카에 주둔하는 영국군은 결국 아메리카인을 보호하므로 유지비를 현지인이 부담해야 한다고 생각했다. 의회에서 이 생각에 반대하는 사람은 거의 없었고, 내각에는 단 한 명도 없었다. 그러나 문제는 어떻게 해야 아

뷰트 총리를 공격하는 군중 전쟁 후 과중한 세금 증가로 성난 영국 시민들은 그 원흉이 뷰트 총리라고 생각했고, 분노는 항의와 반발로 이어졌다.

메리카인들에게서 무사히 돈을 잘 거두어들일 수 있을까 하는 것이었다. 그들은 관세를 교묘하게 회피하는 능력과 자신들을 위한 방위비 부담을 못마땅하게 여기는 태도로 악명이 높았다.

조지 그렌빌은 엄청난 국가 부채 해소에 도움을 주고 막대한 이자 부담을 경감하기 위해 13개 식민지가 모두 세금을 내야 한다고 보지는 않았다. 하지만 그들을 지키기 위해 현지에 주둔하는 군대 유지비 중 일부는 부담해야 마땅하다고 생각했다. 그가 아메리카에 주둔하는 영국군의 유지비 전액을 부담하라고 요구하는 것은 아니었다. 아메리카 방위는 현지인들뿐만 아니라 대영제국을 위해서도 중요한 일이므로, 영국은 황무지에 나가 있는 군대 유지비의 상당 부분을 내놓을 생각이었다. 개략적인 추산에 따르면, 아메리카 대륙과 서인도제도에 주둔하는 20개 대대에 필요한 연간 유지비 20만 파운드 중 주된 부분을 영국은 부담할 의사가 있었다.[18]

그렌빌 내각은 13개 식민지에 일정한 세금을 부과할 계획이었는데, 재무부 전문가의 평가에 따르면 세수는 연간 7만 8000파운드 수준이었다. 재무부의 주장에 따르면, 외국에서 생산되어 식민지로 수입된 당밀의 관세는 예전에 갤런(약 4.5리터)당 6펜스였는데, 이것을 3펜스로 낮추더라도 무역량이 늘어나 충분히 그 정도 세수는 올릴 수 있다는 것이었다. 재무부와 그렌빌은 이러한 가정 하에 세수를 계산해 새로운 관세를 적용하려고 했다. 하지만 이것은 커다란 착각이었다.[19]

아메리카의 밀수업자들, 당밀법에 도전하다

아메리카에서 관세를 징수하는 일은 18세기 동안 영국이 큰 성공을 거두지 못한 부분이었다. 식민지인이 교묘하게 빠져나가는 무역 규정을 단속하는 일 또한 쉽지 않은 문제였다. 그렌빌은 이러한 노력이 보여준 처참한 역사를 잘 알고 있었다. 무역청, 세관, 재무부 등 관련 기관이 모두 그에게 실상을 보고했다. 지난 30년 동안 옛 당밀법에 대해서 조직적인 법규 위반이 자행됐다. 당밀은 설탕을 가공할 때 발생하는 끈적한 시럽인데, 식민지의 상인들은 당밀을 프랑스령과 네덜란드령 서인도제도에서 밀수해올 경우 세관 관리에게 뇌물을 주어 관세를 내지 않았다. 1763년 당시 뇌물의 요율은 갤런당 1.5페니였으나, 외진 항구에서는 그보다 더 적은 돈으로도 문제를 해결할 수 있었다. 프렌치-인디언 전쟁 동안에 무역 규정 위반은 거의 다반사가 되어버렸다.

전쟁은 통상적인 기준과 집행을 왜곡시켰고, 무역에 관한 한 법규 위반이 통상적인 절차였다. 아메리카인은 자신들이 이렇게 행동하는 데는 충분한 이유가 있다고 주장했다.

매사추세츠, 로드아일랜드, 뉴욕, 필라델피아 등의 증류소들은 럼주의 주재료인 당밀이 필요했다. 곡식을 재배하고 가축을 치는 아메리카 농부들과 그들의 생산품을 가공하는 제빵업자 및 푸주한들은 자신의 상품을 판매할 시장이 필요했다. 하지만 영국령 서인도제도는 증류소를 돌아가게 하고 럼이 흘러나오게 하며 무역을 활성화하는 당밀을 생산하지 않았다. 아마 불가능했을 것이다. 그러니 식민지인은 외국의 수입처로 눈을 돌릴 수밖에 없었다. 사실 6개 식민지의 상인들은

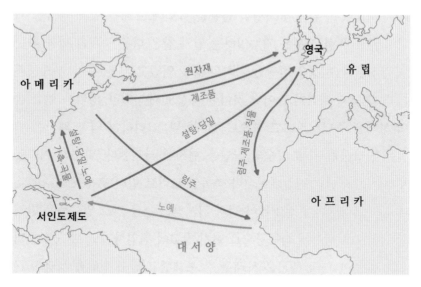

18세기 대서양 삼각무역 18세기에는 아메리카, 유럽, 아프리카 대륙 간에 설탕, 당밀, 럼주, 노예 등을 주고받는 삼각무역이 이뤄졌다. 이때 성행한 밀수를 방지하기 위해 영국 정부는 1733년 당밀법을 발표하였지만, 아메리카 북부 식민지에서는 이행되지 않았다.

목재, 술통의 통널, 생선, 쇠고기, 돼지고기, 베이컨, 말, 기타 다양한 제품을 프랑스령 서인도제도의 당밀과 바꾸었다. 당밀은 증류되어 럼주로 만들어졌고, 이 술은 현지에서도 소비되고 각종 어장에서도 거래되었으며 아프리카와 그 외의 지역에도 보내졌다. 뉴잉글랜드와 중부 식민지의 농장에서 생산되는 거의 모든 제품이 영국에는 수입 금지되었고, 밀에는 높은 관세가 부과되었다. 이런 상황에서 무역 법규는 현지 실정을 도외시한 것이었고, 단속은 식민지 경제의 핵심인 복잡한 교환 과정에 피해를 줄 수 밖에 없었다. 외국산 당밀에 대해 높은 관세를 부과하는 당밀법은 영국령 서인도제도의 농장주들이 사주해 통과됐다. 이 농장주들 중 몇몇은 의회의 의원으로 앉아 자신들의 이익을 셈하고 있었다.[20]

　당밀법을 향한 도전은 1733년에 그 법이 통과되면서 시작되었다. 18세기 초에는 위에서 거명한 물품을 유럽에 보내는 일과 영국을 거치지 않고 유럽 상품을 직수입하는 일과 같은 다른 종류의 법규 위반도 발생했다. 전쟁은 한탕할 기회의 장을 열었고 뇌물, 사기, 부정부패를 통한 탈세 행위가 늘어날 것이란 사실도 예견됐다. 영국은 이런 불법 무역을 중단시키려고 했으나 실패했다. 그리하여 영국 해군은 이 일을 담당하기 위해 다수의 군함을 현지에 파견했다. 밀수가 기승을 부리던 1756년의 펜실베이니아 총독인 로버트 헌터 모리스Robert Hunter Morris는 필라델피아 상인들이 적과 거래하는 것을 막고 밀수품을 발견할 목적으로 심야에 비무장으로 현지 창고에 침입하기도 했다. 4년 뒤인 1760년에 영국 해군은 사태를 잘 통제했고 밀수 행위를 상당히 근절할 수 있었다. 그해에 필라델피아 상인들은 10만 파운드 상당의 화물을 실은 30척의 밀수선을 영국 해군에 압수당하는 피해를 입었다.[21]

그런데 전쟁 말기에 수행하던 밀수 단속을 평화 시에는 지속할 수가 없었다. 주된 이유는 전쟁이 끝난 뒤에 밀수업자들이 방식을 바꾸었기 때문이다. 아무튼 그렌빌 내각은 무역 거래에서 아메리카 주둔군의 유지비 일부가 나오기를 기대했다. 그렌빌은 뷰트에 뒤이어 수상에 취임한 직후 재무부 관리들의 조언을 바탕으로 당밀에 과세하면 그 정도의 세수를 올릴 수 있다고 판단했다. 그러나 그렌빌은 당밀법을 의회에서 통과시키기 전 세관 업무를 강화하기 위해 또 다른 조치를 취했다. 1763년 7월 관세청의 조언을 받아서 관세 징수관들에게 모두 현지에 부임하여 징수 업무를 수행하든지 아니면 사임하라고 지시했다. 이 명령이 내려오자 징수관들은 집단적으로 심각한 고민에 빠졌다. 왜냐하면 그들은 대부분 영국에 살면서 높은 봉급을 받았고, 그들의 대리인은 아메리카의 여러 항구에서 뇌물을 받아 챙겼기 때문이다. 징수관들은 아메리카의 외진 지역보다 영국에 사는 것을 더 좋아했기 때문에 대다수는 5000킬로미터나 떨어진 곳으로 부임하기보다는 사임을 선택했다.[22]

설탕법을 둘러싼 논란

이리하여 필요 없는 인원을 쳐낸 그렌빌은 세금 관련법을 의회에서 통과시키려는 본 계획으로 시선을 돌렸다. 그는 이 법을 의회에서 놀라울 정도로 손쉽게 통과시켰다. 여기서 '놀라울 정도'란 영국 의회에는 아메리카인의 대표가 참여하지 않았기 때문에 가능했단 의미다. 당초 의회는 인민의 대표에 의해서만 과세 여부를 결정할 수 있다는 인민의 권리를 바탕으로 생겨난 기관이었다. 그렇지만 상당한 세수를 올릴 것으로 예상되는 다양한 세금부과 법률을 통과시키면서 영국 의원들 중 누구도 옛 원칙을 기억하지 않았다. 영국의 각종 세금은 언제나 인민이 자유롭게 내준 선물로 표현되었다는 사실을 그 누구도 주목하지 않았다. 1764년의 세수법稅收法 또는 널리 알려진 대로 설탕법 Sugar Act에서 이런 표현을 사용했는데, 그것은 전통적이고 관용적인 표현일 뿐 의회 내에서 아무런 반응도 불러일으키지 않았다. 의회 내에서 반대가 없었다는 사실은 여러 방식으로 설명될 수 있다. 무엇보다도 의회의 정치적 성향이 가장 명확하면서도 중요한 요인이었다. 내각에 들어가지 않은 의회의 중심인물로는 뉴캐슬과 피트가 있었다. 이 두 사람과 다른 사람들은 그들끼리 의견 불일치가 발생하는 것을 두려워했다. 아메리카 문제는 이런 분열을 만들어낼 조짐을 보였다. 더욱이 전원이 그렌빌의 반대파였던 그들은 반정부적인 언론인 체포를 둘러싼 일반 영장general warrant 문제로 내각과 갈등을 벌이다가 패배해 지치고 의기소침한 상태였다. 이 싸움은 1764년 2월 내각의 승리로 일단락되었다. 이 승리에 힘을 얻은 그렌빌은 설탕법을 도입했고, 법안은 약간의 역풍조차 없이 의회 내를 순항했다. 그리하여 1764년 5월 4일 설탕법이 발효됐다.[23]

　본질만 추려내 아메리카인이 이해할 수 있는 비전문적인 언어로 말해보자면, 설탕법은 외국 당밀에 대한 관세를 갤런당 3펜스로 낮춘 것 이상의 일을 했다. 그것이 핵심 조항이기는 했지만 다른 조항들도 역시 중요했다. 이 법은 무역을 규제하고 세수를 올리기 위해 다른 관세들도 부과했다. 또한 오로지 영국으로만 선적할 수 있는 물품들을 지정했는데, 특히 그중 목재는 식민지 무역에서 가장 귀중한 품목들 중 하나였다. 설탕법의 다른 조항들 못지않게 식민지인의 분노를 산 조항은 법규 준수와 집행에 관한 절차다. 상인과 선장들은 이제 선적한 화물을 모두 기재한 적하 목록을 꼼꼼히 작성해야 했다. 그들은 또 화물을 싣고 내리기 전에 이 문서를 반드시 소지해야 했다. 만약 이 문서를 구비하지 않으면 법규에 따라 기소될 수 있었다. 기소는 항해법에 따라서 식민지의 해당 법원에서 진행될 수도 있지만, 세관 규정을 집행하는 관리들의 판단에 따라 해사법원에서 진행될 수도 있었다. 여기서 난점은 법원의 성격이었다. 식민지 법원은 배심원들의 도움을 받아가며 판결을 했는데, 식민지인으로 구성된 배심원은 밀수나 기타 불법 행위를 적대적으로 보지 않았다. 반면에 해사법원은 배심원 없이 판결을 내리고 손해배상액을 판사가 결정했는데 그는 국왕이 임명한 사람이었다. 식민지인의 입장에서 해사법원의 판결이 불공정한 이유는, 법정에 불려나온 피고인을 무죄추정의 원칙에 따라 판단하지 않고 미리 유죄로 판단해버렸기 때문이다. 무죄를 증명하는 것은 피고인의 몫이었다. 설사 스스로 무죄를 증명하더라도 소송 비용은 부담해야 했고 손해액이나 경비를 회수하기 위한 소송을 제기할 수도 없었다.[24]

식민지인의 입장에서 볼 때 이 의회 법규들의 통과 시점이 너무나 나빴다. 전쟁이 거의 끝나가던 1760년 후반부터 경제 불황이 식민지를 서서히 압박하고 있었고, 영국의 상황도 어느 정도는 마찬가지였다. 아메리카에서 전쟁이 끝나가자 국왕 군대에 들어가는 음식과 보급품의 주문이 급격히 줄어들었고 이는 당연히 아메리카 경제에 나쁜 영향을 끼쳤다. 곧 사회 모든 계층이 경기 변화를 체감했고, 특히 군부대 납품에 곡식 판매를 의존했던 농부들이 큰 타격을 입었다. 1763년이 되자 불경기는 더욱 심해졌다. 경제 불황에 대한 설명은 합리적인 경우가 별로 없지만, 아메리카인들은 1760년대 불황의 원인을 영국의 새 법안들과 관련지어 생각했다. 그중 대표적인 것이 설탕법과 식민지에서 자신들의 통화를 만드는 것을 금지한 통화법Currency Act이 있었다. 그렇지만 실제로는 이 두 법이 통과되기 이전부터 불경기의 조짐들이 나타나고 있었다.[25]

경제에 대한 선입견은 또 다른 효과를 가져왔다. 아메리카인들은 법률 용어들을 따지기보다 경제적 관점에서 항의를 표출하려는 경향을 보였다. 물론 많은 아메리카인이 자신들을 대표할 수 없는 식민기관에 의한 과세 조치는 그들이 오랫동안 누려온 영국 신하로서의 권리를 침해하는 것이라고 주장했지만, 대부분의 현지인은 새로운 정책들이 호주머니를 얄팍하게 한다는 사실에 더 집중했다. 사실 대다수의 아메리카인은 영국 의회에서 무슨 일이 벌어지고 그것이 자신들에게 어떤 영향을 미치는지에 별로 관심이 없었고 잘 알지도 못했다. 현지인의 정치적 각성은 으레 사안이 불분명한 문제들로 시작되었고, 그래서 불명확하고 때로는 일관성이 없거나 사람마다 서로 다른 반응들을 이끌어냈다.

벤저민 프랭클린(1706~1790) 미국의 발명가이자 사업가이자 정치가. 설탕법과 인지세법 등에 반대하여 아메리카 식민지 이익을 위해 런던으로 건너가 교섭을 벌였다.

심지어 벤저민 프랭클린 같은 노련한 관찰자도 처음에는 그렌빌의 과세 계획이 얼마나 불길한 것인지 제대로 파악하지 못했다. 프랭클린은 1763년 필라델피아로 흘러들어 온 당밀 과세에 대한 소문을 무관심하게 흘려들었다. 조용하고 합리적인 성품인 프랭클린은 때때로 그리 합리적이지 못한 상대방에게 합리성이 있다고 판단하는 경향이 있었다. 프랭클린은 1763년 11월 영국 의회 의원이고 잉글랜드 내 펜실베이니아 담당자인 친구 리처드 잭슨Richard Jackson에게서 이런 말을 들었다. "의회는 농장주들에게서 연간 20만 파운드를 더 걷도록 증세할 것이 거의 확실하네."[26] 잭슨은 식민지 무역에 과세가 될 것이고, 의회의 고집을 꺾을 수는 없으므로 의회에 반대하는 시도는 하지 않겠다고 말했다. 하지만 당밀에 대한 관세를 갤런당 1.5페니로 낮추도록 시도해보겠다고 했다. 이 소식을 들은 프랭클린은 합리적인 논평을 내놓았다. "우리에게서 세금을 거두려는 당신의 계획을 듣고서 나는 별로 놀라지 않았습니다." 또한 프랭클린은 의회가 아메리카의 사업에 큰 부담을 안기지 말기를 바란다는 말도 덧붙였다. 그렇게 하면 영국의 사업도 그만큼 축소될 터이기 때문이었다.

프랭클린의 느긋한 태도는 몇 달 동안 계속됐다. 그는 당밀을 거래하지도 않았고 럼주를 만들지도 않았다. 다만 의회가 생필품보다는 사치품에 과세해야 한다는 의견을 밝혔다. 하지만 그는 의회가 영국의 사업을 망치는 일은 하지 않을 것이라고 확신했다. 프랭클린은 "당신이 우리에게서 세금으로 가져가는 만큼 무역으로 잃게 될 것이므로" 무역에 손해를 끼치는 세금을 부과할 가능성은 아주 희박하다고 생각했다. 그러나 1764년 초여름 영국 정책의 합리성에 대한 그의 믿음은 사라지기 시작했다. 그리고 얼마 지나지 않아 프랭클린은 의회에 압력을 넣어 설탕법을 철폐하려고 애쓰는 사람들 대열에 합류했다.

직접적으로 설탕법의 영향을 받는 식민지인들은 당연히 의회의 과세 조치를 참을성 있게 봐주지 못했다. 그러나 상인들의 첫 반응은 자신들이 의회의 의도를 확실히 모르며 의회의 조치에 어떻게 대응할지도 결정하지 못했다는 사실을 드러낼 뿐이었다. 프랑스와의 전쟁이 끝난 뒤 많은 상인들은 의회의 조치와는 무관하게 세금 징수관들이 예전과 같은 절차를 그대로 시행하기를 기대했다. 뇌물이 관세 지불보다는 비용이 덜 들었고, 무역 행위에서 아예 배제되는 것보다는 나은 방법이었다. 밀수업자의 친구라고 볼 수 없는 인물인 토머스 허친슨이 날카롭게 말했듯이, 뇌물과 부정부패가 없으면 세관 징수관들은 "분명 굶어죽게 되어 있었다."[27] 굶어죽게 생긴 징수관들이 예전처럼 손바닥을 내밀며 다가오리라고 기대했던 상인들은 설탕법이 의회를 통과하기 이전에도 이미 불쾌한 충격을 받았다. 그렌빌이 식민지로 보낸 새 관리들은 무역 관세를 반드시 징수하겠다고 말함으로써 옛날의 뇌물 방식이 지속되기를 원했던 상인들의 환상을 일거에 깨뜨렸다. 그리고 항해법 준수 여부를 단속하기 위해 아메리카 해역으로 파견된 영국 군함들도 놀라울 정도의 열성을 발휘하면서 밀수 단속에 나섰다.[28]

로드아일랜드의 상인들, 영국 세관에 거칠게 저항하다

세관 관리의 협조가 없는 데다 비우호적인 영국 함정이 근해를 단속하는 상황에서, 밀수는 어려웠지만 전혀 못할 바는 아니었다. 예를들어 설탕법에 저항하던 로드아일랜드의 프로비던스 지역 상인들이 수입한 당밀은 작은 평저선이나 소형 보트에 내려져 도시 근처의 작은 만에 하역됐다. 이런 번거로운 작업은 주로 밤중에 해야 했고 게다가 위험했다. 매수금을 지불하고 선박 화물에 대한 가짜 서류를 발급

받을 수도 있었지만 이 또한 위험이 따랐다. 프로비던스의 브라운 가문은 1764년에 상당한 불안감과 재정적 위험을 감수하면서도 밀수와 가짜 서류 방법을 활용했다. 그러나 주위에는 언제나 제보자들이 어슬렁거리는 법, 그들은 인근 포구에서 하역 작업이 벌어지고 있다거나 그 선박이 휴대한 서류가 가짜라는 사실을 세관 관리들에게 적극적으로 제보하려고 했다. 니콜라스 브라운Nicholas Brown이 "저 빌어먹을 놈"이라고 비난한 프로비던스의 윌리엄 멈포드William Mumford는 1764년의 늦은 봄 여러 선박의 휴대 서류가 불법이라고 의혹을 제기했지만 상인들이 그를 위협하여 입을 다물게 만들었다.[29] 뉴욕시 상인들은 꾀 많고 힘 좋은 사람들을 동원하여 제보자에게 무슨 일이 벌어지는지를 보여주었다. 그 제보자는 조지 스펜서George Spencer라는 사람이었는데, 부채 문제로 체포되어 도시의 거리에서 조리 돌림을 당하면서 거리의 군중에게서 오물 세례를 받은 다음 투옥되었다가, 도시를 떠나겠다는 약속을 하고서야 겨우 풀려났다.[30]

사법당국은 스펜서에게 가해진 폭력을 눈감아주었다. 법의 범위 바깥에서 법규를 무시하면서 폭력이 행사된 다른 사건들도 있었다. 가장 극단적 폭력이 발생한 로드아일랜드에서는 국왕의 권위가 훼손된 것처럼 보였는데, 그곳 경제가 서인도제도의 외국령들에서 생산된 당밀에 전적으로 의존했기 때문일 것이다. 더욱이 18세기의 로드아일랜드에는 사납다는 말을 듣는 엉뚱한 사람들이 유독 많았다. 이들의 뿌리는 식민지가 건설된 17세기로 거슬러 올라간다.

그들의 뿌리가 무엇이든, 로드아일랜드 사람들은 영국 해군에게 고통을 안겨주는 일을 마다하지 않았다. 1764년 12월 《뉴포트 머큐리 Newport Mercury》지는 분개하는 어조로 폭력 사건을 보도했다. 이에 따르면 밀수가 의심되는 식민지 선박에 올라간 단속반의 한 대위가 선원한 사람을 칼로 찔렀다. 그러나 다른 자료에 따르면 식민지 선박에 있던 한 선원이 큰 도끼로 그를 공격하며 도발했고, 이어진 싸움에서 검사단 소속의 몇몇 인원이 배 밖으로 내던져졌다고 한다.[31]

이 싸움은 해군 장교가 민간 시민을 상대로 벌인 것인데, 이런 일이 영국이나 아메리카에서 전례가 없었던 것도 아니었다. 좀 더 규모가 크고 불길한 싸움은 영국 해군의 스쿠너schooner 범선인 세인트존호와, 다수의 현지 주민, 한 명의 보안관, 두 명의 상원의원 사이에 벌어졌다. 싸움의 자세한 전말은 이러하다. 세인트존호의 징발 행위, 로드아일랜드 사람들의 당밀 밀수, 선원들의 닭 절도 사건 등이 얽혀 해군과 민간인 사이에 격렬한 대결 양상이 발생했다. 싸움이 최고조에 달하자, 세인트존호는 뉴포트 항구를 빠져나가려고 했다. 그러자 두 상원의원의 지시로 항구의 포대에서 그 배를 향해 대포를 발사했다. 이 사건은 단순히 험악한 싸움이 아니다. 민간인 관리가 영국 해군의 배를 향해 식민지의 대포를 발사하라고 명령한 사건이었다.[32]

좀 더 중요한 에피소드는 뉴포트 세관의 징수관인 존 로빈슨John Robinson이 겪은 사건이다. 그렌빌의 개혁 정책 아래 새롭게 임명된 징수관인 로빈슨은 1764년 초 아메리카에 도착했는데, 그 즉시 현지 상인들은 징수관들과 통상적으로 해오던 뇌물 거래를 그에게 시도했다. 불법 화물이 도착하면 못 본 체하는 조건으로 연간 7만 파운드의 식민지 통화를 뇌물로 주겠다는 것이었다. 정직한 로빈슨은 이 매력적인 제안을 거부했고, 법에 따라 엄격한 단속에 나섰다. 하지만 그는 곧 현지의 해사법원을 통한 단속이 어렵다는 사실을 발견했다. 판사와 사건을 기소하는 검사가 모두 서로 친구 사이인 로드아일랜드인이었기 때문이다. 그들 친구 중에는 상인들도 있었다. 판사는 이 상인들에게 호의를 베풀기 위해 로빈슨이 타지로 출장 나가 있을 때 단시간의 사전 통지 후 사건 심리를 선언했고 검사는 재판정에 출두하지 못했다. 그러자 판사는 증거 부족으로 사건을 기각했다. 어떻게 하여 가까스로 재판이 열려서 현지 배에 유죄를 판결하더라도, 법원은 거의 공짜로 그 배를 원소유주에게 다시 넘겨주었다. 그의 친구 상인들은 아무도 경매에 나온 동종업계 상인의 배를 사려고 하지 않았던 것이다.[33]

로빈슨은 이런 행태를 수치스럽게 여겼는데, 1765년 4월의 어느 날 수치의 진수를 보여주는 사건이 벌어졌다. 그는 당밀 화물을 정직하게 신고하지 않은 소형 외돛배 폴리호를 압수했다. 압수 장소는 매사추세츠주의 다이튼이었다. 로빈슨은 폴리호에 감시를 붙여두고서 그 배를 뉴포트로 예인할 선원들을 모아오기 위해 뉴포트로 돌아갔다. 예인한 뒤 그곳에서 정해진 몰수 절차를 진행할 생각이었다. 그러나 다이튼에서는 누구도 예인 작업에 협조하려고 하지 않았다. 경험이 좀 더 많은 징수관이었다면 이런 현지인의 반응을 보면서 폴리호에 당밀만 들어 있는 게 아니라 더 많은 위험이 도사리고 있다는 사실을 눈치챘을 수도 있었다. 로빈슨이 가버린 동안에 군중이 먼저 배에 도달했다. 그들은 삭구索具, 밧줄, 닻 그리고 당밀 화물과 함께 돛을 그 배에서 제거했다. 또 후속 조치로 배를 좌초시킨 후 바닥에 구멍을 여러 개 뚫어놓았다. 로빈슨이 보낸 순진한 선원들이 그 배를 뉴포트로 예인하기 위해 다이튼에 도착하자 군중은 그 선원들을 설득하여 다른 일을 하도록 했다. 마침내 로빈슨이 그 배를 뉴포트로 예인하는 일을 감독하기 위해 현장에 나타나자 현지 보안관은 그를 체포했다. 폴리

호의 주인은 파손된 배와 사라진 화물에 대한 손해 배상금으로 3000 파운드를 그에게 요구했다.

폴리호의 소유주는 약 12킬로미터 떨어진 매사추세츠의 톤턴에 살고 있었고, 로빈슨은 보안관의 입회 아래 그 거리를 걸어갔다. 걸어가는 도중 군중은 그에게 야유를 보냈다. 아무도 그를 위해 보석금을 영치하지 않았으므로, 그는 이틀 동안 구치소에 들어가 있었다. 뉴포트에 사는 그의 친구들이 소식을 듣고서 그를 구치소에서 꺼내주었을 무렵에 그는 크게 쓴맛을 본 상태였다.

로빈슨은 고지식하고 고집이 세며 정직한 사람으로서 좋은 관리가 되려고 필사적으로 노력했지만 일 처리를 잘하지는 못했다. 그러

영국 세관과의 충돌 지역 뉴포트, 다이튼과 같은 작은 항구에서 밀수를 단속하던 영국 세관 징수원과 아메리카 선원들 사이에 잦은 충돌이 일어났다.

나 그는 결점이 있었을지언정 다른 세관 관리와 특히 영국 해군이 저지르던 법을 빙자한 괴롭힘은 자행하지 않은 듯하다. 영국 의회는 설탕법을 통과시키면서 작은 화물을 한쪽에서 다른 쪽으로 옮기기 위해 항구마다 돌아다니는 작은 배를 나포하라고 해군에 지시하지 않았다. 너벅선이나 소형 평저선이 주종인 이 작은 배들은 대양으로 나갈 수 없어서 아메리카 식민지 인근의 바다만을 오갔다. 의회는 이런 배의 선장들까지 화물을 열거하는 적하목록을 작성하고 보증서를 내도록 요구하진 않았다. 하지만 해군 장교들은 의회의 이런 의도를 알지 못했고, 별로 신경 쓰지도 않았다. 그들은 델라웨어강, 뉴욕, 필라델피아, 찰스턴, 프로비던스, 뉴포트, 기타 그들이 있는 곳 어디에서든 이런 작은 배를 나포하기 시작했다. 다수의 해군 장교는 설탕법과 단속 지시사항을 무기 삼아 식민지 배를 포획한 상금으로 호주머니를 채울 기회를 발견했다. 그들이 압수한 불법 화물은 유죄처분을 받아 경매됐고, 해군은 수익금의 일부를 요구했다. 이런 금전적 유인 사항이 있었기 때문에 해군 지휘관들은 의회의 의도를 정확히 반영하는 일이나 '합법적으로' 수탈당하고 있는 식민지인의 항의 따위는 신경 쓰지도 않았다.[34]

식민지 항구의 상인들은 물론 보복을 했고, 해군을 비참하게 만드는 교묘한 기술을 발휘했다. 영국 해군의 배들이 항구로 들어올 때에는 도선사가 아예 없도록 조치했고, 해군이 고용하려는 선원들을 더 높은 급료를 제시해 데려왔다. 상인들은 기회가 되면 소규모 군중을 동원해 육지에 고립된 단속 담당자들이나 다른 해군 요원들을 괴롭히도록 사주했다.[35]

설탕법에 반대하며 자유국가의 대원칙을 말하다

이런 충돌 사건들은 비교적 사소하고 소규모 조직이 관련된 일이었다. 또한 상인들은 보다 큰 규모의 조직화를 시도하고 있었다. 이런 사건들이 벌어지기 몇 년 전부터 비공식적으로 서로 만나온 보스턴 상인들은 사업에 따르는 공동 문제들을 논의하기 시작했다. 설탕법이 통과되기 1년 전인 1763년 4월 당밀 관세를 확대한다는 소문이 전해지자 그들은 '무역과 상업 촉진회'를 결성하고 회원 15인이 상임위원회를 구성해 '무역 백서'를 작성하도록 했다. 이 백서를 통해 당밀 관세가 식민지들과 설탕 생산지인 섬들, 나아가 영국 자체의 무역을 저해한다는 주장에 이론적 바탕을 제공하려는 것이었다. 인상적인 통계수치와 상업 관련 자료로 가득한 '무역 백서'에서는 "당밀에 관세를 부과해서는 안 된다"라고 주장했다. 이 보고서는 전문적인 분석을 바탕으로 해서 그 법이 무역 참사를 불러올 것이라고 예측하는 문서였다.[36]

보스턴 상인들은 동료 여러 명을 보내어 세일럼, 마블헤드, 플리머스 등지의 상인 집단을 만나게 했다. 오래지 않아 상인 모임은 매사추세츠 식민지 의회에 진정서를 제출했다. 관세에 반대하는 공식 항의서를 영국 내각에 보내달라고 탄원하는 내용이었다. 그다음 해인 1764년 초에는 "설탕법 갱신에 반대하는 이유들"[37]이라는 제목을 달고 발간된 《무역 백서State of Trade》 250부를 영국에 있는 식민지의 대리인에게 발송했고, 대리인에게는 그 책자를 널리 배포하면서 의회에 발의된 관세를 반대하는 운동을 전개하라고 지시했다.

다른 식민지 상인들도 1763년의 마지막 몇 달 동안 행동에 나서

로드아일랜드의 상인들 프로비던스 상인을 중심으로 설탕법 반대에 적극적으로 나섰다. 가운데 테이블에서 조는 인물이 스티븐 홉킨스 로드아일랜드 총독으로 그는 1776년 미국 독립선언서에 서명했다.

기 시작했다. 발의된 법의 경제적 파급 효과를 잘 아는 로드아일랜드 사람들은 보스턴에서 아무런 조언을 받지 않고도 스스로 행동에 나섰다. 상인인 데다 프로비던스의 사업에 깊이 연관되어 있던 홉킨스 Hopkins 총독은 신문에 "북아메리카 대영제국 식민지 무역에 관한 논문"이라는 글을 쓰면서 보스턴에서 나온 《무역 백서》가 상당히 귀중한 문서라는 점을 알아챘다. 프로비던스의 상인들은 로드아일랜드의 무역에 관해 추가 자료를 제공했고, 이어 총독은 당밀 관세의 확대에 반대하는 '항의서'라는 글을 집필했으며, 마침 특별 회기를 열었던 로드아일랜드의 의회는 이 글을 영국으로 보냈다. 뉴욕시의 상인들도 1764년 1월에 모임을 열고서 식민지 의회가 본국에 항의할 것을 촉구했고, 이 건으로 필라델피아의 사업가 동료들을 접촉했다. 그리하여 그들도 행동에 나서게 되었다.[38]

이 상인 조직들이 한목소리를 내지는 않았지만, 대부분 설탕법의 부당함과 무역에 잠재적으로 미치는 재앙적인 효과를 성토했다. 영국 의회는 당시 무역거래 상황을 알지 못했다. 뉴잉글랜드와 중부 식민지는 현지에서 생산된 제품들의 수출 대금만으로 영국에서 들어오는 수입품 대금을 지불하지는 않았다. 그보다는 프랑스령 서인도제도에서 당밀을 수입해 럼주를 만들고 다시 이 럼주를 아프리카에서 온 노예들과 바꾸었다. 그러면 그 노예들은 남부 식민지들이나 시작점인 서인도제도를 상대로 하는 복잡한 거래에서 상품으로 팔렸다.

생선, 말, 고기, 곡식, 빵 등도 프랑스령과 영국령 서인도제도로 수출됐다. 이러한 거래는 당밀을 가져오는 것은 물론이고 돈을 벌게 해주었고, 나아가 '신용'을 가져다주었다. 신용은 주로 약속어음이나 환어음의 형태를 취했는데, 영국에서 들어오는 제품들인 의복, 무기, 차, 가구, 맥주, 생필품, 기타 사치품 등을 결제하는 데 이 어음이 사용됐다.[39]

1764년 가을, 탄원서와 건의서를 본국에 보내기 시작한 식민지 의회들은 설탕법의 경제적 파급 효과도 절실히 깨달았다. 그해 늦겨울에 이르러 9개 식민지 의회가 총독이나 대리인을 통해 영국에 항의 메시지를 보냈다. 모두 영국 의회가 무역을 규제하는 권리를 남용했다고 주장하거나 암시하는 내용이었다. 또한 서인도제도의 영국인 농장주들은 프랑스령 섬들과의 거래 중단에서 이득을 보겠지만, 영국 본토나 아메리카 대륙의 식민지는 전혀 이득을 볼 수 없다고 지적했다.[40]

식민지 의회들은 상인들과 마찬가지로 설탕법이 무역에 미칠 악영향에 대해서는 한목소리로 말했지만, 그와 관련된 영국 의회의 권한에 대해서는 일치된 목소리를 내지 않았다. 9개 식민지 의회 모두가 아메리카에서 세수를 증대할 목적으로 세금을 매기는 영국 의회의

'권한'을 인정하지 않았지만, 특히 뉴욕과 노스캐롤라이나는 유독 그 권한을 강력하게 부인했다. 뉴욕 식민지 의회는 영국 의회가 이런 '법률 개혁'을 자행하다니 놀랍다고 말하면서, 뉴욕 식민지의 '구성원'은 '자신들이 동의하지 않은 세금 부담 면제'를 주장한다고 다음과 같이 보고했다.

"동의 없는 비자발적 세금에서 면제되는 것은 모든 자유국가의 대원칙이 되어야 한다. 다른 모든 권리를 제외하더라도 이런 권리가 담보되지 않는 다면 자유, 행복, 안전은 없는 것이나 마찬가지다. 과세 개념은 재산의 개념과 불가분의 것인데, 남이 그 재산을 마음대로 빼앗아갈 수 있다면 어떻게 그것이 개인의 고유 재산이라고 할 수 있겠는가? 이는 인류의 자명한 자연권이다. 그리하여 심지어 정복된 속국들도 일정한 액수의 조공을 정기적으로 바치기는 하지만, 정복자가 마음대로 부과하는 모든 부담을 받아들여야 할 만큼 비참하고 외로운 신세로까지 전락하지는 않는다. 조공을 지불하고 부채를 청산하면 나머지는 당연히 그 사람의 것이 되어야 한다."

뉴욕 사람들은 이런 면제를 특혜라고 하는 주장에 대해 '경멸감'을 분명하게 표시했다. "그들은 좀 더 명예롭고 단단하며 안정된 기반 위에서 그 권리를 주장하고, 그것을 특혜라고 보는 생각에 도전하며, 그 권리를 자연권으로 소중하게 여긴다."[41]

노스캐롤라이나의 입법부도 설탕법이 자주적 과세 '권리'를 침해했다고 여겨 그 법에 저항했다. 어쩌면 선견지명을 갖춘 몇몇 힘센 사람이 이런 항의를 뉴욕과 노스캐롤라이나 입법부에 제기했을 것이다.

두 식민지는 나중에 주도적으로 나서지 않았기 때문에 이런 권리 주장은 다소 이례적인 것으로 보였다. 그런데 회계소나 입법부에 있는 아메리카인은 완전히 혼란스러운 상태는 아니더라도 자신들이 지금 무엇을 상대하는지 분명히 알지는 못했다. 그들은 세수 증대를 위해 과세를 해야겠다는 영국 의회를 직접 대면하지는 않았다. 그들은 권리 문제에 대해 생각하지 않으면서 그 권리를 누렸다. 깊이 생각해보지 않은 권리는 언제나 사치품 같은 것이었다. 아메리카인들은 곧 그것을 깊이 생각하게 되었다.[42]

물론 아메리카 사람들 대다수가 설탕법 투쟁에 관여하지는 않았다. 실제로 관여한 사람들은 대부분 식민지 사회의 상층부에 있는 사람들, 가령 상인이나 식민지 의회의 의원들이었다. 이 사람들은 가끔 그들보다 권력이 없는 사람들한테서 지원을 받았다. 나중의 인지세법 위기 사태에서 이 지도자들은 그런 권력이 없는 사람들에게 자주 시선을 돌렸고, 그 과정에서 그들의 권리를 좀 더 면밀하게 검토하게 되었다. 장인, 가게 직원, 기타 각종 노동자들 같은 이들의 사례는 다른 사람들을 깨우치는 효과가 있는 것으로 드러났다. 분명한 사실은 위에서 시작된 것이 단지 상층부에만 머물러 있지 않았다는 점이다.

인지세법 위기

4

그렌빌 내각은 재정 확충을 위해 식민지의 반발을
무시하고 식민지에 인지세를 부과하기로 결정했다.
이에 대한 반발로 버지니아 하원은 식민지 대표들만이
식민지인에게 과세할 권리가 있으며 영국 의회의 결정에
찬성하는 사람을 적으로 간주하는 버지니아 결의안을 통과시켰다.
보스턴에서는 인지세법에 항거하는 봉기가 일어나 식민지 부총독인
토머스 허친슨과 인지 취급 관리들을 공격했다.

스스로 과세할 수 있는 식민지는 없다

식민지인들이 당밀세에 반대하는 운동을 벌이는 동안, 그들 중 좀 더 사려 깊은 사람들은 또 다른 세금이 아메리카에 부과될 가능성을 우려했다. 그 우려의 원천은 당시 영국 수상이던 조지 그렌빌이다. 그는 새 당밀세법을 도입하던 1764년 3월 9일 이렇게 경고했다. "국가의 지출 비용을 조달하기 위해 식민지와 대농장에 어느 정도 인지세를 부과하는 것이 적절하다고 생각한다."[1] 그렌빌은 의중에 있는 말을 다 하지 않고 단지 식민지에게 이의를 제기할 기회를 주는 동안은 관련 법안의 도입을 연기하겠다고 말했다. 하지만 영국 의회의 과세권에 대한 도전은 이의의 범위에 들어갈 수 없으며, 그렌빌의 입장에서 볼 때 의회의 과세권은 너무나 당연했다. 따라서 그는 과세권에 반대하는 주장을 결코 받아들일 생각이 없었다.

그해가 끝나기도 전에 그렌빌은 도전을 용납하지 않겠다는 태도로는 성난 아메리카인들의 목소리를 잠재울 수 없다는 사실을 알아차렸다. 인지세에 대한 소문을 처음 들었을 때, 아메리카인들은 항의하는 대신 그 세금에 대한 정보를 좀 더 자세히 알고 싶어 했다. 식민지에 도착한 소식은 두 다리나 세 다리를 거쳐서 온 것이기 때문에 정확하지 않았고 전반적으로 내용이 막연했다. 그렌빌은 이 세금에 대해서 말을 아주 아꼈기 때문에 그런 소문에 왜곡된 정보가 끼어들 여지는 크게 없었다. 처음에 사람들은 자세한 얘기를 하지 않으려는 총리의 태도에 놀랐다.

봄이 되자 영국에서는 그렌빌이 과세를 연기한 것은 식민지에 정보를 전할 시간을 주기 위해서만이 아니라 또 다른 형태의 세금을 제안하기 위해서라는 얘기가 나돌았다. 재무부 관리인 토머스 웨이틀리Thomas Whately는 그렌빌이 아메리카 측에서 돈을 걷는, 좀 덜 부담스러운 방법을 직접 제안해 주기를 기다릴 수도 있다고 언급했다. 영국에 파견된 매사추세츠와 버지니아의 대리인들은 해당 식민지에 보고서를 보냈다. 즉, 그렌빌은 필요한 돈을 확보할 수만 있다면 돈을 거두는 방식은 식민지에 일임할 생각이라는 내용이었다. 하지만 대리인들의 보고서에도 3월의 그렌빌 담화와 마찬가지로 모호하고 비현실적인 측면이 있었다. 거두어들여야 할 총액을 언급한 것도 아니었고, 저마다 의회를 둔 13개 식민지들에 그 금액을 배분하는 방식에 대해서도 언급하지 않았다.[2]

그렌빌의 알 수 없는 의중을 확인하기 위해 몇 명의 대리인이 면담을 요청했다. 수상은 그들을 1764년 5월 17일에 만났다. 대리인들이 대화를 나누기는 했지만 구체적인 정보는 얻어내지 못했을 것이다. 법안의 사본을 한 부 달라는 요청을 받자, 그렌빌은 아직 초안이 작성되지 않았기 때문에 줄 수가 없다고 대답했다. 과세 대상과 요율에 관한 질문을 받자, 그는 영국에서와 같은 품목에 대해서 세금이 매겨질 것이라고 막연하게 말하고서 이어 요율은 아직 정해지지 않았으므로 말할 수 없다고 덧붙였다. 이 면담으로 수상이 세금 법안을 연기하는 이유가 식민지들이 직접 대체 과세 방안을 내도록 하기 위한 것이라는 추측도 잠재우지 못했다. 총리는 대체 방안을 받아들일지 여부에 대해서는 긍정도 부정도 하지 않았다. 이처럼 과묵한 태도를 보이면서도 그 자신이 진정으로 원하는 것이 무엇인지는 전달했다. 식민지에서 세금 법안을 사전에 동의해주면 좋겠다는 것이었다. 찬성을 해준 이후에야 비로소 식민지의 반대 의견을 접수할 수 있고 경우에 따라서는 환영할 수도 있다는 것이었다. 그는 식민지가 제시하는 다른 종류의 과세에 대해 '충분히 고려'하겠지만, 그가 생각하는 것이 영국 의회에 의한 과세라는 사실은 분명했다.[3]

대리인들은 당연히 이런 태도를 놀랍게 여겼고 뒤이어 식민지 의회들도 같은 반응을 보였다. 그렌빌은 영국 의회에 인지세를 요청하기로 결정해놓고도 그 사실을 식민지 총독들에게 알리지 않았다. 때문에 아메리카의 의견을 충분히 존중하겠다는 그렌빌의 발언은 신뢰를 얻지 못했고 사태를 더욱 악화시켰다. 통상적으로 식민지에 대해 어떤 결정이 내려지면, 그다음 절차는 내각—또는 공식적으로는 추밀원—의 지시를 받아 남부장관이 그 소식을 식민지 총독들에게 통보하는 방식이었다. 물론 다른 방법도 있었지만 식민지 관련 정보는 보통 이런 식으로 전달됐다. 그렌빌은 이런 통상적인 절차를 무시했고,

단지 재무관료인 토머스 웨이틀리가 여러 식민지 관리들에게 13개 식민지에서 사용하는 법률 문서의 성격에 대해서 물었을 뿐이다. 그리고 이 문서들에 붙이는 인지가 과세의 대상이 될 예정이었다.[4]

웨이틀리에게는 그런 질문을 하고 다닐 충분한 이유가 있었다. 재무장관이 그에게 의회에 제출할 법안을 준비하라고 지시했기 때문이다. 케임브리지 대학을 졸업하고 미들 템플에서 공부한 뒤 법조계에 입문한 웨이틀리는 법안을 작성할 만한 전문 지식을 갖춘 사람이었다. 더욱이 그는 그렌빌에게 충성했고, 남을 위해서뿐만 아니라 자기 자신을 위해서도 열심히 일했다. 내각은 식민지 생활의 세부 사항을 너무도 몰랐기 때문에 상당한 사전 작업이 필요했다. 웨이틀리는 그렌빌을 기쁘게 했을 법한 열성을 발휘해 준비 작업을 했다. 1764년 12월 초에 내각에서 검토할 예비 초안을 완성하기 직전에 그는 여러 정부 부처와 관련 인사들을 접촉했다. 무역청과 해박한 지식을 갖춘 무역청장인 존 포널John Pownall, 관세청의 위원들, 영국 인지청 등이 접촉 대상이었다. 또한 웨이틀리는 식민지에 있는 아메리카인들과 영국 관리들도 접촉했으나, 여기에서는 그의 노력이 그리 체계적이지 못했다. 그는 북부 식민지의 세관 측량감인 존 템플John Temple에게 자문했고, 매사추세츠·뉴저지·뉴욕의 하급 관리들과도 의논했다. 또한 웨이틀리는 아메리카의 저명한 민간인이었던 코네티컷의 자레드 잉거솔Jared Ingersoll에게도 편지를 썼다. 잉거솔과 템플은 식민지인에 대해 잘 알았기 때문에, 웨이틀리에게 아메리카 인지세는 실책이니 추진하지 말라고 조언했으나 결국 설득하지 못했다. 잉거솔은 직설적으로 말했고 식민지의 그 누구보다 급진주의자와는 거리가 멀었다. 1764년 7월 아메리카인의 반응을 묻는 웨이틀리의 질문에 잉거솔은 이렇게 답했다. "아메리카인들은 과세 조치가 취해질까 봐 극히 우려하고 있습니다. 사람들에게 세금을 쉽게 거둘 수 있을지 스스로 생각해보기 바랍니다. 그 세금은 해당 지역 의회의 동의 없이 그 지역에 일방적으로 부과된 것이고, 지역 주민들이 지닌 자연권과 정치적 권리와 자유의 이념에 위배되므로, 이곳 식민지에서는 그 세금을 회피하기 위해 무수히 많은 방법을 고안할 것입니다."

다른 식민지인이 논평했던 것처럼, 잉거솔은 식민지인에게 세수의 일부를 부담해달라고 요청한다면 그들은 자발적으로 그렇게 할 것이라고 했다. 반면 만약 영국 의회가 소액이라도 세금의 형식으로 부과하려고 든다면 "어떤 결과가 나올지 또는 어떤 결과가 나오지 않을지" 예측하기 어렵다고 말했다.[5]

그렌빌, 인지세법 결의안을 하원에 제출하다

웨이틀리는 인지세가 아메리카에서 불만스러운 반응을 일으키리라는 경고를 예상하지 않았으므로 잉거솔의 조언을 무시해버렸다. 그렌빌 또한 그러한 반응을 개의치 않았을 것이다. 그는 의회의 과세권에 대한 도전은 절대 들어줄 수 없다고 말했지만, 잉거솔과 같은 사람들은 편지나 탄원서를 통해 바로 그 도전을 하고 있었다. 이런 주장은 오히려 그렌빌의 일을 도와주었다. 아무리 너그러운 의회 의원이라도 받아들일 수 없는 것이 하나 있다면, 그것은 의회가 마음대로 행동할 수 있는 권한이 없다는 말을 듣는 일이었다. 영국에 파견 나간 식민지 대리인들은 식민지의 권리를 옹호하기 위해 하는 말이 오히려 식민지가 피하고 싶은 결과인 인지세법 통과를 초래한다는 사실을 깨달았다. 그러니 그들이 무엇을 할 수 있었겠는가? 아메리카와 거래하는 영국 상인들도 눈앞에서 벌어지는 갈등에 불안감을 느꼈지만, 그들 또한 식민지의 권리 주장에 편들기를 망설였다.[6]

1765년 2월 영국 의회가 소집되기 직전, 절망적 상태에 빠진 식민지의 대리인들은 동료 네 명을 영국으로 보내 마지막으로 그렌빌을 만나게 했다. 이들은 인상적인 사람들이었다. 전기電氣 실험으로 명성을 얻었고 세상사에 밝으며 약간 냉소적인 벤저민 프랭클린, 아메리카에서 금방 건너온 강인하면서도 철저하게 보수적인 자레드 잉거솔, 영국 의회 의원이면서 코네티컷 · 매사추세츠 · 펜실베이니아의 대리인인 리처드 잭슨, 역시 의회 의원이고 사우스캐롤라이나 대리인이며 예리하고 총명한 찰스 가스Charles Garth 등이었다. 그렌빌은 이들을 친절하게 맞이했고 회담 초반부에 아메리카인에게 그처럼 불안감을 안겨준 것을 후회한다고 말하면서도, 그들이 국방비의 일부를 지불하는 것은 정당한 일이며 의회를 통해 세금을 부과하는 것이 가장 좋은 방식이라고 말했다. 대리인들은 누구에게나 알려져 있는 주장을 반복했다. 아메리카인은 외부에 의한 강제 부과보다는 스스로 과세하기를 더 선호한다는 것이었다. 리처드 잭슨은 영국 의회에 의한 과세는 결국 아메리카의 대의 정부를 파괴할 것이라고 주장하면서 아메리카인이 왜 스스로 과세하기를 선호하는지 그 이유를 명백하게 밝혔다. 의회가 13개 식민지에 일방적으로 과세하면, 그곳의 국왕 임명 총독들은 현지 의회를 소집하여 물어볼 이유가 없어지게 될 것이라는 점도 지적했다. 그렌빌은 그렇게 할 의도가 전혀 없다고 말했고, 또한 그런 일이 벌어질 가능성도 부인했다.[7]

회담의 한 시점에서 그렌빌은 대리인들에게 이런 질문을 했다. 만약 식민지인에게 그들의 의회를 통해 돈을 걷도록 허용해준다면 "각 식민지가 갹출해야 할 돈의 비율에 대리인들이 동의할 수 있겠는가?"[8] 이는 '황당한' 질문 취급을 받았는데, 어떤 의미에서는 정말로 그랬다.[9] 그렌빌 내각은 그 비율을 확정할 책임이 있었고, 내각이 답을 찾고자 했다면 이미 1년이라는 시간 여유가 있었다. 그렌빌 내각이 아메리카의 영국군 유지를 위해 식민지가 스스로 세금을 부과하는 것을 허용할 생각이나 의도가 과연 있는지에 대한 의심을 이 질문은 일축시켰다. 그렌빌은 식민지인이 그런 의심을 한다는 것을 알았고, 어리석어 보이는 그 질문을 던져서 대리인들이 자신을 설득시킬 수 있다는 희망을 포기하게 유도했다.

그렌빌을 설득해 인지세라는 발상을 포기하게 하는 것은 대리인들이나 그 외 모든 사람의 능력 밖의 일이었다. 1765년 2월 6일, 그렌빌은 1764년의 결의안을 하원에 제출했다. 뒤이은 논의와 투표에서는 결과적으로 원칙을 주장하는 반대파의 무모함만 드러났다. 런던 시장을 지낸 윌리엄 벡포드William Beckford 만이 하원에서 혼자 의회의 과세권을 부정했지만, 대부분의 의원은 그 권리가 가장 소중하다고 생각했다. 감히 의회의 절대적인 권위에 도전하려는 식민지인에 대한 분노가 너무나 팽배했기에, 그 법안에 반대하는 사람들이 아주 조심스럽게 발언했음에도 과세권 지지자들의 비위를 건드렸다.[10]

인지세법 반대파, 연설에서 승리하고 투표에서 패배하다

반대파의 발언은 투표수를 크게 바꾸지 못했다. 프렌치-인디언 전쟁에 참전했던 아이작 베러Isaac Barré 대령은 아메리카의 입장을 가장 강력하게 옹호했지만, 그의 발언은 의회가 식민지에 과세하려는 의지를 굳혀놓았을 뿐이었다. 찰스 톤젠드Charles Townshend는 열변을 토하는 베러에게 빈정대면서 불평했다. "아메리카인들은 지금 뭘 하려는 겁니까? 우리가 보살피며 심어놓은 자녀들이고, 우리의 지성이라는 양분을 받아 힘과 부를 누릴 정도로 성장하지 않았습니까? 그런 당신들이 지금 우리가 힘들게 감당하는 무거운 부담의 일부를 덜어달라는 요청에 감히 불평을 한단 말입니까?"[11] 베러는 톤젠드의

아이작 베러(1726~1802) 인지세법 제정 당시 영국 의회에서 아메리카 과세를 강하게 반대한 대표적 인물로, 반대 연설에서 아메리카인들을 '자유의 아들들'이라고 표현했다.

이러한 불평에 반대하면서 다음과 같은 폭발적인 발언을 했다.

아메리카인들이 당신들의 보살핌으로 뿌리내렸다고요? 아닙니다! 당신들의 억압이 그들을 아메리카에 뿌리내리도록 했습니다. 그들은 당신들의 압제를 피해 척박하고 거친 땅으로 피난을 갔습니다. 그곳에서 그들은 인간이 겪을 수 있는 거의 모든 어려움을 겪었습니다. 무엇보다도 야만적이고 잔인한 적에게 노출됐습니다. 그 적은 이 지구상에 있는 사람들 중에서 가장 흉악한 자들입니다. 그러나 진정한 영국적 자유에서 영감을 받은 그들은 그 어려움을 흔쾌히 견뎌냈습니다. 그들의 고국에서 친구여야 마땅한 사람들의 손에 당했던 박해에 비하면 그런 잔인함쯤은 아무것도 아니라고 스스로를 위로하면서 말입니다.

아메리카인들이 당신들의 지성을 받아 자랐다고요? 그들은 당신들의 무

시 속에서 성장했습니다. 당신이 그들을 신경 쓰는 그 순간부터 당신은 이런저런 부서의 인원을 현지에 보내 그들을 통치하려고 했습니다. 파견된 사람들은 아마도 이 하원의원들의 대리인이었겠지요. 그 사람들은 스파이로 보내져 아메리카인들의 자유를 감시하고 행동을 왜곡해 전하며 그들을 희생시키고 이용했습니다. 파견된 사람들의 행동은 대부분의 경우 자유의 아들들Sons of Liberty 의 피를 얼어붙게 만들었습니다. 파견된 사람들은 현지 법원의 높은 자리로 승진했습니다. 내가 아는 바로는 그들 중 일부는 고국에서 법정에 서는 것을 피하기 위해 외국으로 피신한 자들입니다.

아메리카인들이 당신의 무기로 보호를 받았다고요? 그들은 고결하게도 당신들을 방어하기 위해 무기를 들었습니다. 그들은 일상의 업무를 근면하게 수행하면서도 지역을 방어하기 위해 용기를 발휘했습니다. 지역의 경계는 피로 물들었고 내륙에서는 당신들의 봉급을 맞춰주기 위해 얼마 있지도 않은 저금마저 모두 내놓았습니다. 내 말을 믿고 오늘 내가 여기서 했던 말을 기억하십시오. 당초 아메리카인들을 움직이게 만들었던 자유의 정신이 여전히 그들을 따라다니고 있습니다. 신중함을 기하기 위해 더이상 발언하지 않겠습니다. 하지만 내가 이 순간 당리당략에 따라 이런 말을 하는 것이 아니라 내 마음의 진정한 감정에 따라 이렇게 발언한다는 것을 하느님은 알고 계십니다.[12]

만약 아메리카인이 베러 대령의 발언을 들었다면 그 말이 '고결하다'고 생각했을 것이고 하원의 최초 반응을 곱씹어보았을 것이다. 하원의원들은 한동안 경악하면서 단 한마디의 말도 하지 못하고 그대로 앉아 있었다.[13] 하지만 하원은 곧 원래의 목소리를 회복했다. 베러 대령과 그 지지자들은 제출된 법안의 투표를 피하기 위해 회의를 정회하자고 제안했으나 결국 투표는 진행되었고 찬성 245표에 반대 49표의 결과가 나타났다. 이런 반대는 이미 하원을 등에 업고 있는 그렌빌을 멈추지 못했다. 인지세 법안은 2월 13일 1차 논의를 시작했고, 이틀 뒤 2차 논의가 의견 분열 없이 진행됐다. 2월 15일에 식민지 대리인들의 지원을 받은 반대파는 최선을 다했으나 처참하게 실패했다. 찰스 가스는 의회의 식민지 과세권 문제는 교묘하게 피하면서도 사우스캐롤라이나의 항의를 담은 탄원서를 제출했다. 런던 상인이었던 윌리엄 메러디스William Meredith 경은 버지니아의 탄원서를 제출했고, 리처드 잭슨은 코네티컷과 매사추세츠에서 온 탄원서 여러 통을 제출했다. 하원은 탄원서의 접수조차 거부하면서 세금 법안에 반대하는 탄원을 듣지 않겠다는 태도를 고수했고, 하원의 권위를 무시하는 자들을 결코 용납하지 않을 것이라고 말했다. 그러자 헨리 콘웨이Henry Conway 장군이 하원의 모순을 지적했다. 하원이 1764년 식민지에 인지세 반대 의견을 준비할 시간을 준다고 해놓고서, 이제 1765년이 되어 반대 의견의 접수를 거부하는 자세는 모순이라는

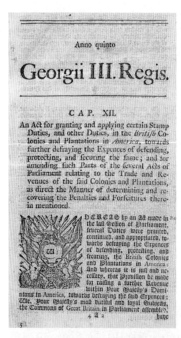

1765년의 인지세법 식민지의 반발에도 불구하고 인지세법은 그렌빌의 의도대로 의회에서 통과되었고 1765년 3월 22일 조지 3세의 재가를 받아 공포되었다.

것이었다. 그러나 하원은 오로지 법안의 통과에만 관심이 있었고, 자신들의 모순이나 논리에 대해 생각해보려는 의사가 전혀 없었다. 2차 논의 이후 더 이상의 반대는 불가능했고, 법안은 3차 논의까지 순조롭게 통과한 후 3월 22일 국왕의 재가를 받았다.[14]

의회 내 인지세법 반대파는 최선을 다했고, 찰스 톤젠드에 반박하는 아이작 베러 대령의 발언 때처럼 멋진 순간을 누리기도 했다. 반대파는 연설에서는 승리를 거두었으나 투표에서는 패배했는데, 결국 의회에서 중요한 것은 투표였다. 인지세법에 찬성하는 사람들 절반은 이미 너무 오래 끌어온 과세 문제에 분노했고, 나머지 절반은 식민지가 방위에 일정 부분 기여하는 것이 정당하다고 확신했기에 찬성표를 던졌다. 의회의 토론 기록을 믿는다면, 그들은 오히려 쉽게 찬성표를 던졌다. 대부분의 반대 의견은 토론 가치조차 인정받지 못했다. 하원의원들은 빠르게 마음을 정했고, 필요한 지원을 확보했다고 생각한 그렌빌은 반대파의 통탄 따위는 아랑곳하지 않았다. 오히려 상대방이 치욕으로 느낄 정도로 쉽게 법안을 밀어붙였다.

버지니아의 패트릭 헨리, 명연설로 영국 국왕을 비난하다

인지세법이 쉽게 통과할 수 있는 관문은 국왕의 승인이 마지막이었다. 그 이후는 험난했다. 인지세법은 아메리카에서 전례 없는 위기를 촉발했다. 어떤 의미에서 1765년 여름과 가을에 벌어진 폭동과 시위는 인지세법 도입 사건의 가장 흥미로운 부분이다. 시위와 폭동도 흥미로웠지만, 위기 사태에 시위대가 조직되고 현지 정치가 재조직된 점은 그보다 더 주목할 만했다. 가장 중요한 점은 식민지의 정치체제에 대한 입장이 명확하게 수립되는 과정에서 식민지인의 자의식이 발현되었다는 사실이다.

4월의 첫 2주 동안 인지세에 대한 소식이 식민지들에 전해졌다. 그 뒤 6주 동안 이 법에 대한 기사는 현지 언론에 거의 등장하지 않았다. 어떤 공적인 대표 기관도 반대 운동에 앞장설 의사가 없는 것처럼 보였다. 그러나 5월 말 공식기관인 버지니아 하원이 행동에 나섰다. 버지니아 하원은 5월 31일 일련의 결의안을 승인했다. 본국의 정치체제는 과세권을 주민 또는 그 주민들의 대표들에게 한정시키고, 이 권리는 영국 정치체제 아래 사는 영국 신민인 버지니아인에게도 해당한다는 내용이었다. 숨겨진 뜻은 너무나 분명했다. 아메리카인이 대표를 보내지 않은 기관인 영국 의회는 그들에게 과세할 권한이 없다는 것이었다.[15]

표면적으로 볼 때, 이러한 조치는 전혀 폭발력이 없는 것처럼 보였다. 하지만 결과는 가히 폭발적이었다. 버지니아에서 발생한 폭발은 우연히 발생한 역사적 사건이었다. 혹은 적어도 운이나 우연성이 더 많이 작용한 사건이었다. 여기서 운이란 패트릭 헨리Patrick Henry를 대표로 하는 여러 명의 정치 지도자들이 선택한 절묘한 타이밍을 의미한다. 왜냐하면 헨리는 대부분의 의원이 고향으로 떠난 뒤에 개최된 회의 말미에 버지니아 결의안을 도입했기 때문이다. 헨리가 결의안 도입을 위해 자리에서 일어섰을 때 116명의 의원 중 39명만 남아 있었다.

1765년에 29세였던 패트릭 헨리는 음악과 춤을 사랑하고, 박력과 매력으로 젊은 여자들의 사랑을 받는 씩씩한 청년이었다. 그는 젊은 나이치고는 이름이 잘 알려져 있었다. '신부의 대의大義'라고 알려진

버지니아 국교회 신부의 급여를 둘러싸고 벌어진 유명한 갈등에서 두각을 드러냈기 때문이었다.[16]

신부의 대의는 담배값에서 비롯됐다. 18세기 중반에 담배는 오늘날 상상도 하지 못할 방식으로 버지니아 경제를 주름잡았다. 사건 몇 년 전부터 다른 작물을 심기도 했지만, 그래도 담배는 농장에서 기르는 가장 중요한 작물이었다. 수확되어 손질된 담배는 영국으로 보내져 판매되거나 유럽 대륙으로 가는 배에 다시 실렸다. 버지니아의 경작지에서는 대부분 담배 농사를 지었다. 이 식민지에 들어온 수천 명의 흑인 노예들은 깨어 있는 시간의 대부분을 담배와 함께 보냈다. 농장 주들은 낮에는 담배 경작과 판매에 대해서 생각했고 밤에는 담배 농사의 확장과 생산량 증가에 대해서 고민했다.[17]

현지 창고에 저장된 담배를 담보로 발행된 약속어음은 화폐처럼 유통되었고, 많은 민간 계약에서 대금 지급 수단으로 담배가 현금을 대

버지니아주의 담배 농장 18세기에 담배는 버지니아주의 가장 큰 수입원이었다. 현금 대신 지불 수단으로도 쓰여, 국교회 신부의 급여를 담배로 지급하라는 규정이 갈등을 일으키기도 했다.

신했다. 공공 규정들도 때로는 부채 상환을 담배로 하라고 지시했다. 그중에서 1748년의 규정은 국교회 신부의 봉급을 연간 1만 7280파운드의 담배로 지급하라고 지시했다.

1758년에는 가뭄이 심하게 들어서 담배 수확량이 급격히 줄어들었다. 이렇게 물량이 부족해 담배 가격이 파운드당 4.5펜스까지 올라갔는데, 이는 평소 가격의 3배에 해당했다. 이런 가격 인플레이션은 채무자에게 큰 위협이 됐다. 담뱃값이 쌀 때를 기준으로 돈을 꿔왔기 때문이다. 대부분 담배 농장주들이던 채무자들은 버지니아 의회에 보호를 요청했다. 그러자 의회는 1년에 한해 담배로 지불해야 하는 부채를 현금으로 상환할 수 있도록 하는 규정을 마련했다. 그 요율은 담배 1파운드당 2펜스였는데, 그래도 정상 가격보다 높았다. 이 규정을 현지에서는 2펜스법이라고 했는데, 당초 신부들을 의식한 것은 아니었다. 하지만 법률로 정해진 신부의 봉급이 통상적으로 담배로 지불됐으므로, 그들도 분명 영향을 받았다.

만약 이 법이 통과되지 않았더라면 모든 채권자가 큰 이득을 보았을 것이다. 하지만 비록 이 법으로 지갑에 들어올 돈이 줄어들었어도 채권자들 대부분은 불평하지 않았다. 대부분의 신부도 불평하지 않았지만 몇몇은 아주 큰 소리로 불평했다. 이런 항의로는 성에 차지 않았던지, 그들은 존 캠John Camm 신부를 영국으로 보내 추밀원에 탄원해 그 법을 무효화하도록 시도했다. 청문회가 열렸고 주장이 개진됐으며 청원서가 접수됐다. 추밀원은 1759년 8월 그 법을 무효로 판결했다. 버지니아의 관점에서 보자면 그것은 불운한 판결이었다. 게다가 추밀원 의원들은 앞으로 정부의 지침을 위반하면서 통과된 법률은 애초 효력이 없다고 선언했다. 이 판결은 사실상 식민지 현지 통치를 매우 어렵게 만들었다.

신부들은 거기서 멈추지 않고 대중의 감정을 더욱 악화시키는 행동을 했다. 그들 중 몇 명은 예전의 시세인 연 1만 7280파운드의 담배에 해당하는 봉급을 전액 수령하겠다며 고소를 제기했다. 이제 2펜스법은 무효가 되었으니 봉급을 전액 4.5펜스 기준으로 환산하여 내놓으라는 주장이었다. 안타깝게도 가뭄과 인플레이션이 있기는 했지만 그건 신부들의 문제가 아니라는 것이었다.

식민지의 카운티 법정에서 심리된 두 번째 소송까지는 판결이 신부들에게 불리했다. 루이자 카운티의 국교회 신부인 제임스 모리James Maury가 제기한 세 번째 소송 건은 하노버 카운티 법정이 심리했다. 이유는 알려져 있지 않지만 법정은 모리의 손을 들어줬고, 사건은 배심원들에게 넘겨져 배상 액수를 결정하게 되었다. 배심원이 공정한 결정을 내리는 데 도움을 주기 위해 카운티는 패트릭 헨리를 선임하여 피고 측, 그러니까 현지 의회를 대신해 변론을 하게 했다.[18]

헨리는 이 당시 법률을 많이 알지 못했으므로 법률적 세밀함은 무시하고 과감하게 공격하기로 결심했다. 헨리는 일부 국교회 신부를 공동체의 적이라고 지목하면서, 손해배상을 받아갈 일이 아니라 소송을 건 행위에 대해 처벌을 받아야 마땅하다고 주장했다. 신부들은 법을 준수할 의사가 없음이 결국 증명됐으며, 영국 정부는 2펜스법을 부정함으로써 식민지의 자유를 침탈했다는 것이었다. 헨리의 연설 중 클라이맥스는 다음과 같은 대담한 선언이었다. "국왕은 유익한 성격의 법을 부정함으로써 백성의 아버지가 되기를 포기하고 폭군으로 전락했고, 백성의 복종을 요구할 권리를 상실했다."[19] 이 순간 '반역죄'라는 외침이 터져 나왔으나, 주임판사이자 패트릭 헨리의 아버지인

하노버 카운티 법정에서 변론하는 패트릭 헨리 헨리는 '신부의 대의' 사건에서 식민지 의회의 편을 들어 국교회 신부들을 비판하는 연설을 했고 승소를 이끌어내 명성을 쌓았다.

존 헨리John Henry 대령은 신부와 국왕에 대해 비판적이었으므로 아무런 제지도 하지 않고 아들이 발언을 계속하도록 내버려두었다. 괴로워하며 그 광경을 쳐다보던 모리 신부에 따르면, 배심원들은 내내 고개를 끄덕이며 동의를 표시했다고 한다. 헨리의 연설은 정말로 설득력이 높았다. 배심원들은 모리에게 1페니만 배상하라는 결정을 내렸다.

이 사건으로 버지니아에서 헨리의 명성이 높아졌고, 그는 다른 수백 건의 사건에서도 멋지게 변론을 해 명성을 더욱 높였다. 그리고 루이자 카운티는 1765년 봄에 개최된 특별 선거에서 그를 식민지 하원의원으로 선출했다. 헨리는 5월 20일 처음 의회에 등원했다. 명성은 있었지만 의회에서는 신참이었던 헨리는 열흘 뒤에 버지니아 결의안을 제출했다.

버지니아 의회, 결의안으로 세금을 거부하다

그날과 그다음 날인 5월 30일과 31일에 벌어진 사건의 대략적인 개요는 알려져 있지만, 버지니아 결의안의 통과와 관련된 몇 가지 중요한 사항은 불분명하다. 하지만 다음 두 가지 사항은 명확하다. 첫째, 다른 의원들이 이미 집으로 돌아갔으므로 116명의 의원 중 39명만이 남아 있었다. 둘째, 이 39명의 의원은 분명 만장일치는 아니었지만 5월 30일에 5개 결의안을 통과시켰다. 이어 헨리는 자신의 첫 번째 중요한 안건이 통과된 것에 만족하며 퇴원했다. 그러나 다음 날 5개 결의안 중 다섯 번째 결의안은 아주 소수의 잔여 인원으로 구성된 모임에서 취소되었다.[20]

《버지니아 식민지 하원 기록》에 인쇄된 바에 따르면, 첫 4개 결의안은 이러했다.

다음과 같이 결의한다. 국왕 폐하의 식민지인 버지니아의 최초 탐험가들과 정착자들은 이곳에 거주한 이래 대영제국의 신민이 누리는 것과 똑같은 자유, 특혜, 특권, 면제 권리 등을 그들의 후예와 다른 국왕 폐하의 신민에게 물려주었다.

다음과 같이 결의한다. 제임스 1세의 이름으로 수여한 두 개의 칙허장에 따라, 위의 식민지인은 마치 영국에서 태어나 성장한 것처럼 영국 신민이 누리는 모든 자유와 특혜와 면제권을 누릴 자격이 있다고 선언됐다.

다음과 같이 결의한다. 세금은 주민 자신이 직접 부과하거나 그들을 대표하는 사람들에 의해 부과되어야 한다. 이런 사람들만이 주민의 세금 부담 능력을 잘 알고 있고, 세금을 거두는 가장 손쉬운 방법을 알고 있다. 그들 자신도 그 세금에서 영향을 받는 자여야 한다. 이것이 부담스러운 과세에 대한 유일한 담보이고 영국식 자유의 주된 특징인데, 이것이 없다면 저 오래된 정치체제는 존속하지 못한다.

다음과 같이 결의한다. 이 오래되고 충성스러운 식민지의 주민은 그들의 내적 정치체polity와 과세를 존중하는바, 그들의 동의 아래, 국왕 또는 대리인의 승인으로 제정된 법률에 의해서 통치되는 고귀한 권리를 중단 없이 누려왔다. 이 권리는 몰수되거나 포기된 적이 없으며, 국왕과 대영제국의 백성에 의해서 지속적으로 인정됐다.[21]

훨씬 더 많은 의원이 참석한 버지니아 의회는 이미 1년 전에 이와 비슷한 내용의 선언을 승인했다. 따라서 이런 결의안에 어떻게 의견 불일치가 있었는지 좀 의아스럽다. 어쩌면 그 대답은 결의안 지지자들의 구성에 있을지도 모른다. 패트릭 헨리는 젊은 사람이었고, 식민지 의회에서 그를 지지했던 다른 의원들도 대부분 청년이었다. 그의 반대파는 페이턴 랜돌프Peyton Randolph, 존 로빈슨John Robinson, 로버트 카터 니콜라스Robert Carter Nicholas, 리처드 블랜드Richard Bland, 조지 위스George Wythe 등 의회의 저명한 의원들을 포함했는데, 이들은 모두 나이 든 사람이었고 루이자 카운티 출신의 신진 의원과 그의 젊은 동료들, 그리고 그들의 선동적인 언사를 못마땅하게 여겼다.[22]

그러면 이제 자신의 결의안을 지지하며 헨리가 했던 연설에 대해서 알아보자. 이 연설의 전문은 전해지지 않고 어느 이름 없는 프랑스인 여행자가 의회의 로비에서 5월 30일과 31일의 회의를 참관하고서 남긴 몇몇 발언만 남아 있다. 이 프랑스인 여행자에 따르면 헨리는 위엄 있는 모습으로 이렇게 선언했다. "과거에 타르퀴니우스와 율리우스 카이사르에게는 브루투스가 있었고 찰스 1세에게는 크롬웰이 있었던 것처럼, 그는 선량한 아메리카인이 나라를 위해 궐기할 것을 의심하지 않았다."[23] 이 순간, 의회의 의장인 존 로빈슨이 헨리가 대역죄를 저지르고 있다면서 말허리를 잘랐다. 그러자 헨리는 즉각 로빈슨과 의회에 양해를 구하면서 "마지막 피 한 방울까지 다 바쳐서" 조지 3세를 향한 충성을 표시할 용의가 있다고 말했다. 자신의 열정과 "이 나라의 죽어가는 자유에 대한 옹호" 때문에 말이 좀 지나친 것 같다는 말도 했다.

헨리는 한발 뒤로 물러섰지만 완전히 물러선 것은 아니었다. 하지만 분명히 반대측에 타격을 입혔다. 의회가 분열되었기 때문이다. 젊은 의원들은 4개 결의안을 도입해 그들의 주장을 관철했고, 다섯 번째 결의안을 통과시키는 데에도 성공을 거두었다. 버지니아 의회의 《기록Journal》에서는 그 결의안에 대해서 아무런 언급도 하지 않았으므로 구체적 내용을 알 방도는 없는 듯하다. 아마도 다음과 같은 내용이었을 것이다. 이 원문은 헨리가 뒤에 남긴 서류에서 나온 것이다.

다음과 같이 결의한다. 버지니아 식민지 의회는 식민지 주민에게 세금과 각종 부담을 부과하는 단독의 권리를 갖고 있다. 이러한 권리를 식민지 의회 이외의 그 어떤 사람에게라도 넘기려는 시도는 아메리카의 자유뿐 아니라 영국의 자유마저 파괴하려는 의도를 명백하게 드러내는 것이다.[24]

여러 식민지 신문이 이 결의안을 게재하면서 독자들에게 결의안이 통과되었다고 알렸다.《뉴포트 머큐리》는 결의안을 게재했을 뿐만 아니라 여섯 번째 또는 일곱 번째 결의안도 실었다.

> 다음과 같이 결의한다. 이 식민지에 살고 있는 국왕 폐하의 백성은 상기 식민지 의회의 법률이나 규정에 의하지 아니하고서는, 그들에게 세금을 부과하려는 목적을 가진 그 어떤 법률이나 규정에 복종할 의무가 없다.[25]

그러나《뉴포트 머큐리》는 버지니아 의회의《기록》에 실린 결의안 중에서 세 번째 것은 생략했다.《메릴랜드 가제트Maryland Gazette》는 7개 결의안을 모두 보도했고, 다른 대부분의 신문들도 여섯 번째 또는 일곱 번째 결의안이 들어간 결의안을 보도했다.[26] 흥미를 느끼며 회의를 관찰한 프랑스인 여행자는 이 마지막 결의안의 요점을 기록해두었다.

> 위에 언급한 동의를 받은 이 식민지 의회 이외의 다른 이가 주민에게 어떤 세금을 부과할 권리나 권위가 있다고 말하거나 쓰거나 단언하는 사람은 누구든지 **국왕 폐하가 다스리는 식민지의 적**으로 간주되어야 마땅하다.[27]

5월 말 윌리엄스버그에 남아 있던 나머지 강경파 의원들조차도 이처럼 강력한 언사를 소화할 배짱은 없었다. 첫 4개의 결의안은 의심할 바 없이 버지니아 하원에서 우세한 의견을 대표하는 것이었다. 단지 패트릭 헨리 같은 젊은 의원들이 발의했다는 점이 좀 거슬리기는 했지만 말이다.

5월의 마지막 이틀 동안 의회 내 세대 차이가 드러났지만 그 차이가 그리 심각하지는 않았고, 의회 내에 다른 중요한 분열 사안들은 없었다. 물론 정치와 사회에 대한 이견들이 있었지만 그 차이가 제도화된 기관 속에서 표출되지는 않았다. 이런 잠재적인 분열 가능성이 있는 이해관계들은 버지니아 하원 내에는 보이지 않았다. 그러나 단 하나의 이해집단이 하원은 물론이고 버지니아 정부와 정치를 지배했는데, 바로 담배 농장의 주인이었다. 토지를 소유하고 노예를 부리며 열심히 영농하는 이 농장주들의 주 생산품인 담배는 영국과 유럽 대륙에서 널리 판매되고 있었다. 만약 버지니아 하원이 단합했다면 그 식민지 전체 역시 마찬가지였다. 담배 농장주 집단이 식민지의 생활을 좌지우지하기 때문이었다. 서부의 종교적 반대파, 침례교도, 장로교도, 감리교도처럼 식민지 내에 다른 이해집단들도 존재했지만, 이 영적 과격파들은 아직 식민지 정부 안에는 들어와 있지 않았다.

버지니아 조치에 대한 신문 보도가 거듭되면서 버지니아 사건들은 실제보다 더 화려하게 증폭되어 전달됐다. 버지니아 의회가 4개 결의안만 통과시켰음에도 메릴랜드 언론은 6개, 로드아일랜드 언론은 7개를 보도했다. 개인 편지 · 구전 · 술집의 잡담, 교구 · 시청 · 법정에서의 회의 등은 결의안의 내용을 더욱 왜곡시켰다. 헨리의 호기로운 기세는 이 얘기들 속에서 널리 소개됐지만, 그가 뒤로 한발 후퇴했다는 얘기는 전해지지 않았다.

매사추세츠, 정치적 분열이 일어나다

버지니아에서 공식적인 조치가 취해졌기 때문에 다른 곳에서도 그와 비슷한 방식으로 반응하라는 압력이 거세졌다. 1765년이 끝나기 전 다른 8개 식민지의 하원들은 인지세법을 비난하고 아메리카 식민지에 대한 영국 의회의 과세권을 부정하는 결의안을 승인했다. 그리고 10월에 9개 식민지의 대표로 구성된 인지세법 회의는 그와 유사한 내용의 식민지 권리를 선언했다.[28]

이런 기관들의 성명은 매우 명확하고 강력해서, 그 내용에 대한 합의가 완벽하면서도 손쉽게 이루어졌음을 엿볼 수 있다. 거의 모든 경우에 이런 반응은 노력과 갈등의 결과였다. 왜냐하면 인지세법은 해묵은 갈등 사항들과 관련해 정치적 우위를 다질 수 있는 기회였기 때문이다. 원래부터 현지의 분열이 깊고 강했던 지역에서는 인지세법이 치열한 갈등을 촉발해 분열을 더욱 심화시켰다.

각 식민지 의회는 1765년 가을 전에 그 결의안을 통과시키지 않았다. 버지니아 결의안 소식이 전해졌을 때 대부분의 의회는 봄 회기를 막 끝낸 상태였기 때문에 버지니아와 같이 맹렬한 기세로 결의안을 밀어붙일 형편이 되지 못했다. 그러나 버지니아 사례는 그해 가을 행동에 나설 때 분명한 지침이 되었고, 여름에 있었던 일반 대중의 움직임 또한 도움을 주었다. 1766년 초가 되자 대부분의 식민지 정치 상황은 인지세법이 통과된 1765년 3월의 상황과는 많이 달라져 있었다.

매사추세츠는 폭력 행위가 처음 시작됐고 정치도 변모해 갔다. 매사추세츠는 초반에 저항을 금지해 정치적 대립을 키운 교훈적 사례였다. 일단 금기가 무너지자 갈등과 폭력은 더욱 심해졌다. 실제로 오랫동안 존재해온 정치적 불화는 폭도들이 토머스 허친슨의 집을 파괴하는 등 무절제한 폭력과, 식민지에 과세하려는 영국 의회에 대한 전반적인 적개심으로 이어졌다. 이런 지역적 정치 분열을 이용해, 인지세에 반대하는 사람들은 자신들의 적에게 아메리카에 대한 반역죄를 뒤집어씌울 기회를 잡았다. 그러나 초기였던 1765년 봄에 매사추세츠의 정치적 분열과 특수한 정치적 상황은 오로지 식민지 사회의 마비만 일으켰을 뿐이었다.[29]

1765년 당시 매사추세츠의 가장 중요한 정치적 분열은 1757년으로 거슬러 올라가 제임스 오티스 시니어James Otis Sr.와 토머스 허친슨 사이의 분열에 뿌리를 두고 있었다. 오티스-허친슨 갈등을 묘사할 때 분열이라는 단어는 좀 약하다. 두 사람의 갈등은 거의 숙원이라고 할 정도로 깊었다. 정계의 문제가 대개 그러하듯이, 불화는 관직 다툼에서 생겨났다. 반스터블 출신인 제임스 오티스 시니어는 처음에 총독 자문위원회의 한 자리를, 그다음은 대법관 자리를 원했는데, 토머스 허친슨도 같은 자리를 원했다. 오티스는 1757년에 의회가 자신을 자문위원으로 선출해줄 것을 희망했지만 이것이 실패로 돌아가자, 그는 토머스 허친슨 때문에 좌절되었다고 비난했다. 이처럼 두 사람의 입장은 예전부터 서로 적대적이었다. 자문위원회 선거가 개최됐을 때 오티스는 현 총독인 토머스 포널Thomas Pownall을 밀었는데, 포널은 허친슨이 총독 자리를 탐낸다고 생각했다.[30]

1760년에 프랜시스 버나드Francis Bernard가 토머스 포널에 뒤이어 총독 자리에 오른 직후부터 오티스는 자신의 실망을 대놓고 드러내기 시작했다. 매사추세츠 식민지인들은 프랜시스 버나드가 총독으로 나서기 전부터 그를 잘 알았다. 버나드는 '본국'과의 연줄 덕분에 공직 임명을 받은 관리로, 식민지에서 얼굴이 잘 알려져 있었다. 그의 뒤를 봐준 영국인 고관은 그의 매형이자 전쟁장관인 배링턴Barrington 경이다. 버나드는 뉴저지 식민지의 총독을 지냈는데, 그는 그 자리가 자신의 능력에 비해 부족한 자리라고 생각했다. 적어도 그의 금전적 기대에 못 미치는 자리임은 분명했다. 점점 늘어나는 대식구를 감당하기 위해서 무엇보다도 돈이 필요했기 때문이다. 그렇지만 그가 가진 것은 커다란 야망뿐이었다. 불행하게도 그는 돈뿐만 아니라 머리도 없는 사람이었다.[31]

버나드는 당밀법을 밀어붙이라는 지시, 즉 밀수를 단속하라는 지시를 받고 부임했다. 그는 이 지시를 매우 만족스럽게 받아들였다. 왜냐하면 총독은 밀수업자의 압수된 밀수품 중 3분의 1을 자기 몫으로 챙길 수 있었기 때문이다. 버나드는 비록 경량급 인사이기는 했지만 오티스-허친슨 당파와는 거리를 두고 대신 의회의 팅Tyng 파와 가깝게 지내면서 존재감을 과시하기 시작했다. 팅은 하원의 실력자이기는 했지만, 어떤 총독도 오티스 파나 허친슨 파와 가깝게 지내지 않고서는 살아남을 수가 없었다.

버나드가 매사추세츠에 부임한 지 한 달도 채 안 되었을 때 정치인들에게 악몽같은 골치 아픈 상황이 발생했다. 바로 두 강력한 라이벌인 오티스와 허친슨이 탐내는 자리를 채우는 일이었다. 새뮤얼 시월 Samuel Sewall 대법관이 사망하면서 자리가 공석이 되자 다툼이 벌어졌다. 이 무렵 58세였던 오티스는 하원의 의장으로서 의회 내 강력한 실세였고 내륙의 농부들 사이에서도 마찬가지였다. 그는 1741년에서 1757년까지 총독을 지낸 윌리엄 셜리가 앞으로 대법관 자리가 빌 때 자신을 공석에 임명하겠다는 약속을 했다고 주장했다. 9월에 분명 대법관 공석이 생겼지만, 프랜시스 버나드는 전임 총독인 셜리의 약속 따위는 지킬 생각이 없었다. 그러나 제임스 오티스 시니어와 그의 가문 및 추종자들을 실망시키는 것은 위험을 자초하는 일이므로, 총독으로서 평화롭고 보람 있는 임기를 갈망하던 버나드는 정계 형편을 관망하면서 임명을 차일피일 미루었다.[32]

대법관 자리를 노리는 또 다른 인사는 물론 토머스 허친슨이었다. 1760년 당시 49세였던 허친슨은 오티스와 마찬가지로 유서 깊은 매사추세츠 가문 출신이었다. 그러나 매사추세츠 상류사회는 허친슨 가문을 온전히 명예로운 집안으로 여기지는 않았다. 왜냐하면 토머스의 고조모인 앤 허친슨Anne Hutchinson이 그 집안의 시조 중 한 사람이었기 때문이다. 악명 높은 신앙지상주의자, 즉 반율법주의자였던 앤은 1638년 추방령을 받은 바 있었다. 그러나 토머스는 종교적 심성이 강한 사람은 아니었고, 더더욱 추방령 같은 것은 받을 일이 없는 사람이었다. 그는 건실한 하버드 졸업생이었고, 신중하고 성공한 상인이었으며, 누구에게도 뒤지지 않는 여러 자리의 겸직자兼職者였다. 18세기 매사추세츠의 겸직자는 여러 성직聖職을 겸한 사람을 가리키는 용어가 아니었다. 그는 일종의 관직 수집가였다. 허친슨은 1760년 당시 총독 자문위원회 위원, 매사추세츠 식민지의 부총독, 캐슬아일랜드의 사령관, 서퍽 카운티의 유언 검인 판사 등을 겸임했다. 이런 관직들은 그에게 연간 400파운드 정도의 수입을 가져다주었다.[33]

허친슨은 욕심이 컸고, 가문의 다른 식구들도 자신을 따라 관직을 수집하도록 부추겼다. 18세기 가문에서는 이를 장려했다. 처남인 앤드루 올리버Andrew Oliver는 프로빈스의 장관, 에섹스 카운티의 하급 법원 판사, 총독 자문위원이었다. 허친슨과는 사돈 간인 피터 올리버 Peter Oliver와 벤저민 린드Benjamin Lynde는 상급 법원의 판사 겸 총독 자문위원이었다. 이런 목록을 열거하기란 어려운 일이 아니었다.

버나드 총독은 이런 탐욕스러운 가문 사람들에게 먹이를 주지 않으면 곤란하겠다고 생각했다. 게다가 허친슨이 대법관 자리에 오르면 오티스보다는 한결 강력하게 밀수업자들을 상대로 싸움을 벌일 것 같았다. 그리하여 버나드는 11월 허친슨을 대법관으로 지명했고, 이를 계기로 두 가문의 싸움에 불이 붙었다. 오티스 가문, 상인들이 대거 포진된 오티스 지지자, 의회의 다수파 등이 버나드-허친슨 행정부에 반기를 들었다.[34]

오티스는 별 어려움 없이 행정부에 반대하는 세력을 규합했다. 버나드와 현지의 해사법원이 밀수업자들을 단속하는 거친 승부에서 지저분한 짓을 했기 때문이었다. 법률에 따르면, 밀수업자의 압수 물품은 총독이 3분의 1, 압수를 집행한 관리들이 3분의 1, 그리고 해당 지역이 3분의 1을 가져가는 것으로 되어 있었다. 하지만 해당 지역은 이 몫을 제대로 챙기지 못했다. 그들의 몫에서 제보자 몫을 떼어주어야 했기 때문이다. 공정하게 일처리를 하자면 제보자 몫도 3자 사이에서 균등하게 나누어야 했다. 그러나 오티스와 상인 지지자들은 이런 공정함에 호소하기보다는 행정부와 싸우기로 결정했고, 해당 지역이 3분의 1 전액을 달라고 요구하는 소송을 걸게끔 식민지 하원이 지시하도록 유도했다. 이 사건은 1761년 내내 시간을 끌었고 1762년으로 넘겨졌는데, 결국 대법관 토머스 허친슨이 이끄는 상급 법원은 하급 법원의 판결을 뒤집으면서 해당 지역의 패소를 결정했다.[35]

이 사건이 심리되던 중에 상인계급에 심대한 영향을 주는 또 다른 사안이 결정되었다. 그것은 해양법에 따라 단속을 실시할 때 세관 관리들이 활용하던 일반적 수색영장인 협조 영장writs of assistance의 문제였다. 이 영장은 조지 2세가 사망하면서 효력이 만료돼 갱신되어야 했다. 이와 관련해 매사추세츠 법원이 직면한 문제는 상급 법원이 발부한 영장의 적법성 여부였다. 그 상급 법원은 영국의 재무재판소가 영장을 발급할 때 통상적 근거로 삼는 영국 대법원 관할권을 주장할 수 없었다. 왜냐하면 법원은 세관을 하부 예속 기관으로 두고 있지 않기 때문이었다. 세관을 대변하는 제레미아 그리들리Jeremiah Gridley가 국가의 필요가 개인의 자유에 우선한다는 주장을 내놓은 직후, 제임스 오티스 파의 상인들을 대변하는 옥슨브리지 대처Oxenbridge Thacher는 협조 영장에 반대하며 그와 동일한 법적 논리를 폈다. 젊은 오티스는 이런 법률적 세부 사항을 아예 무시해버리고 정치체제의 관점에서 반론을 전개했다. 그에 따르면 협조 영장은 정치체제의 근본적 원칙을 위반한 것이므로 영국 의회일지라도 이런 영장을 발급할 수는 없다. 대법관인 토머스 허친슨은 이런 열띤 웅변 앞에서 냉정함을 유지했고, 영국의 관계 당국과 상의한 뒤에 영장의 적법성을 지지했다.[36]

이런 갈등은 또 다른 갈등을 유발했다. 양측은 정치기관 장악, 세관 규정의 집행, 기타 여러 가지 문제를 두고서 사사건건 대립했다. 버나드 총독은 곪아터지려는 상처에 찜질약을 처방하는 방식으로 1763년에 오티스 시니어에게 반스터블 카운티의 판사 자리를 제안했으나 사후 약방문일 뿐이었다. 오티스는 그 자리를 일단 접수하고 그다음에는 평소처럼 독립적인 방식으로 행동했다. 버나드 총독은 다음 해 설탕법에 대한 식민지 의회의 항의 시도를 잘 막아내어, 그 법이 영국 의회에서 통과되게 함으로써 보다 나은 성과를 냈다.[37]

'겁먹어 얼어붙은 정치가', 제임스 오티스 주니어

당연히, 오티스 부자가 이끄는 '민중popular' 당파는 인지세법의 통과

전야에 좌절과 실패로 기가 꺾여 있었다. 인지세법이 영국 의회에 도입되기 한 달 전인 1765년 1월 식민지 의회가 개회되었을 때 오티스파는 그들의 좌절이 버나드 총독이나 토머스 허친슨이 아니라, 바로 제임스 오티스 주니어 James Otis Jr. 때문에 더욱 깊어진 사실을 발견했다. 이른바 자중지란이 벌어진 것이었다. 오티스 주니어는 그 당시 이상한 일탈 행위를 벌였다. 그는 처음에는 식민지 대리인으로 총독 측 사람인 리처드 잭슨에게 투표하더니, 그다음에는 토머스 허친슨의 대법관 봉급을 증액하자는 쪽에 붙었다. 오티스는 3년 전만 해도 증액을 반대하며 그것을 막아낸 적이 있었다.

이런 행위가 의회에 충격을 주었다면, 오티스의 다음 행위는 그를 아는 모든 사람을 놀라게 했다. 오티스는 봄에 두 편의 소논문을 발간했는데, 그의 이전 논문 〈영국 식민지들의 권리〉(1764년)에서 취한 정치체제에 대한 입장을 뒤집는 내용처럼 보였다.[38] 이 두 소논문은 영국 의회의 주권과 영국 의회의 식민지 과세권을 인정했다. 그다음에는 기이하게도 식민지는 사실상 영국 의회에 대표를 파견하지 않았지만 법률에 의해 대표를 파견한 것이나 다름없다고 주장했다.

이러한 주장이 친구들 사이에 일으킨 충격을 보고서 오티스는 깜짝 놀랐다. 그는 자신이 전에 했던 식민지 권리 옹호를 포기한 적이 없다고 생각했

제임스 오티스 주니어(1725~1783)
매사추세츠 연방 의회의 의원이자 법률가. 1765년 발표한 논문에서 영국 의회의 주권과 과세권을 인정해 비난을 받았다.

기 때문이다. 그런데 어떤 의미에서는 그가 옳았다. 두 입장은 영국 의회가 자신의 잘못을 시정할 수 있는 기관이라는 전제에 바탕을 두었다. 바로 이것이 오티스가 한 해 전에 〈영국 식민지들의 권리〉에서 영국 의회에 요구한 바였다. 그는 당시 식민지의 권리에 대해서 아주 정교한 논리를 제시했다. 그러고 나서 1765년의 후속 논문에서는 영국 의회의 주권을 인정하면서 다소간 균형을 맞추려고 했던 것이었다.

매사추세츠와 의회 입장에서 오티스의 전제 조건은 전혀 중요하지 않았다. 그는 갑자기 영국 의회의 정통성을 지지하는 쪽으로 돌아선 인사처럼 보였고, 보스턴 사람들에게는 영국 정치 지지자로 개종한 그를 성인처럼 떠받들어야 할 이유가 없었다. 보스턴 시민들은 그렇다면 우리도 그와 연을 끊는 수가 있다고 생각했고, 5월 의원 선거에서 그를 거의 낙선시킬 뻔했다. 점잖음이나 모호함과는 담을 쌓은 보스턴 신문들은 행정부가 오티스를 매수했다고 암시했다. 비록 사실은 아니었지만, 그런 비난은 그럴듯하게 들렸다. 그 일에 완전히 충격을 받은 오티스는 5월 중순 《보스턴 가제트Boston Gazette》에 쓴 글에서 매수 사실을 강하게 부정했다. 같은 날 세관 관리인 새뮤얼 워터하우스Samuel Waterhouse는 다른 신문에 글을 쓰면서 명예 혁명 당시 제임스 2세를 풍자한 릴리불레로Lillibulero를 패러디하며 〈제미불레로Jemmibullero〉라는 가벼운 풍자시로 오티스를 강타했다. 보스턴의 유권자들은 이런 시를 읽었다.

> 그리고 제미는 어리석은 개, 그리고 제미는 꼭두각시
> 그리고 제미는 바보 같은 똥개, 그리고 제미는 바보
> 그리고 제미는 미친놈, 그리고 제미는 당나귀

그리고 제미는 납 대가리에 구리 이마[39]

하지만 유권자들은 오티스에게 한 번 더 기회를 줘야 한다고 생각했던지 그는 높은 득표수를 얻진 못했지만 그래도 재선에 성공했다.

오티스가 민중 당파를 혼란에 빠트린 동안 인지세법 소식이 매사추세츠에 도착했고, 그와 함께 허친슨의 처남인 앤드루 올리버가 식민지의 인지 분배관으로 임명되었다는 소식도 들어왔다. 오티스의 확연한 변절로 혼란스럽고 우유부단한 모습을 보이던 식민지 의회는 일치단결하여 나설 수가 없었다. 버나드 총독은 승복을 권유했고, 하원도 사실상 동의했다. 사실 하원은 총독 자문위원회와 함께 그 법에 항의하는 성명을 영국 의회에 보냈지만, 오늘날의 기준으로 볼 때 그 성명의 내용을 보면 《보스턴 가제트》가 내놓은 논평이 대체로 적절했다. "무기력하고, 소심하고, 서투르고, 맥 빠진 성명."[40] 올리버와 허친슨이 총독 자문위원으로 임명되는 것을 하원이 막지 못했기 때문에, 하원의 무기력이 만천하에 노출되었다. 총독이 6월 초에 하원을 폐회하자, 의회는 인지세법이라는 쓴 약을 맥없이 삼키는 것처럼 보였다.

그 약은 며칠 뒤 많은 사람의 속을 쓰리게 만들었다. 버지니아 결의안 사본이 매사추세츠에 도착하여 현지 신문들에 게재되었던 것이다. 《보스턴 가제트》에 실린 사본은 매사추세츠 의회 이외의 다른 기관이 식민지에 과세할 수 있다고 주장하는 자는 "국왕 폐하의 식민지의 적"[41]이라고 선언하는 내용이었다. 그리고 《보스턴 가제트》는 곧 버지니아인의 행동을 대역죄라고 말하는 식민지의 "겁먹어 얼어붙은 정치가"들을 비난하는 기사를 실었다. 이는 당시 일탈 행동을 하던 제임스 오티스 주니어를 겨냥한 것임이 너무나 분명했다.

이 순간부터 쓰디쓴 약을 삼키려던 머리와 위장은 맑게 개기 시작했고, 겁먹어 얼어붙은 자들은 버지니아 결의안의 열기로 몸을 녹였다. 버나드 총독은 그 결의안을 "불평분자들을 깨우는 종소리"라고 불렀다.[42] 신문들도 여론을 환기할 논평과 편지를 게재함으로써 돕고 나섰다.

자유의 아들들, 폭동을 일으키다

글을 발표하고 말보다 행동을 앞세우기로 결심한 소수의 사람들은 매사추세츠 인지 분배관으로 임명된 앤드루 올리버에게 폭력을 행사하려는 계획을 세웠다. 이 사람들은 자신들을 로열 나인Loyal Nine이라고 불렀는데, 나중에 자유의 아들들로 명칭을 변경했다. 이들은 장인과 가게 주인 등으로 구성되었고, 존 길John Gill과 함께 《보스턴 가제트》를 발간했던 인쇄공 벤저민 이데스Benjamin Edes도 일원이었다. 새뮤얼 애덤스Samuel Adams가 이들과 비밀리에 몇 차례 만나기는 했으나, 이 그룹에 공식적으로 참여한 의회 지도자는 없었다. 로열 나인 중에서 사회적 지위가 있는 유일한 인물은 존 에이버리John Avery였다. 그는 1759년에 하버드 대학교를 졸업한 상인이었고 유력한 가문 출신이었다. 로열 나인은 하노버 광장에 있는 체이스와 스피크먼 증류소에서 자주 만났고, 거기에서 8월 14일의 폭동을 계획한 듯했다.[43]

폭동이라는 거친 일을 도모하기 위해 그들은 유경험자를 동원했는데, 바로 최근에 통합된 노스 엔드와 사우스 엔드의 폭도였다. 이 집단은 지난 수년 동안 격하게 충돌했는데, 특히 11월 5일의 가이 포크스Guy Fawkes 날을 주요 행사일로 삼았다. 두 집단은 보통 서로 싸움을 하면서 그날을 기념했는데, 폭발 사고의 좌절을 기념하기엔 나름 독특하고도 만족스러운 행사였다. 두 집단의 싸움은 온건한 편은 아니었다. 그들은 몽둥이, 벽돌, 잔돌, 맨주먹 등으로 싸웠고, 1764년의 소동 때에는 혼란 속에 끼어든 어린아이가 살해되기도 했다.

당연한 일이지만 두 패거리는 회원 명단을 작성하지 않았다. 그러나 대부분 장인, 숙련도가 떨어지는 노동자, 선원, 견습생, 소년 등으로 구성되었다. 1764년의 싸움 이후 두 집단 사이에 대략적인 협정이 맺어졌고, 사우스 엔드의 지도자이자 구두장이이며 당당한 덩치를 자랑하는 에버니저 매킨토시Ebenezer Macintosh가 통합 집단의 지도자로 선출됐다. 매킨토시와 그의 추종자들을 인지세법 반대 시위에 동원하기란 그리 어려운 일이 아니었다. 로열 나인이 한 일이라고는 지역 내의 적 하나를 다른 적으로 대체해준 것뿐이었다. 그러니까 다른 폭도를 상대로 싸우는 것이 아니라, 앤드루 올리버와 수년 동안 관직을 차지해온 관리들을 적으로 삼으면 되었다. 올리버는 이름이 널리 알려진 인물이었다. 그와 그의 일파는 인지세로 이득을 볼 상황이었다. 올리버의 매형인 토머스 허친슨이 인지세를 지지했다는 소문 역시 널리 퍼져 있었다. 이런 친親 영국적인 자들을 강타하는 일은 곧 자유를 위해 일격을 가하는 것을 의미했다.

영국과 아메리카 현지 폭군들의 정체를 분명하게 알려주는 사건이 8월 14일 아침에 발생했다. 보스턴 시의 사람들은 아침에 잠에서 깨어나 커다란 올리버 인형이 나무에 매달려 있는 모습을 발견했다. 인형 옆에는 거대한 장화boot도 매달려 있었는데, 이는 뷰트 백작의 이름을 의미했다. 뷰트는 더 이상 영국 내각의 총리가 아니었지만 그는 식민지 자유를 침탈하려는 최근의 위험스러운 행위를 상징하는 사악한

1765년 보스턴 폭동 보스턴 시민들은 '영국의 어리석음(The folly of England)'이 '미국의 파멸(Ruin of America)'을 가져온다는 구호를 내걸고, 세관 관리의 집들을 파괴하며 인지세법에 대해 거센 불만을 드러냈다.

사람으로 기억됐다. 매달린 부츠에서 악마가 기어 나오는 장식이 이를 분명히 상징하고 있었다.[44]

나무 근처에 사는 여러 사람이 올리버의 인형을 끌어내리려고 했으나 곧 제지당했다. 부총독 토머스 허친슨은 보안관과 그의 부하들에게 인형을 끌어내리라고 지시했다. 그러나 보안관은 곧 되돌아와 인형을 내리려고 하다가는 자신과 부하들이 목숨을 잃게 생겼다고 보고했다. 이 무렵 버나드 총독은 심각한 재앙을 염려하면서 자문위원회를 소집해 위원들에게 그런 위기감을 전했다. 몇 명의 위원들이 위기사태라는 데에 동의했으나, 다른 위원들은 매달린 인형을 '사소한 문제'로 치부해버렸다. 위원들은 어떤 식으로든 인형에 대해서 조치를

취하면 오히려 사태가 악화될 것이라고 보았다.[45]

저녁이 되어 어둠이 내리자, 에버니저 매킨토시 패거리는 올리버의 인형을 끌어내려서 행진에 나섰다. 총독과 자문위원들이 걱정스럽게 회의를 하고 있던 시청을 지나가면서, 폭도는 이제 사태가 올바른 사람의 손에 장악되었음을 과시라도 하려는 듯이 시청을 향해 만세 삼창을 했다. 이어 폭도들은 킬비 거리의 앤드루 올리버 부두에 있는 새로운 건물로 행진했다. 올리버는 그 건물에 있는 방들을 가게 주인들에게 빌려 줄 생각이었으나 폭도들은 그 건물을 '인지 사무소'라고 부르면서 5분 만에 허물어버렸다. 매킨토시는 이어 폭도를 이끌고 인근 올리버 거리에 있는 올리버의 집으로 갔다. 올리버의 집 앞에서 폭도의 일부는 올리버에게 교훈을 안겨줄 목적으로 인형의 목을 베어버렸고, 일부는 집의 창문들을 파괴했다. 포트힐이 그곳에서 몇 발자국 떨어지지 않은 곳에 있었는데, 폭도는 그 언덕으로 올라갔다. 아마도 시민과 올리버에게 자신들의 소행을 좀 더 잘 보여주기 위해서였을 것이다. 그것은 참으로 흥미로운 광경이었다. 시민 중에는 인지세가 무엇인지 잘 모르는 사람도 있을 터이므로, 폭도들은 인형에다 발바닥으로 '인지'를 밟아서 붙이고 그다음에는 인형을 불태워버렸다. 다음에 할 일은 올리버의 집으로 되돌아가는 것이었다. 폭도들은 기꺼이 그 집으로 몰려갔으나 출입문 주위에 바리케이드가 둘러쳐진 것을 발견했다. 하지만 그 바리케이드는 곧 강제 철거되었고, 폭도들은 올리버를 찾아내 죽이라고 서로 소리쳤다. 올리버는 오래전에 집을 떠났고, 집을 보호하기 위해 집 안에 남아 있던 친구들 또한 슬그머니 사라졌다. 폭도는 올리버가 숨어 있을 만한 인근 주택들을 뒤졌으나 한 이웃이 올리버는 보스턴 항구의 인근 섬인 캐슬 윌리엄 쪽으로 달아났다고 말하자 더 이상의 수색을 포기했다. 실망한 폭도들은 올리버 집의 가구를 파괴하고 실내 벽판을 뜯어내는 것으로 만족해야 했다.[46]

이런 사건들이 벌어지던 때에, 버나드 총독은 민병대 대령에게 '경고의 북을 울려서' 연대를 소집하고 그다음에는 폭동을 진압하라고 지시했다. 대령은 폭도에 가담하지 않은 북 연주자를 찾아낸다고 하더라도, 그는 소리를 내는 순간 구타당할 것이고 북은 찢어질 것이라고 대답했다. 대령은 분명 진실을 말했다. 사실 폭도는 관계 당국자의 말을 전혀 들으려고 하지 않았다. 토머스 허친슨과 보안관은 이 진실을 확실하게 증명해보였다. 두 사람은 밤 11시쯤 올리버의 집 앞에 나타나 폭도를 해산하려고 시도했다. 하지만 그들이 입을 열기도 전에 폭도가 소리쳤다. "총독과 보안관, 당신들도 무기를 드는 게 좋을 거야." 이런 고함에 뒤이어 벽돌 조각과 잔돌이 날아들었다. 두 사람은 현장에서 도망쳤고, 폭도는 그곳에서 한 시간 이상 더 머물렀다.[47]

그다음 날인 8월 15일 올리버는 또 다른 종류의 대표단을 만났다. 그들은 소수의 신사들이었는데, 그에게 인지 분배관직을 사임하라고 권고했다. 올리버는 영국에서 아직 임명장이 도착하지 않아 사임할 처지도 못 되지만 임명장이 도착하는 대로 그렇게 하겠다고 약속했다. 그날 밤 폭도들은 또다시 포트힐에 모여서 올리버에게 앞으로 무슨 일이 벌어질지를 미리 보여주려는 듯 모닥불을 피워놓고 시위했다. 하지만 그날 밤은 할 일이 그리 많지 않았고, 또 불확실했다. 폭도들은 포트힐에서 허친슨의 집으로 이동해 출입문을 두드려대면서 허친슨에게 밖으로 나오라고 소리쳤다. 하지만 집을 파괴하지는 않았다. 토머스 허친슨은 용감한 남자였지만 그래도 폭도들이 별일 없이 물러가자 안도의 한숨을 내쉬었다.[48]

'자유의 아들들'이 만든 유인물 보스턴 사람들이 매사추세츠주의 인지 분배를 책임진 앤드루 올리버의 사임을 공개적으로 요구하는 내용이 담겼다.

　허친슨의 차례는 11일 뒤에 찾아왔다. 당연히 그가 최고의 공격 목표로 떠올랐다. 그는 인지세법의 지지자로 알려졌고, 세관 단속의 옹호자로 알려질 만한 행동을 했다. 게다가 그는 올리버의 인형을 나무에서 제거하려고 했고, 올리버의 집 앞에 나타나 폭도를 해산하려고 시도했다. 더구나 그는 오만하고 고집 세며 용감했다. 폭도들 입장에서 식민지의 권리를 주장하며 그의 오만함을 굴복시키는 일은 아주 재미있어 보였을 것이다.[49]

　현지 세관 관리들이 공격을 당할 거라는 소문이 나돈 지 하루 만인 8월 26일 저녁, 폭도들이 킹 스트리트에 모여 모닥불을 피워놓고 '자유와 재산'을 외쳐대기 시작했다. 버나드 총독은 그런 외침을 "약탈과

주택 파괴를 예고하는 신호"라고 냉소적으로 평했다.[50] 실제로 폭도들은 여러 집을 마음속에 두고 있었다. 그 일을 좀 더 효율적으로 처리하려고 폭도들은 두 집단으로 나뉘어서 각자 다른 집을 공격하러 [해]사법원의 비서관인 찰스 팩스턴Charles Paxton의 집으로 몰려갔는데, 그 집은 [팩스]턴이 빌린 집이었다. 그 집의 소유주는 가[까]운 술집에서 폭도들에게 한 [잔]의 펀치주를 대접하겠다고 제안했고, 폭[도]들은 그것을 받아들였다. 이제 술기운와 애향심으로 충만한 폭도들은 [윌]리엄 스토리William Story의 집으로 이동했다. 스토리는 해사법원의 부등[기]관으로 별로 인기가 없는 사[람]이었다. 스토리를 죽이라는 고함이 하[늘]을 찔렀으나, 그는 위험을 [눈]치채고 도망쳤다. 폭도들은 집 안에 있[던 집]기물들을 모조리 파괴했고 [해]사법원의 등기부들을 밖으로 가지고 [나와] 불태워버렸다. 한편 두 [번]째 폭도 집단은 세관의 회계관인 벤저민 [핼]로웰Benjamin Hallowell의 [집]으로 몰려갔다. 회계관의 아름다운 집은 폭[도]들의 파괴 욕구를 더 [욱] 충동질했다. 그들은 그 집을 완전히 때려부[쉈다]. 창문과 문들이 [박]살났고, 가구가 파손됐으며, 벽판이 뜯겨져 나[갔고], 책들과 서류는 [마]구 내팽개쳐지거나 도난당했으며, 와인 저장소의 와[인]은 모두 마[셔]버려 바닥이 났다.

이제 이런 파괴 행동은 일상적인 일이 되었다. 그러나 그중에서도 가장 큰 목표물이 아직 파괴되지 않은 채로 남아 있었다. 바로 토머스 허친슨의 아름다운 집이었다. 두 집단으로 나뉘어 각자 목표물을 해치우고 다시 합류한 폭도가 허친슨의 집에 도착했을 때는 아직 그리 깊은 밤은 아니었다. 허친슨과 그의 가족은 불안한 가운데 저녁식사를 하고 있었다. 그날 밤 불청객들이 그의 집을 찾아올지 모른다는 소문을 들었기 때문이었다. 허친슨 가족은 폭도가 도착하기 직전에 집을 떠났으나 토머스 허친슨은 혼자 집에 남기로 했다. 만약 그의 장녀가 집으로 되돌아와 아버지가 함께 가지 않는다면 자기도 집에 남겠다고 고집을 부리지 않았더라면, 그는 틀림없이 집에 계속 남아 있었을 것이다. 장녀는 그렇게 고집을 부린 덕분에 아버지의 목숨을 구했다. 부녀는 정원과 뒤뜰을 통하여 간신히 추격자들을 따돌리고 안전하게 대피할 수 있었다.

폭도는 천천히 시간을 들여가며 그의 집을 파괴했다. 집 안에 들고 나갈 수 있는 것들, 가령 문서, 식기, 가구, 의류, 현금 900파운드 등은 거의 모두 망가지거나 절도당했다. 벽, 칸막이, 지붕 등 가져갈 수 없는 것은 처참하게 파괴됐다. 세 시간에 걸친 파괴 행위 끝에 아름다운 반구 천장은 잘려나갔고, 석판 지붕도 상당 부분 해체됐다. 새벽이 되어도 폭도는 여전히 파괴 작업에 골몰했다. 지붕 일부가 여전히 남아 있었고 여러 벽돌 벽이 아직도 서 있었기 때문이다. 그 집을 완전히 파괴하려고 작정했던 폭도는 마침내 새벽이 훤히 밝아오자 작업을 마쳤다.

이 에피소드를 검토하는 역사가들은 허친슨 주택 파괴 사건 이후 사태가 걷잡을 수 없게 되었다고 결론을 내렸다. 사흘 뒤 허친슨 자신도 이렇게 말했다. "처음 폭도들을 사주한 자들도 일이 이렇게까지 되리라고는 생각하지 못했다."[51] 이러한 생각을 보여주는 다른 증거도 있다. 가령 시청은 그다음 날 유감을 표시하는 공식 성명을 발표했다. 버나드 총독은 8월 27일 민병대를 아무 어려움 없이 소집할 수 있어서 다소 놀랐고, 그 뒤 여러 주에 걸쳐 치안을 유지하기 위해 노력했다.

총독으로서는 더는 놀랄 것도 없었다. 인지세법에 대한 반대는 다소 강력하게 표명됐지만, 8월 말에는 더 이상의 폭력이 필요할 것 같지 않았다. 폭도의 행동은 다소 지나쳤고 시청도 유감을 표시했지만, 올리버를 타도하려는 8월 14일의 폭동에 대해 누구도 사죄하지 않았고 동의 없는 과세에 반대하는 것을 아무도 비난하지 않았다. 8월 26일의 폭동은 로열 나인이 예상한 것보다는 좀 더 과격했지만, 일이 그렇게 된 데 대해 그들은 별로 불쾌감을 느끼지 않았다. 허친슨은 공적이었고 올리버의 매형이었으며 인지세법을 지지했다. 그러니 그에게 따끔하게 본때를 보여줄 필요가 있었다. 8월 26일의 폭동은 제한적인 의미에서만 너무 지나친 것이었다.

8월 말에 이르러 주요 식민지인 버지니아와 매사추세츠는 각자의 방식으로 인지세법에 대한 분노를 표출했다. 그들이 한 일은 실제로 자신들의 예상보다 더 많은 움직임을 만들었다. 이제 반대 운동의 확산은 불가피하게 보였다.

반응

폭동이 일어난 보스턴 이외 각지에서도 인지세법에 반대해
논쟁이 펼쳐졌고, 인지 분배관들을 향한 협박 등 대중의
폭력적 저항도 펼쳐졌다. 한편 영국에서는 영국 상인들이 의회에
인지세법을 철회하라는 압력을 넣었고, 로킹엄 후작이 이끄는 영국
의회는 1766년 3월 18일 이 법안을 철회했다.

조세저항이 식민지 전역으로 퍼지다

매사추세츠 이외 지역의 아메리카인들도 보스턴 폭동의 사례를 너무나 잘 답습했기에 보스턴의 모범이 없었더라도 결과는 마찬가지가 아니었을까 한다. 따를 사례가 필요했든 아니든, 보스턴 폭동은 아메리카 전역에서 사람들의 주목을 받았다. 인지세법에 대한 혐오감은 사회 모든 집단에 퍼져 있었고, 인지 분배 업무를 맡은 세금 징수관과 그 일당에게 자연스럽게 분노가 집중됐다. 10월 말에 이르면 아메리카로 임명된 인지 분배관들 중에서 두 명을 제외하고 전원이 사임했다. 자신들의 목숨과 재산을 지키기 위해서였다. 남은 두 명 중 노스캐롤라이나의 윌리엄 휴스턴William Houston은 11월 16일에 사임했다. 나머지 한 사람은 조지 앵거스George Angus인데, 조지아의 인지 분배관으로 임명된 후, 1766년 1월이 되어서야 아메리카에 도착했다. 조지아에 도착한 그는 즉시 그 자리에 앉게 되면 무슨 일이 벌어질지 감지하고 인지를 세관 징수관들에게 건네준 뒤 식민지를 떠났다.[1]

앵거스가 조지아에 도착했을 무렵 협박과 폭력이 난무하고 있었다. 폭도들은 인지 분배관의 사직서를 받아내기 위해 필요한 폭력을 모두 동원했고, 테러로 위협하면서 인지의 하선이나 분배를 사전에 봉쇄해버렸다. 어떤 경우에는 폭도가 무력시위를 벌이자마자 분배관이 겁을 집어먹고 사표를 던졌다. 예를 들어 뉴욕의 제임스 맥아이버스James McIvers는 자신의 임명장과 인지가 도착하기도 전에 사직서를 제출했다. 맥아이버스는 사업과 재산이 모두 뉴욕시에 있는 상인이었다. 그는 분배관으로 근무하면서 수수료를 챙기는 일에 흥미가 있었지만, 그 때문에 자신의 주택과 2만 파운드 가치의 상품이 진열된 가게가 파괴되는 것은 원하지 않았다. 맥아이버스는 자신도 올리버 꼴이 될 수도 있다는 점을 감지하고 첫 번째 보스턴 폭동 발생 일주일 후인 8월 22일 사임했다. 그는 부총독에게 보내는 편지에 사임 이유를 분명하게 밝혔다. "폭풍우가 불어올 때에는 그것을 빨리 알아차리는 것이 좋습니다."[2]

인근에 있는 뉴저지에서 윌리엄 콕스William Coxe는 며칠 더 사태를 지켜보았고, 폭풍이 들이닥칠 것을 느껴서 9월 3일 사임했다. 뉴저지 총독이며 벤저민 프랭클린의 아들인 윌리엄 프랭클린William Franklin은 콕스에게 짜증을 냈다. 총독이 보기에 콕스는 아무런 이유도 없이 뒤로 물러서는 사람이었다. 총독은 콕스를 위협하는 사람은 아무도 없고 업무 수행에 아무런 방해도 받지 않을 것이라고 말했다. 총독은 집을 안전하게 지키려면 사임하는 것이 좋겠다고 콕스에게 권한 신문 기사

를 읽지 않은 것이 틀림없었다.[3]

뉴햄프셔의 분배관인 조지 미서브George Meserve는 노골적인 암시를
받고는 최대한 재빠르게 대응했다. 영국 의회가 인지세법을 통과시
킬 때 영국에 있었던 그는 아메리카로 돌아가는 배를 타기 전에 분배
관으로 임명받은 참이었다. 배가 미처 닻을 내리기도 전에 그는 자신
의 실수를 깨달았다. 그가 탄 배를 보스턴 항구로 인도하던 도선사가
먼저 포츠머스의 여러 신사들 명의로 보내온 편지를 한 통 건넸다. 안
전을 위해 도시에 도착하기 전에 사표를 내는 것이 좋으리라는 내용
이었다. 이어서 보스턴 폭도들은 그가 탄 배에 인지가 선적됐다고 확
신하고서 아무도 하선하지 못하게 했다. 미서브는 9월 10일까지 배
에 머물렀는데, 그제야 폭도들은 배에 인지가 실려 있지 않다는 사실
을 알았다. 그는 땅에 내리기도 전에 사임했고 그 소식을 폭도에게 전
했다. 물론 보스턴에서 낸 사표는 뉴햄프셔에서는 효력이 없었다. 그
래서 며칠 뒤 미서브는 포츠머스에서 공식 사표서를 제출했고, 1월 세
번째 사표를 냈다. 미서브는 공개적으로는 사람들이 기대하는 대로
행동했지만, 사석에서는 폭도의 머릿속을 가득 채운 "저 빌어먹을 반
란 기질" 때문에 애를 먹었다고 말했다.[4]

반란 기질은 경우에 따라 좀 더 폭력적인 모습으로 나타나기도 했
다. 매사추세츠에서와 마찬가지로, 정치적 분열이 이미 존재하고 인지
세법을 지지하는 쪽도 분명히 있는 지역에서 폭거와 폭동은 더욱 극
단적으로 발전했다. 어떤 경우에는 실제로 다른 파당에게 인지세법의
책임을 뒤집어씌우면서, 자신들의 정치적 적들이 영국 내각과 음모를
꾸미며 아메리카의 자유를 파괴하려고 한다고 비난했다. 매사추세츠 부
총독인 토머스 허친슨은 이런 억울한 상황을 몸소 겪었고, 자신이 받

는 혐의가 부당하다고 한탄했다. 허친슨이 의회정치를 옹호하긴 했지만, 그 적들은 영국 의회의 권위를 지지하는 그의 입장을 의회의 모든 조치를 옹호하는 것으로 뒤집어씌워서 비난했다. 허친슨은 법적 주장을 세세한 부분까지 파악할 수 있는 사람이었다. 그는 편의주의적 발상으로 볼때, 의회정치를 옹호하는 동시에 인지세법을 비난하는 것이 가능하다는 점을 알았다. 그러나 그의 집을 파괴한 폭도는 그런 세세한 부분을 따지는 사람들이 아니었다. 폭도와 그 지도자들에게는 해결해야 할 오랜 원한이 있었고, 그들은 어찌 됐든 토머스 허친슨이 인지세법을 사주했다고 믿었다.

정치적으로 분열되는 로드아일랜드

로드아일랜드에는 토머스 허친슨 같은 인물이 없었지만, 중대한 정치적 분열이 인지세법에 대한 반응에 영향을 미쳤다. 청교도들이 지배하던 매사추세츠 식민지에서 종교적 견해로 쫓겨난 종교적 소수파가 건설한 식민지인 로드아일랜드에는 괴상하고 파격적인 사람들이 많이 살았고, 몇몇 사람들은 이들을 광신자나 미친 사람이라고 부르기도 했다. 하지만 혁명 전야에는 이곳의 정치가들도 아메리카의 다른 지역 정치가들과 그리 다르지 않았다. 그들은 다른 지역의 부러움 또는 혐오감을 일으킬 만한 조건 아래에서 살고 있었다. 로드아일랜드는 17세기 특허장에 따라 건설됐는데, 그곳의 식민지인들은 사실상 독립적인 정부를 수립했다. 총독직을 포함하여 거의 모든 공직이 선출직이었고, 투표권을 가지려면 성인 남자는 400파운드 가치의 땅을 소유해야 했다. 모든 성인 남자 중 4분의 3이 원할 경우 투표할 수 있

었다.[5]

　로드아일랜드 정부의 권력은 상하 양원으로 구성된 식민지 의회가 갖고 있었는데, 의회는 보통 총독이나 법원보다 더 강력한 기관이었다. 따라서 의회를 장악하기 위한 시도가 치열했다. 1750년대에 이르러 두 파당이 로드아일랜드에 등장해 정치권력을 다투었다. 프로비던스는 홉킨스파의 본거지였는데, 이 파의 명칭은 식민지의 가장 유

1750년대 로드아일랜드의 무역 로드아일랜드는 인디고, 쌀, 담배, 가죽 등을 수입했고, 소고기, 버터, 목재 등을 수출했다. 프로비던스 카운티는 뉴포트 카운티보다 지리적으로 수출에 유리했다.

능한 정치가인 스티븐 홉킨스Stephen Hopkins의 이름에서 유래했다. 뉴포트는 워드파의 본거지였는데, 이 파의 명칭은 지도자인 새뮤얼 워드Samuel Ward에게서 나왔다. 두 도시는 두 파를 중심으로 사업과 이권 경쟁에 뛰어들었다. 프로비던스는 약 30년 전부터 성장기에 접어든 1750년대에 이르러 남쪽에 있는 이웃 도시인 뉴포트보다 경제적으로 앞서나가기 시작했다. 프로비던스는 뉴포트에 비해 지리적 이점이 몇 가지 있었다. 프로비던스에는 대규모 외곽 지역이 있어서 그곳에서 식품과 원자재를 생산해 수출했다. 이 상품을 사들이는 시장이 커지고 있었으므로 상품을 공급하는 항구도 따라서 커졌다. 반면 뉴포트 시에는 주변 지역으로 만 건너편에 내러갠싯 카운티가 있을 뿐이었다. 또한 프로비던스는 로드아일랜드 지역의 상당 부분뿐 아니라 남부 매사추세츠와 코네티컷으로도 연결될 수 있었다. 사실 프로비던스의 상인들은 뉴포트에 양초, 럼주, 술통, 밧줄 등을 공급했다.

두 파당은 동일한 부류의 경제적 집단에 의존했는데, 그들은 무역상, 소상인, 전문가, 서로 관계가 끈끈한 작은 마을과 시골의 농부들이었다. 이렇게 하여 홉킨스-워드 갈등은 부분적으로 프로비던스와 뉴포트 사이의 경제적 권력을 놓고 벌이는 싸움이 되었다. 서로 위성 지역들을 둔 두 도시는 폭넓은 경제적 혜택을 줄 수 있는 정부를 통제하려고 애썼다. 식민지 의회가 제조업자들에게 독점 사업을 허가할 권리를 갖고 있었기 때문이다. 또한 도로, 건물, 다리, 등대 등에 투입할 공적 자원도 보유했다. 의회는 여러 마을의 세액도 제정했는데, 당연히 프로비던스와 북부의 마을들이 정계를 지배할 때에는 뉴포트와 남쪽 마을들의 세액이 올라갔고, 반대로 뉴포트가 정치를 좌지우지할 때에는 프로비던스와 북부 마을들이 그 영향력을 체감했다. 의회를 지배하는 것은 곧 정치적 이권을 지배하는 것을 뜻했다. 18세기 중반에, 의회가 임명하는 치안판사의 숫자가 150명 이상이었고, 그 외에 보안관, 서기, 민병대 장교, 기타 공직들이 모두 의회가 수여하는 관직이었다.

이렇게 정치적·경제적 이익을 얻을 수 있는 기회들이 18세기의 가장 민주적인 제도를 만나 거칠고 격렬한 당파주의를 만들어냈다. 선거는 치열한 싸움 속에서 치러졌고, 투표함에다 가짜 투표지를 집어넣는 식의 부정선거가 흔하게 자행됐다. 파당의 관계자들은 때때로 유권자들을 매수해 특정 후보에게 투표하게 했고, 어떤 때는 아예 투표를 포기하라며 뇌물을 주었다. 예를 들어 1758년에는 자유민 600명 중 겨우 400명만이 투표했다. "유권자 중 3분의 1이 연고 관계 때문에 투표를 하지 않았다"고 미국의 교육자 에즈라 스타일스Ezra Stiles는 말했다.[6] 의회 또한 종종 대혼란의 장소가 되었다. 고성을 내지르는 비난, 은밀한 거래, 파렴치한 싸움 등이 자주 벌어졌다.

마틴 하워드 주니어(1725~1781) 영국에 로드아일랜드에 국왕 정부를 수립해 달라고 제안한 토리 준토의 리더로서, 아메리카에서 인지세법을 지지한 몇 안 되는 유력 정치인이었다.

대부분의 로드아일랜드인은 이런 정치적 연막을 인정하고 즐겼으며, 정치가들은 정의롭다고는 할 수 없지만 아무튼 열정적으로 자신들의 역할을 수행했다. 그러나 서로 싸우는 정치가들이나 변덕이 심한 유권자들을 모두가 좋게 보는 것은 아니었다. 15명 정도 되는 뉴포트의 한 소집단은 로드아일랜드의 정치와 행정이 나아가는 방향을 경멸했다. 그들 중 가장 중요한 인사는 마틴 하워드 주니어Martin Howard Jr.와 토머스 모패트Thomas Moffat였다. 하워드는 유서 깊은 가문 출신에 저명한 법률가였고 국교회 신자였는데, 오만한 데다가 지방 인사 특유의 귀족적 기질의 소유자였다. 의사인 모패트는 버클리 주교 곁에 살기 위해 1730년대부터 뉴포트에서 살아왔다. 또 다른 인사들로는 영국 상인 회사의 대리인인 조지 롬George Rome, 검사장인 어거스터스 존스턴Augustus Johnston, 레드우드 도서관과 투어로 유대교 회당을 지은 건축가인 피터 해리슨Peter Harrison 등이 있었다. 이들과 추종자들은 대부분 국교회 신자였고 영국에 특별한 애정을 느꼈으며 그중 몇몇은 관직과 영향력을 갈망했다.[7]

국왕 정부를 추구하는 비밀결사, 토리 준토

이 정치적 비밀결사를 가리켜 토리 준토Tory Junto라고 불렀다. 준토는 로드아일랜드의 조잡한 당파주의에 혐오감을 느꼈을 뿐만 아니라 토머스 모패트가 경멸조로 말한 "떼거리" 정치제도에 편입되는 것을 거부했다. 준토는 1663년의 칙허장을 폐지하는 동시에 로드아일랜드 식민지에 국왕 정부를 수립하게 해달라고 영국 의회에 호소한다면 기존의 정치제도를 바꿀 수 있을 것이라고 제안했다. 칙허 정부에 대한 그들의 경멸감은 "질서와 행정을 배신하는 희극"이라고 말한 마틴 하워드의 지적에서 잘 드러났다.[8]

토리 준토가 노골적으로 국왕 정부를 추구하는 태도는 1764년 4월 23일자《뉴포트 머큐리》에 Z.Y.의 명의로 실린 편지에서 잘 드러났다. 이 편지는 로드아일랜드의 민중 정부를 공격하면서 오로지 영국 의회만이 당파 싸움으로 빚어진 치욕스러운 혼란을 끝낼 수 있다고 주장했다. 6주 뒤 이 신문은 구독자들의 요청이라는 이유로 찰스 1세가 17세기에 켄터베리 대주교인 윌리엄 로드에게 발급한 칙령을 실었는데, 식민지의 칙허를 취소하는 능력을 대주교에게 부여했다는 내용이었다. 주장의 요점은 명확했다. 즉, 식민지 특허를 취소하는 권한은 역사가 아주 오래되었다는 것이다.[9]

8월에 O.Z.가 《뉴포트 머큐리》에 등장했다. 왜 하워드와 모패트가 Z.Y.라는 필명을 버리고 이런 이름을 쓰게 되었는지 그 이유는 밝혀지지 않았다. O.Z.의 편지들은 1765년 3월까지 가끔씩 등장했다. O.Z.는 식민지의 양, 삼, 아마 생산에 대한 조언을 하겠다고 말하면서, 이것이 설탕법이나 영국 의회의 주권에 도전하는 것보다 훨씬 유익한 일이라고 암시했다. O.Z.는 특히 삼에 주목했는데, 영국 정부가 삼에 지급하는 보상금이 무역세보다 더 컸기 때문이다.[10]

이런 흥미로운 주제들을 다룬다고 해서 로드아일랜드 사람들이 O.Z.의 진의를 몰라본 것은 아니었다. 그들은 칙허 정부를 공격하고자 했다. 아무튼 O.Z.는 곧 가면을 벗고 정치와 행정에 대한 논설을 펴면서 펜실베이니아 사례를 칭송했다. 그곳 의회는 최근 영주 정부를 국왕 정부로 대체하려고 시도했다. O.Z.는 그 사실을 발표하지 않았지만, 펜실베이니아의 조치에 고무된 토리 준토는 10월에 조지프 해리슨Joseph Harrison에게 칙허를 종결시켜 달라는 탄원을 은밀히 넣었다. 그리고 마틴 하워드는 11월에 영국 정부 내 "거물들과의 친분"이 있는 것으로 생각되는 벤저민 프랭클린을 찾아가 그에게 국왕파의 이런 관심사항을 언급해 달라고 설득했다.[11]

뉴포트는 너무 작은 도시여서 칙허 취소 운동을 비밀로 할 수가 없었다. 토리 준토는 국왕 정부를 추구하는 펜실베이니아를 드러내놓고 칭송함으로써 자신들의 속셈을 들키고 말았다. 그들의 목적은 곧 널리 알려져서 원하지 않는 주목을 받게 되었다. 9월이 되자 그들은 "식민지 자유"에 반대하는 음모자들의 "클럽"을 구성하려고 한다는 비난을 받았다.[12] 비난은 점점 더 구체적인 내용을 띠었고, 신문들에 기고하는 익명의 저자들이 준토가 실은 인지세법의 배후 세력이라고 고발하면서 비난의 강도는 더욱 높아지고 불길해졌다.

1764년 11월 4일, 홉킨스 총독은 식민지 의회에 메시지를 보내 칙허에 반대하는 탄원서가 발송되었다는 사실을 알렸다. 이어 총독은

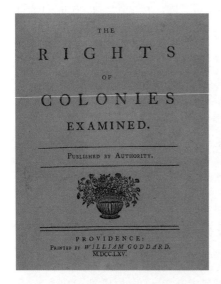

《식민지 권리의 검토》 로드아일랜드의 홉킨스 총독은 토리 준토의 주장을 비판하면서, 식민지인은 생명권, 자유권, 재산권과 더불어 스스로를 방어할 권리를 갖는다고 이 글에서 선언하였다.

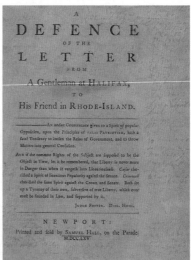

《핼리팩스 신사의 편지에 대한 옹호》 토리 준토의 리더 마틴 하워드는 식민지의 권리가 축소된 정치체제를 제안했고 이에 대한 비판이 거세지자 다시 이를 옹호하는 글을 발표했다.

몇 주 뒤에 《식민지 권리의 검토》라는 글을 발표해 토리 준토를 향한 전면적인 공격에 나섰다. 그러자 마틴 하워드는 《핼리팩스의 신사에게서 온 편지》라는 답변을 써서 야유와 조롱으로 총독에게 정면으로 맞섰고, 식민지의 권리가 크게 축소된 정치체제의 청사진을 제시했다. 이때부터 기름칠이 잘 된 인쇄기에서 소책자와 시론들이 쏟아져 나오기 시작했다. 홉킨스는 《프로비던스 가제트Providence Gazette》의 칼럼에서 《핼리팩스의 신사에게서 온 편지》를 강력하게 반박했고, 뉴포트에 친척들이 거주하는 제임스 오티스는 《핼리팩스 신사가 로드아일랜드 친구에게 보낸 편지의 내용에 반박하는 영국 식민지들의 권리 주장》이라는 글을 통해 홉킨스를 지원했다. 그러나 두 사람은 하워드를 제압하지는 못했다. 하워드가 《핼리팩스 신사의 편지에 대한 옹호》를 써서 또다시 자신의 입장을 내세웠기 때문이다. 그러나 오티스의 《핼리팩스 명예훼손의 옹호에 대한 간단한 논평》은 정치체제의 문제를 둘러싼 논쟁을 토리 준토의 행패 정도로 축소해버렸다. 이 글은 준토를 이렇게 묘사했다.

"왜소하고 지저분하며 술주정뱅이에 헛소리를 지껄여대는 오염된 도둑, 거지, 방랑자 무리 또는 이러한 자들의 후예로, 온 세상의 허랑방탕한 곳에서 모여든 자들이며, 터키인, 유대인, 기타 불신자들, 배교한 기독교인과 가톨릭 등의 집단으로, 그 숫자라는 것은 기껏해야 뉴포트에 사는 12명 정도를 넘지 못한다. 바로 이런 자들에게서 핼리팩스 편지들이 나왔고, 식민지 정부의 형태를 바꾸자는 탄원서가 나왔으며, 이자들은 선량한 식민지인과 신민에 대한 명예훼손을 자행했고, 사람들의 마음에 깃들 수 있는 온갖 악행을 저질렀다." [13]

1765년 봄에 이르러 하워드, 모패트, 그리고 그 친구들에 대한 분노가 더욱 뚜렷해졌고, 그들의 목적이 칙허 정부를 국왕 정부로 대치하고 식민지의 권한을 영국이 침해하도록 허용하는 것임이 분명하게 밝혀졌다. 이들이야말로 설탕법과 엄격한 무역 규정 집행의 배후라는 조잡한 주장을 많은 사람이 믿게 되었다. 인지세법을 지지했다고 그들의 소행에 책임을 묻는 것이 그리 황당무계한 생각은 아니었다.

인지세법에 관한 소식이 알려지자 뉴포트에서 자유에 민감한 사람들은 심하게 동요했지만 폭력 사태가 발생하지는 않았다. 사람들의 감정은 곧 폭발할 예정이었는데, 인지세법 때문이 아니라 영국 해군 때문이었다. 해군은 연초에 아주 무자비하게 선박 나포를 실시하여 뉴포트 사람들의 반감을 샀다. 해군은 그 작업을 할 선원들이 필요했는데, 그들을 고용하기 위한 일처리도 세심하지는 않았다. 5월에 들어와 일련의 강제 나포가 발생하자 배들이 뉴포트 항구를 기피했고, 그리하여 무역량이 크게 줄어들었다. 이런 상황에서 영국 군함 메이드 스톤호는 어리석게도 군함에 실린 보트를 부두로 보냈다. 그러자 약 500명에 달하는 폭도들이 그 배를 붙잡아서 불태워버렸다.[14]

6월 말 《뉴포트 머큐리》는 버지니아 의회에서 통과되지 않은 가장 민감한 결의안 2개까지 포함해 버지니아 결의안을 다시 게재했다. 8월 14일 역시나 보스턴 사람들이 인지 분배관을 사직시키는 좋은 방법을 보여주었다. 그것은 중요한 본보기였고 뉴포트 사람들도 보스턴의 사례를 면밀히 연구했다.

인지 분배관의 인형들이 뉴포트에서 불타오르다

물론 뉴포트에도 명예로운 폭동의 긴 역사가 있었지만, 보스턴의 노스 엔드나 사우스 엔드의 사람들처럼 준비된 폭도는 없었다. 뉴포트에서의 인지세 반대 운동은 새뮤얼 버논Samuel Vernon과 윌리엄 엘러리William Ellery에 의해 조직됐다. 상인인 두 사람은 창의적이었고 직접 행동에 나서는 것을 두려워하지 않았다. 그들은 먼저 인지 분배관 어거스터스 존스턴, 토머스 모패트, 마틴 하워드 모형의 대형 인형을 내걸 계획을 세웠고, 그러면 존스턴이 곧 사직할 것이라고 기대했지만 계획이 새어 나갔다.

8월 20일 자신들의 인형이 내걸릴 것을 미리 알게 된 하워드와 모패트는 워드 총독에게 폭력 시위를 제지해달라고 호소했고, 워드는 버논과 엘러리에게 그런 시위를 하지 말라고 주의를 주었다. 그러나 이 둘은 그렇게 간단히 물러설 사람이 아니었다. 시위는 이미 시작되었고 멈출 수가 없었다. 나흘 뒤에 발간된 《프로비던스 가제트》의 호외는 시청회의가 인지세법을 비난했다는 것과, 어거스터스 존스턴이 이 사람들의 의사에 반하는 직무는 수행하지 않을 것이라고 약속했다고 보도했다. 존스턴은 그런 성명을 발표하지는 않았지만, 그것을 부정하면 자신이 식민지인의 적이 될 수도 있음을 알았다. 그 후 며칠 동안 존스턴은 입을 다물었다.[15]

인형을 매달기로 결정한 하루 전날인 8월 26일, 《뉴포트 머큐리》는 보스턴의 앤드루 올리버를 노린 폭동 사건을 상세하게 보도했다. 같은 신문에는 언론의 자유를 호소하는 마틴 하워드의 글도 실려 있었다. 그 글은 다음 날의 시위를 사전에 방지할 목적으로 급히 쓴 것이었다. 하지만 호소는 무위로 돌아갔고, 다음 날 아침 뉴포트에서 나흘 동안 지속될 폭동이 시작됐다.

화요일인 8월 27일 아침, 시위대는 시청 근처인 퀸 스트리트에 교

인지세법에 저항하는 '자유의 아들들' 인지세법 철폐를 주장하는 시위대가 인지 분배관 인형을 교수형에 처하고 있다.

수대를 급히 설치하고 대형 인형들을 내거는 것으로 시위를 시작했다. 자유농들은 그날 늦게 그 거리에 합류하기로 했다. 인형의 목에는 글씨가 적힌 플래카드가 각각 매달려 있었는데, 이는 시위의 의미를 분명하게 밝혀주었다. 존스턴 인형의 플래카드에는 "인지 분배관"이라고만 적혀 있었지만 모패트의 인형 가슴에 핀으로 꽂힌 종이에는 "저 악명 높고 사악하며 타락한 재커바이트 닥터 머피Murfy"라는 비난이 적혀 있었다.[16] 제임스 오티스가 모패트를 비난하는 소책자에서 이런 이름을 지어주었는데, 그것이 그대로 굳어버렸다. 모패트의 인형에는 더 많은 글이 적혀 있었으나, 화룡점정은 악마가 들어있는 부츠boot를 인형 어깨에 매달은 것이었다. 이는 뷰튜bute 백작을 풍자한 보스턴 사례를 흉내 낸 것이 분명했다. 하워드의 인형에도 글씨가 적혀 있었는데, 이 역시 오티스에게서 영감을 받은 것으로 "아첨 잘하고 음험하며 악명 높고 사악하며 형제를 죽이는 타락한 문필가"[17]라고 적혀 있었다.

가장 폭발적인 조치는 뉴포트 현지에서 고안됐다. 시위대는 밧줄로 하워드와 모패트의 목을 서로 연결한 다음 그 중간에 이런 플랜카드를 걸어놓았다. "우리는 교수용 밧줄에 대한 천부적이고도 빼앗길 수 없는 권리를 갖고 있다. 게다가 당신도 알다시피 우리는 삼의 경작을 권장했다."[18] 버논, 엘러리, 그리고 또 다른 상인인 로버트 크룩Robert Crook은 커다란 외투와 모자를 걸치고 손에는 몽둥이를 든 채 그날 오후 늦게까지 이 인형들을 지켰다. 그리고 상인들이 보낸 "독주와 치즈를 실컷 먹은" 군중이 현장에 나타나 일몰 후 그 인형들을 불태웠다.[19] 인형의 실물인 존스턴, 하워드, 모패트는 살해될지도 모른다는 경고를 받고서 이미 오래전에 도시를 떠난 상태였다.

그날 이후 사흘 동안 살해 위협을 구체적으로 보여주는 증거들이 속속 나왔다. 인형을 불태운 다음 날인 수요일에 하워드, 모패트, 존스턴은 돌아왔다. 그러나 보스턴에서 부총독인 토머스 허친슨을 노린 엄청난 폭동이 발생했다는 소식도 함께 들려왔다. 그날 밤 뉴포트에서 폭도들은 하워드의 집을 8시, 11시, 그리고 다음 날 새벽 2시에 걸쳐 세 차례 공격했고, 모패트의 집에는 두 차례 들이닥쳤다. 두 집은 허친슨의 집과 똑같은 신세가 되었고, 폭도가 파괴 작업을 끝냈을 때 두 집은 빈껍데기만 남았다. 존스턴은 이런 참사를 피해 달아났다. 그는 뉴포트에서 여전히 인기가 있었고, 그의 친구들이 중재에 나서서 다음 날 존스턴이 인지 분배관직을 사임하기로 약속했다고 말해줌으로써 화를 모면했다.

폭동 다음 날인 8월 29일 목요일에 존스턴은 공식적으로 사임했다. 그러나 폭도들은 분노를 모두 털어내지 못했다. 폭도의 지도자들 중 한 사람인 영국 선원 존 웨버John Webber는 거리에서 자신의 지도력을 과장되게 자랑하고 금품 갈취의 뜻을 은근히 드러내면서 상인 후원자들을 모욕했다. 그러자 상인들은 보안관을 시켜 웨버를 체포하게 했다. 체포된 웨버는 군함 시그넷호로 이송되었다. 그러자 웨버의 지지자들은 시를 모두 파괴하겠다고 위협했고, 특히 상인들의 집과 창고를 가만히 놔두지 않겠다고 으름장을 놓았다. 상인들은 보안관을 시그넷호로 보내 다시 웨버를 데려오게 했다. 뉴포트 거리로 돌아온 웨버는 전혀 기죽지 않은 상태로 또다시 주택들을 파괴하겠다고 위협했다. 그러자 이미 충분히 모욕을 당한 보안관이 웨버에게 완전히 고개를 숙여서 그날은 위협을 잠시 피해갈 수 있었다.

웨버는 그다음 날 해가 뜨자마자 일어나 또다시 옛날의 후원자들을 박살내겠다고 위협했다. 이 무렵에는 이제 인지 분배관직은 사임했으나 여전히 검사장직에 있는 어거스터스 존스턴이 시에 돌아와 있었다. 존스턴은 용감한 사람이었고 사태 진행에 분노를 느끼고 있었다. 거리에서 거들먹거리며 위협적 언사를 퍼붓던 웨버와 마주치자, 존스턴은 그를 감옥에 가두었고 뉴포트의 문제를 해결했다.[20]

배신자 자레드 잉거솔, 적그리스도의 상징이 되다

로드아일랜드와 마찬가지로 코네티컷에서도 정치적 파당들이 인지세법을 기회로 삼아 정적들을 공격했다. 로드아일랜드에서는 홉킨스-워드 그룹이 칙허 정부를 위협하는 토리 준토를 공격했다면, 코네티컷에서는 두 당파가 인지세법 위기를 이용해 상대방을 완전히 없애려고 했다. 이 두 당파는 때때로 새로운 빛파와 오래된 빛파로 불렸다. 새로운 빛파는 1740년대의 대각성 운동을 지지하는 집단이었고, 오래된 빛파는 그것을 반대하는 집단이었다. 종교 때문에 두 당파로 나뉘기 시작했으나, 원래 새로운 빛파와 오래된 빛파에는 정치적 성향이 전혀 없었다. 그들은 대부흥회가 절정에 도달한 1741~1742년 이후 15년 동안 점진적으로 정치적 색깔을 띠게 되었는데, 신자들의 열광적인 태도를 진정시키고 신앙과는 관계없는 여러 문제를 해결하는 과정에서 둘로 나뉘었다.[21]

대각성 운동은 사람들에게 영감을 주었지만, 동시에 일부 건실한 시민들을 놀래켰다. 수천 명에 달하는 남녀와 아이들이 몸에 영혼이 들어 있다고 믿는 점, 기존 목사들을 가리켜 개종하지 않은 자라고 매도하는 부흥사들, 분열되는 교회들, 어디에서나 목격되는 과도한 개인 행동 등을 감안할 때, 대각성 운동은 사람들을 놀래켰을 뿐 아니라 경악시킨 사건이었다. 가장 명망 높은 기구인 의회를 통제하는 건실한 시민들은 자신들이 보기에 광기 어린 사람들의 영혼을 어느 정도 진정시키려고 노력했다. 1742년의 식민지 의회에서 그들은 순회 방랑하는 자들이 설교하는 것을 금지하고 정식으로 임명받지 않은 목사들이 설교단에 오르는 것을 제한하는 법규를 통과시켰다. 그다음 해에 의원들은 종교적 관용을 허용하는 오래된 법규를 폐지했다.[22]

새로운 빛파는 이러한 조치에 잠시 멈칫했고 자연스레 점차 정치적인 생각을 품게 되었다. 이후 10년 동안 예일 대학에서는 새로운 빛파의 총장이 뉴헤이븐 제일교회와 맞붙은 중요한 논쟁이 벌어졌고, 이로써 정치적 지향이 더욱 강화되었으며 오래된 빛파의 분노는 내부적

예일 대학교 원래 신학대학교인 하버드 대학교에서 수학과 과학 과목이 생기자 이에 반발한 보수적인 목사
들이 목회자 양성을 위해 설립한 학교가 종합대학으로 발전해 현재의 예일 대학교가 되었다.

으로 더욱 팽배하게 되었다. 예일 대학 논쟁은 토머스 클랩Thomas Clap
대학 총장이 교수들과 학생들에게 진정한 신앙을 가르쳐줄 신학 교수
를 임명하려는 계획을 둘러싸고 일어났다. 이렇게 하면 예일 대학은
교회가 될 터인데, 그것은 클랩이 보기에 가장 바람직한 상황이었다.
왜냐하면 뉴헤이븐 제일교회의 목사인 조지프 노이즈Joseph Noyes는 설
교를 너무나 냉정하고 무미건조하게 했기 때문이다. 이 갈등은 결국
클랩의 뜻대로 결론이 난 1756년까지 계속되면서 코네티컷 식민지를
더욱 분열시켰다.[23]

금전과 토지도 분열을 더욱 심화시켰다. 1662년에 발급된 코네티
컷 칙허는 이 식민지의 서쪽 경계가 태평양이라고 규정했다. 이는 미

국 지리에 대한 17세기식 무지에서 비롯된 조치로 1750년대에 들어와 이런 경계 설정을 주장하는 것은 전혀 합리적이지 못했고, 코네티컷의 일부 인사들도 이 점을 잘 인식하고 있었다. 그럼에도 1754년에 확장주의적 견해를 지닌 토지 투기꾼 조직인 서스퀘해나 회사가 결성되어, 와이오밍 계곡의 상류에 정착촌을 조성할 계획을 세웠다. 이러한 계획의 한 가지 문제점은 와이오밍 계곡이 코네티컷 식민지 남서쪽에 위치한 펜실베이니아 식민지 안에 있다는 점이었다. 또 다른 문제점은 코네티컷 의회가 이 회사와 그 주장을 별로 신통치 않게 생각한다는 점이었다.[24]

1750년대에 식민지 의회와 총독은 오래된 빚파였다. 코네티컷 식민지 전역에 오래된 빚파가 있었지만 대부분은 식민지의 서부 지역 절반에 거주했고, 특히 페어필드 카운티에 집중되어 있었다. 새로운 빚파도 식민지 내에 널리 퍼져 있었지만, 그들은 대개 동부 두 카운티인 윈덤과 뉴런던에 집중되어 있었다. 서스퀘해나 회사의 주주들은 동부 카운티들에 살았고 대게 새로운 빚파였다.[25]

코네티컷의 인지 분배관으로 임명된 자레드 잉거솔은 예일 대학을 졸업한 오래된 빚파였고 법률가이며 한때 뉴헤이븐 카운티의 검사를 역임했다. 그는 영국 사정에 정통했고 그 나라를 좋아했다. 그는 오래전부

자레드 잉거솔(1749~1822) 미국 펜실베이니아에서 활동하던 법률가이자 정치인. 코네티컷 인지 분배관을 맡아, 자유의 아들들의 주요 공격 대상이 되었다. 이후 미국 독립에 기여하고 펜실베이니아 법무장관으로 재직했다.

터 예일 대학을 새로운 빛파의 교회로 바꾸려는 토머스 클랩의 계획에 반대했고, 와이오밍 계곡 땅의 개발을 추진하면서 회사를 국왕 재가에 의한 법인체로 만들려는 서스퀴해나 회사에 반대했다. 당연한 일이지만, 자레드 잉거솔은 식민지 내에서 어느 정도 명성을 얻고 있었다. 하지만 새로운 빛파는 그를 싫어했다.[26]

잉거솔은 원래 인지세법도 반대했다. 그는 이 세금 정책이 아메리카에서 시행되기 어려울 것이라고 예측했으나, 영국에 있는 동안 분배관 임명을 받아들였다. 그의 임명 건은 1765년 5월 후반에 널리 알려졌는데, 그 임명 건에 대한 아메리카 측의 반응은 그를 어느 정도 안심시켰던 듯하다. 관직을 추구하는 사람들이 잉거솔에게 보내는 편지가 너무 많아 그 무게에 우체국이 신음소리를 내지를 정도였기 때문이다. 코네티컷 전역에서 그에게 해당 지역의 분배관 대리 자리를 맡게 해달라고 요청하는 편지들이 답지했다. 일부 편지들은 공통적으로 아첨의 어조를 담고 있었다.

"저는 당신의 업무를 충분히 감당할 수 있는 사람이라고 생각합니다. 만약 은혜를 베풀어주신다면 감사히 받아들이겠습니다. 신분의 차이가 허락하는 범위 내에서 제가 얼마나 당신의 성실한 친구요, 순종하는 봉사자가 되고 싶어 하는지를 당신에게 납득시킬 수 있기를 바랍니다."[27]

7월 28일 영국에서 돌아온 잉거솔은 곧바로 그 성실한 친구들이 자신을 별로 도와주려 하지 않는다는 사실을 발견했다. 새로운 세금에 대한 현지의 적개심이 부분적으로 버지니아 결의안에 자극을 받아서 공개적으로 표출되고 있었던 것이다. 물론 다른 이유들도 있었다. 세금을 납부해야 하는 의무를 아무도 달갑게 여기지 않았고, 코네티컷 주민들은 이미 세금의 부담이 과중하여 수천 파운드를 미납하고 있었기에 새로운 요구 사항 앞에 크게 위축됐다. 따라서 그들은 인지세법과 분배관인 잉거솔을 공격했고, 그는 결국 엄청난 비난의 대상이 되었다.

오래된 적들은 잉거솔의 불리한 상황을 이용해 케케묵은 원한을 해결하려고 했다. 예일대의 신학 교수이고 새로운 빛파인 내프탈리 다제트Naphtali Daggett는 《코네티컷 가제트Connecticut Gazette》의 지면을 빌려 잉거솔을 거세게 공격하고 나섰다. 다제트는 아메리카인의 권리를 침해한다는 이유로 인지세법을 증오했는데, 인지 분배관인 잉거솔과 1750년대에 신학 교수 자리를 놓고서 싸운 옛 원한 때문에 더욱더 공격했다. 다제트는 잉거솔이 간사한 책략을 펴는 자라고 비난했다. 그가 인지 분배관 자리를 받아들이면서 다음과 같은 음흉한 말로 수락을 정당화했다는 것이었다. "이 세금을 외지인보다는 고향 사람이 거두는 것이 더 좋지 않겠습니까?" 다제트는 자레드 잉거솔을 배신자라고 지목했다. 또 다른 비난자가 그의 영문 이름 이니셜인 J.I.를 유다가롯Judas Iscariot으로 풀이할 수 있다고 지적하자, 잉거솔의 "배신행위"는 더욱 가증스러운 것으로 널리 인식됐다.[28]

잉거솔과 그의 강인한 친구들 몇몇은 최선을 다해 그런 비난에 맞섰지만, 점점 더 커지는 분노와 마주할 뿐이었다. 최초의 폭력은 잉거솔에게 퍼부어진 것이 아니라 그의 조력자 중 하나인 윈덤의 너새니얼 웨일스Nathaniel Wales에게 가해졌다. 8월 15일 군중은 웨일스의 집을 둘러싸고 뉴헤이븐에 가서 잉거솔에게 임명장을 받는 일을 그만두라고 위협했다. 웨일스는 금세 항복하며 잉거솔에게 대리인 자리를 맡지 않겠다는 편지를 보냈다. 다른 대리인들은 이처럼 쉽게 곤경을 빠져나가지는 못했다. 특히 그들이 사임 문제에 대해 고집을 부리면 더욱 곤경에 빠져들었다. 뉴프로비던스에서는 대리인이 고집스럽게 사임을 거부하자 군중이 그를 산 채로 매장하겠다고 위협했다. 군중은 이 고집 센 대리인을 관 속에 집어넣고 뚜껑에 못을 박은 뒤 그 관을 무덤 속으로 내렸다. 그들은 이어 삽질을 하면서 관 위로 흙을 끼얹었다. 대리인은 흙이 떨어지는 무서운 소리를 듣고서야 꺼내달라고 소리쳤고 바로 사표를 제출했다.[29]

자유의 아들들이라 자칭하는 자들이 이끄는 집단행동의 주된 목표는 물론 코네티컷 사건의 원흉인 자레드 잉거솔이었다. 8월 21일 자유의 아들들은 노리치에서 그의 인형을 목매달았고, 다음 날에는 뉴런던에서 똑같은 행사를 치렀다. 윈덤과 레바논에서는 8월 26일에, 라임에서는 8월 29일에 잉거솔의 인형을 목매달았고, 웨스트헤이븐에서는 "끔찍하게 생긴 머리 속에서 불빛이 흘러나오는 3.5미터 정도 키의 무서운 거인 괴물"[30]을 불태웠다. 잉거솔이 사는 뉴헤이븐의 군중은 인형을 불태우지는 않았으나 9월의 어느 날 저녁 잉거솔의 집을 둘러싸고서 인지 분배관직을 사임하지 않으면 집을 파괴하겠다고 위협했다. 잉거솔은 군중 앞에 나타나 코네티컷 정부가 입장을 정하기 전까지는 사임할 수 없다고 설명했다. 입장을 정할 동안 그가 인지 분배관직을 사임하지는 않았지만, 영국에서 보내온 인지를 폐기하는 행위는 막지 못했다.

보스턴 사람들이 앤드루 올리버를 처리한 사례를 모방해, 군중은 잉거솔의 인형을 악마의 인형과 연결했다. 때로는 대규모 집회에서 군중 앞에 나선 연사가 악마와 잉거솔이 밀접한 관계라고 말했다. 시위 행사에는 뷰트 백작도 인지세법의 주동자로 자주 등장했다. 예를 들어 뉴런던에서 한 연사는 식민지에 우호적이었던 윌리엄 피트를 모세로 묘사했고, 인지 분배관 잉거솔을 "뷰트 백작이 이 식민지에 세워 놓고 숭배하라고 주문한 짐승"이라고 매도했다. 적그리스도에 대한 공포를 다소 서툴지만 효과적으로 상기시킨 비유였다.[31] 자유의 아들들은 보스턴에서 이런 본보기를 만들었고, 코네티컷 지부는 그들 나름의 창의적인 아이디어를 추가했다. 여러 읍에서 자유의 아들들은 정교한 재판 절차, 강력한 검사, 우스꽝스러운 변호사 등을 갖춘 모의재판을 진행했다. 가령 라임에서 자유의 아들들은 인지 분배관 잉거솔이 "어머니인 아메리카나를 죽이고 파괴하려는" 음모를 꾸몄다고 고소했다. 살인 도구는 바로 인지인데 그것은 뷰트가 권좌를 차지한 유럽의 오래된 나라에서 왔다.[32] 잉거솔을 옹호하는 변호사의 논리는 이러했다. "어머니의 운명은 이미 정해져 있다. 잉거솔은 분배관이 되고 싶은 타당한 이유가 있는데 그는 분배관이 되어 어머니의 재산 중 8퍼센트를 자신의 몫으로 돌려놓고자 한다. 그 돈은 아마도 연간 500~600파운드 가치가 있을 것이다." 유죄를 전제한 변론에 따라 선고는 다음과 같이 내려졌다. 죄수는 "수레의 끝부분에 결박해서 도시의 주요 거리들에서 조리돌리고, 모든 모퉁이와 집 앞에서 공개적으로 매질을 해야 한다. 그런 다음 적어도 15미터 가까운 높이의 교수대로 끌고 가서 사망할 때까지 목매달아야 한다."

잉거솔은 펜실베니이아의 레버넌에서는 궐석재판을 받았다. 이 재판은 다른 모의재판과는 다르게 은근히 법적 뉘앙스를 풍겼는데 검사는 이렇게 주장했다. 피고인인 잉거솔이 출정하지 않은 궐석재판은 합법적이다. 왜냐하면 잉거솔은 "사실상 대표되었고", 그리하여 영국인의 신성한 권리를 전혀 부정당하지 않았다.[33]

로킹엄 내각, 인지세 철폐를 고민하다

아메리카에서 인지세법에 대한 저항이 거세지는 동안, 영국에서는 그 법을 고수할지 아니면 폐지할지를 두고 양측의 감정이 모두 고조 됐다. 만약 그렌빌 내각이 그대로 자리를 유지했더라면, 식민지 전역 에서 인지세를 거두려고 노력했을 것이다. 그러나 조지 그렌빌은 인 지세법이 정식으로 발효되기 석 달 반 전인 7월 10일에 수상직에서 해임됐다. 그렌빌은 여러 가지 이유로 사임을 강요당했다. 그가 의회 에서 국왕의 어머니를 섭정단에서 배제하려고 할 때 일정부분 간여해 서, 국왕은 개인적으로 그를 못마땅하게 생각했다. 국왕이 와병 중일 때 왕권을 대행하기 위해 구성된 섭정단은 국왕이 건강을 다시 회복 할 때까지 또는 국왕 사망 시에 후계자가 성년에 이를 때까지 지속될 예정이었다. 이후의 소문처럼 정신이상은 아니었지만 조지 3세는 실 제로 1765년 초에 병이 났고, 사망할지도 모른다는 우려가 있었으므 로 섭정단 수립을 골자로 하는 법안이 제안됐다.

내각의 각료들은 그렌빌에게 하원은 국왕의 어머니가 섭정단에 들 어가는 데 반대할 것이라며 왕의 어머니를 섭정단에서 빼자고 설득했 다. 그러나 막상 법안이 하원에 도착했을 때 하원은 국왕의 어머니도 섭정단의 일원으로 추가하도록 바꿨고 수정된 내용 그대로 승인됐다. 조지 3세는 조지 그렌빌 총리가 섭정단을 임명할 때 사실상 어떤 추 천도 거절했기 때문에, 당황하고 짜증을 내면서 총리를 비난했다. 이 일과 그렌빌에 대한 일련의 불쾌한 기억들 때문에 왕은 마음을 굳혔 고, 기회가 오자 그를 사임시켰다.[34]

새로운 내각은 바탕이 튼실하지 못했다. 재무장관 겸 수상인 로킹엄Rockingham 경은 이른바 '로킹엄 휘그'라는 지지자들이 있었으나, 그 세력은 안정적이지도 견고하지도 못했다. 로킹엄 자신은 경험이 없었고 의회의 토론장에서 자신의 견해를 제대로 납득시키지 못했다. 그의 내각은 위대한 원칙이나 정책을 남기지 않았으나, 수상 자신은 식민지 문제의 처리에 대해서는 일정한 생각을 갖고 있었다. 게다가 그는 브리스틀 출신 의원이면서 개인 비서인 에드먼드 버크Edmund Burke의 조언을 받을 수도 있었다. 그러나 버크의 조언은 내각을 유지하거나 로킹엄을 내각 수반으로 앉히는 데 별로 도움이 되지 않았다. 왜냐하면 로킹엄의 동료 각료인 국무장관 콘웨이와 그래프턴Grafton은 피트를 총리로 옹립하고 싶어 했기 때문이다. 다른 두 각료인 대법관 노팅턴Northington과 전쟁장관 배링턴은 국왕의 편이었고 이전 내각에서 그대로 승계된 각료였다. 이런 전반적인 상황을 감안할 때, 이보다 더 상황이 나쁜 내각 출범은 상상하기 어려웠다.[35]

아메리카 문제는 로킹엄 휘그들이 관직에 취임하자마자 그들에게 큰 부담으로 작용했다. 아메리카인들이 설탕법을 폐지시키기 위해 영국 상품의 소비를 크게 줄이자 무역이 몇 달 동안 침체됐다. 게다가 영국 상인들은 경제 침체기에는 부채를 회수하기가 대단히 어렵다는 사실을 발견했다. 이들은 무역과 공공정책에 관해 일련의 불평을

찰스 왓슨 웬트워스(1730~1782)
제2대 로킹엄 후작으로 1765년 총리가 되었으며 1년의 재임 기간 동안 인지세법을 폐지하고 선언법을 제정했다. 휘그당 내각과 그의 지지자들은 그를 '로킹엄 휘그'라고 불렀다.

터트리면서 영국 정부에 이런 불리한 사실들을 보고했다.

상인들이 피눈물을 흘릴 동안 폐회 중인 의회는 여름의 침묵을 즐겼다. 그러나 10월이 되자 의회는 아메리카에서 도착한 오싹한 폭동 소식들에 귀 기울이지 않을 수 없었다. 폭력이 어느 정도인지 알려지고 그것이 인지 분배관들에게 미치는 악영향이 분명하게 드러나자, 의회의 분노도 커지기 시작했다. 의회가 재개되기도 전에, 아메리카의 행동을 묘사하는 데 '대역죄', '무정부', '반란' 등의 어휘가 동원됐다. 그리고 12월 의회의 회기가 시작되자, 많은 의원이 인지세법 철폐에 반대했다. 철폐는 나쁜 선례를 남길 것이고 통치권을 훼손할 것이라고 확신했기 때문이다.[36]

국왕도 다수 의원의 이런 우려에 공감했지만, 의회 내에 만연한 아메리카인에 대한 분노까지 공감하지는 않은 것 같았다. 그보다는 폭동과 반란의 이야기들이 그를 슬프게 했고 암울한 예감이 들게 했다. 국왕은 콘웨이 국무장관에게 이렇게 썼다. "짐은 아메리카의 소식을 들으니 점점 더 슬퍼지오. 언제 이런 기분이 사라질지 모르겠소."[37]

1765년 12월 17일 조지 3세는 다시 소집된 의회를 상대로 연설문을 보냈으나 이런 근심을 조금도 드러내지 않았다. 물론 국왕이 연설문을 직접 쓰지는 않았다. 각료 회의에서 그런 미묘한 잡일을 떠맡았는데, 그들은 연설문을 작성하면서 국왕이 너무 많은 말을 하지 않도록 유의했다. 특히 국왕이 아메리카의 저항에 대해 어느 정도까지 알고 있는지 전혀 드러내지 않았다. 따라서 연설문에는 아메리카의 상황이 전반적으로는 묘사됐지만, 상황을 "중대한 문제"라고 애매하게 표현했을 뿐 구체적 언급은 회피했다. 하원도 그 연설에 대한 답변에서 비슷하게 애매한 태도를 취했다. 그에 앞서 수상에서 물러났지만 여전히 의원직을 유지하던 조지 그렌빌이 폭동에 대한 분노와 적개심을 명확하게 표현하자고 요청했지만, 의회는 그 제안을 거부했다. 하원은 자신들의 분노는 억눌렀지만 그렌빌의 분노까지 제압하지는 못했다. 그는 그해 12월 회의에서 비통한 어조로 연설했다. 개인 편지에서 그렌빌을 가리켜 "대 재무관"이라고 냉소적인 어조로 말했던 에드먼드 버크는 며칠 뒤 이렇게 보고했다. 그렌빌은 매일 의회를 상대로 연설하면서 "창녀 아메리카의 문제를 먼저 거론하자"고 촉구했다. 의회는 그 말을 경청했지만, 투표로 그렌빌의 수정안을 기각했다. 이어 12월 20일 의회는 공석을 채우기 위한 특별 선거를 개최할 목적으로 폐회했다.[38]

13개 식민지가 영국 의회의 권위를 부정하다

그해 12월 내각은 국왕이 막연한 말을 하도록 유도하고 조지 그렌빌의 의견을 일축하는 것 이상의 일을 했다. 내각이 의회에서 너무 힘이 없었고 내각의 존속 여부가 인지세법의 위기를 무사히 돌파하는 데 달려 있었으므로, 내각은 의회 바깥의 지지자들에게 시선을 돌렸다. 그들은 바로 영국 전역의 도시에서 불경기를 감내하고 있는 상인들과 제조업자들이었다. 이 상인들은 로킹엄 내각의 요청에 반응했고, 인지세법 철폐를 위한 전국적인 캠페인을 계획하기 위해 12월 초 런던에서 만났다. 로킹엄과 버크의 도움을 받은 런던 상인들은 위원회를 결성하고 친구들, 협력자들, 그리고 이어서 잉글랜드와 스코틀랜드 전역의 유사한 위원회들에 편지를 보내기 시작했다. 뉴잉글랜드에서 성장한, 부유한 상인인 발로 트레코틱Barlow Trecothick이 런던 상인 집단을 이끌며 탁월한 리더십을 발휘했다. 1766년 1월 말이 되자 많은 개별 상인들이 그들 지역의 의원들에게 편지를 보냈고, 대규모 집단들이 보낸 진정서와 탄원서가 무더기로 의회에 접수됐다.[39]

이 편지들과 탄원서들은 의회가 영국의 정치체제에 합당하게 행동하는지를 두고 비난하는 일이 없도록 조심스러운 언사로 작성됐다. 대표성 문제를 주장하는 식민지인들은 이미 이 문제로 주저하는 의회의 마음을 짓밟아 놓은 상태였다. 그들보다 더 현명하지는 않더라도 신중한 상인들은 경제의 건전성이라는 관점에서 탄원서를 작성했다. 그들은 모종의 조치가 취해지지 않으면 현재 상황이 더 악화되리라고 예측했다. 런던 위원회에 따르면, 이 상황은 북아메리카의 무역을 실제로 '전멸'시킬 수도 있었다. 또한 모든 사람이 현재 상업이 계속해서 침체되고 있다는 사실을 알았다. 그리고 상인들은 설탕법과 인지세법이 야기한 도산 사태와, 아메리카에서의 부채 회수가 어렵다는 점을 보고했다. 정확한 손해 액수를 측정할 수는 없으나 여러 상인 집단은 그 액수가 수백만 파운드에 달할 것이라고 예측했다.[40]

의회 바깥에서 이처럼 강력한 지원을 받았음에도 로킹엄은 자신의 일을 제대로 해내기가 어려웠고 그도 그 사실을 알았다. 의회가 새해 1월 14일에 재개됐을 때, 내각은 인지세법의 철폐를 시도하기로 결심했다. 겨울이 시작될 때만 해도 내각은 인지세법의 부분 수정을 검토했었다. 가령 각 식민지가 파운드화 대신 식민지 화폐로 세금을 내도록 하려는 것이었다. 하지만 이후 사건 전개로 보아 법안 철회가 아니고서는 아메리카의 동요를 끝낼 수 없다고 내각은 확신했다.

영국 의회는 폭동을 일으키고 의회 주권에 도전하는 식민지인에게 분노했다. 반면 영국 상인과 제조업자들은 이런 의회를 상대로 불만을 품었고, 로킹엄은 의회를 상대하기 위해 불만을 최대한 활용하려고 했다. 만약 법을 철폐하지 않을 경우 엄청난 경제적 재앙이 뒤따른다는 것을 보여줄 수 있다면 법령 철폐는 가능할 것이다. 그러나 식민지가 의회의 주권에 도전해오는 이 당황스러운 사태를 어떻게 처리할 것인가가 문제였다. 13개 식민지는 영국 의회의 권위를 부정했다. 식민지인의 주장에 따르면, 아메리카인들의 대표가 영국 의회에 없으므로 영국 의회는 자신들에게 세금을 매길 권리가 없다는 것이었다. 의회는 대영제국의 주권 기관이므로 식민지에 영향을 미치는 법령을 제정할 수 있다는 점은 분명했다. 다만 법률 제정이 의회 주권의 핵심적 사안 중 하나이지만 과세권은 포함하지 않으며, 과세권은 대표 기관들만 할 수 있다는 것이 그들의 주장이었다. 입법권과 과세권 사이의 차이를 어떻게 규정하든, 그들은 영국 의회가 오랫동안 소중하게 여겨온 권리에 도전하고 나선 것이었다. 이 도전을 어떻게 무마할 것이며, 더 나아가 어떻게 완전히 매장해버릴 것인가?

윌리엄 피트, 아메리카의 저항을 칭송하다

로킹엄으로서는 이런 문제들을 윌리엄 피트가 만들어냈으므로 더욱 난감했다. 로킹엄 휘그들이 문제 해결에 도움을 기대했던 바로 그 피트가 말이다. 피트는 1월 14일 논쟁이 시작되자 곧 토론에 참가했는데, '참가'라는 말은 그의 연설이 일으킨 동요를 충분히 묘사하지 못한다. 그는 거의 들리지 않는 낮은 목소리로 연설을 시작하면서 국왕의 연설문을 듣지 못했으니 그것을 다시 한 번 낭독해달라고 요청했다. 12월의 연설에서와 마찬가지로, 내각이 작성한 국왕 연설문은 막연하고 애매한 어조로 쓰여 있었다. 그 사실을 이용해 피트는 거의 즉각적으로 하원과 그로부터 한 자리 떨어진 자리에 앉은 조지 그렌빌을 상대로 지난 내각이 취한 "모든 중요한 조치들"은 "전적으로 잘못됐습니다!"라고 선언했다.[41]

이런 식으로 그렌빌 내각을 처리한 다음, 그는 아메리카인들이 제기한 정치체제 사건의 변호에 나섰다. "제 의견으로는 이 왕국이 식민지에 과세할 권리가 없습니다. 하지만 동시에 이 왕국의 권위는 식민지에 대한 모든 행정과 법령 제정에서 절대적이라고 주장합니다." 피트의 견해에 따르면, 아메리카인은 영국인의 모든 권리를 공유하고 영국 법률의 지배를 받으며 나아가 영국 정치체제의 보호를 받는다는 것이었다. 이 사안에서 가장 중요한 문제는 대표들에 의한 과세권의 문제였다. 어쨌든 세금은 "행정권이나 입법권의 문제"가 아니었다. 오히려 그의 생각은 다음과 같았다. "세금은 하원(평민)만이 자발적으로 수여할 수 있는 선물입니다. 법령 제정은 왕국의 세 신분, 국왕·귀족·평민이 공통으로 관여하는 사항이지만, 세금에 대한 귀족과 왕실의 합의는 법률의 형태를 정하기 위해서만 필요합니다. 선물 수여를 결정하는 것은 오직 하원만의 권한입니다."

피트는 이어 하원이 세금을 부과할 때 무슨 일이 벌어지는지를 물었다. 대답은 그에게 분명해 보였다. "이는 우리가 가진 것을 주도록 허가하는 일입니다." 그러나 만약 아메리카에 세금을 매긴다면 하원은 무슨 짓을 하는 것인가? "우리 국왕 폐하의 하원이 국왕 폐하에게 무엇을 주도록 허가하는 것입니까? 우리 자신의 재산? 아닙니다. 우리는 국왕 폐하에게 아메리카 평민들의 재산을 주도록 허가하는 셈입니다. 이것은 전혀 말이 안 됩니다."

피트는 조지 그렌빌을 포함해 여러 영국인이 대표 없이 과세 없다는 주장에 대해 아메리카인들은 영국 의회에서 '사실상 대표되고 있다'는 논리로 나올 것임을 알았다. 피트는 이런 개념을 짧은 문장으로 일축했다. 영국의 누가 아메리카인을 대표하느냐며 그는 비웃었다. 잉글랜드 각 주의 기사騎士들이나 자치도시의 대의원들이 "그 대표가 본 적도 없는 자치도시"를 대표하느냐는 것이었다. 그는 이것 또한 말도 안 되는 소리라고 말했다. "이것은 인간의 머릿속에 들어온 가장 경멸스러운 생각입니다."

이 연설이 수록된 《의회의 역사Parliamentary History》는 피트의 연설이 끝난 순간 "상당한 침묵"이 흘렀다고 전한다. 당연히 피트를 추종하지 않는 의원들의 침묵이었다. 그러나 콘웨이 장관은 용기를 내어 피트에게 동의한다고 말했다. 물론 장관은 정치체제의 논점과 무관한 몇몇 사항에 대해서는 동의하지 않았다.[42] 그러나 하원은 콘웨이의 말을 들으려고 하지 않았다. 장관 자신도 그것을 알았다. 모든 사람이 그렌빌을 기다렸고, 그는 피트에게 답변하기 위해 자리에서 일어섰다.

그렌빌의 답변은 수사학적으로 화려했고 하원의 의심과 분노를 잘 포착했다. 그는 먼저 아메리카의 반란을 늦게 보고한 내각을 질책하는 것으로 시작했다. 이어 만약 피트의 '원칙'이 수호됐다면 반란은 혁명으로 번졌을 것이라고 추측했다. 그는 또 "외부세external tax와 내부세internal tax의 차이를 이해하지 못하겠다"는 의견을 밝혔다.[43] 또한 입법권과 과세권의 차이도 납득하지 못하겠다고 말했다. 과세는 주권의 일부이며 동시에 "입법의 한 분야"라는 주장도 폈다. 더욱이 세금은 대표를 보내지 않은 사람들에게도 이미 부과되어 왔다. 대규모 제조 도시들이 그런 경우다. 아메리카에 대해 말하자면, 인지세법이 도입되었을 때 의회가 식민지에 대해 세금을 부과할 권리가 있다는 생각에 그 어느 의원도 반대 의견을 표명하지 않았다는 것이었다.

이때까지 그렌빌은 분노를 꾹 참고 있었다. 그러나 대영제국이 제공하는 군사적 보호와 경제적 혜택에 대해 아메리카인들이 배은망덕하게 나오는 태도를 강력하게 비난하면서 그는 강렬한 분노를 터트렸다.

보호와 복종은 쌍무적인 것입니다. 대영제국이 아메리카를 보호하니, 아메리카는 당연히 복종을 해야 합니다. 만약 아니라면, 언제 아메리카인이 해방된 것입니까? 그들은 왕국에 보호를 요청하고 싶으면 언제나 그렇게 했습니다. 그 보호는 언제나 적절하고 충분한 방식으로 그들에게 제공됐습니다. 국가는 그들을 보호하기 위해 엄청난 빚을 졌습니다. 이제 그들에게 공공 비용, 그것도 그들에게 사용된 비용의 충당을 위해 작은 몫을 기여해달라고 요청하는데도 그들은 영국 의회의 권위를 부정하고 의원들을 모욕하며 노골적인 반란으로 치달을 기세를 보이고 있습니다.[44]

그렌빌은 좀 더 많은 말을 했다. 하지만 이런 몇 마디 말이 피트를 흥분시켰다. 피트는 그렌빌의 연설이 끝나자 자리에서 일어섰다. 피트는 곧 엄청난 웅변을 토했고 비록 한순간이기는 하지만 아주 많은 의원을 감동시켰다. 그러나 여러 측면에서 그는 내각의 업무 수행을 더 힘들게 만들었다. 왜냐하면 피트는 아메리카의 저항을 칭송했기 때문이다.

"나는 아메리카가 저항한 것을 기쁘게 여깁니다. 이 300만 명의 주민이 모든 자유의 감각에 무뎌져 자발적으로 노예가 된다면, 그들은 나머지 사람들도 노예로 만들어버릴 것입니다." 그는 식민지에 대한 입법 권한이 의회에 있다는 점을 다시 한 번 강조했다. 영국과 식민지는 서로 연결되어 있다는 점을 지적하며 그는 다음과 같이 언급했다. "둘 중 하나가 반드시 통치해야 합니다. 더 큰 것이 더 작은 것을 다스려야 합니다. 그렇지만 양자에 공통되는 근본적 원칙에 모순되지 않는 방식으로 다스려야 합니다."[45]

그렌빌은 "식민지가 언제 해방됐습니까?"라고 질문했는데, 피트는 간단히 대답했다. "언제 식민지가 노예가 되었는지 알고 싶습니다." 이 질문은 모든 수사법을 꿰뚫으면서 국가 체제 내의 자유라는 핵심적인 문제를 건드렸다. 피트는 "물론 아메리카인을 무력으로 분쇄할 수는 있을 것"이라고 말하면서도 그들을 무력 분쇄할 때의 위험은 아주 클 것이라고 경고했다. "만약 아메리카가 쓰러진다면 거대한 사람처럼 쓰러질 것입니다. 아메리카는 국가의 기둥을 꽉 붙잡을 것이고, 땅에 쓰러지면서 영국의 정치체제도 함께 쓰러트릴 것입니다."[46]

피트의 웅변은 몇몇 청자들을 완벽하게 현혹해, 그가 하는 말을 제대로 이해하지 못하도록 했다. 한 의원은 피트의 연설을 듣고 나서 이렇게 썼다.

우리는 정치체제에 대해 모두 오해를 하고 있었던 듯하다. 피트는 이 나라의 입법부는 식민지에 내부세를 부과할 권리가 없다고 주장하니 말이다. 아메리카인들은 실제로든 사실상으로든 대표되지 않고 있으니 세금과 관련해 우리 사법권에 종속되지 않는다는 것이다. 우리는 모국으로서 그들의 상업에 대해서는 과세와 규제를 할 수 있고, 그들의 제조업을 금지하거나 제한할 수 있으며, 기타 모든 것을 할 수 있으나, 인지세법으로 세금을 거두는 것은 안 된다는 얘기다. 우리는 대표의 자격으로 내국세를 거둘 수 있고, 입법자의 자격으로 모든 다른 권력 행위를 할 수 있다. 이러한 대표 자격과 입법 자격 사이에 무슨 차이가 있다는 건지 나는 잘 이해하지 못하겠다. 하지만 연설을 듣는 순간에는 아주 그럴듯하게 들렸다.[47]

피트는 혼란을 일으켰을 뿐만 아니라, 식민지의 저항을 승인하는 발언을 함으로써 많은 의원을 불쾌하게 만들었다. 로킹엄은 그런 혼란을 잠재우려는 노력을 전혀 하지 않았고, 하원의 관심을 정치체제 논쟁이라는 위태로운 모래밭에서 국가경제라는 확실한 땅으로 이동시키려고 노력했다. 1월 17일과 27일 사이에, 전국 각지에서 답지한 상인들의 탄원서가 제출되어 낭독됐다. 이 탄원서들은 경제적인 관점에서 인지세법에 반대하는 주장을 폈다. 무역의 감소, 아메리카 부채의 회수 불능, 영국의 모든 계급에 미치는 경제적 어려움을 호소했고, 일부 탄원서들은 그 법이 철폐되지 않으면 상인들은 브리튼 제도를 떠날지도 모른다고 암시했다.[48]

이 순간 이후 내각은 하원에 전보다 더 큰 통제력을 발휘하기 시작했다. 먼저 1월 28일에 내각은 하원을 설득해 전체 위원회를 결성하게 했고, 이어 위기에 대응하는 행동 강령을 구체화할 제안을 고려하도록 유도했다. 이 강령은 의회가 식민지에 과세할 권한이 없다는 피트의 주장에 양보하지 않았다. 내각이 법의 철폐를 이끌어내려면 무엇보다도 과세 권한을 처음부터 선언해야 했다. 따라서 1766년 2월 3일, 콘웨이는 영국 의회가 "사정이 어찌 되었든 모든 경우에"[49] 식민지를 구속하는 법률을 제정할 권한을 갖고 있다고 선언하는 결의안을 발의했다.

선언법Declaratory Acts의 바탕이 되는 이 결의안을 도입하면서, 콘웨이는 의회에 분명히 과세권이 있지만 과세권을 행사하는 확고한 방편이 있는 것은 아니라고 설명했다. 그러자 존경받는 의원인 한스 스탠리 Hans Stanley는 내각이 인지세법을 철폐할 의도를 갖고 있는 마당에 이런 결의안이 과연 의미 있느냐고 따지듯 질문했다. 다른 의원들도 분명 스탠리의 의문에 공감했다. 그 선언은 법의 철폐와는 어울리지 않는 조치였다. 검찰총장 요크Yorke는 내각을 위해 결의안이 의미가 있다는 점을 최선을 다해 설명했다. 결국 결의안은 다음 날 압도적인 찬성 속에서 통과됐다. 단지 이 토의에서 이상하게도 우유부단함을 보였던 피트와 그 외 서너 명의 의원들만 반대표를 던졌다. 그 뒤 이틀에 걸쳐서 다음과 같은 내용의 결의안이 통과됐다. "아메리카의 폭동은 법률을 위반했다. 아메리카 식민지 의회들은 그런 폭동을 용인했다. 법률을 준수하다가 부상 또는 피해를 입은 사람들은 식민지 당국에 보상받아야 한다. 법률을 준수하려고 했거나 법률의 단속에 조력한 사람들은 하원의 보호를 받을 것이다. 인지를 구할 수 없어서 벌금을 내게 된 사람은 보상받아야 한다."[50]

위의 마지막 두 조항은 그렌빌이 제안했고 내각에 의해 받아들여졌다. 결의안이 통과되자 그렌빌은 기뻐했다. 하지만 그는 하원이 아메리카 식민지에 대해 강경 노선을 취할 것이라는 환상을 품지는 않았다. 2월 7일, 그는 국왕이 인지세법을 강력하게 밀어붙인다면 하원은 지원할 것이라는 보고문을 국왕에게 보내자는 결의안을 제안했다. 이 제안은 274대 134로 부결되었지만, 토론은 치열했고 그 과정에서 그렌빌은 내각이 식민지를 달래기 위해 영국의 주권을 희생시켰다고 성토했다. 피트는 그 결의안에 강하게 반발했다. 호레이스 월폴Horace Walpole에 따르면, 그는 "앞으로 며칠 사이에 폐기될 예정인 법률을 단속하는 어리석음"을 강하게 비난했다는 것이다.[51] 그런 어리석음은 유혈 사태를 불러올지도 모른다고 피트는 지적했다. 인지세법을 단속하라는 지시를 취소하는 명령이 지연된다면, 다시 말해 먼저 단속을 하고 그다음에 철폐가 승인된다면, 그 중간에 이 "어리석음"이 무슨 재앙을 가져올지 어떻게 알겠는가?

또다시 그렌빌을 패배시켰고 하원은 식민지에 과세할 권한이 있다는 점을 분명히 했으므로, 이제 내각은 이 특별한 세금의 징수가 불편하기 그지없다는 점을 증명할 차례였다. 1월에 상인들이 제출한 탄원서들은 철폐 제안의 길을 열었다. 국왕이 철폐에서 물러서는 듯한 나쁜 순간도 있었지만, 로킹엄은 국왕을 방문해 지지를 요청했다. 왕은 마지못해 승인했지만 국왕이 내각에 동의하지 않는다는 낌새를 알아챈 국왕 '친구들' 50명은 철폐에 반대했다. 이제 내각이 할 일은 만약 인지세법이 법령집에 오르게 된다면 심각한 경제위기가 국가에 닥치리라는 인상을 의원들에게 주는 것이었다. 그러나 내각이 언론의 격렬한 공격을 받으면서 철폐 작업은 더욱 어려워졌다. 신문은 일반 대중보다는 의회에 영향력을 행사하기 위해 공격했다. 제임스 스코트 James Scot는 그렌빌 내각에서 북부 장관을 지낸 존 몬테규 샌드위치 Sandwich 백작에게 설교하던 성직자였다. 제임스는 17세기 초 벤 존슨의 영국 비극에서 이름을 딴 안티세야누스Anti-Sejanus라는 필명으로 가장 난처한 질문을 던졌다.

만약 내각이 인지세법에서 양보한다면 앞으로 아메리카에서 어떻게 세금을 거두려고 하는가?[52]

인지세법이 철폐되다

로킹엄의 사주로 하원 앞에서 행진하던 상인들은 이 질문에 명확하게 대답하지 못했다. 하지만 하원의 전체 위원회에 나타난 슬픈 표정의 상인들은 깊은 인상을 주었다. 그들은 힘든 기색이 역력했고, 현재의 어려움을 아주 사실적으로 전달했으며, 만약 법안이 철폐되지 않는다면 더욱 나쁜 결과가 생겨날 것이라고 음울하게 예언했다. 아메리카인들이 모든 세금에 반대하지는 않는 충성스러운 신민임을 보여주어 하원을 안심시키기 위해, 내각은 경외할 만한 인물인 벤저민 프랭클린을 하원에 출두시켰다. 내각의 각료들과 프랭클린은 사전에 청문회를 철저히 준비했다. 하지만 질문 절차까지 통제할 수는 없었으므로, 전체 청문회 중 절반 조금 넘는 그렌빌의 지지자들의 질문을 받았다. 프랭클린은 멋지게 답변했다. 그렌빌 집단의 적개심에 인내와 전략으로 대응했고, 아메리카인은 충성스러운 신민인데 단지 해로운 세금을 부과받았을 뿐이라는 인상을 심어주려고 노력했다. 또한 그는 질문을 역이용해 그렌빌의 정책은 아메리카의 경제적 독립 움직임을 더욱 가속화할 것이라는 공포를 조장했다. 그러나 인지세법을 철폐하면 아메리카인들이 다시 한 번 영국의 상품을 많이 소비하게 될 것이라는 말도 했다. "아메리카인이 무엇을 자랑스러워 했었는가?"라는 질문에 "대영제국의 유행에 따르고 제품들을 소비하는 일이었습니다"라고 프랭클린은 대답했다. 이어진 "아메리카인이 현재 자랑스러워 하는 것은?"이라는 질문에는 "새 옷을 만들 수 있을 때까지 헌 옷을 계속 입는 것입니다"라고 대답했다.[53]

프랭클린의 가장 멋진 논평은 안티세야누스가 제기한 것과 비슷한 질문에 대답할 때 나왔다. 아메리카인들이 이 세금을 회피하는 데 성공한다면, 그들에게 다시 세금을 부과할 수 있겠는가? 프랭클린은 이에 대한 답변으로 내부세와 외부세를 구분했다. 그는 의원들에게 식민지는 오로지 내부세에 반대할 뿐이라고 말했다. 영국 해군이 바다에서 제공하는 보호에 대한 무역 관련 세금은 영국에 기꺼이 납부할 것이라고 말했다. 프랭클린은 영국의 일부 인사들이 외부세와 내부세를 구분하는 것을 무의미하다고 생각한다는 사실을 알았다. 그래서 영국 의회에 다음과 같은 취지의 날카로운 논평을 했다. "현재는 그들도 이런 구분에 동의하지 않을 것입니다. 그러나 곧 이 주장의 타당성을 확신하게 될 겁니다."

　내각은 하원에 프랭클린의 증언과 전국 각지의 상인들이 보내온 수많은 증거를 검토할 시간을 일주일 주었다. 그리고 2월 21일, 콘웨이는 인지세법을 철폐하는 내용의 결의안을 도입했다. 이제 이 법을 철폐하는 데 온 힘을 집결해야 할 순간이 되었다. 콘웨이는 이 일을 효과적으로 수행했다. 그는 의회가 식민지에 과세할 권한을 갖고 있다고 본다는 내각의 입장을 다시 한 번 확인하는 한편, 이 법을 시행하면 내전이 벌어져서 무역에도 불리하고 프랑스나 스페인 같은 위험한 적국들만 이롭게 한다고 지적했다. 그렌빌 주위의 핵심 지지자들은 그 주장에 동의하지 않았고 반대하는 심정을 피력했다. 그렌빌 자신도 어떻게든 수를 쓰기 위해 마지막 시도로 콘웨이의 말을 가로막고서 그날 아침 아메리카 남부의 식민지가 이 법에 순응하고 있다는 보고가 들어왔으므로 인지세법의 철폐는 시기상조라고 말했다. 그렌빌의 말을 들은 어떤 청자는 그것이 "시간끌기"라고 말했다. 좀더 노골적으로 말하자면, 그것은 순전한 날조였다. 아무튼 콘웨이는 물러서

지 않았고 철폐 입장도 마찬가지였다. 인지세법 철폐 결의안은 276대 168로 가결됐다.[54]

3월 초, 2월에 승인된 결의안들은 선언 법안과 철폐 법안으로 구체화되었다. 피트는 의회가 식민지의 모든 것을 구속할 수 있다고 규정한 "모든 사안에 대해"라는 문구를 삭제하려고 시도했으나 성공하지 못했고, 두 법안은 압도적인 다수표를 얻어 3월 4일 하원을 통과했다.[55]

하원은 그 법안을 다음 날 상원으로 보냈다. 상원은 12월과 1월에 국왕 연설을 들었다. 그리고 상원에는 조지 그렌빌과 마찬가지로 식민지의 '반란'에 대해 분노를 표시하고 싶어 하는 의원들이 있었다. 상원에서 토론 중에 아메리카인을 극렬하게 비난하는 성토가 터져 나왔는가 하면, 의회가 식민지에 과세할 권한이 없다고 주장하는 아메리카의 입장을 옹호하는 소수 의견도 있었다.

이런 예비 절차들이 끝나자, 선언 법안은 재빨리 승인됐다. 철폐 법안은 3월 17일 마지막 독회를 했고 다음 날 국왕의 재가를 받았다.

셸던의 페니

아메리카인들에게 재산과 자유는 밀접한 관계를 지닌
것이었다. 따라서 이들은 자신들의 재산권에 대한 침해를
곧 자유의 침해로 받아들여 크게 반발했다. 아직까지
아메리카인들은 영국 국왕과 의회의 권위를 존중하는 영국
신민이었지만, 동시에 많은 이들은 부패한 영국의 고관들이
자신들의 자유를 박탈하기 위한 음모를 꾸미고 있다는 생각에
사로잡혀 있었다. 그리고 이런 아메리카인들의 공포는 언제든
폭발적인 민중 행동으로 표출될 가능성이 있었다.

아메라카인들, 존 로크에게서 재산의 의미를 배우다

국왕의 10펜스가 그의 것이라면 나의 1페니도 그에 못지않게 나의 것이
다. 왕이 자신의 10펜스를 지키려고 한다면 셀던이라고 왜 자신의 페니를
지키려고 하지 않겠는가?

존 셀던John Selden은 의회가 찰스 1세와 싸우던 시기의 의원이다. 그
는 박식한 법률가였는데, 그의 저서는 17세기의 국왕 반대파들에게
널리 활용됐으나 식민지의 소책자 저자들이나 지식인들에게는 주변
적인 인물에 불과했다. 그의 이름은 식민지 저자들의 저서에 존 밀턴
John Milton, 앨저넌 시드니Algernon Sidney, 존 로크John Locke처럼 자주 등장
하지는 않는다. 그러나 "국왕의 10펜스가 그의 것이라면 나의 1페니

존 셸던(1584~1654) 17세기 영국의 법학자이자 역사가이자 정치가. 영국 혁명과 공화제를 옹호하는 저술을 남겼다. "국왕의 10펜스 못지않게 나의 1페니도 중요하다"는 말로 유명하다.

도 그에 못지않게 나의 것"이라는 그의 격언은 인지세법 위기 때 널리 인용됐는데, 거기에는 그럴 만한 이유가 있었다. 이 말은 당시 재산이 가진 중요성을 잘 보여주기 때문이다.[1]

겉보기에 아메리카인들이 재산에 집착한 것, 특히 그 재산에 부과된 세금을 거부하기로 한 결정은 혁명을 일으킬 계기로는 사소하고 품위 없으며 부족해 보인다. 아메리카인들은 "대표 없는 곳에 과세 없다"라는 구호를 내걸고 혁명을 일으켰다. 그러나 그들의 재산에 대한 걱정이나 강박증은 간단히 무시할 만한 것은 아니었다. 그들이 말하는 바는 진심이었고, 그들은 말로 표현할 수 있는 것 이상으로 재산의 중요성을 심각하게 받아들였다. 사실 재산에 대한 관점은 그들의 사고방식에 깊게 뿌리내려서 정치적 결사의 성격과 목적뿐 아니라 자유 자체의 특징과 의미에 대한 견해에도 영향을 끼쳤다.

농장주, 법률가, 목사, 공공정책에 대한 저술가 같은 지식인들은 일반적으로 정치적 결사가 하느님의 뜻에 궁극적인 근원을 둔다는 데 동의했으며, 그 결사의 목적이 재산의 보존과 규제라고 믿었다. 사회는 바로 그 두 목적을 위해 재산 소유자들 사이의 동의 또는 계약에 따라 조직되었다는 것이다. 이 이론은 정치사상사에서 오랜 역사를 자랑한다. 하지만 아메리카인들은 존 로크의 《정부에 관한 두 논문Two

Treatises of Government》에서 이 사상을 배웠다. 로크는 '재산'이라는 단어를 적어도 두 의미로 사용했다. 하나는 물질적 소유물, 물건이나 토지를 의미했고, 다른 하나는 "목숨, 자유, 신분"을 가리켰다.[2] 물질적 소유물로서의 재산은 개인의 노동과 사물을 혼합함으로써 생겨난다. 토지를 경작하거나 토지의 생산성을 높이는 것이 대표적인 사례다. 목숨, 자유, 신분을 의미할 경우 로크는 '재산'이라는 단어가 개인의 권리를 의미한다고 보았다. 그러니까 인간의 자유, 인간 사이의 평등, 자연법을 집행하는 인간

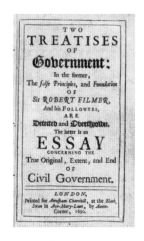

로크의 《정부에 관한 두 논문》
흔히 '통치론'으로 알려져 있으며 왕권신수설을 비판하고 근대 민주주의 사상의 기본 원리들을 제시했다.

의 권력 등을 뜻한다. 인간의 물질적 소유물과 마찬가지로, 이런 권리는 개인으로부터 뚜렷하게 분리될 수 있다. 인간은 그런 권리를 양도할 수도 있고 포기할 수도 있다. 그러나 물질적 소유물을 포기할 때와 마찬가지로, 이 권리를 개인으로부터 분리시키려면 반드시 동의가 필요하다. 로크가 노예제와 자유에 대해서 말했듯이, 노예제는 개인의 동의가 필요 없을 때 존재한다. 즉, 개인의 몸이나 재산이 다른 사람의 임의적이고 절대적인 의지에 완벽하게 종속된 경우다.

로크의 사상에서 재산은 개인에게 정치적 특징이나 존재 의미를 부여한다. 노예는 재산을 가지고 있지 않으므로 정치적 권리가 없다. 즉, 노예에게는 스스로에 대한 자유가 없고 물질적 소유물도 없다. 보스턴 웨스트 교회의 회중교회 목사인 조너선 메이휴Jonathan Mayhew는 인지세법 위기 때 그 세금이 "영원한 예속과 노예화"를 불러올 우려가

있다고 주장했다. 그는 로크의 협소한 재산 개념에 의거해 노예제를 정의하며, 이렇게 말했다.

"노예는 오로지 남의 이익을 위해 노동하고 고생해야 하는 사람이다. 마찬가지로 노예의 노동과 근면의 과실은 그의 동의 없이도 합법적으로 그에게서 박탈될 수 있다. 만약 그가 주인이 요구할 때 노동을 내놓기 거부한다거나 주인이 생각하기에 적절한 다른 목적에 봉사하기를 거부한다면, 그는 당연히 처벌을 받아야 한다."

그러나 메이휴는 자유가 "우리 고유의 자연 권리"를 포함한다고 설명하기 위해 목숨, 자유, 신분 등 폭넓은 의미의 재산에 대한 정의 역시 사용했다. 그는 이러한 자유 개념을 식민지의 "일반적인 인식"으로 제시했다.[3]

메이휴는 식민지의 정치적 관습에 바탕을 두고서 이런 선언을 했을 것이다. 왜냐하면 아메리카인들은 경험이나 사상, 일반 여론 등에서 로크파였기 때문이다. 대부분의 가정이 조상이나 가문에 기댈 수 없었던 사회에서 부는 아주 중요했다. 조상에 기대기에는 아메리카 사회가 너무나 유동적이었다. 물론 땅이 대부분의 부를 제공했으나 그렇다고 해서 상업에서 생겨나는 돈도 무시해서는 안 된다. 아무튼 사람은 물질적 재산에 의해 신분을 획득했고, 가문, 성장 환경, 교육 등은 그보다 덜 중요했다. 게다가 재산은 정치적 권리도 부여했다. 모든 식민지에서 실질적 재산의 소유가 유권자의 필수 조건이었고, 보통 암묵적 합의에 따라 재산을 소유한 사람들이 정치적 주도권을 차지했다.

역사에는 재산권 확장을 위해 대의 제도의 발전이 이뤄진 사례가 여럿 나타난다. 교육받은 집단들은 이를 몸소 체득해왔다. 가령 뉴잉

앵글로색슨의 귀족협의체 7~11세기 잉글랜드 왕은 '위탄'이라고 불리는 지주들로 구성된 자문단을 꾸려 나라를 다스렸다.

글랜드에서 버지니아에 이르는 아메리카 지역에서는 색슨족 신화의 신봉자들이 있었고, 조너선 메이휴와 토머스 제퍼슨 같은 지역 유지들이 그 신화를 되풀이했다. 이 흥미로운 이야기에 따르면, 저 오래된 색슨족의 위탄Witan, 즉, 오늘날 의회의 조상은 잉글랜드 지주들의 대표자 자격으로 시작되었다. 정복왕 윌리엄William이 영도하는 노르만족은 위탄을 철폐했지만, 한두 세기 안에 위탄은 다시 한 번 잉글랜드 의회라는 모습으로 재등장했다. 의회는 곧 재산 소유자들의 대행 기관이었다. 그리고 18세기에 현대적 모습으로 식민지 의회의 본보기가 되었다.⁴

우리가 개인의 정치적 권리와 의무, 국가의 제도와 목적이 모두 재산권과 관련 있고 사실상 재산권에 관한 생각을 반영한다고 본다면 인지세를 둘러싼 식민지의 소요 사태는 충분히 이해할 수 있다. 이 불안은 1765~1766년 사이에 정치체제의 문제로 변모되었는데, 이러한 식민지의 입장은 대륙회의가 아메리카의 독립을 선언할 때까지 그대로 유지됐다.

의회권력의 한계에 대한 아메리카 정치사상가들의 생각

인지세법을 둘러싸고 동요가 시작되었을 당시, 아메리카의 지도자들은 식민지를 포함하는 국가 제도라는 개념을 체계적이거나 일관적으로 생각하지는 않았다. 그들은 오랫동안 영국 의회의 주권을 인정

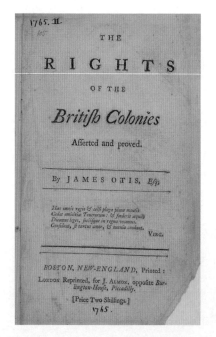

《영국 식민지들의 권리 주장과 증명》 제임스 오티스는 이 소책자에서 영국 의회에는 식민지 대표가 없으므로 식민지에 과세할 권리가 없다고 주장했다.

해왔고 정치체제라는 거창한 말이 무슨 뜻인지 깊이 생각해보지도 않은 채 식민지의 예속 상태를 받아들였다. 이런 생각은 1765년과 1766년에도 계속되어, 그들은 영국 의회의 절대적 주권과 식민지의 종속적 지위를 인정했다. 이를 극단적으로 밀어붙인 정치체제에 대한 입장은 제임스 오티스의 간결한 문장에서 잘 드러난다. "의회의 권한은 의회 자신에 의해서만 통제 가능하고, 우리는 그것에 복종해야 한다." 이런 주장은《영국 식민지들의 권리 주장과 증명》이라는 소책자에서 나타났다.[5] 이 소책자는 의회가 식민지인에게 과세할 권한이 없다는 것을 증명하기 위해 집필됐다. 이 소책자에서는 식민지인이 그 의회에 대표를 보내지 않았으므로 그들의 재산에 부과된 세금에 대해 동의하거나 거부할 근거가 아예 없다고 주장했다. 그 자체만 놓고 볼 때, 의회의 권력은 의회 자신에 의해서만 통제된다는 오티스의 주장은 영국 의회의 태도를 완벽하게 진술했을 뿐, 대부분의 식민지인의 태도를 진술한 것은 아니었다.

오티스 자신도 그의 진술이 평등의 기준이라기보다는 권력의 기준으로 이해되기를 원했다. 그의 주장에 따르면, 영국 의회는 자신이 원하는 것을 할 수 있는 권력을 갖고 있지만 권리까지 갖고 있는 것은 아니었다. 그래서 의회가 잘못하면 사법기능까지 수행하던 영국의 행정사법부executive courts 가 적시에 의회에 시정을 요구했다. 그들은 17세기의 보넘 재판에서 그렇게 했는데, 오티스는 이 유명한 재판 절차를 해당 사건의 재판관인 코크Coke의《보고서》에서 읽었다. 오티스는 이를 잘못 해석한 듯한데, 그런 오해를 바탕으로 해 식민지의 순응을 주장했다. 또한 그는 인자한 기관인 의회는 행정사법부로부터 잘못을 지적받으면 시정할 것이라고 추정했다. 이는 다소 기계적인 이해로

에드워드 코크(1552~1634) 외과의사인 보넘과 영국 왕실의사협회와의 재판에서 재판관 코크는 보넘의 손을 들며 '관습법이 의회의 법률을 규제할 수 있다'는 판결을 내렸다. 이 사건은 아메리카에서 인지세법을 무효화하기 위한 논리로 인용되었다.

보인다. 행정사법부가 의회의 잘못을 발견하면 의회가 그것을 자동적으로 고칠 것이라고 상정하고 있으니 말이다. 그러나 적어도 오티스의 견해로는 이런 순진한 구상을 통해 의회에 무조건적인 주권이 부여되고, 이런 제도 내에서 평등의 요구가 해결될 수 있어 보였다.[6]

하지만 그것은 영국 정치체제에 대해서 취할 수 있는 기이한 노선이었고, 심지어 오티스에게조차도 만족스럽지는 않았다. 그 부적절성은 너무나 명백했다. 인간은 잘 조직된 사회에서 정치적 · 시민적 자유를 누린다는 주장과 통제되지 않는 권력은 도저히 양립할 수 없었다. 그리고 영국과 아메리카의 모든 이론가는 자유에 관한 이러한 주장에 동의했다. 오티스는 이런 난점을 해결하기 위해 의회에 통제 불가능한 권력은 있지만 일정한 한계 밖으로까지 권력을 행사하지는 못한다고 주장했다. 어쨌든 식민지인은 자연권과 영국 신민으로서의 권리를 보유했다. 이러한 권리의 첫 번째 원천은 자연이지만, 신민의 권리를 보장하는 원천은 무엇인가? 그 대답은 궁색한데, 의회 그 자체와 관습법이었다. 의회의 선량한 의도를 제외하고, 통제 불가능한 의회가 신민의 보호를 위해 규정한 법규를 위반하지 못하도록 사전에 예방해주는 것은 무엇인가? 오티스는 이 질문에 대답하지 못했다.

오티스의 견해는 복잡하고 취약했지만, 영국의 정치체제에 대해 식민지의 중요한 논점을 수립하는 데 도움을 주었다. 즉, 정치체제는 의회가 제정한 법률로만 구성되는 것이 아니라 자연으로부터 그리고 궁극적으로는 신에게서 나온 일부 근본적인 법률로도 구성되며, 그 근본적 법률은 신민이 어디에 살든 그들의 정치적이고 시민적인 자유를 보호해준다는 것이다. 오티스는 그 근본적인 법률이 무엇으로 구성되는지 충분히 설명하지 않았고, 인지세법을 둘러싼 위기 때 아메리카의 그 누구도 그에 대해 설명하지 않았다. 그러나 우리는 신문 기사, 학술적 소책자, '정치적' 설교 등에서 다음 사실을 감지할 수 있다. 즉 오티스, 메이휴, 블랜드Bland, 무어Moore, 카터Carter, 둘레니Dulany 등 아메리카의 이론가들은 국가 내에 어떤 근본적이고 제도적인 질서가 존재한다고 믿었다. 이 제도적인 질서는 실제로는 그렇지 못하더라도 공평함이라는 개념에 따라 대영제국의 지고한 주권 기관인 영국 의회를 포함해 모든 정치기관들의 권력을 제한한다. 불명확하게 정식화된 이 논평에는 두 종류가 있다. 하나는 다음과 같이 명시적으로 주장한다. 영국 의회라고 할지라도 위반할 수 없는 한계가 있다. 왜냐하면 아메리카인은 영국의 신민이므로 자연 상태를 떠나 문명 사회를 형성할 당시의 저 아스라이 먼 옛날부터 전해오는 어떤 근본적인 권리와 특혜를 보유하기 때문이다. 다른 하나는 다음과 같은 암묵적 가정이다. 자유인은 다른 사람의 임의적인 의지로부터 완전히 독립적이라는 점에서만 노예와 구분되므로, 지위와 권위에 관계없이 모든 이의 권력

에는 한도가 있다는 것이다.[7]

근본적인 법률과 실제적인 제도적 보호 사이의 관계는 그 당시 분명하게 드러나지 않았다. 아메리카인들이 제도적 보호장치로 빈번히 내놓은 두 사례로는 오티스의 행정사법부와 관습법이 있었다. 관습법은 신민이 어디를 가든 따라다녔다. 비록 그것이 항구적인 보호를 해준다고 하지만, 법원과 의회는 그것을 수정할 수 있었다. 국왕이 식민지에 발급한 칙허장은 좀 더 견고한 바탕을 지닌 것처럼 보였다. 그러나 대표에 의한 과세권 등을 포함해 근본적 권리를 인정한다는 칙허장의 명백한 선언에도 불구하고, 국왕이 과거에 칙허를 취소한 적이 있고 또다시 그렇게 할 수 있다는 불안이 존재했다.[8]

정치체제의 성격에 대한 이런 불확실성에도 절반쯤 정식화된 정치체제론이 1766년 무렵에 등장해, 의회의 바깥에 있는 그리고 의회와 무관한 한계가 분명히 존재한다고 주장했다. 한계의 본질은 불분명했고 그 원천은 논쟁 사항이었지만, 그럼에도 한계는 존재했다.

영국 의회는 식민지에 내부세를 부과할 수 없다

다음과 같은 사실은 여전히 남았다. 즉, 아메리카 식민지는 대영제국의 일부였다. 그리고 다른 정치기관들과 마찬가지로 영국 의회의 권력이 제한되어 있다는 주장은 의회의 법적 관할권이 어디에서 시작하고 어디에서 끝나는지를 분명하게 확정짓지 못했다. 법적 관할권의 경계선을 긋기란 어려운 일이었다. 1764년 식민지 의회들이 인지세 도입에 관한 소문을 듣고 보여준 최초의 반응은 비록 한 가지 본질에 있어서는 명확했지만 식민지 의회도 만족스럽지 않았고 영국 정부에는 혼란스러운 것이었다. 식민지 의회들이 동의한 한 가지 본질은 영국 의회가 식민지를 상대로 내부세를 부과할 수 없다는 점이었다. 이런 주장은 표면적으로는 분명해 보이지만 검토되지 않은 여러 가지 암시를 내포했다.

1764년 인지세 법안이 통과됐을 때, 모든 식민지 의회들이 탄원서·결의서·각서·항의서 같은 성명을 발표한 것은 아니었다. 심지어 성명을 발표한 5개 식민지도 이후 제정된 설탕법을 더 우려했던 것으로 보인다. 그렇지만 모든 식민지는 인지세에 대한 불안을 표시하면서 그에 반대한다고 선언했다. 뉴욕 의회는 국왕, 상원, 하원에 보내는 세 통의 탄원서에서 식민지에 대한 영국 의회의 과세권을 비난했다. 그들은 영국 의회가 식민지에 과세할 생각을 했다는 것에 대해 "놀람"을 표하고 그런 "변화"는 결국 "식민지를 절대적 패망으로 몰아넣을 것"이라고 진단한 다음, 식민지가 "그들 자신이 승인하지 않은 모든 세금의 부담에서" 면제돼야 한다고 주장했다.[9] 동시에 뉴욕 사람들은 독립의 의사가 조금도 없다고 천명하면서, 자신들의 충성심과 합리성의 증거로, 영국 의회가 "자신의 이익에 봉사하기 위해" 식민지 상업을 규제하는 권위는 인정했다.

식민지인의 동의가 있어야만 과세가 가능하다고 강력히 주장한 버지니아 의회와 총독 자문위원들을 제외하고, 1764년에 결의안을 내놓은 다른 식민지 의회는 그보다 덜 강력했고 어조도 분명하지 않았다. 로드아일랜드는 인지세가 오랫동안 확립되어온 권리를 침해한다고 주장하면서도 영국 의회의 식민지 과세권에 대해서는 언급을 회피했다. 매사추세츠도 마찬가지로 내부세 면제를 조심스럽게 언급했으나, 외부세 문제는 탐구하지 않은 채로 내버려두었다. 탐구하지 않았다는 것은 식민지 의회와 총독 자문위원들이 공식적으로 대응하지 않았다는 뜻이다. 그러나 이런 신중한 문서 뒤에는 두 기관 사이의 싸움이 치열했는데, 결국 토머스 허친슨 주도하의 총독 자문위원들이 그 논쟁에서 이겼다. 매사추세츠 의회는 당초 식민지인에 대한 과세를 반대한다는 항의 문서를 총독 자문위원들의 동의 없이 작성했다. 그러나 총독 자문위원들이 동의를 거부하자, 의회는 기존 문서를 포기하고 아예 항의하지 않는 것보다는 가벼운 항의가 낫겠다는 생각에 좀 더 힘을 뺀 문서에 동의했다.[10]

오로지 코네티컷 의회만이 재빨리 공식 성명을 발표해 아메리카에서 영국 의회가 세금을 거둘 권위를 가진다는 점을 인정했다. 총독 토머스 피치Thomas Fitch와 자레드 잉거솔이 포함된 위원회가 초안을 작성한 코네티컷의 성명서는 《영국 식민지들이 내부세의 부담을 떠안지 말아야 하는 이유들》이라는 제목의 소책자로 발간됐다.[11] 이 소책자에서 코네티컷 의회는 뚜렷이 다르면서도 서로 관련된 대영제국 내 사법 관할권에 대한 초기의 해석 중 하나를 공식화했다. 이 관할권은 식민지와 관련해서는 '내부적'인 것과 '외부적'인 것이 나뉘었다. 식민지 내부의 문제에 대해서는 현지 의회들만이 법령을 제정하고 세금을 부과할 권위를 갖고 있었다. 이런 근거에서 코네티컷 의회는 영국 의회가 내부세를 부과할 권한이 없다는 명확한 입장을 취했다. 그러나 외부적인 사항들, 즉 무역과 대외 관계에 대한 법령 제정의 경우에는 영국 의회의 관할권을 의심할 여지가 없다고 보았다.

코네티컷 의회는 이 관할권의 '광범위하고 초월적인' 특성을 통감해 무역에 관한 세금을 부과하는 영국 의회의 권한을 부정할 수가 없으며, 나아가 현지 항구들에서 거래되는 희귀한 두 품목인 모피와 흑인 노예에도 과세할 수 있다고 제안했다. 코네티컷 의회는 영국 의회가 식민지인의 권리를 침해하지 않는 범위 내에서 그런 일을 수행해야 한다고 주장했다. 식민지인의 권리는 다음과 같은 것이었다. "세금 부과 법규를 포함한 어떤 법률도 자신의 대표들을 통한 주민 동의 없이는 제정되어서도 폐지되어서도 안 된다." [12]

코네티컷의 이런 모순적인 주장은 혼란을 일으켰으나, 1765년 기존 5개 식민지에 더해 다른 4개 식민지들도 아메리카 내에서 과세할 수 있는 영국 의회의 과세권을 강력하게 부정함으로써 이 혼란은 해소됐다. 특히 버지니아 결의안이 다른 식민지 의회들에도 영감을 주었다. 어떤 의미에서 가장 중요한 행동은 1765년 10월에 시작됐다. 이때 매사추세츠, 코네티컷, 로드아일랜드, 뉴욕, 뉴저지, 펜실베이니아, 델라웨어, 메릴랜드, 사우스캐롤라이나 식민지의 대표로 구성된 인지세법 회의가 뉴욕시에서 개최됐는데, 회의에서는 영국 의회의 식민지 과세권 주장을 강력하게 거부하는 결의안과 탄원서를 국왕, 상원, 하원에 보내기로 결정했다.[13]

인지세법 회의에서 각 식민지들도 자신들에 대한 영국 의회의 권한을 부정하지는 않았다. 인지세법 회의는 주된 전제 조건으로 이런 성명을 발표했다.

"이 식민지에 살고 있는 국왕 폐하의 신민은 대영제국의 왕실에 대해 본국과 똑같은 충성심을 갖고 있다. 신민은 제국의 영토 내에서 태어났으므로 당연히 권위 높은 대영제국 의회에 복종해야 할 의무가 있다." [14] 메릴랜드는 자치의 오랜 역사를 거론하면서 식민지 주민이 특히 세금과 '내부 정치체제' 관련 조치에 대해서는 동의 여부를 결정할 권한이 있음을 강조했다. 이러한 주장의 속뜻은, 영국 의회가 '외부’ 정치체제의 영역에서는 식민지를 규제할 권한이 있다는 것이었다. 이는 다른 곳에서 좀 더 자세히 설명됐는데, 제국 내 공통 관심사, 그중에서도 가장 뚜렷한 관심사인 식민지와 영국 본토의 상업에 관해서 법령을 제정할 수 있다는 뜻이었다.[15]

이 당시 식민지는 주로 자신들에 대한 영국 의회의 과세권에 일차적 관심이 있었으므로, 관할권을 식민지의 내부와 외부로 나눈다는 발상에 담긴 깊은 뜻을 충분히 검토하지 않았다. 아무튼 이 문제는 굉장히 복잡했기 때문에 식민지 의회는 그것을 심도 깊게 탐구할 생각을 하지 않았다. 그들은 당장의 화급한 문제인 세금에만 집중했고, 그런 추상적 논의에 휘말려 본질적인 문제에서 벗어날까 봐 우려했다.

소책자 집필자들은 잃을 것이 별로 없어 좀 더 과감하게 나왔으나, 그들 역시 목표물을 스쳐지나갈 뿐 깊이 파고들지 않았다. 외부적 영역이 아니라 내부적 영역을 다룰 때, 이 소책자들과 같은 식민지의 ‘비공식적’ 입장은 한결 더 분명했다. 로크의 사상을 연상시키는 이 주장에 따르면, 식민지인은 영국인으로서 자유롭게 태어났으므로 그들 스스로 동의한 법률에만 복종한다. 게다가 식민지인의 권리는 식민지에 발급된 다양한 칙허장을 통해 국왕의 승인을 받았다. 물론 칙허장은 그들의 권리를 증폭시키고 확대시켰지만, 그 권리의 절대적인 배경은 아니었다. 식민지인은 영국인이고, 영국인은 대표를 통한 동의 하에서만 통치를 받는다는 것이었다.

왜 식민지인이 영국 의회의 법령에 복종해야 하는가, 외부적 영역은 구체적으로 어떤 것인가 등의 문제는 식민지 저술자들의 관심을 별로 끌지 못했다. 소책자들은 모두 식민지인이 영국 의회에 복종해야 한다는 전제를 깔고 있었다. 이런 전제는 식민지인이 영국 신민이라는 주장에서 비롯된 것이었다. 모든 영국 신민은 어떤 의미에서 영국 의회의 지배 아래에 있었다. 그리고 의회의 무역 규제 권한은 분명 정당해 보였다. 로드아일랜드 총독인 스티브 홉킨스에 따르면 이 권한은 '필요' 문제에 불과했다. 대영제국은 잉글랜드라는 중심과 식민지들이라는 기타 구성 요소들로 이루어졌는데, 제국을 단합시키고 상업을 감독하며 공통 관심사에 대해 결정을 내리는 일은 반드시 필요했고 영국 의회는 그렇게 할 수 있는 능력을 지닌 유일한 기관이었다.[16]

'인지세법은 노예화 음모'라는 주장이 퍼지다

이런 추상적인 국가제도론과 정치 이론에서는 방부제 냄새가 난다. 즉 그 자체로는 무미건조하고 아무런 맛도 없으며 인간의 감정이나 열정이 전혀 깃들지 않은 듯하다. 우리는 권리, 주권, 대표 같은 어휘를 읽으면서 이것이 인간사와 관련된 단어들이며 특히 18세기의 투쟁에서는 더욱 그러하다는 점을 명심해야 한다. 왜냐하면 인지세법과 관련한 일련의 현실을 볼 때, 이런 어휘들은 결코 사람들의 감정과 동떨어지거나 분리된 것이 아니었기 때문이다. 오히려 이 어휘들은 엄청난 공포와 불안을 안겨주는 조건에서 생겨났다.

그 공포와 불안은 다음과 같은 강력한 확신에서 비롯했다. 아메리카인들에게서 자유를 빼앗아 노예로 전락시키려는 음모가 있고, 인지세법은 "우리에게 노예제의 족쇄를 영원히 고정시키려는 첫 번째 조치"일 뿐이라는 것이다.[17] 이러한 생각은 너무나 널리 퍼져 있어서 단순히 프로파간다로 치부될 수 없었다.

사실 목사, 상인, 법률가, 농장주 등 식민지의 모든 지도자는 가능한 수단을 모두 동원해 그런 경고를 널리 퍼트렸다. 가령 존 애덤스는 일기에서 인지세법을 이렇게 매도했다. "영국 의회에서 고안된 저 거대한 엔진은 아메리카의 모든 권리와 자유를 파괴할 것이다." 코네티컷의 라임 교회 목사인 스티븐 존슨Stephen Johnson은 《뉴런던 가제트New London Gazette》에 익명으로 글을 쓰면서, 인지세법의 목적은 식민지인에게 "노예 같은 무저항과 수동적인 복종"을 강요하기 위한 것이라고 주장했다.

보스턴의 회중교회 목사인 앤드루 엘리엇Andrew Eliot은 영국의 정치철학자 토머스 홀리스Thomas Hollis에게 식민지에 대한 음모를 전하면서, 인지세법은 식민지인을 노예로 만들려는 "계산" 아래 제정되었다고 썼다. 버지니아의 대농장주인 랜던 카터Landon Carter는 《버지니아 가제트Virginia Gazette》에서 이 법을 맹공하면서 "우리를 노예로 만들기 위한 최초의 결의"라고 비난했다. 이런 비난은 수백 건에 달하는 다른 비난들과 유사했고, 분노와 모욕의 정도는 달랐지만 상당 부분 의심과 공포를 표시했다.[18]

이런 비난은 표면적으로는 의심의 여지가 없어 보였다. 비난을 불길하게 만든 것은 분명치 않은 세부 사항들, 즉 음모의 구체적인 내용이었다. 가장 자연스럽게 떠오르는 질문은 누가 음모를 꾸몄는가 하는 점이었다. 영국 내각이 그 법을 제정해 의회가 통과시켰고 국왕이 승인했다. 그들이 모두 함께 음모를 꾸몄는가? 그들이 아메리카 식민지들에 대해 음모의 동맹을 결성했는가? 아무도 그들이 음모자라고 말하지 않았다. 오히려 국왕은 '세계에서 최선의 군주'였고, 아메리카인은 그의 충실한 신민으로서 줄기차게 충성심을 표시했다. 영국 의회는 식민지 의회의 모델이 되었다. 그러나 영국 내각은 아메리카에서 이런 애정을 받지 못했다.

인지세법 주동자들에 대한 공격에서 조지 그렌빌이 맹비난을 받았는데, 배후에 비겁한 "향사鄕士"인 뷰트 백작이 어른거리고 있었다. 뷰트의 바로 옆에는 무임소 장관인 악마가 변함없는 동반자로 대기하고 있었다. 소책자 저술자들은 같은 내용의 정보를 계속해서 독자들에게 전달했는데, 보통은 내각 전원을 매도하면서 그들이 권력과 지배에 굶주린 걸귀 들린 야심가라고 비난했다. 이런 일반적인 매도를 넘어서서 구체적으로 비난하는 소책자 저술자들은 별로 없었다. 그러나 조너선 메이휴는 국왕과 의회도 음모꾼들의 유혹에 넘어간 사람들이라고 생각했다. 음모꾼들은 영국과 아메리카 양쪽의 자유를 파괴하려고 든다는 것이다. 그러나 대부분의 아메리카 저술자들은 내각이 아메리카보다는 영국에서 더 많은 악행을 저질러 왔다는 데 동의했다.[19]

이런 비난은 지역에 따라서 약간씩 달라졌다. 개신교의 열광이 불같이 타오르고 캐나다의 가톨릭 세력을 불길하게 여기는 지역에서는, 정치체제적 근거가 없는 과세가 시민의 자유에 위협을 가하며, 이는 부분적으로는 개신교를 전복시키기 위한 교황청의 음모라는 확신이 강했다. 뉴잉글랜드와 일부 뉴욕 지역에서는 이런 공포가 영국국교회가 주교의 위계제를 아메리카에 수입하려고 한다는 소문이나 잡담, 유언비어와 서로 연관되어 있었다. 복음전파회가 보스턴에 지부를 설립하자 이런 이야기들은 더욱 신빙성을 확보했고, 인지세법이 철폐된 이후에도 오랫동안 이 내용을 담은 소책자들이 쏟아져 나왔다. 심지어 인지세법에 반대하는 소동이 가라앉고 철폐를 축하하는 분위기 속에서도, 영국에 있는 친親 프랑스 가톨릭당이 부르봉 왕가와 가톨릭 교회를 위해 그 법을 고안했다는 이야기가 널리 퍼졌다.[20]

물론 사악한 내각이 주도하고 의회가 제정한 단 한 건의 법률이 즉시 식민지인의 손목에 수갑을 채우지는 않을 것이다. 그러나 아메리카의 저술가들이 보기에 인지세법은 음험한 음모의 윤곽을 똑똑히 보여주었다. 저술가들은 물었다. 만약 그 법이 용납된다면, 식민지인은 그들의 땅, 주택, 그 주택의 창문, 그리고 그들이 숨 쉬는 아메리카의 공기까지도 과세 대상이 되지 않으리라고 어떻게 보장받을 수 있겠는가? 식민지 음모론은 곧 영국 고위 관리, 공무원, 감독자, 연금 수령자들에 대한 공포이기도 했다. 이들은 곧 국왕 폐하에게 봉사한다는 허울 좋은 미명 아래 아메리카로 건너와 실제로는 식민지인의 고혈을 빨아먹을 것이다. 그들이 가져오는 부정부패는 식민지를 완전히 파멸시키고도 남을 것이었다.[21]

음모론이 정치적 행동을 지배하다

식민지의 자유를 침해하려는 은밀한 의도와 사악한 음모에 거의 편집증에 가까운 망상을 갖게 된 식민지인의 공포를 어떻게 설명해야 할까? 최근에 이르러 역사가들은 이런 비난을 진지하게 검토하기 시작했다. 이 비난은 영국 정치와 정부 현실을 정확히 묘사하진 않지만 그 당시 아메리카 내에 널리 퍼져 있던 영국에 대한 진정한 견해를 보여준다. 식민지인의 반응은 수사적으로 과장된 것처럼 보일지 몰라도 조작된 것은 아니었다. 그 비난은 우리가 요사이 말하는 프로파간다도 아니었다. 오히려 마음속 깊이 느끼는 정직한 반응이었다.[22]

아메리카인의 이런 반응이 마음과 감성의 산물이었다고 해서, 그것을 비합리적인 것으로 일축해서는 안 된다. 감성 못지않게 이성도 그들에게 영감을 주었다. 어느 한 수준에서 식민지인은 인지세가 불러올 경제적·정치적 비용을 합리적으로 측정했다. 세금은 파운드화로 지불해야 하므로, 이미 현금 부족이 만연한 식민지에서 경화硬貨가 외부로 유출될 것은 너무나 뻔한 일이었다. 자레드 잉거솔같이 충실한 보수주의자조차도 가난한 사람들이 세금의 부담을 가장 크게 느낄 것이라고 영국 내각에 편지를 보냈다. 가령 치안판사 앞으로 제출되는 소액 소송들에 인지세가 부과될 터인데, 소액 소송은 보통 가난한 사람들이 제기했다.[23]

인지세의 정치적 의미도 당연히 식민지인을 더욱 우려하게 만들었다. 영국 내각은 1711년의 우체국법에서 가장 나중에 제정된 당밀세에 이르기까지 여러 선례를 나열했지만 식민지인이 볼 때, 현실에서는 전례가 없는 새로운 어떤 것이 제정된 건 분명했다. 아무튼 식민지인은 영국 내각이 보는 것과는 다른 맥락에서 인지세법을 바라보았다. 인지세법은 다른 조치와 공식 선언 이후에 나왔고, 그런 조치와 선언들은 앞으로 아메리카의 생활이 매우 달라지리라는 점을 암시했다. 설탕법의 도입으로 식민지인들은 해상무역 관련 재판에서 배심원들의 판단에 영국 관료들이 불만을 품고 있다는 사실을 알게 되었다. 그래서 배심원 재판 대신 배심원 없는 해사법원이 도입됐다. 이렇게 법원이 교체되자 오래된 자유에 대한 우려가 등장했는데, 이는 충분히 이해할 수 있고 이치에도 맞는 반응이었다.

새로운 정책들에 대한 설명에 식민지인들이 불안감을 느낀 것은 합리적인 반응이라고 볼 수 있다. 정책들의 목표는 누가 봐도 영국의 국가 부채 축소와 식민지 방어였다. 어쩌면 아메리카인의 이기심 때문일 수도 있겠지만 상비군이 아메리카에 주둔하는 것을 우려하는 태도를 단지 인색함 때문이라고만 할 수는 없었다. 영국에서도 평화시의 상비군 유지가 결국 명예혁명을 촉발하는 데 일조했기 때문이다. 아메리카인들은 프랑스가 캐나다에서 축출된 이후에도 왜 그런 상비군이 필요한지 이해할 수 없었다. 그 상비군으로 명분 없는 세금에 대한 저항을 무력 진압할 의도가 아니라면 말이다. 세금, 행정, 안보 등의 문제를 종합적으로 고려할 때, 아메리카인의 우려와 의혹은 합리적인 반응이었고, 그들이 느끼는 불만 또한 표면적으로는 합리적인 것이었다.

결국 이처럼 합리적인 불만은 영국의 공공정책, 특히 인지세법에 대한 분노로 표출됐다. 물론 동시에 또 다른 종류의 불만도 겉으로 나타났다. 이 불만은 궁극적 원천이 공공업무와는 무관했기에 비합리

킹스트리트에서 인지세법 소식을 읽고 있는 보스턴 시민들 보스턴인들은 인지세법이 식민지인의 권리를 침해할 뿐 아니라 자유를 위태롭게 한다는 분노와 불안에 휩싸였다.

적이라고 해야 한다. 물론 모든 사회는 구성원 사이에 어느 정도의 좌절, 긴장, 불안을 유발하고 이에 대해 어떤 사람들은 신경질적인 반응을 또 어떤 사람들은 느긋한 반응을 보인다. 마찬가지로 식민지마다 불만의 양상은 제각각이었다. 18세기 후반 아메리카인의 심리 상태에 대해 현재 알려진 지식만으로는 왜 이런 종류의 불만 또는 공격성이 영국과 아메리카의 공공기관에만 집중되어 있는지 확실하게 설명해주지 못한다. 하지만 인지세법 위기 당시 개인의 분노와 공적 행위 사이의 연결 관계에서 단서를 찾아볼 수 있다. 우선 영국 정책에 반대하는 운동은 사회 내에서 대부분 지도자들의 지원을 얻어냈을 뿐만 아니라, 그 지도자들의 재능과 자원도 동원했다. 반면에 인지세법의 주도적 지지자들은 자신들끼리도 분열되었다고 느꼈을 뿐만 아니라, 다른 측면에서도 의혹과 적개심을 불러일으켰다. 가령 매사추세츠의 토머스 허친슨과 로드아일랜드의 토리 준토가 좋은 사례다.[24]

1765년 아들이 아버지에게, 남편이 아내에게, 노동자가 고용주에게 품은 개인적 분노는 일상에서 해소되기 보다는 당시 사회적으로 용인된 공격 목표인 영국 공공정책을 향해 표출되었다. 이리하여 다른 출구를 찾을 수 없었던 엄청난 공격성을 이 새로운 목표물에 쏟아부었다.

'합리적'이든 '비합리적'이든 이때 표출된 불만은 너무나 폭발적이어서, 만약 인지세법이 발효 5개월 만에 철폐되지 않았더라면 그것은 결국 1766년에 혁명을 촉발했을 것이다. 아메리카의 자유를 위태롭게 만드는 음모가 진행 중이라는 확신이 식민지 내에 팽배했었기 때문이다. 이 현상은 아메리카의 반응을 부분적으로 설명해준다. 그러나 음험한 계획과 기괴한 음모론의 용어로 자신들의 위기를 설명하려 했던 아메리카인의 정치적 성향과 본능적 태도는 추가적인 설명을 필요로 한다. 그들은 자신들이 사악한 음모의 희생자라는 확신에 입각해 혁명 일보 직전까지 나아갔다. 하지만 무엇이 그들로 하여금 사실적인 근거가 없는 음모를 믿게 만들었을까?

두 종류의 상황이 이런 반응에 영향을 주었다. 하나는 정치적인 것이었고, 다른 하나는 종교적인 것, 좀 더 정확히 말해서 도덕적인 것이었다. 적어도 두 세대 동안 정치적 의식이 있는 아메리카인들은 의심이 많은 사람들이었다. 그들은 식민지에 근무하는 총독과 국왕의 관리를 포함한 특정 부류의 사람들에게서 음모와 음모론의 냄새를 맡았다. 물론 영국 관리들의 정치활동은 아메리카인들에게 의심을 품을 만한 근거를 제공했다. 그들의 정치는 소란스러운 당파주의를 조성했고, 늘 그런 것은 아니었지만 음모의 분위기를 풍겼다. 관직에 '오르지 못한 자들'은 '자리에 있는 자들'을 대체하려고, '자리에 있는 자들'은 그 자리를 지키려고 음모를 꾸몄다. 사실 식민지 정치의 유동성은 무척 심했다. 이익단체들은 단기 목적을 달성하기 위해 결성됐다가 그것이 달성되면 곧 해체됐고, 이어 또 다른 단기 목적을 이루기 위해 다른 형태로 연합했다. 이 바람에 어떤 단체도 오랫동안 정부에 영향력을 행사하지 못했다.[25]

매우 안정적인 정치질서에 기여하는 여러 조건이 있었음에도, 불안정한 유동성은 지속됐다. 18세기 기준으로 볼 때 13개 식민지 거의 모두가 민주적이진 않았더라도 매우 강력한 민중적 요소를 가진 정부에 의해 통치됐다. 토지 소유권이 널리 퍼져 있었으므로 전형적인 아메리카 남자는 독립적인 자유농이었고, 투표권은 토지와 결부되어 있었으므로 자유농은 당연히 유권자였다. 주민 대표는 당시의 기준으로 볼 때 책임감이 강했는데, 특히 식민지 의회의 하원에서는 더욱 그러했다. 비교적 단순한 사회의 대표들이어서 이들은 유권자들과 공통된 관심사를 갖고 있었다. 카운티 유권자들은 종종 그들 대표 의원에게 지시를 내렸다. 유럽에 남아 있던 정치적 권위가 아메리카에서는 상실되고 있었다. 예를 들어 기성 교회들은 더 이상 비국교도들을 기소하지 못했다.

이런 상황에서도 정치적 불안정성은 고질적인 조건이었고 종종 기괴한 모습으로 등장했다. 국왕 또는 영주를 대신하는 총독이 불안정의 원천이었다. 코네티컷과 로드아일랜드를 제외하고, 총독들은 어느 식민지에서나 대중의 통제 범위 밖에 있었다. 총독들은 식민지의 자유를 박탈할 권한을 가진 듯이 보였고, 실제로 법적인 권한을 갖고 있었다. 영국 내각의 대리인인 총독은 법적으로 식민지 의회를 소집할 수도 있고 폐회할 수도 있으며 해산할 수도 있었다. 총독은 제정된 법안을 거부할 수도 있었다. 또한 법원을 설치해 판사들을 임명하고 해임할 수 있었으며, 지속적으로 자신이 이런 권한을 갖고 있다고 주장했다. 영국 왕실은 1688년 명예혁명 때 이런 권력을 모두 상실했다. 그러나 영국 신민이 이주해온 식민지에서는 끈질긴 전제정치의 유물인 그런 권력이 법적으로 존속했다. 하지만 총독이 이런 법적 제도적 권력을 지녔음에도 식민지 정치 현실에서 각료의 권위에 실질적 힘을 부여하는 '영향력'인 관직 임명 권한이 약했다. 공식적인 정치체제 구조와 정치 현실 사이의 이러한 괴리는 정치적 불안정과 음모의 분위기를 조성했다. 그리하여 총독은 끊임없는 파당 조성과 해산에 일조했고, 신비로운 그림자에 불과한 총독의 권위는 종종 논쟁의 대상이 되었다.[26]

음모와 음모론이 언제나 정치적 행동을 지배한다는 오래된 격언은

원두당 당원 원두당은 이들이 머리를 짧게 깎은 데(둥근 머리)에서 비롯한 말로, 영국 내전 시기 찰스 1세와 왕당파에 맞서 의회 권한 확장을 주장했다.

이런 상황에 어울리는 듯했다. 미국 혁명이 발생하기 약 50년 전부터 식민지인은 영국 내 급진 과격파인 이른바 18세기 공화주의자들commonwealthmen의 사상과 전제 조건을 받아들이기 시작했다. 공화주의자라는 명칭은 영국 내전을 일으키고 공화정을 수립한 17세기 과격파 원두당圓頭黨, Roundhead에서 나왔다. 이러한 사상을 가진 17세기 인물들로는 누구보다도 존 밀턴, 제임스 해링턴James Harrington, 앨저넌 시드니 등이 있었다. 이들의 정치사상은 1679~1681년 제임스 2세를 왕위에서 배제하려고 한 후계 배제 위기 때 일부 수정되기는 했으나 18세기 과격파들이 그 명맥을 계속 이어갔다. 그들은 내각 정부에 반대하는 데 이용하기 위해 옛 이데올로기를 받아들였다.[27]

18세기 공화주의자들의 경고

18세기 공화주의자들은 후세에 이름을 널리 알린 편은 아니었다. 그중 중요 인사를 들자면 존 트렌차드John Trenchard, 토머스 고든Thomas Gordon, 윈체스터 주교 벤저민 호들리Benjamin Hoadly 등이 고작이었다. 그러나 아메리카의 혁명 이데올로기를 만들어내는 데 이들은 로크의 사상을 뛰어넘는 영향을 미쳤다. 분명 공화주의자들은 로크의 사상도 참고했고, 자신들보다 더 독창적인 다른 사람들의 사상에 기대기도 했다. 이들의 사상은 독창적인 것은 아니었으나 정치 이론의 핵심은 18세기의 위대한 휘그 합의를 크게 닮은 것이었다.

이들은 군주제·귀족제·민주제의 혼합 정치체제를 칭송했고, 그 덕분에 영국의 자유가 숨쉴 수 있다고 보았다. 로크와 마찬가지로 이들은 자연 상태에서 인간의 권리가 나온다고 보았고, 상호 합의에 따라 만들어진 시민의 정치체가 그 권리를 보장한다고 생각했다. 계약에 따라 정부가 만들어졌고, 주권은 인민에게 있다는 이들의 사상은 영국 내에서 널리 공유되어 거의 관습적인 것이 되었다. 그러나 18세기 과격파들은 이 사상을 비관습적인 용도에 활용했다. 이들 과격파는 의회에 거의 진출하지 않아 결코 다수를 이루지 못했으나 일련의 내각들과 그 시대의 안일주의에 반기를 들었다.

휘그들과 영국 정부가 영국의 제도, 역사, 자유에 대해 기쁜 찬가를 부르는 동안, 과격파들은 사라져 가는 자유와 영국 정치와 사회에서 늘어나는 부정부패에 대해 슬픈 만가를 불렀다. 그들은 고대 로마 이래 모든 정부 내에는 인민을 노예로 만들려는 시도가 있었다고 주장했다. 정치의 역사는 곧 권력과 자유 사이에 벌어지는 갈등의 역사다. 트렌차드와 고든은《카토의 편지들: 자유에 관한 논문들Cato's Letters: Essays on Liberty》(1721)의 한 논문에서 "권력이 자유를 침해하는 것을 경계하라"고 했다. 이 논문에서 두 사람은 이렇게 주장했다. "권력이 자신을 확대하려 시도하고 권력이 없는 사람들을 침해하려 드는 것은 자연스러운 일이다."《카토의 편지들》에서는 권력을 불에 비유한다. "권력은 감시되고 도발되며 확대됨에 따라, 따뜻하게 하거나 태우거나 파괴한다. 그것은 유익하지만 동시에 위험하다. 그것은 경계를 넘으려는 경

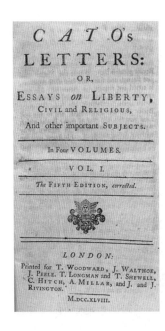

《카토의 편지들: 자유에 관한 논문들》 트렌차드와 고든은 1720년부터 1723년까지 영국 정치체제의 도덕성 부족과 전제정권의 압제를 경고하는 144개 에세이를 런던 저널과 브리티시 저널에 연재했다. 카토라는 필명은 고대 로마 공화정 말기에 공화정 체제를 지키기 위해 카이사르와 맞섰던 정치가 마르쿠스 포르키우스 카토에서 따왔다.

향이 있다." 과격파의 사상은 권력을 크게 불신하고 권력을 힘, 강요, 공격으로 정의했다. 그렇다면 권력은 무엇을 강요하고 침해하는가? 자유였다. 대개 자유는 시민 사회 내 법률로 규정된 한도 내에서 개인의 자연권을 누리고 활용하는 것으로 정의됐다.[28]

과격파의 역사관에 따르면, 영국은 오랫동안 자유를 누려왔다. 영국의 정치체제, 법률, 제도가 성공적으로 권력을 견제했기 때문이다. 그러나 이 작가들은 자유에 반대하는 무자비한 음모들을 발견했고, 18세기 후반부터 미국 혁명에 이르는 동안 그들의 저술에는 영국의 사라져가는 자유에 대한 탄식으로 가득 차 있다. '카토'는 이렇게 선언했다. "공공 부문의 부정부패와 권력 남용이 우리 주위에서 점점 늘어나고 있다. 전부는 아니지만 대부분의 공무원 급여가 인상됐다. 팔

수 있는 물건이 아닌 관직과 자리조차 3배 가치로 팔린다. 필요가 더 많은 공공 부문은 엄청나게 빚을 많이 졌고, 부채가 늘어나면서 인민은 점점 가난해진 반면 공무원의 급여는 올랐고, 연금은 액수가 늘었다.”[29]

“공공 부문의 부패와 권력 남용.” 이러한 문구와 비슷한 표현이 반대파의 문헌에 반복적으로 등장했다. 과격파는 늘어나는 “사치”, “사악한 사람들”의 관직 차지, 풍속의 퇴화, 공무원과 선거구민에 대한 뇌물 등을 개탄했다. 이 정치적 예레미야 예언자들에 따르면, 부정부패와 도덕적 타락의 극치는 자유의 파괴이며, 그 자유를 내각의 독재가 대체할 것이었다.

영국에서의 이런 음울한 예측은 지체 높은 휘그 지도부와 수많은 추종자를 결코 설득하지 못했지만, 아메리카에서는 책임 있는 자리에 있는 많은 사람이 이를 아주 진지하게 받아들였다. 인지세법의 위기가 정점에 도달했을 때, 그 예측은 아주 설득력 있고 타당한 것으로 보였다.

식민지 폭도들의 정서

그 예측은 영국의 조치에 반대하는 운동에 전혀 정치적 이권이 없다고 생각하는 사람들까지도 끌어냈다. 폭도들은 1765~1766년에 앞장서서 인지세 분배관들을 공격했고, 이어 1775년에 전쟁이 시작되기 직전까지 세관 관리들과 그들의 대리인을 공격했다. 이는 아메리카 사회 내의 저항이 어느 정도 극심한지를 잘 보여주는 현상이었다. 폭도들이 인지세법 반대 운동을 일으켰다거나 또는 그 법의 통과 이후 영국 정책에 반대하는 운동을 벌였다는 증거는 존재하지 않는다. 그들은 주저하는 중산층과 상류층에게 입장 정리를 강요하기 위해 독자적인 반대 이유를 만들어내지도 않았다. 그들은 독자적으로 행동하지는 않았지만 무심한 바보는 아니었고 쉽게 조종당하는 존재도 아니었다.

폭도는 다양한 세력으로 구성되어 있어서 손쉽게 조종할 수도 없었다. 대농장주들이 많지 않았던 코네티컷 농촌에서는 소농들이 인지세법에 반대하는 험한 일을 도맡아 했다. 그 외 중소 도시들에서는 폭도에 너무 다양한 사회집단이 포함되어 있어서 조종하기 쉽지 않았다. 도시 군중 가운데 가장 많은 부분을 차지하는 집단은 노동자들로, 미숙련 노동자, 선원, 장인, 소수의 해방 흑인, 몇몇 여성 등이 포함됐다. 이들 집단은 하는 일도 달랐고, 재산 소유의 유무 등에서 다른 집단과 구분됐다. 모든 마을과 도시들을 포함하는 믿을 만한 수치는 없지만, 보스턴의 경우 남성 노동력의 약 30퍼센트가 재산을 갖고 있지 않았으므로 의심할 여지 없이 이들 중 상당수가 폭도에 가담했을 것이다. 그러나 상인을 포함한 재산 소유자들도 1765년 폭동에 참가했다. 버지니아와 남북 캐롤라이나에서는 농장주들이 합류했다. 이 집단 중 누구도 큰 사회적 억압을 느끼지 않았다. 아메리카에서 분명히 억압당하는 집단인 흑인 노예와 인디언은 당연하게도 정치활동에서 배제되어 있었다.[30]

특히 장인과 선원들은 신분 상승을 열망했다. 장인들은 숙련도를 갖춘 수공업자였는데, 동시에 소규모 가게를 운영하면서 제품을 직접 팔기도 했다. 바다의 기능공인 선원들은 일견 사회적으로 고립된 듯 보였다. 물론 그런 면도 있었지만 대부분 선원들은 상인 소유의 배를 타면서 소규모 상업에 참여했다. 상인들은 선원들에게 형편없는 임금을 지불했는데, 보상 차원에서 선원들이 항구에 도착했을 때 판매할 수 있는 물품을 담은 궤짝을 반입하는 것을 허용했다. 선원들은 무자비한 세관 징수관들에게 착취당할 위험이 있었고, 실제로 그런 경우도 종종 있었다. 사업가로서 선원들은 자유와 재산을 동일시하는 생각을 품게 되었고, 따라서 세관 관리들의 탐욕스러운 손길에 분개했다.[31]

인지세법 위기가 발생한 지 몇 년 뒤, 필라델피아의 선박 건조 목수들은 자신들의 정치적 성향을 보여주는 특이한 시위를 주도했다. 시위의 중심에는 예전에 장인이었고 한때 인쇄업자였던 사람이 있었다. 1770년 당시에는 좀 더 큰 인물이 되어 있었던 이 인쇄업자의 이름은 벤저민 프랭클린이었다. 1765년 그는 친구인 존 휴즈John Hughes에게 인지 분배관 자리를 얻어주었다. 휴즈는 왕년에 빵집을 운영한 적도 있는 상인이었는데 그가 혐오스러운 영국 관리가 되었다는 소식이 필라델피아 전역에 퍼지자, 곧 반대의 목소리가 크게 들려왔다. 휴즈는 결국 분배관 자리를 사임했으나, 사임 직전에 그의 결단을 촉구하기 위해 그의 집을 파괴할 것이라는 소문이 나돌았다. 또한 친구에게 그런 잇속이 풍부한 자리를 얻어준 벤저민 프랭클린의 집도 같은 운명에 처해질 것이라는 풍문이 떠돌았다. 1770년 9월 16일, 거사의 날 그 도시의 선박 목수들 조직인 '하얀 참나무들White Oaks'은 함께 모여서 두 사람의 집을 지켜냈다. 다음 달에도 그와 비슷한 장면이 연출되었으나, 폭동은 발생하지 않았다.[32]

이 사건의 시사점은 다음과 같다. 하얀 참나무들은 자신들을 부와 명성의 소유자인 프랭클린 및 휴즈와 동일시했다. 두 사람은 장인들의 꿈과 희망을 구현한 인물이었고 스스로 노력해 신분 상승과, 성공을 거머쥐었다. 따라서 이런 가치를 공유하는 하얀 참나무들은 그들을 구원하러 나섰는데, 이는 결코 사회적으로 과격한 제스처가 아니었다.[33]

영국 정책에 저항하는 일에 군중도 가담했는데, 가장 분명한 증거는 폭도가 실제로 벌인 행동이었다. 영국 관리들, 가령 세관 관리나 세금 징수관들은 당연히 폭동의 목표물이었다. 이들은 때때로 '제보자들'을 고용해 상업 법규를 위반한 상인들이나 선장들을 고발하게 했다. 국왕에 반대하는 사람들이 보이콧이나 수입 거부로 맞서는 동안, 폭도는 '적'과 거래하지 않겠다는 합의를 위반한 사람들에게 폭력으로 위협하거나 실제로 폭력을 가함으로써 단속자 노릇을 했다. 그러나 폭력과 경제적 강요는 일정한 한계를 준수했고 무차별적으로 확대되지는 않았다. 폭도는 실력을 행사할 때에도 광분하지 않았다. 그들의 자기 절제는 탁월하고 효과적이었다. 영국 관리들은 그들을 오합지졸이라고 일축했는데, 이는 오판이었다. 아메리카의 저항은 사회 내에 깊숙이 침투해 있었고, 제국의 권위에 대한 반감이 얼마나 강하게 나타날 수 있는지를 보여주었다.

개신교의 믿음과 민중의 의심

아메리카인들이 음모론을 상식적 진리로 받아들이게 만든 또 다른 상황은 그들이 믿는 개신교의 가르침이었다. 그들은 각성하고 복음을 믿으며 정신적 부흥을 열망하는 사람들의 자녀였고, 자유를 침해하려는 사악한 음모가 부패하고 타락한 '가톨릭' 영국에서 꾸며지고 있다는 소식에 전혀 놀라지 않았다. 식민지의 건설자들은 18세기 기준으로 볼 때 지속적인 음모의 초창기 계획을 피하여 17세기에 아메리카로 건너왔다. 기독교의 역사에는 이와 유사한 사례가 많았다.

아메리카의 개신교도들은 수많은 공무원과 공공 감독관이 식민지에 정복군처럼 도착하는 광경에 매우 민감하게 반응했다. 이런 광경은 소책자 저술가들이 이미 예측한 바 있었다. 순수하고 단순한 삶, 근면, 절약, 검소라는 전통적인 개신교 미덕이 결국 그들의 생활과 행동을 규정했다. 공무원과 그들의 보조자라는 형태로 영국에서 아메리카로 건너오게 될 타락, 나태, 방탕의 이야기에 아메리카인들은 당연히 혐오감을 느꼈다.[34]

이러한 식민지인의 정서는 다음과 같은 사실을 말해준다. 즉, 식민지의 폭동은 비록 명백하게 표현되지 않고 일부 위장되기도 했지만, 부분적으로는 가치의 문제를 넘어 발생한 것이었다. 그들은 영국의 부정부패를 증오했다. 이것이 많은 식민지인에게 그들의 사회도 영국 같은 유약함, 나태, 사치, 도덕적 타락에 빠져들지 않을까 하는 공포를 일으켰다. 이렇게 볼 때 인지세법 위기 때 폭도가 선택한 희생자들은 단지 영국의 정책을 지지하거나 지지한다고 추정된 탓에 공격 대상이 된 것은 아니었다. 가령 앤드루 올리버, 자레드 잉거솔, 특히 토머스 허친슨 같은 이들은 도덕 질서를 위협하는 대표적인 인물이었다. 이들과 그 비슷한 사람들을 공격함으로써, 폭도들은 아메리카의 정치적 자유뿐만 아니라 미덕과 도덕도 수호했다.

폭도들, 그리고 민중의 지도자들은 의심의 여지 없이 자신들이 철저한 악과 대면하고 있다는 믿음 속에서 행동에 나섰다. 이들은 인지분배관을 비난하는 데 악마의 유령을 소환해 분배관을 악마와 동일시했다. 개신교의 관심사와 심리 상태는 사람들이 도덕과 영생을 과장하도록 만들었고, 보이지 않는 사악한 힘에 대한 공포를 더욱 무시무시한 것으로 증폭시켰다. 이러한 성향이 식민지 사회 내에 널리 확산되어 사람들의 사고방식과 정서를 지배했다. 사람들의 도덕적·심리적 가치를 강화해주는 개신교가 그런 사고방식과 정서를 권장했기 때문이다. 이는 개인적 행동의 이유가 정치적 행동의 이유를 설명해주는 것으로 보이기도 했다. 또한 이것은 그들이 믿어온 오래되고 편안하며 선량한 도덕적 규율과도 일치했다. 왜냐하면 폭군의 사악한 의도에 영합하는 게으르고 방탕한 공무원들에 대한 증오는 곧 적법한 정부를 신봉하는 정직하고 근면한 자유인에 대한 사랑을 의미하는 것이기도 했기 때문이다. 공포와 망상이 식민지 전역에 책임 있는 공공질서를 만들어냈다는 사실은 물론 아이러니다. 하지만 궁극적으로 이 아이러니는 인지세법으로 시작된 기나긴 위기 상황 속에서 생겨난 것이었다.

찰스 톤젠드의 유산

인지세법의 폐지에 아메리카인들은 기뻐했지만
영국인들에 대한 불신이 같이 해소된 것은 아니었다.
인지세법 폐지의 여파로 매사추세츠와 코네티컷을
비롯한 식민지들에서는 정치 권력의 변동이 일어났다.
영국인들은여전히 아메리카에 과세하려는 생각을 포기하지
않았는데, 아메리카에서 발생한 숙영법 논란은 새로운 문제를
낳았다. 이러한 상황에서 채텀 내각에서 주도권을 쥔 찰스 톤젠드는
이후 영국과 아메리카에 영향을 미칠 몇몇 법안들을 밀어붙이는 데
성공했다.

인지세법 폐지에도 불신은 커져가다

1765년 7월 그렌빌이 총리직에서 해임된 직후 영국 의회가 인지세법을 철폐했다거나 곧 철폐하리라는 소문이 식민지에 서서히 전해졌다. 영국에서 오는 배들이 대부분 이런 소식을 전해주었는데, 때때로 덜 유쾌한 소식도 들려왔다. 가령 마땅치 않아 하는 영국 하원 때문에 곤경에 처한 내각이 그 법을 법령집에서 삭제하려고 했으나 성공하지 못했다는 것이었다. 1766년 5월 2일에 소문이 아니라 정확한 정보가 알려졌다. 《버지니아 가제트》는 인지세법 폐지 소식과 영국 의회의 입법권이 식민지에도 적용된다는 '1765년 아메리카 식민지 선언법'의 전문을 보도했고, 다른 신문의 발행인들도 몇 주 안에 그 법령을 신문에 게재해 널리 알렸다.

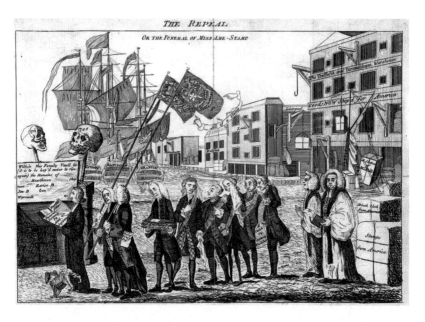

인지세법 폐지 촉구 만평 왼쪽에서 네 번째 인물이 조지 그렌빌로, 그가 안고 있는 관은 1765년 제정되어 1766년 폐지된 인지세법을 뜻한다.

인지세법의 폐지 소식을 들은 아메리카 전역의 작은 마을과 도시들은 축제 분위기에 휩싸였다. 물론 도시들은 마을들보다 그 기회를 더욱 적극적으로 활용했다. 뉴욕은 특히 소란스러웠다. 그곳에서 자유의 아들들은 엄청나게 많은 독주를 마시고 영국의 영웅들과 자신들에게 축하의 건배를 했고, 폭죽놀이와 축포 쏘기 등의 행사를 벌인 뒤에 마침내 총독을 '축하'하기 위해 단체로 요새를 향해 행진했다. 총독은 그들이 비록 술에 잔뜩 취했지만 그래도 그중 세 명을 대표로 접견했다. 이 축하 광경을 목격한 영국군의 한 장교는 못마땅한 어조로 이렇게 보고했다. "그날 밤은 폭음, 불꽃과 폭죽놀이, 소총과 권총의 발사, 주택들의 창문 깨기, 현관문의 문고리 잡아 뜯기 등의 행사로 끝났다."[1]

저 멀리 남쪽에 있는 찰스턴의 시민들도 흥에 겨워 똑같은 행사를 벌였으나, 다소 온건하고 절제된 분위기였다. 보스턴 사람들도 인지세법 폐지를 축하했다. 몇몇 부유한 시민은 큰돈을 내놓아 감옥에 갇힌 채무자들의 빚을 모두 탕감했고, 그중에서도 제일 부자인 존 핸콕John Hancock은 "시민들에게 마데이라 와인이 든 큰 술통"을 제공했다.[2] 또한 핸콕은 친구들을 위해 화려한 파티를 열기도 했다. 필라델피아에서는 법안 철폐 때문에 자만하거나 비난을 퍼부어서는 안 된다고 말하면서 절제하는 모습이 보였다. 이 도시에서는 시장이 주최하는 멋진 만찬이 열렸고, 총독과 고위 관리들이 참석했다. 보통 시민들을 위해서는 불꽃놀이로 "조명"을 밝혔는데, 프랭클린의 친구들에 따르면 "아주 신중하게 진행되는 놀이"였다.[3]

식민지 의회들이 그해 하반기에 속속 소집되어 법안 철폐에 대한 기쁨을 표명했는데, 대부분의 의회는 국왕에게 감사 서한을 보냈다. 충성심과 감은지정感恩之情을 매사추세츠 의회만큼 간곡하게 표명한 의회도 없었다. 그러나 인지세법에 대한 반대를 처음 표명했던 버지니아 의회는 이 상황에서 아무런 조치도 취하지 않았다. 국왕에게 감사 서한 보내기를 거부하며 1년 전과 같은 굳건한 자세를 그대로 유지했다.[4] 5월에 인지세법 철폐 소식이 전해졌을 때, 버지니아 의회는 개회 중이 아니었고 11월이 되어서야 소집됐다. 그사이 영국 의회의 조치에 대한 열광적인 반응은 불가피하게 시들해졌고, 여전한 반감에 사로잡혀 있던 사람들은 왜 이런 요란한 축하를 벌이느냐고 반문했다.

5월에 아메리카인들이 진정한 즐거움과 안도를 느끼지 않았던 것은 아니었다. 물론 그들도 즐거움을 느꼈고, 법안 폐지에 안도했지만 드러내놓고 말하지 않은 어떤 분위기 또는 불안이 존재했다. 그들에게 벌어진 일에 뭔가 불분명한 것이 있었고, 바다 건너 영국에 대한 불신이 있었다. 심지어 아메리카인을 위해 중간에서 적극적으로 중재해준 영국 상인들에게도 그런 불신이 있었다. 음험한 내각이 아메리카인에게서 자유를 빼앗으려고 음모를 꾸미고 있다는 생각은 아주 강력했다. 로킹엄 휘그가 내각을 장악한 이후에는 이런 생각을 겉으로 표현하는 일이 한결 잠잠해지기는 했지만 말이다. 음모꾼들은 이미 오래전부터 정체를 드러냈다. 특히 조지 그렌빌이 그들을 표면적으로 이끌고 있었으나, 배후에는 뷰트 백작이 어른거렸다.

오만한 영국, 선을 넘다

인지세법에 대해 반대 탄원서를 보내고 폭동을 일으켰던 아메리카인들은 이 음모꾼들을 증오했다. 그렇지만 그들은 '식민지의 친구들', 즉 법안 철폐를 밀어붙인 사람들에 대해서도 그리 깊은 애정을 느끼지 못했다. 이 친구들은 영국 의회가 '모든 경우에 식민지를 구속하는' 권한을 갖고 있다는 내용의 선언법을 통과시켰기 때문이다. 처음에 이 부분을 읽은 대부분의 식민지인은 의회의 이런 주장에는 과세권이 들어가지 않는다고 생각했다. 하지만 어떤 사람들은 그렇게 확신하지 못했다. 더욱 불길한 것은 이른바 식민지의 친구들이라는 사람들의 기이한 우월적인 자세 또는 오만한 태도였다. 가령 영국 의회 밖에서 인지세법의 철폐를 지원했던 영국 상인들은 자신들의 성공에 대해 필요 이상으로 자만했다. 그들은 식민지인이 그들에게 큰 은혜를 입은 것처럼 행동했다. 하지만 이들이 무역을 다시 활성화해 이익을 확보하고자 법의 철폐를 환영했다는 사실을 모든 사람이 알고 있었다. 아메리카인들은 영국 상인들이 스스로의 이익을 위해 아메리카를 옹호했다는 사실을 폄하하지 않았고 심지어 놀라지도 않았다. 그들은 그것을 이해했고 확실히 인정했다. 반면 영국 상인들이 아메리카인에게 보낸 경고 편지 내용, 즉 앞으로 영국 의회의 과세에서 제외해 달라는 주장을 해서는 안 된다는 말에서는 아메리카인들에 대한 몰이해가 여실히 드러났다. 식민지에 대

조지 메이슨(1725~1792) 미국의 정치 사상가이자 버지니아 농장주로 영국 의회의 오만을 지적하는 글을 남겼다. 훗날 미국 권리장전의 기본인 버지니아 권리장전의 초안을 썼다.

한 영국 상인들의 태도는 잘못된 것이었다. 이는 위기 사태의 초기부터 그러했다. 버지니아의 저명한 농장주인 조지 메이슨George Mason은 그런 태도에 대해 이렇게 말했다.

그것은 학생을 가르치는 교사의 권위적인 방식과 비슷했다. "우리는 엄청난 어려움과 피곤함을 감내하고 이번 한 번은 그냥 넘어가기로 했다. 앞으로는 좋은 아이가 되기를 바란다. 엄마와 아빠가 시키는 대로 행동하고, 너희 것을 지키도록 양보해준 그들에게 즉각 감사의 표시를 해야 한다. 그러면 너희의 모든 친지는 너희를 칭찬하고 사랑해줄 것이고 예쁜 것들도 너희에게 줄 것이다. 하지만 너희가 나쁜 아이가 되어 말을 잘 안 듣고 엄마와 아빠 말도 무시한다면, 그러면서 그 내용이 무엇이든 부모의 명령이 부당하거나 불합리하다고 감히 생각한다면, 심지어 부모의 관대함이

사랑과 배려의 동기 이외의 어떤 것에서 나왔다고 생각한다면, 아직 미성년인데도 너희 스스로 판단할 수 있고 선악을 구분할 수 있다고 생각한다면 모든 사람이 너희를 미워할 것이다. 너희가 배은망덕하고 의무를 게을리하는 아이라고 비난할 것이다. 우리들 부모와 스승은 너희를 심하게 매질할 수밖에 없고, 너희의 친구들은 너희를 위해 변명해주는 것을 부끄럽게 생각할 것이다. 아니, 그들은 너희의 잘못 때문에 비난받을 것이다." [5]

이런 어조는 너무 오만해 불쾌감을 안겨주는데, 그 밑에서 어른거리는 뜻은 그보다 더 나빴다. 즉, 영국인들은 아메리카인들의 정치체제 논의를 전혀 이해하지 못했고, 아메리카인들이 자신들이 선언한 원칙들을 실제로 믿고 있다는 생각을 납득하지 못했다. 미국 혁명을 연구하는 역사가들은 영국과 식민지 사이의 의사소통 결핍이 그 둘을 분열시켰다고 지적했다. 사실 영국과 아메리카 사이에는 대서양이 있었고, 이 바다를 건너 정보를 교환하는 데는 몇 달이 걸렸다. 어떤 소식이 한쪽에 도착할 즈음이면 그것은 이미 낡은 것이 되어버리기 일쑤였다. 역사가들의 주장에는 일리가 있다. 그러나 배가 대서양을 느리게 횡단하기는 했지만, 놀라울 정도로 많은 양의 지식이 서로 오고 갔다. 인지세법 위기의 여파에 대해서 말하자면, 오히려 정보 교환이 너무 많았다고도 할 수 있을 것이다. 신문에 보도된 상인의 편지들을 읽은 아메리카인은 그 의미를 이해했다. 그리고 아메리카의 입장도 영국에서 충분히 개진됐다. 그러나 그 입장을 진지하게 고려하거나 깊이 공감하는 영국인은 거의 없었다.

영국인들의 문제는 자신들에게 문제가 있다는 점을 보지 못하는 것이었다. 전년도에 많은 편지와 진정서 및 청원서 등이 아메리카에서 건너왔으나 그들에게는 소 귀에 경읽기였다. 오랜 세월 식민지들을 지배하다 보니 감각이 무뎌졌던 것이다. 17세기에 식민지들이 네덜란드와 거래를 시작하자 영국 의회는 그들의 무역을 영국의 항구들로 제한했다. 식민지들이 유럽 제품에 대해 호감을 보이자, 의회는 그것을 아예 사전에 봉쇄해버렸다. 식민지들이 영국 제품의 시장을 위협한다 싶으면 그것을 막는 법령을 통과시켰다. 그들은 '우리의 식민지', '우리의 신민', 그리고 조지 메이슨이 말한 것처럼 '우리의 아이들'이었다. 영국 의회는 부모이니 식민지인들은 마땅히 복종해야 했다.

식민지인들은 여러 해 동안 존경심과 자발적인 복종심으로 이런 관계 내에서 자신들의 역할을 충실히 수행했다. 그들은 복종을 받아들이고 살아왔다. 그들은 변방 사람들이었으며, 18세기에 변방 사람들은 본토를 선망의 대상으로 바라보았지 자신들이 본토와 동급이라고 생각하면서 스스로를 속이지도 않았다. 또한 그런 예속 관계를 묘사하는 가족적 비유도 받아들였다. 영국은 어머니의 나라였고, 그들은 복종심을 가진 아이들이었다. 그러나 이런 태도에는 분명히 한계가 있었다. 인지세법 위기에서 영국 의회와 그렌빌 내각은 그 선을 넘는 실수를 저질렀다. 영국 내에 이런 실수의 심각성을 꿰뚫어볼 정도로 통찰력을 갖춘 사람이 얼마나 없는지가 위기 직후 드러났다.

인지세법 철회 이후 식민지 정치의 변동

영국에 대한 의혹은 사라지지 않았지만, 아메리카 정치의 당파주의는 더욱 심각해졌다. 실제로 여러 식민지들에서는 인지세법을 철회시킨 것이 오히려 현지 권력 구도에 중요한 변화를 가져왔다. 때때로 주요 관직이나 의회의 장악 세력이 바뀌면서, 사람들에게 어디에서나 어느 편인지를 분명하게 밝히도록 강요했다. 더욱 중요한 점은 이제 각 지역의 정치에서 식민지들을 하나로 통합할 수 있는 잠재력을 가진 사안이 생겼다는 사실이었다. 즉, 영국의 지배에 대한 적개심 말이다.

식민지 정치인들이 이 적개심을 활용할 수 있는 곳에서는 급격한 변화가 발생했다. 대세를 잡은 측은 반대파가 영국 내각의 정책을 지원한다고 매도하면서 사건을 일으켜 정계의 변화를 유도했다. 매사추세츠의 경우, 오티스 당파는 별 어려움 없이 버나드 총독, 토머스 허친슨과 그의 친구들에게 인지세법에 동조한다는 오명을 뒤집어씌웠고, 그 결과 관직과 각종 임명권을 거머쥐고 그것을 지지자들에게 뇌물로 나눠주었다. 비난 사항들 중 거의가 사실 별 문제가 없었고, 대부분은 오티스 무리가 꾸며낸 것이었다. 그들은 1766년 5월 선거에서 처음으로 기회를 잡았고, 이는 그들이 인민의 적이라고 부른 자들을 하원과 총독 자문위원회에서 싹 쓸어버릴 좋은 기회였다. 또한《보스턴 가제트》에 캠페인을 시작하면서 온갖 공격의 글을 실었다. 오티스 파는 총독과 자문위원들이 하원의 동의도 받지 않고서 측근들에게 예산을 배정했다고 비난했다. 특히 '접대'를 비난했는데, 이는 '뇌물'의 우회적 표현이었다. 접대란 표를 찍어달라면서 선거구민에게 럼과 와인을 제공하는 것으로, 으레 자주 벌어지는 관행이기도 했다. 오티스 파는 인지세법에 동의하라고 권장한 자들 또는 '자유의 아들들'을 나쁘게 말한 자들을 비난했다. 대표적으로 허친슨 일파는 그 명칭을 경멸하면서 '폭력의 아들들'이라고 부르는 것이 더 타당하다고 말한 바 있었다.[6]

이런 비난은 매사추세츠 전역에 있는 자유의 아들들을 교화하기 위한 것이었다. 혹시 이 교화의 요점을 사람들이 놓칠 것을 우려해《보스턴 가제트》는 하원의원들을 평가하기 위한 모범적인 지시 사항을 발간했고, 각 마을에 이 사항을 따르라고 권장했다.《보스턴 가제트》는 위원직에 적합하지 않은 32명의 명단을 공개했고, 이들을 위한 가장 좋은 지시 사항은 의원직에서 은퇴해 야인으로 돌아가게 하는 것이라고 제안했다.[7]

버나드 총독은 그런 부적절한 행동을 싫어했고, 특히 공공 문제나 총독 자신의 개인적 문제와 관련해 엉뚱한 비난을 해대는 것을 증오했다. 토머스 허친슨도 그런 행동을 싫어해 친구들로 하여금《보스턴 이브닝 포스트Boston Evening Post》에다 자신을 옹호하는 글을 신도록 유도했다. 이들은 진실을 존중해야 한다고 주장하며 자신들을 옹호했다. 특히 인지세법과 관련해서는 자신들의 입장이 잘못 알려졌다고 강하게 변명했다. 허친슨도 버나드도 그 법의 통과를 촉구한 적이 없었다. 허친슨은 개인적으로 그 법에 개탄하기도 했다. 그러나 사건이 지나간 지 한참 후라 비판자들의 마음은 전혀 움직이지 않았다. 그 비판자들이 싸움터를 장악했기 때문에 더욱 그랬다.《보스턴 이브닝 포스트》는 공격도 하고 방어도 했는데, 주된 희생자인 제임스 오티스는 엄청난 공격을 당했다. 오티스의《핼리팩스 중상비방에 대한 간단한 논평》에서는 그가 써낸 또 다른 소책자《식민지의 권리》와는 다소 다르게 영국 의회의 권력을 강조했다. 이 소논문은 "일관성 없는 주장과 얼버무리는 둔사" 때문에 특별한 조롱의 대상이 되었다. 그리고 오티스 자신은 "두 얼굴을 가진 제임스 2세 지지자 휘그" 또는 "사기꾼" 등의 거친 인신공격을 당했다.[8]

그러나 버나드의 지지자들은 이런 반격에 나섰음에도 선거에서 큰 패배를 당했다. 낙선 운동의 대상으로 지목된 32명의 의원 중 19명이 패배했다. 매사추세츠에서 새로운 하원과 이임離任 총독 자문위원회는 새로운 자문위원들을 선출했다. 그리하여 5월 선거에서 현직자문위원들 중 네 사람, 법관 피터 올리버, 장관 앤드루 올리버, 검찰총장 에드먼드 트로브리지Edmund Trowbridge, 대법관 토머스 허친슨이 사직했다. 이 사람들은 모두 다수의 직책을 차지했고, 행정부의 협조자로 악명이 높았다. 트로브리지를 제외한 나머지 세 사람은 혈연과 통혼으로 서로 맺어져 있었다. 다섯 번째 자문위원인 벤저민 린드는 상급법원의 판사였는데, 강제로 밀려나기 전에 스스로 물러났다. 버나드 총독은 이 편안한 옛 친구들 대신에 인민이 선택한 위원들을 거부했고, 하원의장으로 선출된 제임스 오티스도 거부했다. 하지만 버나드의 입지는 예전보다 한결 약해져 있었고, 스스로도 그 점을 잘 알았다.[9]

자유의 아들들, 속셈을 드러내다

매사추세츠에서 총독은 그래도 살아남았다. 그러나 총독 자리가 선출직인 코네티컷에서는 토머스 피치 총독이 살아남지 못했다. 피치는 1765년 11월 인지세법을 집행할 것이라고 공언했고, 그 결과 1766년 봄 선거에서 패배했다. 피치의 입장에서는 그런 공언을 하지 않으면 벌금 1000파운드를 물 상황이었다. 하지만 벌금의 유무와 관계없이 피치는 워낙 고집스런 성격이어서 공언을 했을 사람이었다. 피치와 코네티컷 총독 자문위원회의 여러 위원은 자유의 아들들이 자신들을 인지세법과 동일시하는 데 성공하자 자리에서 물러났다. 이 사람들은 자레드 잉거솔의 무거운 짐을 어깨에 지고 다녀야 했다. 그들과 마찬가지로 잉거솔은 오래된 빛파였고, 펜실베이니아의 와이오밍 밸리에 진출한 서스쿼해나 회사의 야망에 반대했다. 반면 자유의 아들들은 대부분 새로운 빛파였다. 서스쿼해나 회사의 주장을 적극 지지하는 뉴런던과 윈덤 카운티에 거주하던 자유의 아들들은 잉거솔과 오래된 빛파를 서로 연결시켰고, 자동적으로 오래된 빛파는 인지세법을 지지하는 세력으로 치부됐다. 이는 비겁한 방식이었지만, 사람들 사이에 널리 퍼졌으므로 아주 파괴적인 효과를 냈다.[10]

1766년의 선거가 다가오자, 윈덤과 뉴런던 카운티 출신 회원들이 장악하고 있었던 자유의 아들들은 3월 말 하트퍼드에서 식민지 전역을 대상으로 하는 회의를 조직했다. 첫 번째 의제는 다른 식민지에 있는 자유의 아들들과 소통을 계속 유지하자는 결의안으로 별문제 없이 마무리됐다. 이어서 회의는 비밀회의로 전환되어 서부 카운티에서 온 일부 대표들을 놀라게 했다. 윈덤과 뉴런던 대표들은 곧 속셈을 드러냈다. 바로 총독, 부총독, 총독 자문위원회의 후보들을 지명하려는 속셈이었다. 이미 하원은 안전하게 민중의 손에 들어가 있었다. 난상토론이 벌어진 끝에 하루 동안 정회가 선언됐다. 그리고 다

조너선 트럼불(1710~1785) '자유의 아들들'의 지지를 받아 1766년 코네티컷 부총독이 되었다. 1769년 피트킨이 사망하자 총독(1769~1776) 자리에 올랐으며, 미국 독립 이후에도 코네티컷 주지사(1776~1784)로 재임했다.

시 토론이 속개되어 지명 후보를 총독과 부총독으로 한정하기로 했고, 총독 자문위원에 대한 별도의 지지는 하지 않기로 결정됐다. 만약 후보를 전부 다 바꿔버리면 "행정부에 대대적인 변화가 생기기 때문"이었다. 자유의 아들들은 5월 선거에서 약속을 실천했다. 부총독이었던 윌리엄 피트킨William Pitkin이 피치를 밀어내고 총독이 되었고, 부총독 자리에는 조너선 트럼불Jonathan Trumbull이 선출됐다.[11]

다른 곳들, 가령 뉴저지, 메릴랜드, 남북 캐롤라이나에서는 인지세법이 현지 정치에 미친 영향이 그리 분명하지 않았다. 또한 뉴욕의 경우에는 1776년에 선거가 없었기 때문에 영향을 거의 받지 않았다. 인지세법에 맹렬하게 반대했던 로드아일랜드에는 이렇다 할 친영국파가 없었다. 토머스 모패트와 마틴 하워드를 비롯해 동지들이 떠나간 뒤 그들을 대신해 나선 사람들도 없었다. 토리 준토는 그저 성가신 존재에 불과했고, 관직을 차지하지 않았으니 쫓아낼 이유도 없었다.[12]

펜실베이니아는 가장 이상한 경우였다. 예전의 동맹관계였던 두 세력인 퀘이커 교도와 지주파는 인지세법에 적극적으로 반대하지 않았다. 벤저민 프랭클린이 이끄는 퀘이커 교도는 원성이 자자한 지주들을 대체하기 위해 지주들의 정부 대신 국왕 정부를 추구했기 때문에 불만을 드러내놓고 말할 입장이 아니었다. 그들이 내각의 정책에 맞서 폭동을 일으키면 국왕이 지주들에게 내준 칙허장을 취소하지 않을 것이기 때문이었다. 따라서 그들은 침묵을 지켰다. 마찬가지로 지주파 역시 같은 방식으로 충성심을 표시하면 국왕이 기존 칙허 권리를 취소하지 않을 것이라고 희망했다.[13]

1766년 중반에 이르러 이 두 집단의 주변부에서 참신한 정치 세력이 등장했다. 이들 장로교당은 영국국교회가 아메리카로 들어오는 것을 우려했다. 선언법이 이 공포를 부추겼는데, 식민지가 주교 제도에 반대할 경우에 아무런 보호도 받지 못하리라고 암시했기 때문이다. 장로교당은 1766년 당시 장로교, 퀘이커 교도, 독일 교회 신자, 스코틀랜드-아일랜드 교회 신자 등으로 이루어진 미완의 연합 세력이었다. 훗날 이 당의 주력이 되는 필라델피아의 기술직 장인들과 서부의 농부들은 이로부터 2년 뒤 당에 들어왔다.

식민지 의회, 숙영법을 거부하다

인지세법은 일시적으로 여러 종류의 식민지 단체를 단결시켰지만 식민지 정치의 당파주의까지 잠재우지는 못했다. 1766년의 봄이 지나갈 때쯤 인지세법은 이미 흘러간 과거가 되었으나, 그 법이 야기한 영국의 음흉한 목적에 대한 의심은 여전했을 뿐만 아니라 해결되지 않은 여러 고충 때문에 더욱 강화됐다. 우선 식민지 무역에 대한 규제가 있었는데, 특히 당밀 세금에 대한 불만이 높았다. 비록 이 세금이 갤런당 1페니로 줄어들기는 했지만, 식민지로 수입되는 모든 당밀에 부과됐고 심지어 영국령 서인도제도에서 들여오는 당밀도 면제 대상이 아니었다. 1760년대 중반에는 화폐 규제가 있었는데, 이것은 다른 식민지보다 특히 뉴욕 상인들의 무역을 크게 옥죄었기에 뉴욕 사람들은 큰 불만을 표시했다. 또한 영국 내각은 인지세 폭동 때 피해를 당한 사람들에 대한 보상을 요구했는데, 당연한 일이지만 총독과 식민지 의회 사이의 갈등을 증폭시켰다.[14]

매사추세츠의 버나드 총독은 평소의 퉁명스러운 방식대로 보상금 문제를 투표로 결정해 정의를 회복시키라고 하원에 요구했고, 그렇지 않으면 국왕의 명령으로 보상금을 강제 징수하겠다고 말했다. 주 의회는 주민의 돈을 강제 징수할 권한을 가진 사람이 누구냐며 보상 조치는 관대함의 표시이지 정의로운 행동은 될 수 없다고 대꾸했다. 이런 의견 교환 직후 식민지의 다른 도시들은 폭동이 보스턴에서 발생했는데 왜 보상금을 우리가 지불해야 하느냐고 항의했다. 보상금 전액을 단독으로 지불해야 하는 불쾌한 전망과 마주하자, 보스턴시 회의 참석자들은 태도를 일변해 식민지 당국이 폭동의 피해자들에게 보상해야 한다고 주장하고 나섰다. 보스턴의 지도자들은 피해 보상은 어떤 한 지역의 문제가 아니라 모든 마을이 분담해야 하는 문제라고 가까스로 의회를 설득했다. 그러자 의회는 지불을 약속하면서 폭동 혐의를 받는 사람들을 사면해야 한다는 조건과 연계시켰다. 1766년 12월에 보상과 사면을 약속하는 법률이 의회를 통과해 버나드 총독에게 회부되었다. 식민지 의회는 전통적으로 행정부의 권한인 사면을 직접 행사할 수 없었는데, 그 점은 버나드도 알고 있었다. 그래서 식민지 의회는 총독이 그런 교환 조건을 받아들이도록 유도했다. 토머스 허친슨과 다른 피해자들은 총독의 친구들이었고 보상금을 받아야 할 형편이라 당연히 버나드는 그 법률을 승인했다.[15]

뉴욕에서도 보상 문제가 제기됐다. 그곳 의회는 요새의 지휘관인 제임스James 소령이 입은 개인 재산의 피해를 보상하기로 동의했다. 또한 제임스가 살던 집의 주인에게도 폭동 당시 입은 피해를 보상하기로 했다. 그러나 부총독 콜든Colden은 보상을 받지 못했다. 주 의회가 냉정하게 지적했듯이, 콜든은 자신의 "잘못된 행동"으로 그런 손실을 초래했기 때문이다.[16]

콜든뿐만 아니라 아메리카에 주둔하는 영국군의 장군인 게이지Gage

또한 1766년 뉴욕 의회로부터 비용 지급을 거부당했다. 거절의 근거는 1765년 제정된 숙영법Quartering Act의 준수를 식민지 의회가 거부한 일이었다. 이 법에 따르면, 식민지는 해당 지역에 주둔하는 영국 군대에 병영이나 술집 또는 빈 건물 등을 숙영 장소로 제공해야 했다. 단 개인의 집은 여기에서 제외됐다. 또한 이 법은 식민지가 일정량의 식량, 땔나무, 양초, 사과주, 맥주 등을 제공할 것을 요구했다. 숙영법이 통과된 당시 영국군 부대는 주로 서부에 주둔하고 있었으나, 곧 많은 부대가 동부로 이동했다. 부분적으로는 인지세법에 대한 저항이 폭력화하자 그에 대비하려는 뜻도 있었다. 이렇게 이동한 영국군 부대는 대부분 뉴욕에 배치됐고 그중에서도 많은 부대가 허드슨밸리 지역에 주둔했는데, 특히 올버니 주변에 집중됐다. 그런데 1766년 봄 올버니의 대지주들은 영국군을 투입해 소작농의 대규모 봉기를 진압해달라고 요청했다. 사리분별이 밝은 게이지 장군은 군대를 그렇게 전용하는 것이 못마땅했지만, 결국에는 대지주의 요구를 들어주었다. 그랬음에도 다수의 대지주가 의원으로 진출해 있는 식민지 의회에서, 숙영법을 준수해달라는 장군의 요구를 계속 거절하자 게이지는 더욱 놀랄 수밖에 없었다. 그리하여 코미디 같은 일이 벌어졌다. 게이지 장군과 새 총독 헨리 무어Henry Moore 경은 식민지 의회에 숙영법을 상기시키려고 이 법의 전문을 의회로 보냈으나, 의회는 군대의 요구와 법령의 존재를 인정하려 들지 않았다.[17]

이 문제는 결국 코미디가 아니었다. 식민지 의회의 눈으로 볼 때, 숙영법은 식민지에 세금을 매기려는 영국 의회의 또 다른 시도였다. 원칙과 재산의 문제가 또다시 불거졌고, 식민지 의회는 그 두 문제에서 결코 양보하지 않겠다고 결단했다. 그해 초여름에 의회는 올버니와 뉴욕시에 병영을 짓는 예산으로 기존 자금에서 3200파운드를 지원했으나, 숙영법이 요구하는 음료, 소금, 식초 등의 공급은 거부했다. 의회는 이런 제한적인 지원을 하면서도 그것이 숙영법의 요구를 따르는 것이라고 인정하기를 거부했다. 뉴욕 식민지 의회는 1762년부터 이월된 예산을 사용한 것이라고 주장하면서, 이 지원이 숙영법의 준수와는 무관하다는 입장을 유지했다.[18]

윌리엄 피트, 채텀 백작이 되어 내각을 구성하다

이런 사건들은 국왕이 로킹엄 경을 총리직에서 사임시켰던 1766년 여름까지는 영국에 알려지지 않았다. 로킹엄 내각은 영국 의회에 세력을 강력히 구축하지 못했고, 그해 봄부터 금이 가기 시작했다. 북아메리카와 거래하던 상인과 서인도제도와 거래하던 상인이 서로 결별한 것이 계기였다. 인지세법 폐지에 큰 힘이 되었던 이 두 상인 집단은 서인도제도에 자유항을 설립하는 안건을 두고 서로 사이가 벌어졌는데, 로킹엄이 그 안건을 지지하자 서인도제도의 농장주들은 로킹엄 지지 세력에서 이탈했다. 내각은 의회 내에서도 힘이 없었을 뿐만 아니라 각료들 사이에서도 분열되어 있었다. 북부 장관인 그래프턴 공작은 피트가 정부에 들어오지 않은 것에 불만을 품고 봄에 사임했다. 노팅턴 경은 7월 초에 국왕을 알현하고 국새를 관리하는 국새상직을 사직하려고 하니 재가해달라고 요청했다. 로킹엄은 피트의 지원이 절실히 필요했으나, 피트에게 지원 요청을 할 때마다 번번이 거절당했다. 내각이 뷰트의 친구들에게 더 많은 관직을 나눠줄 의향이 있었더라면 조금 더 오래 버텼을 것이다. 그러나 그렇게 하기에는 대가가 너무 컸다. 국왕은 로킹엄을 높이 평가하지 않았고, 그 자리에 그렌빌을 임명하는 것도 두려워했다. 5월 쯤 국왕은 피트가 정부를 구성할 의향이 있다는 것을 알고서 7월 말에 적당한 기회가 오자 로킹엄을 사임시키고 피트를 총리 자리에 불러들였다.[19]

어거스터스 피츠로이(1690~1757)
제3대 그래프턴 공작으로 채텀 내각에서 제1대장경으로 임명되어 행정부 수반이 되었으나 실질적인 내각은 채텀 백작인 윌리엄 피트가 이끌었고 재무부는 제2대장경이자 재무장관인 톤젠드가 이끌었다.

피트는 당시 57세였고 5년 전 총리직을 사임한 이래 기이한 행동을 보였음에도 여전히 위대한 국가적 영웅으로 존중받았다. 국왕은 그를 세 번이나 불렀으나 그때마다 그는 적당한 이유를 대면서 거부했다. 그는 이 시기에 의회에 거의 나가지 않았고 일반 정치가들의 관심사에 대해서는 무지와 무관심을 표명했다. 그는 하원 내에서 '파벌'이라고 할 만한 추종자들, 즉 후원과 영향력으로 자신과 얽힌 사람들을 별로 거느리지 못했다. 피트는 이런 시시한 연고 관계를 경멸했다. 오히려 격정적인 연설로 하원의원들을 감동시킬 수 있었고, 인지세법과 관련된 토론 때 웅변 능력을 유감없이 발휘했다. 피트가 정부 수반이 되는 데 동의하자 귀족으로 신분이 상승해 채텀Chatham 백작이라는 호칭을 수여받았고 하원을 떠나 상원으로 가게 되었다.[20]

채텀이 구성한 내각은 능력은 훌륭하지만 기질이나 야망이 서로 다른 사람들로 채워졌다. 채텀은 별 기능이 없는 자리인 국왕의 개인 도장을 관리하는 옥새상서를 맡았다. 그의 친구이자 숭배자인 그래프턴 공작은 재무부 제1대장경을 맡아서 명목적으로 행정부를 이끌게 되었다. 그래프턴에게는 경험과 원숙함이 부족했고, 권력을 행사하려는 진지한 열망도 갖추지 못했다. 하지만 그는 숭배에 가까운 애정으로 피트를 바라보았고, 이런 태도 덕분에 능력은 부족했지만 높은 자리에 오를 수가 있었다. 채텀의 또 다른 친밀한 친구인 셸번Shelburne 백작은 남부장관에 올랐다. 셸번은 지적 능력이 뛰어났으나 초연하고 냉정한 기질 때문에 설득과 협상의 기술을 발휘해야 하는 정치의 장에는 잘 나서지 않으려고 했다. 헨리 콘웨이는 북부장관으로 내각에 그대로 남았다. 캠던Camden은 대법관이 되었고, 채텀을 경멸하는 에그몬트Egmont는 해군부를 맡았으며, 철저한 국왕파인 노팅턴은 추밀원 의장이 되었다.

찰스 톤젠드(1725~1767) 영국 재무장관으로 1767년 아메리카 식민지에서 무역을 통제하고 세수를 증대하려는 일련의 법률을 통과시켰다. 이 톤젠드 법은 식민지에서 거센 저항을 불러일으켰고, 미국 독립운동의 발단이 되었다.

채텀을 빼놓고 행정부에서 가장 흥미로운 인물은 재무장관이 된 찰스 톤젠드였다. 당시 41세였던 톤젠드는 찰스 톤젠드 후작의 두 번째 아들이었다. 후작은 연줄이 많고 강인한 성격의 인물로, 아들을 완전히 제압하려고 했으나 부분적으로만 성공했었다. 결혼 전 이름이 오드리 해리슨Audrey Harrison인 톤젠드의 어머니는 밝고 재치 넘치며 자유분방한 여인으로 남편과 별거한 후에는 아들을 별로 돌보지 않았다. 부모의 결혼이 파탄 나자 톤젠드는 아버지와 함께 살았으나, 그렇다고 해서 아버지와 원만하지도 않았다. 그는 청년 시절 간질병을 앓으며 고생했고, 금전과 경력 문제를 두고서 아버지와 많은 갈등을 겪었다. 그리하여 톤젠드는 다소 문제 있는 어른으로 성장했는데, 똑똑하기는 하지만 공사간의 행동에서 예측 불가한 인물이었다.

톤젠드는 괴팍하고 변덕스러운 사람으로 알려졌지만, 아메리카의 문제에 대해서는 하나의 소신을 일관되게 유지했다. 즉, 아메리카에 나가 있는 영국 관리는 그곳 인민의 통제를 받아서는 안 되고 독자적으로 행동해야 한다는 것이었다. 그는 무역청의 위원으로 경력을 시작한 초창기에 뉴욕의 신임 총독에게 보내는 지시 사항을 공문으로 작성했다. 뉴욕 의회에 총독과 기타 영국 관리의 봉급을 항구적으로 지급하는 조항을 통과시키도록 지시해, 영국 관리들이 현지 행정부로부터 독립하도록 하라는 내용이었다. 톤젠드는 그렌빌 행정부의 각료로서 인지세법을 선호했으나, 폭동을 일으킨 식민지에 인지세법 집행을 강행하고자 한 12월의 결의안에는 반대했다. 에드먼드 버크에 따르면, 그와 관련된 토론에서 톤젠드는 조지 그렌빌을 "아주 심하게" 다루었다. 그는 이듬해 봄에 인지세법의 철폐에 찬성표를 던졌다. 이 무렵 그는 화려한 연설가라는 명성을 얻었으나 동시에 말솜씨가 좋지만 믿음이 가지 않는 인물이라는 평가도 받았다.[21]

채텀은 이런 미심쩍은 각료의 조합으로 영국 정치에 큰 변화를 일으키겠다는 포부를 밝혔다. 그는 파당을 분쇄하여, 지난 6년 동안의 불안정을 종식하고, 영국 행정부의 평화와 조화를 회복하겠다는 의지를 밝혔다. 그러나 귀족 작위를 받아서 하원에서 상원으로 올라간 채텀은 중대한 문제를 제대로 다루기가 어렵게 되었다. 중대한 싸움이 벌어지는 곳은 하원이었기 때문이다. 또한 그는 재무부를 그래프턴 공작에게 내어줌으로써 하원에 나가 그를 대신해 싸워줄 콘웨이의 입지를 좁혀놓았다. 재무부는 많은 후원의 원천이었고, 정부는 이를 통해 내각의 의도에 응하도록 하원을 유도해왔다. 그런데 콘웨이는 이런 필요한 원천을 얻기 위해 그래프턴의 손만 쳐다보아야 했고, 상원에서는 채텀의 도움을 받아야만 했다.[22]

채텀 행정부가 발족한 지 6개월이 지나가자 그는 이런 내각 구성에 따르는 어려움을 절감했다. 각료 중의 하나인 해군장관 에그몬트는 취임한 지 몇 주 만에 그 자리에서 물러났다. 11월에는 로킹엄에게 충성을 바쳐온 나머지 올드 휘그들이 피트에게 밉보여 관직에서 물러났다. 피트는 이제 베드퍼드Bedford 파에게 시선을 돌리면서 지원을 요청했다. 그러나 베드퍼드 공작이 반대급부로 요구하는 관직이 너무 많았기 때문에 채텀은 할 수 없이 국왕파 인사들을 내각에 들일 수밖에 없었다. 정부 밖의 야당은 전보다 더 강력해졌으나, 채텀에게는 다행스럽게도 그들끼리 서로 분열해 불신하고 있었다. 그러나 파당 문제는 완전히 제압되지 않았고, 채텀은 12월에 통풍과 좌절감을 치료하기 위해 남부 도시 배스로 잠시 휴양을 떠났다.[23]

동인도회사의 지배권을 장악하고 아메리카 식민지 문제를 해결하겠다는 채텀의 두 가지 목표는 잘 진행되지 않았다. 채텀은 배스로 내려가기 전에 동인도회사의 문제에 대해 의회의 탐문 활동을 촉구했다. 불확실한 상태가 문제였다. 회사 재정 관리가 부실함에도 최근에 벵골 지역에 대규모 영토를 획득했다는 소문이 돌자 채텀은 동인도회사의 토지 소유권을 박탈하려고 했다. 그 땅은 결국 영국군의 도움으로 획득했을 텐데 국왕의 군대가 정복한 땅에서 나오는 수익을 어째서 동인도회사가 가져가느냐는 주장이었다. 콘웨이와 톤젠드는 회사

런던에 위치한 영국 동인도회사 본사 인도양 및 동아시아의 모직물, 향료, 차 등의 무역을 독점하기 위해 세워졌다. 1765년 무굴제국 황제로부터 벵골 지역의 조세징수권을 양도받아 인도에서 세력을 넓혔다.

의 영토를 빼앗는 것에 반대했고, 의회 내에서도 이 둘의 의견에 동의하는 의원들이 많았다. 그러나 그들의 동기는 순수하지 못했다. 왜냐하면 그들이 동인도회사의 주식을 소유하고 그 회사에 투자했기 때문이다. 물론 톤젠드도 그중 하나였다. 톤젠드는 그 영토가 회사 소유로 남아야 하고, 수익의 분배에 대해서는 협상을 시도해야 한다고 주장했다.[24]

내각의 입장에서 볼 때, 아메리카의 문제는 결국 현지 행정부를 책임 있는 기관으로 만들고 그곳에서 발생하는 국가 비용을 충당해주는 재원을 발견해야 해결될 수 있었다. 뉴욕에서 숙영법에 도전하는 움직임이 있다는 사실이 이 해에 알려졌고, 매사추세츠와 뉴욕에서 인지세법 폭동의 피해 보상 문제가 지연되고 있다는 사실이 알려졌다. 아메리카 서부의 문제는 이 문제들보다 뒤늦게 전해졌다.

아메리카인들이 애팔래치아 산맥 서쪽으로 이주하는 것을 금지한 1763년의 선언 이래, 서부는 사실상 통치 불가능한 지역이 되어버렸다. 국왕 관리들, 특히 인디언 문제의 감독관들은 모피 무역을 규제할 수 없었고, 따라서 인디언에 대한 사기 행위를 사전에 예방하지 못했다. 현지 개척자들은 정착 금지령에 도전했고, 인디언에게 배정돼 있던 땅을 야금야금 잠식해갔다. 남부장관으로서 아메리카의 서부를 관

아메리카인들의 서부 진출 아메리카인들은 1763년 영국 국왕 선언 경계선에도 불구하고 서부로 진출해 애팔래치아 산맥 너머 인디언과 마찰을 빚었다.

할해야 할 셸번은 이 문제를 연구한다면서 1년 동안 조치를 미루었다. 그에게 가해지는 압력은 엄청났다. 캐나다, 펜실베이니아, 남부 식민지의 모피 무역업자들은 자유로이 활동할 공간을 원했고, 땅에 굶주려 서부로 진출하는 수천 명의 동부 출신 개척자들을 막아내야 한다며 아우성이었다. 그러나 다른 회사들, 특히 벤저민 프랭클린이 사업 주체로 참여한 일리노이 회사는 자기네 회사에 대규모 땅이 수여돼야 하고 적어도 서부에 2개의 식민지가 추가로 설치돼 안정적인 정착과 이익의 보호를 지원해줘야 한다고 주장했다. 그 외에 셸번이 상대해야 하는 또 다른 이익집단이 있었다. 그들은 영국 의회 안팎에 있는 사람들로서, 아메리카에 들어가는 예산을 삭감하거나 그 예산을 아메리카인의 책임으로 돌려야 한다고 주장했다.[25]

톤젠드, 아메리카인의 공포와 적개심을 부활시키다

돈은 아메리카와 동인도회사의 여러 문제를 서로 연결시켰다. 채텀은 동인도회사의 수익을 빼앗는 것 이외에 정부 재정을 강화할 뾰족한 수가 없었다. 그렇다고 동인도회사 문제로 톤젠드와 콘웨이를 설득하려 들지도 않았기 때문에 그 계획은 별 힘을 쓰지 못하고 묻혀버렸다. 결국 피트가 1767년 5월에 병으로 자리를 비우자 톤젠드가 기선을 잡을 길이 열리게 되었다.[26]

톤젠드가 기선을 잡는 방식은 동료들을 매우 놀라게 했다. 1767년 1월 영국군의 예산에 관한 논의가 시작됐다. 아메리카의 경우, 군은 약 40만 파운드의 비용을 요청했다. 이 금액에 대한 토론이 벌어지던 중, 조지 그렌빌은 금액을 절반으로 낮추고 13개 식민지가 아메리카

에 주둔하는 영국군의 비용을 부담하도록 하는 안을 발의했다. 정부
는 그 제안을 물리쳤으나, 톤젠드는 토론 과정에서 정부가 적어도 세
입의 일부를 식민지에서 거두어들이게 하겠다고 굳게 약속했다. 이
약속은 콘웨이를 포함한 정부 인사들을 괴롭혔으나, 의회에서는 별로
큰 주목을 받지 못했다. 그렌빌은 반응하지 않았고, 다른 의원들도 마
찬가지였다. 모든 의원은 영국 의회가 식민지에 과세할 권한이 있다
고 동의했는데, 이런 견해는 이미 선언법 속에 구현되었다고 생각했
기 때문이다.

어쩌다 보니 톤젠드는 정부가 아메리카에서 돈을 거두어들여야 한
다고 장담을 했지만, 곧 세입을 늘여야 할 필요가 생겨버렸다. 왜냐하
면 2월에 로킹엄 휘그들이 야당의 전폭적인 지원을 받으며 파운드당
4실링이던 토지세를 3실링으로 낮추었기 때문이었다. 이 삭감 때문에
정부는 다른 곳에서 추가로 50만 파운드를 찾아내야 했다.

채텀은 아직도 의회 내의 투쟁에 끼어들지 않았다. 절망에 빠진 그
래프턴은 그에게 편지를 보내 토지세 삭감을 보고하면서 어서 의회로
돌아와 동인도회사에 대한 자신의 입장을 옹호해달라고 호소했다. 국
왕은 지원을 요청해오면 그렇게 해주겠다는 뜻을 피력했으나 채텀은
여전히 초연한 입장이었다. 톤젠드는 2월 중순 자신의 방식대로 동인
도회사 건을 처리할 것 같았으나 2주가 지나자 채텀이 행정부를 추스
르려고 힘을 냈다. 그는 먼저 정부에서 톤젠드를 내보낼 필요를 느꼈
다. 그래서 3월 4일에 톤젠드의 재무장관 자리를 노스North 경에게 제
안했으나 거절당했다. 이때 채텀은 또다시 정신이상 증세를 보였고,
그 뒤 2년 동안 정부의 일에 관여하지 않았다.

그래프턴은 채텀을 대신하기에는 추진력, 경험, 지력 등이 모두 모

자란 사람이었다. 톤젠드는 기분에 따라 일을 못 하게 되는 경우가 가끔 있었지만 대신 이 모든 자질을 갖추고 있었다. 그리하여 그 뒤 몇 달 동안 톤젠드가 내각을 지휘했다. 그는 이 기간 동안에 볼썽사나운 정치적 밀당을 일삼았다. 로킹엄 휘그들이 그에게 정부에서 빠져나오라고 강력하게 권유했으나, 톤젠드는 이들의 구애를 즐겼을 뿐 결국 내각에 그대로 남았다. 이들 외에 내각에도 강력한 구애자들이 있었기 때문이었다. 그래서 그는 다음 세 가지 아메리카 프로그램을 내놓았다. 첫째, 숙영법을 준수하기로 동의할 때까지 뉴욕 식민지 의회의 기능을 정지시켜야 한다. 둘째, 납, 유리, 종이, 화가의 물감, 차 등의 품목이 식민지에 수입될 때에는 관세를 납부해야 한다. 셋째, 각 식민지에 본부를 둔 아메리카 관세 위원회를 설립해야 한다. 이 세 가지 제안은 6월 말에 이르러 법안으로 구체화됐고 거의 만장일치로 통과됐다.

조지 그렌빌은 여기서 한술 더 떠서 이런 주장을 폈다. 즉, 영국 의회는 식민지의 총독, 총독 자문위원, 식민지 의회 의원이 선언법을 준수하도록 맹세시키는 법안을 통과시켜야 한다는 것이다. 또한 맹세의 내용에 다음과 같은 선언을 집어넣자는 주장도 했다. "아메리카의 식민지와 대농장은 대영제국 왕실과 의회에 대해 종속적인 위치에 있으며 철저히 이 두 기관에 의존해야 한다." 그렌빌의 이러한 주장은 심정적으로는 영국 의회 내에서 거의 만장일치의 승인을 받을 만했지만, 선언법이 제정된 이상 그런 선언은 군더더기일 뿐만 아니라 그 시점에서 너무 도발적일 수 있었다. 하원은 이 제안을 거부했다.[27]

1767년의 세입법Revenue Act 토론 과정에서, 톤젠드는 납, 유리, 차, 기타 물품에 대한 관세 수입이 연간 4만 파운드를 넘지 않을 것이라고 설명했다. 이 설명은 몇몇 의원을 놀라게 했는데, 그 금액은 토지세 감액에 따른 손실을 메우기에는 턱없이 적은 액수였기 때문이다. 아무튼 아메리카에서 나오는 이 수입은 왕실에 귀속될 것이고, 왕실은 그 돈으로 식민지의 영국 관리들 봉급을 지불해 관리들이 현지 의회의 지배를 받지 않도록 할 터였다. 톤젠드는 자신의 세입 증가 방안이 순전히 '외부세'로만 구성되어 있다는 점을 자랑스럽게 여겼다. 인지세법 철폐를 둘러싸고 벌어진 혼란스런 상황에서, 일부 의원은 식민지인이 오로지 내부세만 반대하고 이런 외부세는 반대하지 않는다고 생각하게 된 듯하다. 그러나 식민지인은 이런 내부와 외부의 구분을 따지지 않았을 뿐만 아니라, 모든 세금에 반대했다. 그들은 단지 영국 의회가 무역 규제를 위해 특정 관세를 부과하는 편의성만 인정할 뿐이었다.[28]

톤젠드와 의회는 세입법을 제정해 아메리카들인이 이미 경험했던 공포와 적개심만 부활시켰을 뿐이었다. 식민지인은 그들의 자유와 재산을 침해하려는 음모가 이미 1765년부터 구상되었다고 확신했다. 더욱이 현지에서 거둔 돈으로 국왕 관리의 봉급을 주겠다는 이야기는 세입법을 더욱 나쁜 법으로 만들었다. 이 법은 식민지인의 호주머니를 털려고 할 뿐만 아니라 국가의 제도적 보호를 또다시 내팽개치는 것으로 받아들여졌다.

뉴욕 의회를 정지한 조치는 1767년 10월 1일부터 발효될 예정이었다. 그날 이후 뉴욕 의회는 법안을 제정하는 권한을 박탈당할 것이었다. 그리고 의회가 계속 법 제정을 고집한다면, 그날 이후에 제정된 법률은 사전에 '원인 무효'로 선언된다고 했다. 또한 기이한 군더더기 조항도 있었다. 의회 정지에 도전해 의회가 제정한 법을 거부하라고 총독에게 지시하는 내용이었다. 그러나 뉴욕 의회가 숙영법을 준수한다면 이런 금지 조치는 즉시 해제될 터였다. 세입법에 의거해 봉급을 받게 되는 공무원 명단과 의회 일시 금지 규정은 영국 의회가 아메리카인의 헌법적 권리를 파괴하려는 의도를 명백하게 보여주는 확실한 증거였다.[29]

아메리카 관세 위원회 설립법, 세입법, 정지법Suspending Act은 식민지에 대한 영국 의회의 오래된 태도를 여실히 보여주었다. 그것은 아메리카인은 영국 의회에 예속된 존재이므로 철저히 통제해야 한다는 태도였다. 그러나 톤젠드 법은 그 이상을 해냈다. 이 법은 영국 정부의 분노와 좌절을 표출한 것이었는데, 그 감정 상태는 반항하는 자녀를 대하는 부모의 마음이었다. 식민지는 버릇없는 어린아이처럼 행동했으므로 반드시 버릇을 고쳐놓아야 한다는 것이었다. 그렌빌의 정책에서도 그러했지만, 톤젠드 법의 내적 역사에도 근거는 있었다. 영국이 큰 빚을 지고 있으니, 식민지는 가벼운 세금을 납부함으로써 그 부담의 일부를 떠맡아야 한다는 것이다. 그러나 수입품에 대한 과세가 얼마나 합리적인가 하는 의문이 당연히 생겨났다. 이성적 사고는 언제나 상업의 확대를 요구해왔지만 식민지가 의회의 과세에 분노하고 있다는 점을 감안할 때, 그 세금이 상업을 저해하지 않는다고 보는 것은 과연 합리적인 생각인가? 식민지인이 그 돈을 내리라고 기대하는 것은 과연 합리적인가? 이러한 질문은 영국 의회에서 별로 거론되지 않았다.

이 에피소드에는 하나의 아이러니가 깃들어 있는데 영국 의회의 아메리카 과세권에 반대하는 사람이 명목적으로 이끄는 행정부가 톤젠드의 정책을 승인했다는 점이다. 물론 채텀은 1767년에 병이 들어서 아무런 조치를 취할 수가 없었지만 인지세법의 철폐를 밀어붙였던 그래프턴과 콘웨이는 건재했다. 게다가 내각에는 셸번과 캠던도 있었는데, 두 각료는 1년 전 선언법에 반대했었다. 설사 이 내각이 우정과 협력의 바탕 위에 아메리카 문제를 해결할 능력까지는 없다 해도 최소한 찰스 톤젠드가 식민지에 부과한 폭발적인 조치는 피할 수 있었을 것이다. 그러나 재앙으로 가득 찬 그해의 역사에서 우발적 사건과 우연이 유독 눈에 띄게 많았다. 채텀이 앓아누운 시기는 아메리카 문제와 관련해 최악의 타이밍이었다.

채텀이 3월에 정계에서 잠시 물러나 있는 바람에, 그래프턴, 콘웨이, 셸번 같은 지도부는 피곤하고 사기가 떨어진 상태로 괴팍하고 무책임한 톤젠드를 상대해야 했다. 톤젠드는 강인하고 결단력 있었고, 마침내 자신의 뜻대로 일을 관철했다. 만약 로킹엄이 톤젠드를 자신의 캠프로 불러 들이는 데 성공했다면, 톤젠드 법은 제안되지 않았을 것이다. 또는 톤젠드가 밀어붙여도 반대가 있었더라면 그는 아마도 이기지 못했을 것이다. 그러나 로킹엄은 톤젠드를 내각에서 빼내는 데 실패했고, 내각에 있는 톤젠드의 동료들은 법안을 계속 밀어붙였다. 톤젠드는 정작 그 법의 결과를 보지 못했다. 그는 1767년 9월 4일에 사망했는데, 그의 인생에서 벌어졌던 많은 일이 그러하듯이, 갑작스럽고 충격적인 죽음이었다.[30] 그러나 톤젠드는 죽기 전에 영국과 아메리카에 영향을 미치는 정책에 자신의 족적을 남겨놓았다. 그것은 최종적인 아이러니였다. 개인적 괴팍함만 인상적인 이 남자는 공공정책에 커다란 흔적을 남겼는데, 그것은 선배 정치인들이 별로 해보지 못한 일이었다.

보스턴이 선두에 나서다 8

새로 도입된 톤젠드 법에 식민지인들은 부정적인
반응을 보였지만 인지세법 때처럼 즉각적으로 저항한
것은 아니었다. 그러나 결국 이 새로운 법들이
식민지인들의 재산과 자유를 침해한다는 목소리가 점점
커졌고, 보스턴 사람들이 이 새로운 싸움을 주도했다.
보스턴에서 버나드 총독과 세관 위원들에 맞서 제임스 오티스와
새뮤얼 애덤스 같은 정치인들은 의회에서, 자유의 아들들은
거리에서 저항했다. 그리고 총독의 의회 해산과 이에 맞선 도시회의,
그리고 이어진 군대의 도착으로 사태 해결은 요원해 보였다.

톤젠드 법에 대한 아메리카인들의 첫 반응

과거에 발생한 대부분의 위기 상황과 비교할 때, 혁명은 불가피한 일처럼 보이고 심지어 자연스런 사건처럼 보이기도 한다. 혁명은 자그마하게 시작돼 정치기구와 인민 사이의 대규모 대결로 번져나간다. 폭동은 반란이 되고 반란은 전쟁이 된다. 그리고 혁명의 절정에서는 어떤 통치자 또는 계급이 제거되고 국가의 모습이 변모하면서 권력이 이동하거나 적어도 이동하는 것처럼 보인다.

어떤 면에서 현상은 실재와 공통점이 있다. 일반 대중은 옛 권위 기관에 대한 불만이 증가하고, 대중 정서와 새로운 충성심의 성장, 그리고 때에 따라서는 실제 권력의 성장을 체험한다. 그러나 이러한 발전은 결코 불가피한 것이 아니다. 많은 경우에 기존의 권위는 자신에 대한 반란을 진압한 뒤에 타격을 입지 않고 오히려 전보다 더 강력해진 모습으로 등장한다. '성공적인' 혁명으로 가는 과정은 실패, 대중적 지지의 상실, 피로감, 줄어드는 믿음, 혼란 등에서 자유롭지 않다.

톤젠드 법은 영국에서 식민지로 반입되는 물품에 대해 관세를 부여하는 법이었는데, 이 법을 둘러싸고 투쟁을 벌일 때 혼선이 있었고 피로감도 무성했다. 이 시기에 자의식을 지닌 혁명적 운동은 아메리카에 존재하지 않았으나, 비헌법적 권위에 도전하겠다는 결단은 있었다. 그 결단은 시장과 통신 수단에서 멀리 떨어져 있는 농촌보다, 대도시 공동체, 전문직, 상인, 숙련 기능공, 시장에 주요 생필품을 내놓는 남부 식민지의 대농장주 사이에서 더욱 강력했다. 물론 이 집단 사이에서도 분열이 있었는데, 특히 상인들은 인지세법에 저항하는 과정에서 입은 재정적 손실을 분하게 생각했다.

존 디킨슨(1732~1808) 미국 정치가이자 식민지 의회 위원으로 펜실베이니아와 델라웨어 연방의 주지사(1781~1785)를 지냈다. 미국 건국의 아버지 중 하나로 꼽힌다.

톤젠드 법에 대한 아메리카인의 첫 번째 반응은 혼란, 피로감, 분노였다. 이 새로운 세금이 식민지의 권리를 침해하는 것이 아니냐는 질문이 매우 진지하게 제기됐다. 그 세금이 인지세와 마찬가지로 아메리카인의 헌법적 권리를 침해하는 것이라고 주장한 존 디킨슨John Dickinson 의 〈펜실베이니아 농부의 편지Letters from a Farmer in Pennsylvania〉(1767~1768년)가 나온 지 한참 뒤에, 버지니아 농장주인 리처드 헨리 리Richard Henry Lee 는 이렇게 썼다. "그 세금은 문자 그대로 말한다면 우리의 권리를 침해하는 것은 아니다. 그렇지만 '임의적'이고 '부당한' 것이다." 리는 톤젠드 법에 관한 디킨슨의 논문을 읽고서 마침내 아메리카인의 권리가 침해당했다는 사실을 확신하게 되었지만, 남들과 마찬가지로 한참 뒤에야 이런 결론에 도달했다.[1]

다른 사람들, 특히 상인들은 혼란이 심했다. 만약 일반 대중이 새로운 세금을 인지세와 똑같다고 본다면 상인들은 영국 제품의 수입을 포기하라는 요구를 받을 터였다. 이 경우에 상인들은 자신들의 권리가 침해받는 건 아닌지, 정치체제 차원의 문제는 되도록 피해야 하는 것인지 혼란스러워 했다. 상인들은 권리와 자유를 논하기보다는, 1년 전 사용했던 수입 거부라는 방식은 피하고자 곧바로 수입 거부 문제에 대응했다. 입장 표명은 보스턴에서 제일 먼저 등장했는데, 모든 사람이 보스턴의 사례가 아메리카 전역에서 아주 중요한 모범이 된다는 사실을 알고 있었다. 톤젠드 법은 8월에 아메리카에 알려졌고, 9월 초에 《보스턴 이브닝 포스트》는 수입 거부에 반대하는 운동을 시작했다. 제일 먼저 나온 기사는 수입 거부가 상인들에게 많은 부담을 준다고 주장했다. 사실상 상인들만이 희생을 해야 하고 아무런 보상도 받지 못한다는 것이었다. 2주 뒤에 "한 진정한 애국자"는 "불씨에 부채질하는 자들"을 공격했다. 후자는 아마도 오티스 주위의 집단일 텐데, 영국의 조치에 반대하면서 "정치적 열광"에 너무 쉽사리 빠져든다고 비판했다. "리베르나투스"는 "대응책"으로서의 수입 거부는 상인들에게 일방적인 희생을 강요하는 불공평한 방법이라고 주장하면서, 수입 거부는 "부분적인" 방법으로 "그 동의도 부분적이고 그 실행도 부분적"이라는 결론을 내렸다. 10월에 "한 무역업자"는 수입 거부는 상인들의 "시민적 자유"를 침해할 뿐만 아니라 사업도 망쳐놓는다고 주장했다. "무역업자"는 또 "잃어버릴 재산이 없는 사람들"만이 그런 조치를 선호할 것이라면서 그런 사람들을 "싸움질 좋아하는 애들" 또는 "남을 괴롭히는 자들"이라고 불렀다.[2]

《보스턴 가제트》는 잠시 판단을 유보했다가 1767년 늦여름에야 수입 거부 주장을 폈으며, 이 논쟁에서 큰 역할을 할 표어를 소개했다. "당신의 돈을 지키세요. 그러면 당신의 고장을 지킬 수 있습니다."[3] 식민지의 다른 지역, 가령 필라델피아에서 이 표어는 사람들의 주목을 받아 신문과 소책자에 자주 등장했다. 그러나 대부분의 식민지에서는 존 디킨슨의 《펜실베이니아 농부의 편지》가 등장하기 전까지 톤젠드 정책에 대한 논의가 별로 없었다.[4]

존 디킨슨은 편지에서 스스로를 농부라고 칭했으나, 1767년 무렵 그는 별로 토지에 연이 있는 사람이 아니었다. 그는 1732년 메릴랜드 농장주의 아들로 태어났다. 그의 아버지는 그곳에서 변호사로 활동했다. 그의 가족은 디킨슨이 아직 소년이었을 때 델라웨어의 도버로 이사했다. 그는 델라웨어에서 고전 교육을 받으면서 법률 공부를 시작했고 1754년 법률을 공부하기 위해 런던의 법률협회인 미들 템플에 들어가서 1756년까지 활동했다. 그 뒤 아메리카로 돌아와 필라델피아에서 법률가로 활동하면서 돈을 벌었고, 마침내 델라웨어에 멋진 시골 별장을 세웠다. 이후 다른 많은 법률가처럼 정치에 커다란 매력을 느껴 1760년에 델라웨어 의회의 의원으로 선출됐고, 2년 뒤에는 필라델피아 의회의 의원으로 뽑혔다.[5]

많은 역사가에 따르면, 디킨슨의 《펜실베이니아 농부의 편지》는 1776년에 토머스 페인의 《상식》이 나올 때까지 식민지 사람들에게 특별한 영향을 미쳤다. 편지는 처음에 《펜실베이니아 크로니클

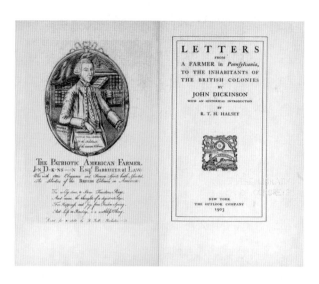

《펜실베이니아 농부의 편지》 톤젠드 법을 비판해 식민지 전역에서 읽혔다. 존 디킨슨이 '혁명의 논객'이라고 불린 계기가 된 책이다.

Pennsylvania Chronicle》에 실렸고, 이후 네 군데를 빼고는 모든 식민지 신문에 다시 실렸다. 그 뒤 디킨슨은 편지들을 한데 모아 소책자 형태로 발간했고, 여러 판본으로 발행했다. 가령 필라델피아에서는 3개 판, 보스턴에서는 2개 판, 뉴욕과 윌리엄스버그에서도 여러 판본이 나왔다. 펜실베이니아에서 정치적으로는 반대편에 있었던 벤저민 프랭클린도 이 책에 큰 감명을 받아서 1768년 6월 런던에서 발간된 판본에 간단한 서문을 써주었다. 파리와 더블린에서도 이 글들의 중요성을 인식한 사람들이 책을 출판했다.[6]

이 논문은 과격한 수사와 난폭한 조치에 염증을 느끼던 사람들에게 부드럽게 호소했다. 디킨슨은 톤젠드 관세 철폐를 호소하는 탄원서를 계속 보낸다는 온건한 방법을 추천했다. 또한 그는 영국 상품의 소비를 줄이기 위해 절약, 검소, 근면, 가내공업 등을 권장했다. 그의 언어는 부드러웠고 심지어 어떤 부분에서는 온유한 태도를 보였다. "사랑하는 부모님에게서 이유 없는 매를 맞은, 의무를 다하는 자식처럼 행동합시다." 디킨슨은 이런 순종적인 태도를 취하면서도 일관된 메시지를 유지했다. 비록 영국 의회가 상업을 규제할 권한은 갖고 있지만 세입을 늘리기 위해 세금을 매길 권리는 없다는 것이었다. 비록 상업의 규제로 위장하고 있지만, 톤젠드 관세는 식민지에서 돈을 거두기위한 세금이고, 디킨슨이 보는 바로는 식민지인의 기질을 알아보려는 "시험"이라는 것이었다. 만약 이런 시험에 굴복한다면, 그것은 "미래의 재앙을 보여주는 무서운 전조"가 될 터였다. 디킨슨의 명석한 분석과 온유한 표현 덕분에, 아메리카인은 톤젠드 관세의 정치체제적 의미와 대면하게 되었다. 좀 더 정확하게 말하자면, 인지세법 위기에서나타난 대중적 봉기를 공개적으로 지지하기를 꺼리고 혼란스러워하는 사람들조차도 톤젠드 관세의 정치체제적 의미와 대면하게 되었다. 그럼에도 불구하고《펜실베이니아 농부의 편지》가 발간된 직후 톤젠드 관세의 철폐를 요구하는 실력 행사가 곧바로 뒤따르지는 않았다.[7]

그 이유는 공공의 의지와 분위기 사이에 회색 지대가 존재했기 때문이다. 디킨슨은 식민지인의 마음에 정치체제적 문제를 상기시켰으나, 그들의 열정을 일깨우지는 못했다. 오히려 그들을 피곤함의 골짜기에 가두어놓았다. 사실 1766년 여름 대중의 정서는 그런 피곤함에 젖어 있었다. 상인들의 경우, 평소처럼 사업을 해서 이익을 올려야 한다는 일상적인 욕망이 더 강했다. 이런 욕망을 알고 있던 디킨슨은 톤젠드 관세가 야기한 정치체제적 문제를 날카롭게 비판하면서도, 온건한 이성을 권장하고 폭도의 폭력을 비난했다. 어린아이 같은 복종, 탄원서 제출, 가내공업 등을 권하는 디킨슨의 호소는 특별히 많은 것을 요구하는 게 아니었기에 많은 사람을 위로했다. 디킨슨은 자유를 억압하려는 사악한 음모, 즉 자유를 사랑하는 아메리카인을 노예로 만들려는 부패한 영국 내각의 괴이한 음모를 그리 무시무시하게 묘사하지는 않았다. 식민지인은 《펜실베이니아 농부의 편지》를 읽고 거기에 동의했지만, 몇몇 예외적인 인사를 제외하고는 아무런 조치도 취하지 않았다.

'보스턴 사람들', 톤젠드 법의 철폐를 위해 행동에 나서다

반면 예외적인 인사들은 중요한 역할을 했고 그들이 보스턴 사람들이라는 것은 별로 놀라운 일도 아니었다. 적어도 1768년 1월 1일 이전에 제임스 오티스는 거기에 속하지 않았다. 당시 그는 괴이한 변덕이 또다시 발동해 보스턴 시청회의에서 톤젠드 관세의 합법성을 주장했다. 시청은 오티스의 주장에 감명을 받았던 것 같다. 그래서 시청은 영국 상품의 수입 거부를 지지해달라는 요구를 거절하고서, 특정 영국 상품을 덜 소비할 것을 촉구하는 결의안으로 만족했다. 하지만 그 결의안은 유명무실했다. 톤젠드 관세의 적용을 받는 물품은 거기에 포함되지 않았고, 시청은 종이와 유리의 현지 제작을 권장하기로 결의했다.[8]

일주일 뒤 관세 위원회의 위원들이 영국에서 도착했다. 그들의 도착은 예상된 일이었으나 그들은 이미 식민지에서 흉물스러운 인물이 되어 있었고, 도착 시기 또한 더 이상 나쁠 수가 없었다. 그날은 11월 5일 가이 포크스 날이었는데, 이날엔 통상 소란스러운 행동이 벌어졌다. 위원들은 가까스로 폭도의 행패를 모면했으나, "악마, 교황, 가짜 신자"의 대형 인형을 앞세워서 행진하는 대규모 군중을 목격했다. 인형의 가슴에는 "자유, 재산, 그리고 위원들 필요 없음"이라는 팻말이 달려 있었다.[9]

세관 위원들이 도착하고 기생적 정책이 눈에 드러나면서, 의회 내 분파에 유리한 환경이 조성되었다. 하지만 그들은 수입 거부 합의안을 밀어붙일 수가 없었다. 12월 말, 그들은 시청을 움직여서 의회의 의원들이 톤젠드 관세에 항의하게 했다. 이 무렵 25개 도시에 달하는 여러 소도시의 시청은 보스턴을 흉내 내어 소비 거부 합의안을 통과시켰다. 이런 보이콧의 확산은 고무적이었지만, 여러 징조는 매사추세츠 지방이 톤젠드 정책에 복종할 것임을 암시했다.[10]

버나드 총독은 저항하는 움직임이 없다는 사실에 불안해하면서도 기뻐했다. 의회가 개회되기 직전인 12월 오티스는 총독에게 그리 위협적인 존재가 아니었고, 새 회기가 1768년 1월로 넘어가자 평온해지기 시작했다. 그래도 버나드는 불안해 전쟁장관 배링턴에게 상처는 때때로 치유되지 않고서 "딱지가 앉기도 한다"고 써서 보냈다. 버나드는 이 평온한 1월 식민지 의회에서 벌어지는 일을 알지 못했고 알아낼 수도 없었다. 이 무렵 의회는 새뮤얼 애덤스의 주도로 주영駐英 식민지 대리인 데니스 드 베르트Dennys De Berdt, 셸번 장관, 그리고 기타 식민지에 우호적인 인사들에게 톤젠드 법의 철폐를 요구하는 일련의 항의문을 작성하고 있었다. 국왕에게도 절제된 어조로 철폐를 분명하게 요구하는 서한을 보냈다. 그러나 이 역시 총독에게는 알리지 않았다.[11]

1월 말에 '딱지가 앉은' 상처는 터졌고, 총독은 상처가 곪은 상태를

톤젠드 법 반대 시위 기사 보스턴 시민들은 1605년 영국의 가톨릭 신자들이 런던 의사당을 폭파하려다 실패한 사건을 기념하는 '가이 포스크 날' 행사(1768)를 이용해 톤젠드 법에 대한 불만을 드러냈다.

명확하게 볼 수 있었다. 이 무렵 제임스 오티스는 의회 내 민중 당파를 이끌기 위한 움직임에 다시 착수했다. 그는 새뮤얼 애덤스와 함께 의회가 모든 식민지에 편지를 보내 톤젠드 관세 반대를 촉구해야 한다고 제안했다. 의회가 2대 1의 과반수로 그 제안을 거부하자 두 사람은 충격을 받았다.[12]

오티스와 애덤스는 동료 의원들의 분위기를 오판하는 경우가 별로 없었지만, 의회가 며칠 전까지는 국왕과 내각에 청원서를 보내는 데 호의적이었기에 시기를 잘못 판단했다. 물론 청원은 신민과 식민지 의회 같은 법적 구성 기관의 권리에 관한 것이니, 영국 의회가 통과시킨 법령에 대해 다른 식민지 의회에 반대를 촉구하는 일은 전혀 다른 문제였다. 게다가 식민지 의회에는 소도시 출신 의원들이 많았는데, 그 도시들은 아직 톤젠드 관세의 위협을 깊이 느끼지 못했다. 2주 뒤인 1768년 2월 11일 오티스-애덤스 당파는 또다시 같은 안건을 상정했는데 이번에는 회람 편지를 통과시키는 데 성공했다. 이에 충격과 실망을 느낀 버나드는 그 성공이 '은밀한 음모'와 의원들에 대한 파렴치한 회유 공작 때문이라고 주장했다. 오티스와는 다르게 사교성이 뛰어난 새뮤얼 애덤스는 의원들을 합리적으로 설득하면서 영향력을 키워나갔다.

새뮤얼 애덤스, 저항운동의 전면에 나서다

새뮤얼 애덤스는 1722년 9월 16일 개신교 집사 새뮤얼 애덤스 시니어Samuel Adams Sr.와 메리 파이필드 애덤스Mary Fifield Adams의 아들로 태어났다. 그의 아버지는 소규모 맥아 제조업자였는데, 맥주를 만드는 데 들어가는 맥아를 보스턴 일원에 공급했다. 애덤스의 아버지는 저택과 부지 이외에 여러 명의 노예와 자그마한 토지를 소유했다. 그는 부자는 아니었지만 안정된 생활을 유지했다.

애덤스의 아버지는 치안판사였고, 시청회의에도 적극적으로 참석했다. 그는 국왕 정부에 대해서 반대하는 입장이었고 1740년 매사추세츠 토지은행의 설립을 조직하는 데 참여했다. 이 은행은 토지를 담보로 잡고 어음을 발행하는 기관이었다. 하지만 인플레이션을 조장하는 은행이었으므로, 총독의 품의를 받은 영국 의회는 그 은행이 발족한 지 얼마 되지 않은 시점에 폐업을 지시했다. 애덤스의 아버지는 은행이 도산하는 바람에 큰 재정적 손해를 보았다. 이 손실로 인해 평소에도 좋지 않았던 국왕 정부에 대한 감정이 더욱 나빠졌다. 새뮤얼 애덤스 역시 이 사건을 계기로 영국 정부에 대해 악감정을 품게 되었다.

애덤스의 아버지는 대학에 다니지 못했으나 아들만큼은 대학에 가길 원했다. 애덤스는 사우스 그래머 스쿨을 거쳐서 강 건너 있는 하버드 대학을 1740년에 졸업했다. 그는 하버드에서 우등상을 받지 못했고, 한 번은 '금지된 술을 마셔서' 정학 처분을 당했다. 그렇다고 그 일

하버드 대학교 매사추세츠 홀 새뮤얼 애덤스가 묵은 하버드 기숙사 건물. 애덤스의 아버지는 아들이 하버드에서 신학을 공부해 목사가 되기를 원했다.

로 유명인사가 되지는 않았다. 어쩌면 애덤스의 하버드 재학 시절 중 가장 특이한 점은 그가 비행을 많이 저질렀는데도 별로 징계를 받지 않았다는 것이다.

독실한 칼뱅주의자였던 애덤스 자신이나 그의 아버지는 목사직을 장래 목표로 생각했으나 그는 정작 소명의식을 크게 느끼지 못했다. 대학을 졸업한 뒤 애덤스는 아버지의 맥아 가게에서 일하다가 거상의 도제로 들어갔다. 하지만 그는 곧 집으로 되돌아왔다. 사업에 관심이나 재능이 없던 아들의 장래에 불안을 느낀 아버지는 가게를 차려주려고 아들에게 1000파운드를 빌려주었는데, 애덤스는 그 돈을 날려버리고 말았다.

아버지가 1748년 사망한 후 새뮤얼은 맥아 가게를 포함한 아버지의 재산을 상속받았는데 토지은행이 파산하는 바람에 생긴 커다란 빚도 덩달아 떠안았다. 채권자들은 아들에게 넘어간 토지를 몰수해 부채를 변제받으려고 했다. 1차 경매 때, 새뮤얼은 현장에 나타나 경매 절차를 담당하는 보안관과 토지를 구매하려는 사람들을 거친 말로 위협했고, 아무도 그 땅을 사들이지 않았다. 이런 광경이 그 뒤 네 차례나 반복됐다. 경매 공시가 나가고 구매자가 돈을 가지고 현장에 나타나면 새뮤얼 애덤스가 어김없이 등장해 거친 언사로 위협했다. 그러면 구매자는 돈이 가득 든 지갑을 열지 않고 현장에서 사라졌고, 그 뒤를 풀이 죽은 보안관이 따라갔다. 애덤스는 재산을 증식하거나 유지하기보다는 그런 식으로 지키는 데 더 능숙한 사람이었다. 1750년대 후반에 이르러 채권자들은 채권 회수를 포기했고, 그는 대부분의 땅을 팔아 치웠다.

새뮤얼 애덤스(1772~1803) 미국 건국의 아버지 중 하나. 인지세법 위기 때부터 미국 저항 운동을 지지하다가 톤젠드 법을 계기로 독립운동에 앞장섰다.

애덤스는 1756년 시청의 하급직 자리를 전전하다가, 중요한 자리인 세금 징수관에 선임됐다. 그의 재직 기간 동안 보스턴의 공공 재정은 별로 나아지지 않았다. 그는 부정직한 징수관은 아니었으나, 그렇다고 해서 유능한 징수관도 아니었는데 그 자리에 거의 10년 동안 근무하면서, 그 전해에 징수하지 못한 세금을 그다음 해에 징수해 시청에 납부하는 방식으로 임무를 수행했다. 1765년 8000파운드의 세금을 덜 거두어들인 상태에서 애덤스는 징수관 자리를 그만두었다. 그러자 시청의 회계관은 그를 고소해 1463파운드를 벌금으로 징수하라는 판결을 받아냈다. 그러나 시청은 이 돈의 지불을 강요하지 않았고, 몇 년 뒤에는 그 금액을 전액 탕감해 주었다.

보스턴 시청이 애덤스에게 호의를 베푼 것은 정치적 결사인 코커스 클럽 때문이었다. 장인, 상인, 직인, 소수의 변호사, 의사로 구성된 이 클럽은 미국 혁명 30년 전에 시청회의에 영향력을 행사할 목적으로 결성됐다. 클럽은 시청의 여러 보직에 대해 그들 나름의 후보 명단을 작성한 후 그 후보가 선출되도록 있는 힘껏 지원했다. 존 애덤스는 1763년 이 클럽이 보스턴 민병대의 부대장인 벽돌공 톰 도스Tom Daws의 집 다락방에서 모인다고 보고했다. 새뮤얼 애덤스는 조용하지만 영향력 있는 구성원이었다. 이 클럽은 1765년의 인지세법 위기 때에 자유의 아들들로 편입된 것으로 보인다. 그해와 그 뒤 몇 년 동안, 새뮤얼 애덤스는 저항운동에서 배후에 남아 있었다. 그러다가 톤젠드 법과 회람 편지 사건이 터지자 저항운동의 전면에 나서게 되었다.

회람 편지가 각 식민지에 잘 전달되도록 하기 위해, 애덤스는 자신에게 정치적으로 빚진 모든 이를 적극 활용했다. 더 중요한 지점은 마침 애덤스의 당파에 유리한 시기였다는 것이다. 왜냐하면 어떤 회기가 되었든 내륙 도시에서 온 의원들은 일찍 집으로 돌아가려는 경향이 있었다. 이때가 2월 초였고, 겨울 회기가 거의 끝나갈 무렵이라 소도시의 몇몇 보수파 의원들은 중요한 사무가 모두 처리되었다고 여기고 귀향했다. 그러자 의회에 남아 있던 의원들은 애덤스, 오티스, 그 지지자들의 재촉을 받아서 다른 식민지 의회의 의장에게 보내는 회람

편지를 통과시켰다.[13]

회람 편지는 '과격한' 문서가 아니었다. 식민지 의회가 "서로 조화를 이루어 협력해야 한다"는 것 이외에 어떤 과격한 조치도 명시적으로 요구하지 않았다. 이 문서의 제안은 완곡했으나 인지세법 위기 때에 조성되었던 일종의 협력을 재촉하는 것이었으므로 매우 중요했다. 편지의 핵심 부분에는 식민지 정치체제에 대한 입장이 단호하게 진술되어 있었지만, 13개 식민지를 영국 의회가 대표하고 있지 않다는 점을 명확하게 밝힌 점 말고 새로운 것은 없었다. 또한 회람 편지에는 아메리카에서 퍼지고 있던 사상이 담겨 있었다. 즉, 영국 의회가 제국 내의 최고 입법기관이기는 하지만, 그 권위는 헌법이 부여하고 있다. 그런데 헌법은 기본적으로 모든 신민은 오로지 그들이 동의한 세금에 대해서만 납부할 의무가 있다고 규정하고 있다. 세금 수입으로 영국 관리의 봉급을 지불하는 데에 반대하는 입장도 그에 못지않게 중요한 사항이었다. 헌법은 신민의 평등, 안전, 행복을 보장하고 있다는 것이다. 관세 위원회에 대해서는, 하급자와 직위를 계속 만들어낼 수 있는 이 기관의 권위가 식민지의 자유를 위협한다고 지적했다.[14]

매사추세츠 의회 의장인 쿠싱Cushing은 이러한 내용의 회람 편지를 다른 식민지 의회의 의장 앞으로 송부했다. 여러 의회가 폐회 중이었으나, 늦은 봄에 이르러 뉴저지와 코네티컷 의회가 호의적으로 반응했고 버지니아 의회는 아주 적극적으로 회람 편지를 수용했다. 1765년 식민지들의 행동을 선도했던 버지니아 의회는 1767년 4월 이래 개회되지 못하고 있었다. 버지니아 결의안의 의미를 잘 알던 프랜시스 포키어Francis Fauquier 총독은 의회를 소요 단체로 판단해 어쩔 수 없는 경우를 제외하고는 소집하지 않았다. 포키어는 1768년 3월 1일에 사망했고, 그 자리를 총독 자문회의 의장인 존 블레어John Blair가 대행하면서 3월 말에 의회를 소집해 여러 화급한 문제를 심의해달라고 요청했고, 특히 인디언 문제가 중요하다고 말했다. 버지니아 회의 의장 페이턴 랜돌프는 그런 문제를 무시할 의사가 없었지만, 동시에 의회에 즉각 제출할 회람 편지를 무시해버릴 수단도 없었다. 버지니아 의회는 영국에 맞서 식민지 의회가 단합하자는 매사추세츠의 요구 사항을 뛰어넘는 방식으로 행동하고 나섰다. 뉴욕 의회를 정지시킨 조치와 영국 의회의 과세권에 반대하는 버지니아 카운티들의 탄원서로 무장한 버지니아 의회는 국왕, 상원, 하원에 보내는 강력한 항의 서한을 승인했다. 버지니아 의회는 영국 의회가 대영제국의 무역을 규제할 권한이 있다는 전통적인 주장을 되풀이하면서도, 입법부로서의 동등성을 주장했다. 버지니아는 독립할 의지까진 없지만, 버지니아의 권리가 침해되는 것도 좌시하지 않겠다는 뜻이었다.[15]

이는 3년 전부터 이미 익숙한 주장이었다. 버지니아 의회는 5월 16일 조금은 낯선 지형으로 이동해 그들 나름의 회람 편지를 작성했다. 이 회람 편지는 "식민지인을 즉시 노예로 만들려는 의도"를 지닌 영국의 어떤 조치에도 반대하면서 공동의 조치를 취할 것을 적극적으로 옹호했다. 이 제안은 표면적으로는 막연했지만, 13개 식민지가 1765~1766년에 개발한 저항 수단들을 즉각 다시 시작해야 한다고 암시했다. 혹시라도 버지니아 의회의 이런 의도를 잘 이해하지 못하는 사람들이 있을까 봐, 의회는 식민지 사이의 "왕성한 연합"을 간절히 희망한다는 점을 아주 분명하게 밝혀놓았다.[16]

매사추세츠 회람 편지가 도착했을 무렵, 남아 있던 대부분의 의회는 산회했다. 그러나 그중 펜실베이니아 의회는 아직 휴회하지 않았다. 그들은 5월에 그 편지를 읽고서도 아무런 조치를 취하지 않았다. 이 의회는 점점 쇠퇴하는 힘을 자각하지 못하는 퀘이커 당이 장악하고 있었는데, 그들은 영국 의회의 비위를 거스를까 우려했다. 1765년과 마찬가지로 퀘이커 당은 국왕 칙허를 바라보고 있었고, 비록 헛된 욕망이었지만 그것 때문에 그들은 국왕의 권위에 도전하려는 생각을 접었다.[17]

버나드 총독, 의회와의 대결에서 패배하다

그러는 사이 매사추세츠와 런던에서는 회람 편지에 대한 반응을 우호적으로 만들고 식민지와 영국의 사이를 더욱 소원하게 만드는 사건이 벌어졌다. 의회 내의 파당은 비난과 상스러운 욕설을 해대다가 마침내 버나드 총독과 세관 위원들에게 테러를 가하기 시작했다. 국왕 관리였던 이들은 신분을 앞세우며 저항했으나 그것이 오히려 역효과임을 깨닫고 아메리카에 주둔 중인 영국군에게 자신들을 괴롭히는 식민지인을 진압해달라고 요청했다.

이런 야만적 행위의 근원이 무엇인지 정확하게 파악하기는 어렵다. 어떻게 보면 그것은 8년 전 버나드가 총독으로 취임하면서 시작되었는지도 모른다. 오티스가 주도하는 식민지 의회는 버나드가 본국의 내각에 거짓말을 했다고 비난했다. 의회는 이어 총독이 응하지 않을 것을 알면서도 본국의 남부장관에게 보낸 편지의 사본을 보여달라고 요청했다. 총독이 보여주기를 거부하자 의회는 그의 사임을 요구했다. 그다음에 오티스와 애덤스는 보스턴의 의사인 조지프 워렌Joseph Warren에게 《보스턴 가제트》에 글을 실어 울분을 토로할 기회를 주었다. 워렌은 그 글에서 총독의 이름을 거명하지 않았을 뿐 사실상 명예훼손이나 다름없는 비방을 퍼부었다. 그는 총독이 '사악함'에 완전히 굴복했으며 악마와 밀접하게 관련된 인물이라고 몰아붙였다. 버나드는《보스턴 가제트》를 상대로 싸워봐야 자신이나 국왕의 권위를 위해 좋을 게 없으리라는 점을 깨달아야 마땅했다. 하지만 그는 그것을 깨닫지 못했고, 그 글을 '극악한 명예훼손'이라고 선언하면서 총독 자문회의에 회부해 신문 발행인을 기소할 준비를 했다. 자문위원들은 이 싸움에 끼어들지 않으려고 했고, 차라리 식민지 의회를 끌어들이라고 조언했다. 정치적 보복을 원했던 버나드는 자문회의의 조언을 따랐다. 하지만 의회는 이틀 동안 그 안건을 심의하는 척하다가 근거가 없다면서 기각해버렸다. 버나드에 따르면, 의회의 심의는 "이 정부의 조직을 갉아먹는 벌레"인 오티스가 주도했는데, 그자는 의회에서 "미친놈처럼" 떠들면서 정부 당국의 모든 사람을 비난했다.[18]

그러자 대법관 토머스 허친슨이 버나드를 옹호하기 위해 나섰다. 허친슨은 의회의 파당을 상대하는 싸움을 버나드보다 더 싫어했다. 또한 보스턴의 대배심원을 동원해《보스턴 가제트》의 발행인을 명예훼손으로 기소하기란 어렵다는 점도 알고 있었다. 그러나 충성스럽고 결단력이 있는 허친슨은 검찰총장을 시켜 신문 발행인에 대한 기소장을 작성하게 했고 그것을 대배심원에 제출했으나, 예상했던 대로 배심원은 투표를 통해 기소장을 기각했다. "노골적으로 대배심원들을 쫓아다니는 것이 목격되었다"는 말이 나올 정도로 파당의 대리인들은 대배심원 회유 공작을 펼쳤고, 결국 그들이 대법관, 총독, 검찰총장의 팀보다 더 설득력이 높은 것으로 드러났다. 대배심원은 기소를 받아들이지 않았다. 버나드는 이런 설전을 벌여봐야 자신의 권위만 손

상된다는 사실을 뒤늦게 깨달았는지 더 이상 아무런 공식적인 대응을 하지 않았다.[19]

버나드에겐 도덕적 권위도 이미 사라진 지 오래였다. 현지 상인 집단은 톤젠드 관세법에 어떻게 대응하는 것이 좋을지에 대한 의견을 총독에게 물어보지도 않았다. 또한 3월 초 그들이 체결한 수입 거부 합의도 총독에게 알리지 않았다. 총독은 상인들의 단체행동을 말리지 못했고, 폭도가 2주 뒤에 인지세법 철폐 1주년을 기념하는 행사를 벌이는 것을 중지하기도 못했다. 3월 18일 밤, 세관 위원 버치Burch와 그의 가족, 토머스 허친슨 등이 총독과 함께 시간을 보내는 동안, 남녀노소를 막론하고 많은 군중이 보스턴 시내를 행진하면서 고함을 질러댔다. 그들은 때때로 세관 위원들의 집 앞에 집결하기도 했다. 신사적인 지도자들이 이끄는 무리가 방문한 덕에 그 집에 대한 파괴 행위는 벌어지지 않았으나, 버나드와 동료들은 공포를 느꼈다.[20]

이때 적어도 국왕의 관리들만큼은 긴장과 공포를 느꼈고, 그 결과 세관 위원들은 총독 못지않게 엉성한 실수를 저질렀다. 그들은 자신들과 그들의 업무를 노골적으로 경멸한 사람에게 보복하려는 충동에 굴복하고 말았다. 그들의 목표물은 보스턴에서 가장 부유한 상인이었던 존 핸콕이었는데, 세관 위원들은 핸콕이 요리조리 잘 피해가는 사람이라는 사실을 곧 알게 되었다. 핸콕은 지난해 위원들이 도착했을 때 그가 대장으로 있는 장교 후보 중대를 버나드 총독이 계획한 환영 행사에 참석하지 못하게 함으로써 세관 위원들을 모욕했다. 그 직후에도 핸콕은 만약 세관 위원들이 참석한다면 총독이 5월 선거를 위해 계획한 공식 만찬 파티에도 장교 후보 중대를 불참시키겠다고 선언했다. 핸콕은 시청회의에서 상당한 영향력을 행사했으므로, 시청은 패널

홀을 만찬 장소로 사용하는 것을 거부함으로써 핸콕을 지원했다.[21]

아메리카인의 평등주의, 세관 위원들의 우월의식을 자극하다

세관 위원들은 보복을 벼르고 있었는데, 4월에 마침 기회가 찾아왔다. 그 무렵 핸콕은 자신의 쌍돛대 횡범선 리디아호의 하갑판에 승선한 세관원 두 명을 강제 하선시켰다. 세관원들이 핸콕의 허가나 협조 영장도 없이 그 배가 부두에 계류한 즉시 승선해 배 아래쪽으로 내려갔기 때문이다. 이 사건이 보고되자 세관 위원들은 지방 검찰총장에게 핸콕을 형사 입건하라고 지시했다. 혐의 내용은 공무 중인 세관 관리의 업무를 방해했다는 것이었다. 검찰총장은 사건을 조사한 뒤에 세관원들이 월권행위를 했으며 핸콕이 그들을 강제 하선시킨 것은 적법한 행동이었다는 근거로 기소를 거부했다.[22]

검찰총장의 판단은 세관 위원들을 만족시키지 못했고, 그들은 즉각 영국의 무역청에 제소했다. 세관위원들이 이런 제소를 한 사실은, 영국이 아메리카를 왜 성공적으로 통치하지 못하는지 그 원인을 잘 보여주는 것이었다. 위원들의 제소장은 그들이 당한 정치적 모욕에 대해 핸콕에게 본때를 보여주겠다는 의도에서 비롯되었다. 이 사건의 절차적·법적 문제는 핸콕이 국왕의 권위에 도전한 괘씸죄에 비하면 2차적인 것에 지나지 않았다. 그들은 제소장에서 핸콕을 보스턴 "불평분자들"의 지도자로 지목했다. 또한 그가 위원들의 도착 때에도 모욕적인 행위를 했고 그다음의 공식 만찬에서도 방자한 행동을 했다고 썼다. 핸콕이 세관 정책을 노골적으로 반대하는 자라는 보고도 했다. 위원들의 형사 조치 주장은 순전히 다음과 같은 가정에서 나왔다. 만

약 이자를 기소하지 않으면 아메리카에서 국왕의 권위는 또 다른 타격을 받게 되리라는 것이었다.[23]

세관 위원들은 수입품 관세를 징수하고 항구를 드나드는 배들을 감독하는 일상적 업무와 관련해 불평을 한 것이 아니라, 국왕의 권위가 훼손되었다는 점을 강조했다. 국왕의 권위라는 말은 흥미로운 용어인데, 이 영국 관리들에게 쇠퇴하는 제국을 연상시키는 듯했다. 아메리카에서는 민중 정부, 갑자기 생겨난 평등주의, 폭도 등 근엄한 제국의 모습과는 전혀 다른 양상이 전개되었다. 이런 끔찍한 도발적인 모습은 반드시 뿌리 뽑아야 할 대상이었다. 이런 미친 생각을 품고 있는 아메리카인들을 좀 더 잘 이해하기 위해, 세관 위원 헨리 헐튼Henry Hulton은 매사추세츠와 코네티컷 전역을 여행하면서 직접 망상의 현장을 관찰했다.

헐튼의 기행문에는 그의 우월의식이 분명하게 드러난다. 그에 따르면 아메리카인의 일상생활이나 보스턴에 테러를 자행한 폭도를 볼 때, 그들은 사회계급을 경멸했다. 그렇지만 그들은 정력적이었고, 그런 정력이 없었더라면 이 척박한 땅을 비옥하게 일구지 못했으리라는 것이 헐튼의 입장이었다. 이처럼 마지못해 칭찬을 하는 가운데에서도 헐튼의 무지와 사회적 우월감은 분명하게 드러났다. 그는 열등한 사람들을 상대한다고 느꼈기 때문에 세관 위원들은 물론이고 국왕 관리들이 아메리카인들을 다음과 같이 다루어야 한다고 기록했다. 즉, 그들에게 질서 의식을 심어주고 국왕의 권위를 존중하게 만들어야 한다는 것이었다. 이런 생각은 사회적 차이에 대한 우월감과 식민지 정부에 대한 전통적인 정책에 근원을 두고 있었다.[24]

물론 세관 위원들이 상업에 적용되는 규정을 엄격히 집행하는 데 무관심하지는 않았다. 그들 역시 그 규정이 자신들이 감독하는 업무와 상인들에 의해 철저히 준수돼야 한다고 굳게 믿었다. 1767년 11월 아메리카에 도착했을 때, 그들은 세관 운영 상태를 보고 충격을 받았다. 적어도 보스턴이 처음 임지였던 헐튼과 버치는 그러했다. 그러나 아메리카에서 근무한 경험이 있던 템플과 팩스턴은 세관에 처음 부임했을 때 받았던 충격에서 곧 벗어났다. 당밀을 밀수한다는 이유로 폴리호를 나포하려고 했다가 치도곤을 당한 로빈슨은 아메리카인의 태도에 대해서 뭔가 깊이 깨달았을 것이다. 동료에게 전혀 도움이 되지 못하는 템플을 제외하면, 세관 위원들은 세관 제도를 철저히 단속할 의지를 갖고 있었다. 뉴잉글랜드의 사업 상황을 면밀히 살펴본 그들은 밀수가 "아주 심했지만" 지난 2년 6개월 동안 밀수 혐의로 나포된 건수는 고작 6건에 지나지 않았다는 사실을 발견했다. 그리고 6건 중에서도 오로지 1건만 기소됐다. 나머지 배들은 폭도가 강제로 점령했거나 현지 법원의 배심원들에 의해 방면되었다.[25]

세관 위원들은 세관의 하급 부하들도 문제라는 점을 알았다. 일부 부하들은 뇌물을 받았는데, 심지어 먼저 뇌물을 달라고 손을 내밀기도 했다. 위원들의 해결안은 더 많은 세관 관리를 고용하는 것이었다. 이 기묘한 결정은 업무 수행에 정직성이 담보되지 않으면 실패할 수밖에 없는 해결안이었다. 머지않아 이 결정은 실패작으로 드러났다.

리버티호가 나포되고, 폭력 사태가 일어나다

리디아호 사건으로 핸콕에게 한 방 먹은 세관 위원들은 실망감을 다스리며 다른 기회를 엿보았다. 그러다가 6월 10일 이들은 회계관인 벤저민 핼로웰과 징수관인 조지프 해리슨에게 핸콕의 외돛대 종범 장선인 리버티호를 나포하라고 지시했다. 당시 리버티호는 마데이라로부터의 항해를 마치고 부두에 계류되어 있었다. 이 배는 와인을 싣고 왔는데, 그중 일부는 핸콕의 식탁에 올라갈 '마데이라 최고급품'이었다. 리버티호가 도착한 날, 두 명의 승선 세관원이 배에 올라가 신고되지 않은 화물을 실었는지 확인했다. 이 배는 다음 날 와인 25상자를 배에서 내렸다. 핸콕은 와인에 매겨진 관세를 지불했고, 세관원은 와인 이외에 다른 화물은 내리지 않았다고 보고했다. 그다음 달에 리버티호에는 다량의 고래 기름과 타르가 실렸다.[26]

이 배를 나포하던 6월 10일, 승선 세관원 중 하나인 토머스 커크 Thomas Kirk는 5월에 리버티호의 하선 보고서와 관련해 거짓말을 했다고 증언했다. 그날 커크는 핸콕 배의 선장이 주는 뇌물을 거절하는 바람에, 그 배가 부두에 도착하던 날 밤에 하갑판에 강제 구금되었다는 것이었다. 그는 하갑판에 있으면서 약 세 시간에 걸쳐 화물을 내리는 소리를 들었고, 구금에서 풀려날 때 그날 밤의 일에 대해 입 다물지 않으면 테러를 당할 것이라는 협박을 당했다. 다른 승선 세관원은 이런 사실에 대해 아무런 증거도 내놓지 못했다. 커크에 따르면 그 세관원은 술에 만취해 집에서 자고 있었기 때문이다. 커크는 결국 이실직고하기로 결심했다. 왜냐하면 그에게 테러를 가하겠다고 위협한 핸콕 배의 선장이 죽었으므로 더 이상 생명의 위협을 느끼지 않았기 때문이었다. 참고로 그 선장은 배가 부두에 도착한 다음 날인 5월 10일에 죽었다.[27]

이 이야기가 어느 정도까지 진실인지는 알 수 없다. 커크의 이야기는 진정성이 의심됐지만 어쨌든 리버티 호에 대해 조치를 취하기에 좋은 구실을 제공했다. 이 배를 나포하라고 지시하는 영장에 지난 5월 와인 상자들을 내린 상황은 전혀 언급되지 않았다. 그 대신에 핸콕이 아무런 허가 없이 고래 기름과 타르를 실었다고만 고발했다. 관련 규정을 철저하게 유권 해석한다면 핸콕은 유죄였다. 그는 화물을 배에 싣기 전에 계약서나 기타 서류를 미리 작성하지 않았던 것이다. 그가 서류를 준비하지 않은 것은, 보스턴이나 거의 모든 식민지 항구에서 짐을 먼저 싣고 그다음에 짐의 크기와 구성 내용 등을 보고하는 서류를 작성하는 것이 하나의 관행이었기 때문이다. 세관 위원들은 커크의 '증언'만 믿고서 지금껏 보스턴에서 무시됐던 절차상의 문제를 끄집어내 배의 나포를 결정했다. 리디아호의 경우와 마찬가지로, 그들은 아메리카에서 가장 밉살스럽게 국왕의 권위에 도전하는 자들 중 한 명의 코를 납작하게 해줌으로써 국왕의 권위를 세울 기회를 잡았다. 위원들은 커크의 이야기를 전적으로 믿었을 수도 있다. 하지만 그렇더라도 갑자기 정직과 용기를 주장하고 나선 자의 이야기라면 감안해 들었어야 했다. 제보자는 나포된 배와 압수된 화물에서 나오는 이익의 3분의 1을 받아 갈 자격이 있었기 때문이었다.[28]

헬로웰과 해리슨은 그 배를 일몰에 나포했고, 곧장 대포 50문을 장착한 군함 롬니호에 신호를 보내 그 배를 부두에서 항구의 수면 가운데로 끌어내리라고 지시했다. 롬니호는 그 지시를 이행하기 위해 자그마한 배를 파견했다. 그러나 리버티 호를 이동시키는 것은 어려운 작업이었다. 군중이 몰려들어 롬니호의 파견대를 상대로 싸우면서 배를 핸콕의 부두에 계속 계류된 상태로 놔두려고 했기 때문이었다. 이 싸움에서 죽거나 다친 사람은 없었다. 곧 파견대는 세력의 우위를 점했고, 리버티호를 군함의 호위 아래 끌고 갔다. 토머스 허친슨의 표현에 따르면 부두에서 좌절을 겪은 군중은 "대부분 깡패 아이들과 흑인들"이었는데, 해리슨과 헬로웰에게 분풀이를 했다. 두 세관 직원은 운 좋게도 목숨은 건졌다. 헬로웰은 해리슨보다 더 심하게 구타를 당했는데, 해리슨은 몸통에 강한 일격을 당한 뒤에 골목길로 달아났기 때문이었다. 땅바닥에 쓰러져 부상을 입고 피범벅이 된 헬로웰은 군중 속의 몇몇 신사들에게 구조됐다.

허친슨이 말한 "아이들과 흑인들"에 대해 더 언급할 필요는 없을 것이다. 보복 행위는 대개 세관 관리들의 집에 가해졌는데, 창문이 부서지고 다른 소소한 피해가 발생하기는 했으나 1765년의 일반적 방식처럼 집이 깡그리 파괴되지는 않았다. 밤이 끝나기 전에 폭도는 수천 명으로 늘어났고, 이들은 세관 관리들을 찾아서 거리를 행진했다. 관리들을 발견하면 어김없이 구타를 했는데, 이런 폭력 사태가 새벽 1시까지 계속됐다.[29]

주말은 조용했다. 허친슨은 이에 대해 "토요일과 일요일 저녁은 신성하다"라고 기록했다.[30] 이런 표면적인 평온 아래에서, 핸콕과 자유의 아들들, 그리고 총독 일행은 다음번 움직임을 준비했다. 세관 위원들은 부하와 가족을 데리고 롬니호로 피신했다. 버나드 총독은 그런 도피가 적절하지도, 필요하지도 않다고 생각했다. 총독은 월요일에 총독 자문위원들과 만나서 군대의 파견을 요청하자고 그들을 설득했으나 성공하지 못했다. 위원들은 그 아이디어에 냉담했고, "우리는 그 일로 머리에 불벼락을 맞고 싶지 않습니다"라고 총독에게 말했다. 이와 대조적으로 자유의 아들들은 열정적이었고, "우리를 잡아먹으러 온 기생충들을 이 땅에서 싹 쓸어내자"라고 외쳤다.[31]

그 주가 다 가기 전에 자유의 아들들이 도시를 완전히 장악했다. 그

자유의 나무 아래 집결한 식민지인들 자유의 나무는 보스턴 중심가에 있는 느릅나무로 이곳에서 영국 정부에 맞선 반대 집회가 자주 열려 식민지 저항의 상징이었다. 1775년 친영국파들이 베어버렸다.

들은 자유의 나무가 서 있어 리버티 홀로 불린 곳에서 대중집회를 열고, 이 집회를 일련의 합법적인 시청회의로 변모시켰다. 그들은 군중 속에서 나온 온갖 종류의 황당한 제안들을 모두 경청했는데, 가령 항구의 군함들을 모두 시청회의의 통제 아래 두자는 제안도 있었다. 이어서 이들은 롬니호에 보스턴 항구에서 떠나라는 명령을 내려달라고 총독에게 청원했다. 그들은 영국 의회의 과세권에 반대하는 익숙한 옛 주장을 다시 꺼내 들었다. 그들은 더 이상 선박 구인이 없도록 최선을 다해달라고 도시 출신의 의원들에게 요청했고, 세관 위원들 또는 다른 관리들이 영국군의 보스턴 파견을 요청했다는 보고에 대해 조사해달라고 요구했다.[32]

도시를 장악한 '훈련된 폭도'

영국군의 파견에 대한 도시의 결의는 불길한 의미를 내포했다. 버나드 총독은 특히 공포를 느끼면서 그 결의문을 읽었을 것이다. 왜냐하면 그는 오래전부터 영국군의 파견을 원했으나 자문위원회의 동의가 없어서 과감히 요청하지 못했기 때문이었다. 세관 위원들은 그런 압박을 받지 않았으므로 오래전부터 군대 파견을 요청했고, "이 식민지의 총독과 행정관들에게는 그 어떤 권위나 권력도 없다"고 말하면서 주장을 정당화했다. 버나드는 세관 위원들이 원하는 것이 무엇인지 잘 알았고, 자신이 그것을 들어줄 만한 능력이 없다고 호소했다. 그는 자신의 권력이 이미 사라져버렸다는 사실을 인정하지는 않았으나, 그렇다고 해서 독자적으로 행동을 취하려고도 하지 않았다. 군대가 도착하면서 그의 친구가 "방해하지 마라" 조언하기도 했으나, 총독은 자신의 안전에 대해서 그렇게 겁먹지는 않았다. 오히려 그는 매사추세츠 정부가 너무나 허약하다는 사실을 우울하게 여겼다. 게다가 그는 또 다른 위기를 맞이하고 있었다. 아메리카 식민지 담당 장관인 힐즈버러Hillsborough백작의 지시문이 도착해 있었던 것이다. 힐즈버러는 버나드 총독에게 회람 편지가 도착하면 의회가 즉시 그 편지를 취소하도록 유도하라고 요구했다. 버나드는 의회가 힐즈버러의 요구를 거부하리라는 점을 알았고, 거부 시에 힐즈버러의 지시대로 의회를 해산하는 것이아무런 해답이 되지 못한다는 점도 알았다.[33]

그렇지만 버나드에게는 선택의 여지가 없었다. 6월 21일 리버티호 폭동의 연기가 여전히 자욱한 가운데, 총독은 회람 편지를 무효화하라는 힐즈버러 장관의 지시를 식민지 의회에 전했다. 의회가 며칠 동안 시간을 끄는 사이 오티스는 의회에서 열띤 연설을 했다. 연설은 현안과 무관한 내용이었으나, 실제로는 영국의 타락상을 지적해 아메리카인들의 불쾌감을 부추기려는 것이었다. 그동안 의회 내의 파당은 총독의 제안을 지지하는 자들을 면밀히 조사했다. 버나드는 대답을 세 번이나 독촉했고, 마침내 6월 30일에 그가 두려워하던 결과가 나타났다. 의회는 92대 17로 철회를 거부했고, 회람 편지가 "법적 문제가 없고," "덕성스러우며," "칭송할 만한" 내용이라고 주장했다. 그러자 버나드 총독은 본국의 지시대로 의회를 해산했다.[34]

의원들을 고향으로 돌려보낸 것은 버나드와 국왕의 권위를 더욱 약화했을 뿐이었다. 자유의 아들들에게는 이제 또 다른 시빗거리가 생겼다. 인민의 대표들이 모여서 고충 처리를 청원할 수 있는 자유가 부정당한 것이었다. 힐즈버러가 버나드에게 보낸 신경질적인 편지는 곧 식민지 전역의 신문에 게재되어 식민지인의 혼란스러운 마음을 더욱 아프게 했다. 힐즈버러와 버나드는 합작으로 민중에게 좋은 기회를 주었고, 민중은 이제 그 기회를 적절히 활용할 셈이었다.

회람 편지 철회에 반대표를 던진 의원들은 이제 '영광스러운 아흔둘'로서 성인의 반열에 올라갔고, 곧 그들의 이름이 《보스턴 가제트》에 실리는 기쁨을 누렸다. 철회에 찬성한 사람들은 분명 칭송하기 위해서라고는 할 수 없는 논조로 신문에 이름이 실렸다. 투표가 실시될 때 불운하게도 의회에 있지 않았던 의원들은 곧 대세의 흐름을 파악하고 황급히 쿠싱 의장에게 편지를 보내 만약 그들이 현장에 있었더라면 영광스러운 아흔둘의 숫자는 더욱 늘어났을 것이라는 입장을 전했다. 쿠싱 의장은 그들의 뜻을 가상하게 여겨 그 편지를 《보스턴 가제트》에 건네주었고, 신문은 곧 그 편지를 보도했다. 대중 노선에 순

자유의 아들들 그릇 회람 편지 철회를 거부한 매사추세츠 의원들 '영광스러운 아흔둘'을 기념하는 그릇이다. 자유의 아들들의 구성원이자 은세공인인 폴 리비어가 만들었다. 보스턴 박물관에 보관되어 있으며 뒤편에 폴 리비어의 초상이 걸려 있다.

응하라는 이런 종류의 압력은 결코 은근하지 않았으나,《보스턴 가제트》에 실린 철회 찬성자에 대한 공격에 비하면 부드러운 것이었다.[35]

이 무렵 오티스, 애덤스, 그들의 동료들은 언론을 이용하는 데 아주 숙달되어 있었다. 그들은 1768년 여름 거의 최고의 언론 사용법을 보여주었다. 헌법상의 문제, 특히 의회 해산이 가져온 자유에 대한 위협은 요령 있게 설명됐고, 식민지를 억압하려는 영국 내각의 새로운 음모도 널리 전파됐다. 새뮤얼 애덤스는 '데테르미나투스'라는 필명으로 그해 여름 많은 글을 썼다. 그는 사람들이 분노를 느끼는 이유를 이렇게 요약했다.

나는 맹세하거니와 총독 각하와 마찬가지로 '폭동, 소요, 불법 집회'의 친구가 아니다. 그러나 인민이 억압당하고 그들의 권리가 침해되며 그들의 재산이 침탈되고 그들의 머리 위에 감독자가 배치될 때, 해군력이 눈앞에서 불법적인 행위를 저지를 때, 그리고 그들이 날마다 군부대의 주둔으로 위협을 당하고 의회가 해산될 때, 그리하여 남아 있는 정부라는 것이 밀실 회의처럼 은밀하고 고위 공무원과 하급자들이 주위에서 우글거리고 연금수령자들이 무례하게 등장할 때, 이럴 때 인민은 불만족을 느끼는데, 결코 그들을 비난해서는 안 된다.[36]

애덤스는 대중의 불안을 결코 과장하지 않았다. 총독 또한 그 불안을 런던의 상급자들에게 보고했다.

신문 보도 이외에 다른 징후도 있었다. 의회가 해산된 지 약 일주일 뒤에 자유의 아들들 50여 명은 세관 위원인 존 로빈슨을 록스버리에 있는 그의 집에서 붙잡으려고 했다. 그가 지난 6월 피신했던 안전한 성채를 떠났다는 소문이 떠돌았던 것이다. 그러나 소문은 와전된 것이었고, 자유의 아들들은 로빈슨 집의 과일나무들과 집 주위의 울타리를 망쳐놓는 것으로 만족했다. 7월 후반 훨씬 많은 군중이 세관 검사관장인 존 윌리엄스John Williams에게 사표를 강요했으나, 그는 위협에 굴복하지 않았다.[37]

반면 총독은 이런 소요 사태에 겁을 먹었고, 본국으로 보내는 일련의 보고서에 자신의 심정을 토로했다. 그는 "훈련된 폭도"가 도시를 장악했다고 보고했다. 그는 자신이 두 개의 불火 사이에 갇혀 있다고 적었다. 하나의 불은 그가 영국군 파견을 요청하면 그를 비난할 폭도이고, 다른 하나의 불은 요청하지 않으면 비난할 영국 당국이었다. 그런 보고서를 올린 지 며칠 뒤, 총독은 자문위원회에 군대 파견을 요청하려는 그의 뜻을 따라 달라고 요청했으나, 그 대답은 총독이 예상했던 대로 만장일치의 "아니오"였다. 총독은 깊은 우울증에 빠진 채 전쟁장관인 배링턴에게 "이제 모든 것이 끝났다"라고 탄식했다. 하지만 그는 앞으로 사태가 더 암울해지리라는 점은 알지 못했다.[38]

오티스-애덤스 무리는 근거없는 자신감을 내뿜었다. 군대가 오고 있다는 이야기가 나돌았는데, 이는 일시적으로 총독과 세관 위원들의 힘을 강화해줄 터였다. 대의에 대한 대중의 열광을 진작하기 위해 오티스와 애덤스는 언론을 이용해 군대 주둔을 계속 규탄했고, 올리버 폭동의 기념일인 8월 15일에는 대포 발사, '아메리카의 자유의 노래'를 포함한 음악, 대행진, 열네 번의 건배 그리고 '영광스러운 아흔둘'

자유의 나무 보스턴에 있는 자유의 나무는 아메리카 독립의 상징물 역할을 했다.

에 대한 건배로 끝나는 화려한 축하 행사를 펼쳤다. 이어 더 많은 축포가 발사됐고, 현장의 신사들은 인근 록스버리에 있는 그레이하운드 술집으로 달려가서 '검소하지만 우아한' 저녁을 먹었다. 더 많은 건배가 뒤따랐고, 록스버리에 있는 자유의 나무를 축성祝聖한 뒤에, 이 무리들은 전원 보스턴으로 돌아갔다.[39]

영국 군함, 보스턴에 도착하다

버나드 총독은 그런 식의 '민중의' 의지 표현을 싫어했으나, 9월 초까지는 침착성을 유지했다. 그때 《보스턴 가제트》에 실린 어떤 기사는 "버나드가 모든 선례를 뛰어넘을 정도로 정치적 술수를 쓰고 있다"는 비판을 가했는데, 이에 흥분한 버나드는 전략적 실수를 저지르고 말았다. 그 기사는 '클레리쿠스 아메리카누스'라는 필명의 기고자가 쓴 일련의 물음으로, 아메리카인들이 오랫동안 논의해온 여러 고충 사항을 다룬 글이었다. 버나드의 시선을 사로잡은 것은 '시드니'의 다음과 같은 질문에 대한 답변이었다. 만약 군대가 보스턴에 파견된다면 우리는 무엇을 해야 하느냐는 물음이었다. 클레리쿠스 아메리카누스는 아주 오싹할 정도로 노골적인 대답을 했다. 식민지는 영국으로부터 독립을 선언해야 한다는 답이었다. 버나드는 영국군이 보스턴으로 파견됐다는 보고를 8월 27일에 받았다. 총독은 군대가 사전 통지 없이 도착하면 '폭동'이 일어날 것을 두려워했다. 또한 상황이 폭발적으로 돌변할 것이라는 클레리쿠스 아메리카누스의 말도 그를 움직였다. 결국 총독은 9월 9일에 군대가 도착한다는 정보를 외부에 흘렸고 그로 인해 자신에게 더 많은 골칫거리를 초래하고 말았다. 그는 알고 있는 정보를 미리 말해버림으로써 민중의 지도자들에게 준비할 시간을 주었다. 예고 없이 도착했다면 아무런 저항도 받지 않았을 것이고, 의회의 파당들에게 노골적인 적개심을 표출할 기회를 주지도 않았을 것이다. 하지만 민중의 지도자들은 군대 주둔이라는 정보를 입수하고, 군대의 도착을 전후해 외곽 도시들을 반대 운동에 적절히 규합했다. 버나드는 반대 운동을 사전에 예방하려다가 오히려 확산을 도와준 꼴이 되었다.[40]

보스턴의 시청회의는 버나드에게 위원회를 파견해 공식적으로 군대 도착에 대한 정보를 요청했다. 이를 계기로 버나드는 자신의 판단 착오를 어렴풋이 깨달았다. 또한 위원회는 의회의 소집을 요구했다. 총독은 즉시 자신의 정보는 '개인적인 성격'을 띠며, 국왕에게서 명령을 받지 않는 한 의회를 소집할 권한이 없다고 대답했다. 버나드는 이 두 대답을 하면서 거짓말을 했다고 이후 비난을 받았는데, 비록 지나친 비난이기는 하지만 힐즈버러의 지시 사항에 대한 그의 해석만큼 황당한 것은 아니었다.[41]

도시 대표들은 총독에게 거부당했지만 기죽지 않았다. 만약 의회를 소집할 수 없다면 도시회의를 소집해 현안 위기를 논의하면 되었다. 또한 도시 행정 위원들은 "이 지방의 선량하고 건전한 법률"이라고 표현한 오래된 법령을 인용하면서 모든 군인과 세대주는 머스킷 소총과 탄약을 준비하고 지시에 잘 따를 것을 요청했다. 이러한 대비의 이유는 "프랑스와의 다가오는 전쟁이 많은 사람의 마음에 의구심을 불러일으키기 때문"이라고 했다. 물론 이 말은 영국 대신에 프랑스를 집어넣은 무서운 농담이었으나, 총독의 귀에는 결코 농담처럼 들리지 않았다. 그들이 한 말의 의미를 사람들이 오해하지 않도록, 도시 행정

위원들은 400정의 머스킷 소총을 회의에 반입해 잘 보이는 곳에 전시했다.[42]

일주일 뒤인 9월 22일, 도시회의가 보스턴에서 개최됐다. 오티스, 쿠싱, 새뮤얼 애덤스, 존 핸콕이 보스턴의 대표였다. 쿠싱은 회의의 의장으로, 애덤스는 서기로 뽑혔다. 회의는 66개 도시와 여러 구역에서 온 70명의 대표가 참석한 가운데 열렸고, 9월 27일에 폐회되기 전까지 또 다른 30개 도시에서 27명의 대표가 도착해 참가했다. 당대의 관찰자인 보스턴의 앤드루 엘리엇 목사는 도시회의가 3개 파로 나뉘어 있었다고 기록했다. 한 무리는 그 회의를 불법으로 여기며 해산하기를 바랐고 다른 무리는 무조건 민중을 신뢰하고자 했다. 그리고 세 번째 무리는 군대가 도착할 때까지 현재 상태를 유지하다가 그다음에 사태를 장악하자고 했다. 이는 정부를 장악하자는 의미였을 것이다. 회의의 조치를 살펴보면, 대표들의 뜻이 분열되어 있기는 했지만 결국에는 온건파가 심의를 주도했다는 사실을 알 수 있다.[43]

업무 처리의 첫 번째 순서는 총독에게 보낸 탄원서로 시작된 총독과의 싸움이었다. 회의는 탄원서 모두冒頭에서 "공식적 또는 정부 차원의 행동"을 하려는 의도가 아니라고 분명하게 밝혔다. 그러나 회의에 참석한 대표들이 식민지 전역에서 올라왔다는 사실은 그만큼 불안이 널리 퍼져 있다는 점을 보여준다고 주장했다. 대표들은 이들의 공포를 덜어주기 위해 총독에게 의회를 소집해달라고 요구했다. 그러면 의회는 상비군의 위협에 대응하는 문제를 의논할 수 있을 테고 고충의 처리를 요청할 수도 있다는 것이 이들의 설명이었다. 총독은 이 탄원서의 접수를 거부했고 도시회의의 해산을 요구했다. 또한 그는 대표들이 자발적으로 해산하지 않으면 형사 소추를 당할 수도 있다고 간단히 언급했다. 그러자 쿠싱 의장은 "우리의 절차 중 어디에 범죄성이 있는가?"라는 질문이 담긴 성명서를 총독에게 건넸다. 버나드는 또다시 회의의 성명서 접수를 거부했다. 그러자 도시회의는 비밀회의로 전환했다. 여기에서 나온 것이 "회의의 결과"와 국왕에게 보내는 탄원서였다. 이 서류들은 식민지의 정치체제론을 개진하지도 않았고, 군대 도착에 무력으로 맞서겠다고 위협하지도 않았다. "회의의 결과"에서는 최근 식민지 사태의 역사를 개관하면서 의회의 소집을 원하는 도시회의의 뜻을 명백하게 밝혔다.[44]

이러한 요구 사항은 식민지 저항운동의 발전을 살펴볼 때 크게 중요하지는 않다. 중요한 것은 그런 회의가 열렸다는 사실 자체였다. 도시회의는 범죄 단체도 불법 단체도 아니었다. 하지만 그것은 국왕의 권위에 도전하는 운동의 외연을 넓혔다. 회의에 참석한 대표들 중에는 영국군과 싸우겠다는 사람은 거의 없었다. 오티스는 거의 말을 하지 않았고, 애덤스는 좀 더 말을 많이 했지만 무력 사용을 요구하지는 않았다. 쿠싱도 버나드와 허친슨을 식민지에서 추방해야 한다고 주장하기는 했지만 무력 저항에는 반대했다. 그러나 보스턴은 매사추세츠가 아니었고, 주둔군이 정치적 자유를 위협하는 현상에 대한 증오, 긴장, 인식 등이 다른 중소 도시와 내륙의 농촌 마을들보다는 치열했다.[45]

도시회의가 끝난 다음 날, 14연대와 29연대의 병력 일부를 핼리팩스에서 이동시키는 수송선이 보스턴 항구에 들어오기 시작했다. 그다음 날 군함의 호위를 받으며 더 많은 병력이 들어왔다. 병사들은 10월 1일에 일렬로 도열한 포함들을 뒤로 하고 보스턴 항구의 부두에 상륙했다.[46] 총독은 안도의 한숨을 내쉬었지만, 매사추세츠 지방에서 국왕

보스턴 항구로 들어오는 영국 군함들 톤젠드 법에 대한 아메리카 식민지의 저항이 거세지자 영국군은 보스턴 주둔을 결정한다.

정부의 미래에 대해서는 비관론을 토로했다. 자유의 아들들도 그런 느낌을 공유했지만 그래도 행복했다. 그러나 행복을 느낄 근거는 없었다. 버나드 총독의 시련은 아직 끝나지 않았고, 보스턴과 아메리카의 시련은 아직 시작하지도 않았다.

영국의 서자들

9

영국은 톤젠드 법과 영국군의 식민지 주둔으로
식민지의 문제를 해결하지 못했다. 식민지 의회의
법안에 대한 대응과 그에 대한 총독의 탄압, 군대의 주둔을
둘러싼 갈등, 상인들의 수입 거부 운동, 세관 징수관들의
횡포 등 식민지에 있는 여러 집단에게는 각자의 불만과 갈등이
있었고, 이 모든 갈등이 식민지인들의 영국에 대한 반감을
증폭시켰다. 특히 보스턴에서는 주둔한 영국군과 시민들의 갈등이
점차 커졌고, 결국 영국군이 시민들에게 발포하면서 갈등은 극한으로
치달았다. 식민지 사람들은 이제 자신들의 자유와 생명이 실제로
침해당하는 상황에 직면하게 되었다.

영국군의 보스턴 주둔, 갈등의 시작을 알리다

영국군은 보스턴 사람들의 불만을 잠재우지 못했다. 오히려 영국군 자체가 또 다른 불만사항이 됐다. 군대는 도시와 지방 당국이 숙소 협조를 거부하는 화급한 문제에 직면했다. 버나드 총독은 식민지 의회로부터 관련 비용을 얻어내려고 위협도 하고 회유도 했으나 성공하지 못했다. 댈림플Dalrymple 대령은 침착한 어조로 협조를 부탁했으나 아무 소용이 없었다. 뒤이어 게이지 장군이 뉴욕에서 도착했으나 그 역시 아무것도 해결하지 못했다. 매사추세츠 지방에서 방적 교습소와 리넨 제작 공장으로 사용됐던 '제작소'가 잠시 동안 비어 있는 듯했으나, 막상 댈림플 대령이 병사들 일부를 그곳에 숙영시키려고 하자 수십 세대의 빈민 가족이 밀고 들어와 자리를 차지하더니 비켜줄 생각

캐슬 윌리엄 요새 보스턴 항구를 방어하기 위해 1634년 건설된 요새로 보스턴 차 사건이 발생했을 때 친영 국파 인사들이 이 요새로 피신했다. 오늘날에는 포트 인디펜던스라는 이름으로 알려졌다.

을 하지 않았다. 오티스, 애덤스, 그리고 그 추종자들이 이들에게 건물을 아예 차지해버리라고 '사주'했을 것이다. 댈림플 대령은 가난한 사람들을 거주지에서 쫓아낸다면 화근만 더 키울 것이라고 봤다.[1]

이런 갈등이 벌어질 때, 병사들 일부는 광장에 텐트를 쳤고 일부는 패널 홀로, 나머지는 캐슬 윌리엄 요새로 들어갔다. 게이지와 버나드는 곧 대형 창고를 몇 개 빌리기 위해 정부 예산을 승인했으며, 이어 그 창고들은 조잡한 병영으로 개조됐다. 창고의 소유주들은 일반 대중에게는 별로 원성을 듣지 않았다. 영국 돈을 받는 것과 군대의 숙영에 반대하는 것은 별개의 문제였다.

식민지의 다른 지역이라면 이러한 거래가 이해받지 못했을 것이다. 이 거래는 널리 알려지지 않았으나, 영국군의 보스턴 도착 소식은 곧 널리 알려졌다. 군대의 도착은 여름의 소요를 끝냈고, 매사추세츠 사람들이 회람 편지에서 호소한 내용이 강력한 지지를 받게 될 것임을 사실상 보증하는 셈이기도 했다.

힐즈버러 식민지 장관은 식민지의 행동에 대비하고 나섰다. 일부 식민지인들은 그가 자신들에게 아무런 선택의 여지도 남겨놓지 않았다고 말했다. 그는 4월에 버나드 총독에게 의회를 단속하라는 지시를 내려서 결과적으로 압도적인 톤젠드 법 철회 반대표를 만들어냈고, 그다음에는 다른 식민지 총독들에게 편지를 보내어 매사추세츠의 회람 편지를 거부하도록 단속하라고 지시했다. 만약 식민지 의회들이 이런 단속 명령을 거부하면 의회를 해산해버리라고 총독에게 명령했다.[2]

힐즈버러의 어리석음, 그에 대한 매사추세츠 의회의 노골적인 경멸, 영국군의 보스턴 주둔, 리버티호 폭동과 세관 위원들의 강압적인 조치 등이 겹쳐져서, 오히려 회람 편지를 지지하고 톤젠드 법에 항의하는 각 의회의 선언문이 나왔다. 그러나 이런 사건과 환경 이상으로, 각 식민지의 정치상황은 저항운동의 형태와 본질, 시기에 지속해서 영향을 미쳤다.

뉴저지, 코네티컷, 버지니아는 이런 도발적인 사건들이 없었음에도 늦겨울 또는 이른 봄 행동에 나섰다. 메릴랜드 의회 역시 마찬가지였다. 그러나 호레이쇼 샤프Horatio Sharpe 메릴랜드 총독은 호의적이고 성실한 행동으로 의회에 상당한 영향력을 행사하려고 했다. 샤프는 6월 말 힐즈버러의 편지에 메모를 동봉해 의원들에게 보내며 그들을 안심시키려 하면서, 의회가 회람 편지에 '주목'하지 않을 것으로 믿는다는 의견도 전했다. 그러나 힐즈버러의 주문을 그대로 반복한 총독의 호소는 별 효력이 없는 전략이었다. 의원들은 "몇 마디 위협적 언사에 겁먹고 우리가 옳다고 생각하는 일을 그만두지는 않을 것"이라고 답변했다. 하지만 옳다고 생각하는 일이 구체적으로 무엇인지는 말하지 않았다. 그다음 날 그들은 톤젠드 관세에 항의하면서 시정을 요구하는 탄원서를 국왕에게 보내는 것을 승인했다. 탄원서의 주된 내용은 그 무렵 사실상 아메리카의 원칙이 되어버린 주장과 별로 다르지 않았다. 메릴랜드 의회는 이렇게 선언했다. "사람이 정직하게 획득한 것은 무엇이든 그의 동의없이 빼앗을 수 없다. 이것은 재산에 대한 주요한 개념 중 하나이며, 본질적으로 고정되고, 대체될 수 없는 원칙이다."[3] 이런 신랄한 답변을 접수한 뒤, 샤프는 탄원서를 기다릴 것도 없이 그다음 행동으로 돌입해 즉각 의회를 해산했다.

행동에 나서기 시작한 식민지

가을에서 초겨울 사이 인지세법 위기에서 소극적 역할만 담당했던 델라웨어, 노스캐롤라이나, 조지아가 이번에는 행동에 나섰다. 델라웨어 의회는 공식적으로 버지니아의 편지를 받기만 한 것처럼 보였으나, 10월에는 국왕에게 탄원서를 보내면서 새로운 세금의 합법성에 문제제기하는 세력에 동참했다. 노스캐롤라이나도 유사한 탄원서를 승인했는데, 이들은 아주 교묘하게 처신해 윌리엄 트라이언William Tryon 총독이 그들의 태도를 '온건한 행동'으로 착각했고 힐즈버러 식민지 장관의 지시에도 불구하고 의회를 해산하지 않았다. 조지아 의회는 12월 후반기까지 기다리기로 했으나, 제임스 라이트James Wright 총독이 의회를 해산하기 전 회람 편지의 내용을 본뜬 탄원서를 국왕에게 발송했다.[4]

이들 식민지에서는 정치적 파벌 싸움이 존재하지 않았거나, 설사 갈등이 있었더라도 톤젠드 법에 대한 불만을 공유하면서 갈등을 묻어 뒀다. 그러나 다른 여러 식민지는 그리 쉽게 행동에 나서지 못했다. 로드아일랜드의 워드파와 홉킨스파는 봄 내내 정치적 이권을 나누고 거래하면서 시간을 보냈다. 그러나 여름이 되자 두 당파는 의회가 새로운 세금에 반대하는 탄원서를 국왕에게 보내야 한다고 결정했다. 비로소 원활하게 돌아가고 있던 의회는 회람편지 철회를 반대한 매사추세츠 의원들과 뜻을 같이한다고 내각에 통보했다.[5]

사우스캐롤라이나에서는 연안지대 농장주 지배계층의 영향력이 어떤 당파보다도 강했다. 이 쌀농장주들은 오랫동안 정부 안팎에서 그들 나름의 방식으로 사태를 주물러왔다. 그러다가 1768년에 두 부류의 도전자들이 나타났다. 하나는 변경지역의 규제자들인데, 이들은 한 해 전부터 모습을 드러냈다. 이 규제자들은 쌀이 아닌 다른 작물을 재배하는 농장주였다. 이들은 서부에 규칙, 사회적 질서, 법률, 행정 등의 규제를 요구해서 규제자들이라는 이름이 붙었다. 규제자 집단에는 견고한 중산층 시민, 가게 주인, 몇몇 전문직 인사, 토지 소유주 등도 포함됐다. 이들은 1767년 정부의 무관심에 분노해 자의적으로 법을 다루기 시작했다. 이들은 엄청난 문제들에 직면해 있었다. 로드아일랜드의 변경지대는 아직도 인디언과 치뤘던 체로키 전쟁의 피해 때문에 신음하고 있었고, 훌륭한 이웃을 멋대로 약탈하는 범죄 집단이 창궐했다. 대부분의 변경지대에는 정부나 다른 기관의 영향력이 미치지 못했다. 1768년 3월에 이르러, 삼림경비단으로 조직된 규제자들은 대부분의 범죄자를 사살하거나 추방했고, 그런 성공에 힘입어서 부채 회수, 가정생활 감독, 실업자 취업 알선 등 간단한 사업을 자발적으로 수행했다. 가을이 되자 이들은 그 활동을 견제하려는 동부의 시도를 물리쳤고, 구성원 두세 명을 의회에 당선시켰다. 규제자들은 톤젠드 법에 대해 뚜렷한 입장을 취하지 않았다. 그들에게는 대의제 정부를 서부까지 확대하려는 것이 좀 더 급한 관심사였다. 그렇지만 그들이 세운 요구와 행사한 폭력은 거의 두 해 동안 의회에 골칫거리를 안겨주었다.[6]

사우스캐롤라이나 의회는 또 다른 요구 사항을 가진 다른 집단과도 상대해야 했다. 찰스턴의 기술공들은 몇 년 전 인지세법 위기 당시에 정치적으로 의식화되었다. 이제 1768년의 10월 선거를 눈앞에 두고서 그들에게는 공인이 아닌 상인 겸 농장주인 크리스토퍼 개즈던 Christopher Gadsden을 의원 후보로 지명하고서, 아메리카의 '자유'를 축하하는 대규모 집회를 개최했다. 그들은 회람 편지를 거부하라는 힐즈버러의 명령에 불복한 매사추세츠의 '영광스러운 92명의 의원'에게 건배를 하고 자유의 나무를 '축성'했으며 존 디킨슨의 자유 노래를 부르고 존 윌크스를 찬양하고 건배하면서 힐즈버러의 명령에 도전하라고 의회에 촉구했다. 개즈던은 의원으로 당선됐으나, 의회는 여전히 구파들의 손에 장악돼 있었다. 그렇지만 구파의 질서는 서부와 찰스턴 세력에 의해 흔들리고 있었고, 11월에 의회가 개원했을 때는 의원들 거의 절반이 중요한 안건에 대해 투표하기를 회피했다. 몬터규 Montagu 총독은 의회 개원 연설에서 그동안 접수된 분쟁을 일으키는 편지들을 무시하라고 의회에 촉구했다. 이는 분명 매사추세츠의 회람 편지를 가리키는 것이었다. 의회는 그런 편지를 받은 바 없다고 선언한 뒤, 톤젠드 관세에 항의하고 매사추세츠와 버지니아에서 온 편지들을 칭송하는 결의안을 채택했다. 투표가 실시됐을 때 48명의 의원

중 26명만 참석했는데, 모두 찰스턴 또는 인근 교구 출신이었다. 나머지 의원들은 두려워서 투표에 참석하지 않았다. 총독은 이런 결의안에 대해서 알게 되자, 이미 지시받은 대로 의회를 해산했다. 의회는 겨우 나흘만 열렸다.[7]

펜실베이니아에서 퀘이커당은 회람 편지를 접수한 의회가 후속 행동에 돌입하지 못하도록 막는 데 일단 성공했다. 그러나 퀘이커당은 매사추세츠의 사건 소식들이 도착하면서 점점 커지는 반대 목소리에 직면했다. 펜실베이니아 의회의 의장인 조지프 갤로웨이 Joseph Galloway 는 '파키피쿠스'라는 필명으로 《펜실베이니아 크로니클》에서 힐즈버러를 비난했으나 의회의 후속 행동을 유보해야 한다고 촉구했다. 런던에 있는 식민지의 대리인들이 새로운 세금에 항의할 수 있는 기회를 주자는 것이었다. 그러나 갤로웨이의 실제 속셈은 프랭클린이 영국에서 국왕 직영 정부를 허락맡을 시간 여유를 주려는 것이었다. 영국 의회를 공식적으로 비난하거나 회람 편지를 공개적으로 지지하면 프랭클린의 로비 작업이 어려워질 수 있었다. 그러나 펜실베이니아 주민 대부분은 국왕 직영 정부에 반대했다. 갤로웨이가 언론을 통해 호소했음에도 불구하고, 7월에는 필라델피아에서 대규모 집회가 열려 매사추세츠를 지지하는 단합된 행동을 촉

조지프 갤로웨이(1731~1803) 갤로웨이는 펜실베이니아를 국왕 직영 정부가 통치해달라고 프랭클린과 함께 영국 내각에 청원했다. 당시 펜실베이니아는 영국 국왕에게 소유권을 받은 토머스 펜이 대리인을 통해 지배하려고 해서 현지 주민들과 분쟁이 있었다.

구했다. 의회가 개원하는 9월이 되자 갤로웨이와 퀘이커 당은 패배한 듯 보였다. 국왕 직영 정부를 추구하기 위해 자유를 침해하는 영국 내각으로부터 식민지의 이권을 충분히 보호하지 못했다고 의심 받으며, 그들은 애향심이 없다고 공격받았다. 이제 일반 대중의 정서에 예민해진 의회는 국왕, 상원, 하원에 항의문을 보내 영국 의회의 식민지 과세권을 부정하고 아메리카인도 영국인과 동일한 권리를 누릴 자격이 있다고 주장했다. 그러나 펜실베이니아 의회는 신중하게도 회람 편지는 승인하지 않았고 갤로웨이는 자신의 권위를 어느 정도 세울 수 있었다.[8]

펜실베이니아와 마찬가지로, 뉴욕의 의회 내 당파들도 대영제국이 일으킨 긴장 사태를 활용해 정치적 이익을 추구했다. 매사추세츠가 회람 편지를 보냈을 때, 뉴욕 의회는 선거를 기다리고 있었다. 스코틀랜드 출신의 유력 정치 가문인 리빙스턴 가문Livingstons은 1768년 3월의 선거에서 살아남았다. 그러나 그들의 수장인 더치스 카운티의 로버트 R. 리빙스턴Robert R. Livingston이 낙선하면서 의회 장악력이 상당히 느슨해졌다. 리빙스턴 가문의 문제는 과거의 행적이었다. 그들이 의회를 이끌고 있을 때 숙영법에 순응했고, 1766년 북부의 소작농 반란이 일어났을 때 영국 정규군 투입을 지지했다.[9]

프랑스 출신인 델런시 가문Delanceys이 리빙스턴 가문보다 더 '애향적'이라고 할 수는 없었지만, 그들은 회람 편지 사건을 정적을 몰아낼 기회로 삼았다. 의회가 회람 편지를 지지하면 무어 총독은 의회를 해산할 것이고, 그러면 새로운 선거를 개최해야 할 터였다. 그래서 델런시 가문은 의회가 행동에 나서도록 공작을 벌였다. 그들은 원내 투표권을 갖고 있지 않았지만, 신문, 대규모 집회, 매사추세츠 버나드 총독의 대형 인형 불태우기 등을 교묘하고 위압적으로 조종해 다수의 의원을 포섭했다. 이를 통해 이들은 대중의 헌법적 권리를 주장하고 회람 편지를 지지하는 행동을 이끌어 냈다. 어떤 의원도 '고향'의 '적'이라는 딱지가 붙는 것을 원하지 않았다. 델런시 가문은 힐즈버러 식민지 장관과 정면으로 대결하지 않으려는 의원들에게 무자비하게 '고향의 적'이라는 딱지를 붙였다. 무어 총독은 12월 말 의회의 조치를 알게 되자마자 의회를 해산했고 그 직후 새 선거를 요구했다. 델런시 가문은 그 선거에서 손쉽게 승리했고, 모든 사람에게 새로운 애향심의 실용적 의미를 일깨웠다.[10]

확산되는 수입 거부 운동

탄원서, 연설문, 항의서, 회람 편지 등을 보낸 공공기관들의 조치는 표면적으로는 일반 대중의 열정과는 멀리 떨어져 있는 것처럼 보였다. 그러나 그 이면에는 대중의 불만이 잠재되어 있었고, 그 감정은 곧 분노로 변모될 터였다. 새로운 영국 정책에 대한 이름 없는 서민의 우려가 공공기관으로 하여금 행동에 나서게 만드는 촉진제가 되었다. 예를 들어 보스턴의 시청회의에서는 오티스와 애덤스 및 그 추종자 이외의 사람들도 연설을 많이 했다. 의회가 강력한 결의안을 채택했던 버지니아에서는 다양한 카운티 출신의 '잡다한 자유농들'이 함께 만나서 뉴욕 의회의 기능 정지에 반대하는 그들 나름의 탄원서를 작성했다. "그것은 자유로운 인민의 자유를 파괴하는…치명적인 행위"이며, 숙영법과 톤젠드 관세는 "잔인하고 비정치체제적인 것"이라고 매도했다.[11]

이러한 탄원서들과 다른 곳에서 작성된 유사한 문서들은 소규모의 비공식 모임들에서 작성됐다. 이 모임들은 사회적 명성이나 관직을 갖지는 않았지만 그들 나름의 이해 사항과 대중의 이익을 염두에 둔 사람들이 조직했다. 이들은 그 뒤 3년 동안 정계에 진출하거나 영국 정책에 반대하는 정치적인 활동에 적극 참여했다. 영국에 대한 항의가 참여 폭을 크게 확대시켰고, 그 과정은 사람들이 긴박함과 위기의식을 느끼면서 참여가 더 늘었다. 게다가 모든 공공기관이 일반 대중의 요구처럼 아메리카의 이익을 효과적이면서도 열정적으로 옹호하지 못했기에 참여폭은 더욱 확대됐다. 그러나 이런 참여 폭의 확대는 느렸고 모습도 제각각이었는데, 대표적인 사례로는 1768년에서 1770

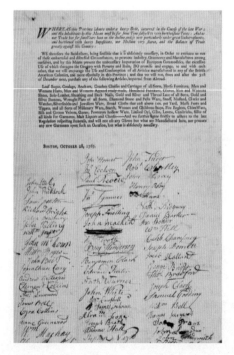

영국 상품 수입 거부 합의서 영국 상품 수입 거부 운동은 보스턴에서 시작되어 뉴잉글랜드 전 지역으로 확산되었다.

년까지 전개된 수입 거부 운동이 그러했다.

영국 상품의 수입을 거부한다는 경제적 제재는 3년 전에 상당한 효과를 발휘했고, 훌륭하게 작동한 바 있었고, 1768년에 들어와 각종 공식, 비공식 기관들이 그 운동을 재고하기 시작했다. 수입 거부 협약을 맺기로 한 시도는 당연히 보스턴에서 맨 처음 이루어졌다. 새뮤얼 애덤스를 축으로 한 집단을 준토junto라고 했는데, 이 집단은 1767년 10월 시청회의에서 처음 협약을 맺기를 시도했다. 의회가 열리지 않았으므로 그동안 해당 지방의 지도자 역할을 해온 시청이 그런 협약을 주도할 적소였다. 이미 무역 중지에 대한 거부감을 표시한 바 있었던 상인들은 회의 장소를 빽빽이 채우고서 새로운 세금이 철폐될 때까지 영국과의 무역을 중단하자는 제안을 투표로 기각시켰다. 준토가 얻어낼 수 있는 것은 자발적인 소비 거부 합의뿐이었다. 그것은 일련의 영국 수입품을 사용하지 않겠다고 서명한 사람들에게만 적용되는 합의안이었고, 그나마 사용 거부 품목에 관세가 매겨지는 상품이 모두 포함되지도 않았다. 대신 시청회의는 식민지 현지 제조업자들의 활동을 장려하기로 결의했는데, 특히 종이와 유리를 국내 주력 생산품으로 밀기로 결정했다.[12]

시청은 강경한 어조로 매사추세츠 지방 전역에 영국 수입품 소비 거부를 권장했다. 불매운동 문서의 작성자들은 현지의 '산업'을 촉진하고 '사치'를 억제하기 위해 영국의 '쓸데없는 제품' 사용을 거부하자고 제안했다. 이는 프로테스탄트 윤리의 언어였고, 뉴잉글랜드 문화에 깊숙이 뿌리내린 가치에 호소하는 것이었다. 중부와 남부 식민지는 그런 윤리의식이 덜했지만, 나중에 이들도 영국 상품의 수입을 거부하자는 데 동의했다. 저항운동의 영향력은 작은 마을들에서 가장

뉴잉글랜드 지역 아메리타 동북부에 위차한 뉴잉글랜드는 당시 식민지에서 영국 수입 상품 거부 운동의 중심지였다.

크게 작용했을 것이다. 그곳은 아직 도시의 유행에 물들지 않고 프로테스탄티즘이 살아있었기 때문이다. 이후 3개월 동안 뉴잉글랜드 전역의 마을과 도시들은 보스턴의 모범을 따랐고, 영국 수입품을 소비하지 않겠다는 그들 나름의 합의안에 서명했다.

보스턴의 대중 지도자들이 영국 수입품 소비 거부 운동으로 영국 정책에 영향을 미칠 수 있다고 믿었는지는 분명하지 않다. 그러나 그들은 1768년 초 상인들에게 영국으로부터의 수입을 중단하라는 압력을 넣었다. 물론 모든 상인에게 그런 압력을 넣어야 하는 것은 아니었다. 가령 보스턴의 차 상인인 존 로우John Rowe 는 자신의 일기에다 톤젠드 관세는 "인지세법만큼이나 위험하다"[13]라고 썼고, 그래서 3월에 다른 상인들과 함께 대부분의 영국 수입품을 1년 동안 취급하지 않는데 동의했다. 그러나 이 합의는 실천되지 않았다. 왜냐하면 보스턴 상인들이 뉴욕과 필라델피아의 경쟁 상인들이 동참할 때까지 그 합의 실천을 유보하기로 했기 때문이다. 4월 중순에 이르러 뉴욕의 거의 모든 상인이 유사한 합의안에 서명했다. 그러나 뉴욕 사람들이 합의안 서명 마감일로 지정한 6월에도 필라델피아 상인들은 존 디킨슨의 애원을 무시하고 서명을 거부했다.[14]

필라델피아 상인들은 이익을 탐하는 사람이 아니었고 '애향심이 없는' 사람도 아니었다. 그들에게 원칙이 없는 것도 아니었고, 새로 제정된 수입 관세를 인정하는 것도 아니었다. 그러나 그들은 보스턴이나 뉴욕의 동료 상인들보다 일반 대중의 위협에서 자유로웠다. 폭도가 3년 전 필라델피아에 모습을 드러내기는 했지만, 그 도시는 보스턴과 뉴욕에서 발생했던 정치적 몸살을 겪지는 않았다. 게다가 중요한 파당인 프랭클린과 갤로웨이가 이끄는 퀘이커 당은 시간을 끌면서 국왕 직영 정부의 칙허가 나오기를 기다렸는데, 이 또한 대중적인 열기를 억제하고 분산시켰다. 따라서 형제애가 넘치는 분위기는 아니었겠지만 이런 절제된 분위기 덕분에 필라델피아의 상인들은 영국 의회가 식민지 권리를 찬탈하는데 분개하면서도 자신들의 사업과 이익을 옹호할 수가 있었다.[15]

1768년 6월에 필라델피아가 합의안 서명을 거절한 후 18개월 사이에 아메리카 전역의 분위기는 더욱 어두워졌고, 수입 거부 운동은 뉴햄프셔를 제외한 모든 식민지에 파급되었다. 전과 마찬가지로 보스턴 사람들이 이 수입거부 운동을 이끌었다. 왜 보스턴의 상인들이 또 다른 합의안을 작성하기로 했는지는 짐작하기 어렵지 않다. 그들은 필라델피아가 뒤로 물러서는 것을 보고서 첫 번째 시도를 포기했다. 그러나 8월 1일이 되자 또 다른 시도를 해볼 만했고, 그것이 분명 필요하기도 했다. 힐즈버러 식민지 장관의 지시 공문에 대한 반감이 널리 퍼져나가고 있었기 때문이다. 더욱 중요한 점은 보스턴시가 세관 위원들의 갈취에 반대하는 폭동을 경험한 바 있었고 영국군이 곧 도착하리라는 소문도 듣고 있었다는 점이다. 상인들은 그해 여름 자신들의 문제를 여러 번 논의했고, 1768년 8월 1일에는 이듬해 1월 1일부터 대부분의 영국 제품을 수입하지 않는 데 동의했다. 이 모임에 참가한 62명의 상인 중 60명이 서명했고 며칠 사이로 보스턴의 다른 상인들도 그들의 뒤를 이었다.[16]

8월 말경 뉴욕의 상인들도 11월 1일부터 영국 상품의 수입을 중단하고 톤젠드 관세가 폐지될 때까지 수입을 재개하지 않는다는 합의안을 승인했다. 뉴욕 합의안은 보스턴 합의안과 짝을 이뤄 필라델피아를 협공했다. 뉴욕시와 보스턴의 신문들은 필라델피아 상인들의 공공정신 부재를 비판하는 편지와 기사를 실었다. 개인 사이에 오고간 편지들도 틀림없이 그에 못지않게 신랄했을 것이다. 그럼에도 필라델피아 상인들은 1769년 3월까지는 버티다가 마침내 뉴욕과 비슷한 합의안에 동참했다. 대부분의 상인들은 2주 이내에 가입했고, 이들의 사례는 인근 델라웨어 뉴캐슬 카운티의 상인들에게 영향을 줘서 8월 말 그와 유사한 협회를 조직하게 만들었다. 뉴저지 상인들도 펜실베이니아와 뉴욕 합의안의 중요성을 높게 평가했으나, 공식 합의안 체결은 1770년 6월에 가서야 이루어졌다. 하지만 뉴저지 상인들은 합의안 체결 전에 이미 영국과의 무역을 제한했다. 마침내 공식적으로 수입 거부 의사를 밝혔을 때, 그들은 뉴브런즈윅과 에섹스 카운티의 대규모

집회에 동참했다.[17]

필라델피아가 결정을 망설이는 동안, 수입 거부 운동은 늘 독불장군인 로드아일랜드와 이례적으로 고집을 부리는 뉴햄프셔를 제외한 뉴잉글랜드 전역에서 힘을 얻고 있었다. 매사추세츠와 코네티컷의 많은 도시에서, 민간 단체 상인들과 시청회의는 수입 거부 동참 의사를 공개적으로 선언했다. 때때로 단 하나의 집단만이 대표로 행동에 나서기도 했지만, 도시 전체가 영국 상품을 수입하거나 소비하는 것을 피해야 한다는 의무감을 느꼈다. 이러한 합의안은 일종의 제재制裁로 기능을 발휘했다. 가령 코네티컷의 노리치에서, 시청회의는 "이 선량한 의도를 좌절시키려는 사람은 빈축을 살 것이며, 감히 의무 사항을 위반하는 상인들과는 교제를 끊을 것"이라고 약속했다. 그다음 해인 1769년 가을에 이르러 코네티컷 의회는 수입 거부 운동을 승인하는 결의안을 채택하는 방식으로 지지를 표명했다.[18]

남부의 식민지들, 특히 버지니아와 메릴랜드에는 영국 상사들의 대리업자인 스코틀랜드계 상인들이 상당히 존재했다. 하지만 그곳의 상인들도 수입 거부 운동을 전개했다. 아메리카 현지에서 태어난 상인들은 북부 식민지의 동료 상인들과 마찬가지로 수입 거부 운동이 상인 집단의 희생을 강요한다는 데 동의했다. 그렇지만 버지니아 상인들은 1769년 5월 행동에 나섰고, 메릴랜드는 6월, 사우스캐롤라이나는 7월, 조지아는 9월, 그리고 노스캐롤라이나는 11월에 수입 거부 합의안에 서명했다.[19]

조지 워싱턴은 필라델피아 합의안을 이웃인 조지 메이슨에게 보냈고, 5월 행동을 버지니아 의회가 선도하기를 제안함으로써 버지니아의 결정을 촉구했다. 버지니아 의원들도 사안에 공감했다. 1768년에

영국 상품 수입 거부 운동 확산 뉴잉글랜드 식민지에 이어 메릴랜드, 버지니아, 조지아, 노스캐롤라이나, 사우스캐롤라이나 상인들도 영국 상품 수입 거부에 동참했다.

버지니아에 부임한 보터터트Botetourt 총독은 이런 움직임이 자신의 눈앞에서 벌어지는 것을 허용할 수 없었으므로 합의안을 작성하기도 전에 의회를 해산했다. 그렇지만 모든 의원은 이런 조치에 굴하지 않고 윌리엄스버그에 위치한 앤서니 헤이Anthony Hay의 집에서 개인 자격으로 만나 영국 상품 수입을 중지한다는 합의안에 동참했다. 버지니아 사람들은 북부 서명자들처럼 단단히 결속하지는 않았으나, 11월 1일부터 노예 수입을 금지함으로써 대내외에 진지한 결의를 보였다. 또한 해마다 5월 이전에 젖을 뗀 어린 양들을 도살하지 않겠다고 약속했다. 이것은 아메리카 내의 양모업자들이 양털을 더욱 많이 생산하

게 하려는 조치였다. 이런 억제 조치는 톤젠드 법이 철폐될 때까지 계속될 터였다.[20]

영국 제품 불매와 제조업 장려

버지니아의 수입 거부가 식민지 의회를 중심으로 카운티로 번져나간 반면, 메릴랜드의 수입 금지 운동은 카운티에서 시작되어 마침내 메릴랜드 전역에서 폭넓은 합의를 도출하게 되었다. 운동은 아마도 메릴랜드의 볼티모어에서 시작됐는데, 1769년 3월 볼티모어의 상인 한 무리가 필라델피아의 새로운 가담자들에게서 설득 당해서 톤젠드 법이 철폐될 때까지 영국 상품을 수입하지 않겠다고 약속했다. 두 달 뒤 앤 애런델 지역의 모임도 유사한 합의안에 서명하자 뒤이어 메릴랜드의 거의 모든 지역들이 동참했으며, 6월 20일에는 아나폴리스에서 총회가 열려 메릴랜드 전역에 적용되는 수입 거부 협약을 맺었다. 이 총회에 참석한 사람들의 절반 이상이 지난해 메릴랜드 식민지 의회의 의원으로 활동한 바 있었다. 메릴랜드 협약은 버지니아의 그것과 많은 점에서 비슷했으나 노예의 수입을 금지하지는 않았다.[21]

세 번째 '담배 식민지'인 노스캐롤라이나는 메릴랜드보다 더 충실하게 버지니아의 사례를 따랐다. 11월 초에 트라이언 총독이 의회를 해산하자, 77명의 의원 중 64명이 버지니아의 합의안을 모방해 수입 거부 결의안에 동의했고 노예의 수입도 금지했다. 서명한 사람들은 대부분 농장주였고 상인은 아니었다.[22]

찰스턴의 농장주들과 장인들은 일련의 공개회의를 개최했고, 그 후 7월에 사우스캐롤라이나는 수입 거부 클럽에 참여했다. 9월에 이르러 대부분의 도시, 지역구, 교구들이 영국 상품의 수입 거부에 합의했으나, 단 노예용 옷, 담요, 공구, 화약, 납탄, 양모 빗, 서적, 소책자 등의 품목은 제외했다. 수정된 합의안은 노예의 수입도 금지했다.[23]

이 작업을 완료한 직후에 사우스캐롤라이나 농장주, 기술공, 상인들의 총위원회는 조지아도 다른 식민지들의 운동에 동참하라고 촉구했다. 이 총위원회는 새로운 합의안을 감독하는 책임을 맡은 기구였다. 조지아 서배너의 자유의 아들들은 자신들을 '우호회Amicable Society'라고 불렀는데, 사우스캐롤라이나의 촉구를 받아들여 행동을 개시했고 9월 19일에 서배너에서 열린 대규모 집회에서 사우스캐롤라이나의 합의안과 비슷한 문서를 작성했다. 소수의 상인들도 참석한 이 집회에서는 영국과의 무역을 제한하는 협약의 기본 조항을 승인했고 노예 수입도 금지했다.[24]

이처럼 식민지들에서 애향심이 제각각 요동치던 와중에도 로드아일랜드의 상인들은 냉담한 반응을 보였다. 그러나 그들은 인근 매사추세츠 식민지가 전부터 장악했던 시장과 거래하는 일에 무관심하지는 않았다. 프로비던스 상인들은 영국 수입품을 매사추세츠 서부에서 판매하는 데 성공했고, 뉴포트 상인들은 멀리 사우스캐롤라이나의 찰스턴에서 퇴짜 놓은 화물을 포함한 영국 제품을 수입했다. 다른 지역의 상인들은 이러한 행동을 추악한 모리배 짓이라고 비난했고, 북부의 주요 도시들은 로드아일랜드와 거래하지 않겠다고 위협함으로써 그들에게 경제적 제재를 가하기로 의결했다. 실제로 뉴욕 사람들은 10월에 로드아일랜드와의 거래를 중단했다. 《뉴포트 머큐리》에 기고한 익명의 저자는 "마치 그곳에 전염병이 나도는 것처럼, 로드아일랜드와의 거래가 거의 모두 끊겼다"고 썼다. 이 전략은 효과를 발휘했는데, 한 달도 되지 않아 프로비던스와 뉴포트의 상인들은 수입 거부 합의안에 서명했다. 그러나 두 항구 도시의 조치는 인근 식민지의 무역업자들을 충분히 만족시키지 못했다. 그들은 로드아일랜드 사람들이 아직도 영국과 거래를 할 수 있는 여지를 충분히 남겨두었다고 비난했다.[25]

수입 거부 운동이 점차 확대되면서, 개인들과 일상적인 모임들도 영국 제품을 소비하지 않기로 결정했다. 거의 모든 식민지 가정에서 적어도 영국에서 수입해 온 차만큼은 마시지 않겠다고 약속했다. 또 다른 이들은 영국과 아메리카에서 유행하던 비단과 새틴 재질의 화려한 옷을 포기했다. 남녀를 막론하고 온갖 종류의 사치품이 경원시됐다. 대학생들은 외국산 와인을 마시지 않았고, 문상객喪士들은 외국에서 만들어진 상복이 아니라 그 지방에서 생산된 수수한 상복을 입었다.

1765년의 경우와 마찬가지로, 수입 거부 운동은 식민지의 자체적인 제조업을 장려했다. 특히 작은 마을들에서 실을 직접 잣는 모임 spinning bee이 새로운 인기를 끌었다. 도시와 마을에는 방적 교습소들이 세워졌고, 의복과 가내용품을 제작하는 소규모 제작소도 전보다 더 많이 생겨났다. 신문들은 이런 활동을 적극 장려했고, 그들의 성공을 과대 선전했다. 가령 헨리 로이드Henry Lloyd라는 사람이 여러 식민지를 여행하고 쓴 기사가 많은 신문에 실렸는데, 그와 그의 말이 "옷, 리넨, 구두, 양말, 장화, 장갑, 모자, 가발 등" 모두 뉴잉글랜드에서 제작된 아메리카 제품만으로 치장되었기 때문이다. 가장 인상적인 생산 부문은 방직 분야였다. 매사추세츠 미들타운의 여성들은 1769년에 2만 522야드의 옷감을 짰고, 펜실베이니아 랭카스터 여성들의 생산량은 비슷한 시기에 거의 3만 5000야드에 달했다.

수입 거부 운동에 대한 상인과 세관의 대응

일부 상인들은 수입 대체 상품 생산에 협력하거나 자발적 합의안을 준수하면서 수입 금지 운동에 동참했지만, 합의안에 의거해 다른 상인들을 강압적으로 수입 금지 운동에 참여시키는 일도 벌어졌다. 사실 이와 같은 강요 행위는 모든 식민지에서 다양하게 벌어졌다. 대도시 상인들이 특히 감시의 대상이었는데, 그들의 주된 사업이 영국 항구들과의 거래였기 때문이다. 이 상인들은 일정한 무역 항로를 따라 배를 내보냈는데, 그렇게 해야 영국에서 제작된 차, 곡물 등의 '마른 제품dry goods'을 싣고서 돌아올 수 있었기 때문이다. 자연히 그들은 영국 제품 수입 거부로 인해 사업에 심한 타격을 받았고, 식민지 정치체제의 자유를 위해 자신들만이 대가를 지불하고 있다고 느꼈다. 서인도제도에서 들여오는 당밀이나 럼 등 '젖은 제품wet goods'을 취급하는 그들의 동료 상인들은 사업상의 제약을 전혀 느끼지 않았기 때문이었다. 또한 그들은 대영제국 밖에서 주로 거래하는 다른 상인들에게도 똑같은 불만을 느꼈다.

대부분의 상인, 특히 북부 도시의 상인들은 대영제국의 경계를 넘나들며 거래를 했으므로 어디에 경제적 이익이 있는지 정확하게 가늠하는 데 어려움을 느꼈다. 물론 대부분의 상인은 일반 대중의 정치체제에 대한 견해에 동의했다. 그들은 분명 그런 입장을 공유했고 말로도 천명했다. 하지만 그들은 희생의 대가를 가능하면 공평하게 부담하기를 바랐다. 보스턴과 뉴욕의 상인들 대부분은 1768년 8월에 특별한 강요나 압박을 받지 않은 상태로 현지의 수입 거부 협약에 참가했다. 보스턴 사람들이 이런 적극적인 태도를 보인 것은 충분히 이해할 만한 일이다. 그들은 세관 위원들의 존재에 위협감을 느꼈는데, 특히 리버티호의 나포로 핸콕에게 가해진 사건 때문에 그런 위협감이 더욱 커졌다. 게다가 보스턴의 폭도들도 있었다. 그들은 오랫동안 계속된 억압 때문에 크게 분노해 있었고, 폭동, 강제구인, 영국군의 도착 소문 등으로 성미가 급해져 있었다. 이들은 영국과의 거래를 계속하려는 사람들에게 응징을 가할 만반의 준비가 갖춰진 상태였다. 뉴욕 사람들도 대중의 불만에 직면해 있었다. 게다가 그들은 교역량과 통화량 부족으로 답답함을 느끼고 있었기 때문에 영국에 대한 보복 조치가 이미 오래전에 실시됐어야 한다는 얘기를 솔깃하게 받아들였다.[26]

이와는 대조적으로 필라델피아 상인들은 수입 거부 협약을 되도록 이면 오래 미루려고 했다. 왜냐하면 그들에게는 경계해야 할 폭도도 우려스러운 거래 저조도 없었기 때문이다. 그러나 그들은 가죽제품, 가구, 시계, 공구, 은제식기 등을 만드는 장인들의 늘어나는 분노와 대면해야 했다. 늘어가는 장인들은 영국의 경쟁 제품에 분개했고, 비록 한시적이라도 그런 제품을 억제하기 위해 상인들에게 수입 거부에 동참하라고 압력을 넣었다. 장인들은 뿌리 없는 무산자도 아니었고 오합지졸도 아니었으며 인간 쓰레기도 아니었다. 그들은 상인이나 다른 사회집단 못지않게 재산과 자유를 소중하게 여겼다. 그러나 이런 가치관을 공유한다고 같은 전략을 지향하는 것은 아니었다. 어떤 전략이 장인들에게는 이익을 가져다주는 데 비해 상인들에게는 손해를 안길 경우, 두 집단이 모두 그 전략에 흔쾌히 참여하기는 어려웠다.[27]

버지니아 찰스턴의 장인들은 1769년 초 필라델피아의 장인들에 비해 존재감을 더욱 과시했다. 찰스턴 장인 집단에는 크리스토퍼 개즈던이라는 훌륭한 지도자가 있었는데, 그는 장인들을 잘 단결시켜서

캐롤라이나 쌀농사 농장주들과 동맹을 맺게 했다. 이 두 집단은 힘을 합쳐서 상인들에게 수입 거부에 동의하라고 압력을 넣었다. 상인들은 우선 느슨한 합의안으로 이들의 요구를 만족시키려고 했으나, 일련의 대규모 집회들이 열리고 나자 장인들과 농장주들의 요구 조건을 들어주었다. 7월의 총협약 직전에 이 세 그룹은 각각 별도의 위원회를 구성했었다. 이제 그 위원회들이 하나로 합쳐졌고, 각 그룹에서 13명의 대표를 파견해 총 39명에게 단속권이 부여됐다.[28]

비록 관습적이지 않았지만, 찰스턴의 상인·기술공·농장주 동맹은 수입 거부를 집행하는 모든 식민지의 비공식 기관들에 비해 그리 이례적이라고 할 것도 없었다. 일반적으로 검사 위원회라고 불린 이 기관들은 평상시에 무역을 규제했던 정부의 제재권이 없어도 기능을 잘 발휘했다. 북부에서는 주로 상인들이 이 기관에서 활동했다. 남부 식민지에서는 농장주들이 일을 주도했는데, 많은 상인이 식민지 바깥에서 태어나 영국 또는 스코틀랜드 상사商社의 대리인으로 활동하는 이들이었기 때문이었다. 장인들의 위원회는 뉴욕, 필라델피아, 찰스턴에서 두드러진 역할을 했지만, 어떤 경우에도 중심 세력이 되지는 못했다.

아메리카의 자유를 위협하는 적들

모든 집단은 수입 거부를 위반하고 도착한 상품을 야외에 적치하거나 반송하기로 합의했다. 의사소통의 속도가 느렸기 때문에, 합의안이 작성되고 난 뒤에도 영국 제품이 도착하는 경우가 있었다. 많은 화물주가 수입 제한이 실시되기 훨씬 이전에 주문을 해놓았던 것이다. 물론 일부 화물주는 그리 정직하지 못했다. 그들은 협약을 위반할 의도가 없었음을 현지 위원회에 납득시키지 못하면 가혹한 대우를 받아야 했다. 그럴 경우 위원회는 최소한 화물을 야적하거나 반송하라는 명령을 내렸다. 이런 종류의 유명한 사건이 1770년 초에 발생했다. 쌍돛대 범선인 굿인텐트호는 런던에서 금지된 상품을 싣고 메릴랜드의 아나폴리스에 도착했다. 수입사인 아나폴리스의 딕 앤드 스튜어트 회사는 그 화물을 메릴랜드 합의안이 맺어지기 훨씬 이전에 주문했다고 주장했다. 합의안이 서명된 뒤에, 딕 앤드 스튜어트 회사는 상품이 오는 중이니 앤 애런델, 프린스 조지스, 볼티모어 카운티의 위원회가 허가 결정을 내려주기를 바란다는 내용의 광고를 《메릴랜드 가제트》에 실었다. 그 회사가 주문과 관련된 기록이나 통신 절차를 정확하게 지켰음에도 검사 위원회는 의심을 품었고 회사에 불리한 판결을 내렸다. 결국 굿인텐트호는 화물을 내리지 못한 채 2월 말에 런던으로 돌아갔다.[29]

굿인텐트호 사건을 심리한 위원회는 식민지의 다른 위원회들과 마찬가지로 수입 거부를 의도적으로 위반한 사람들이 '아메리카의 자유를 위협하는 적들'이라는 전제 하에 심리를 진행했다. 적들 운운한 표현은 메릴랜드 합의안에 들어 있었다. 대부분의 합의안들도 위반자에 대해 유사한 비난의 문구를 포함했다. 합의안에 서명하지 않은 상인들은 수입 거부에 도전하지 않으면서도 입 다물고 가만히 있는 경우에는 별다른 조치를 받지 않았다. 반면 서명을 거부하고 영국 상품을 수입한 상인들은 신문에 이름이 공개됐고 그들과의 거래는 기피됐다. 검사 위원회와 지지자들은 이런 추방만으로는 성에 차지 않았다. 때때로 위반자들은 얼굴에 타르와 깃털 세례를 받았다. 그들은 마을에서 추방되기도 했는데, 이는 뉴잉글랜드에서 애용하는 처벌이었다. 그들의 창고는 때때로 강제 침입을 당했고 물건들은 파손됐다. 어떤 때에는 그들의 대형 인형을 목매달기도 했고, 그들을 강제로 교수대 아래에 서 있게 했으며, 심지어 잡범에게 하듯 물속에 강제로 처박는 형벌을 가하기도 했다.[30]

수입 거부 운동의 전략들은 다양한 집단이 협조해서 가능했다. 여성들은 옷감을 직접 짜거나 가내 생산에 몰두했고, 학생들은 수입 와인이나 차를 마시지 않았다. 온갖 종류의 장인들과 직인들은 헌법적 원칙을 옹호하는 한편 새로운 시장을 확보하려고 했고, 상인들은 자신들이 납부하는 세금에 대해 발언권을 얻기를 바랐다. 이들은 과거에 인지세법에도 반대했었다. 그들이 볼 때 톤젠드 법 위기는 옛날 생각을 더욱 굳건하게 확인해주었다. 다른 사람들에게는 위기가 각성의 계기가 되어 현지 정계에서 이름을 알리는 기회를 제공했다. 톤젠드 정책에 대한 소요는 인지세법 때보다 더 오래갔고, 그 위기에 어떻게 대응할 것인가 하는 문제를 두고서 더 많은 의견 불일치가 있었다. 역설적이게도 이 때문에 많은 집단이, 특히 장인들과 여성들이 그들 나름의 목소리를 내게 되면서, 공공 생활에 더 많은 사람이 참여했고, 더 폭넓은 대중정치가 생겨나게 되었다. 이 중 어느것도 아메리카 내의 영국 세력에 좋은 징조는 없었다. 결국 그들은 영국의 관료제도, 영국 의회의 법령, 그리고 이제 대규모 정규군의 주둔 등 좀 더 전통적인 통제 수단에 더 크게 의존해야 했다.

'기생충'이라고 불린 세관 징수관들

톤젠드 법들 중 하나는 '관료제'를 강화했다. 관료제라는 단어를 이 당시에 적용하는 것은 시대착오적이지만, 아메리카에서 그 단어는 널리 사용됐다. 마찬가지로 '기생충들'이라는 표현도 전혀 공정하지 않지만, 이 용어는 식민지인들이 톤젠드 정책을 시행하기 위해 아메리카에 도착한 새로운 관리들을 얼마나 싫어했는지 잘 보여준다. 이런 관리들 중에서 아메리카 관세 위원회는 가장 큰 미움을 받았다. 위원들은 세관에 하급직 관리들을 많이 임명했는데, 이들의 임무는 세관 업무를 강화해 국왕 폐하의 수입을 증가시키는 것이었다.

이런 노선에 입각한 초기 시도들은 실패했다. 예를 들어 설탕법이 통과된 1764년 무렵에는 세관 징수관들을 감독하기 위해 25명의 회계 감독관이 임명됐다. 복잡한 아메리카의 해안선을 충분히 감당하기 위해 새로운 세관 구역들이 설정됐고, 핼리팩스에는 해사법원이 설립됐다. 당시 아메리카를 관리하는 영국 세관 관리들은 대리인을 아메

18세기 핼리팩스 풍경 1764년 무렵 핼리팩스에는 아메리카 무역을 감독하기 위해 해사법원이 설립되었다. 오늘날은 캐나다의 영토이다.

리카로 보내 세관 업무를 보게 하고, 정작 자신은 영국에 거주하고 있었다. 조지 그렌빌 영국 총리는 세관을 과감하게 개혁하기 위해 세관원들에게 아메리카 현지에서 거주하며 직접 업무를 보지 않을 경우 사직하라고 요구했다.[31]

이런 조치들은 어떤 것도 제대로 작동하지 않았다. 세관은 여전히 혼란 상태였다. 징수관들은 책임을 회피했고 뇌물을 챙겼으며 무역업자를 괴롭히기만 할 뿐 국왕의 수입을 상당히 올려주지는 못했다. 관세 요율의 규제도 혼란스러웠다. 여러 경우에 식민지 의회가 요율을 감독했다. 상인과 징수관은 종종 일정을 합의해 처리했다. 징수관들이 세관 업무를 제대로 보는 경우가 전혀 없는 것은 아니었지만, 이런 변칙적 운영 때문에 국왕의 지갑은 두둑해지지 않았다.

정직과 질서를 수립하기 위해 만들어진 아메리카 관세 위원회는 결코 기대만큼 기능을 발휘하지 못했고, 그보다 한 해 뒤 법의 엄중한 단속을 위해 추밀원의 명령으로 설립된 해사법원 또한 표류했다. 관세 위원회에는 존 템플이라는 유능한 위원이 있었으나, 그는 곧 다른 위원들과 마찬가지로 사임했다. 존 로빈슨은 강직했으나 고집이 세고 상상력이 부족했다. 헨리 헐튼은 능력은 있었으나 제대로 발휘하지 못했다. 찰스 팩스턴은 불운한 날인 가이 포크스 날에 도착해 자신의 대형 인형이 불태워지는 것을 보고 "수치"를 느끼면서부터 식민지인을 싫어했다. 버치에 대해서는 알려진 것이 별로 없었다. 위원들은 그들이 상대해야 하는 사람들과 전혀 다른 생활 습관을 유지했고, 군대의 개입을 제외한 다른 해결 방식으로 어려움을 헤쳐 나갈 묘안이나 능력이 없었다.[32]

아메리카 상업의 구조가 복잡했기 때문에, 상업을 규제하기 위해 어떤 유능한 관리를 보내더라도 어렵기는 마찬가지였을 것이다. 퀘벡에서 조지아에 이르기까지 주요 항구와 항만, 강, 시내, 냇가, 포구 등 배를 대고 짐을 싣거나 내릴 수 있는 장소가 수백 군데는 되었다. 1760년대와 1770년대에 공식적인 입항과 통관이 이루어지는 세관 구역은 겨우 45~50군데로, 이 숫자는 약간씩 변경됐다. 이런 구역들 중 일부 지역에서는 대리 징수관, 승선 세관원, 기타 하급 관리들이 세관에서 멀리 떨어진 곳에서 근무했기에 모든 구역에서 거래는 세관 관리가 입회하지 않은 채 실시되었을 것이다. 아메리카의 사업과 농업 지역은 넓게 퍼져 있었고, 수송과 선적 시설의 특성상 무역 거래는 여러 산발적인 장소에서 이루어질 수밖에 없었다. 예를 들어 뉴잉글랜드 목재를 수송하는 배는 여러 장소에서 목재를 선적해야 했다. 조지아와 캐롤라이나에서도 여러 군데를 들러야만 비로소 짐칸을 가득 채울 수 있었다. 체서피크의 농장주들은 항만을 우회해 냇가나 강가로 담배를 실어 왔고, 배들은 요크강을 80킬로미터나 거슬러 올라와 담배, 해군 군수품, 쇠막대와 무쇠, 삼베, 농산품 등을 실었다. 1770년에 라파해녹강은 약 230킬로미터 상류에 있는 프레데릭스버그까지 60~70톤 무게의 배로 운항이 가능했다. 또한 배들은 항만을 우회하면서 작은 강의 상

체서피크만 유역 체서피크만으로 향하는 라파해녹강, 포토맥강, 요크강 등을 따라 목재와 담배 등 아메리카의 물자가 운반되었다.

류까지 올라갈 수 있었다. 1770년에 체서피크 세관의 검사장이었던 존 윌리엄스는 이렇게 썼다. "서유럽과 서인도제도에서 온 배들은 포토맥강을 따라 운항하면서 짐을 싣거나 내리는데, 때때로 세관 관리로부터 100킬로미터가량 떨어진 지점에서 선적 업무를 보기도 했다." 수많은 소요의 진원지인 보스턴 항구에 대해서 말하자면, 1770년의 한 공식 문서에는 이렇게 쓰여 있다. "보스턴항은 북쪽으로는 린에서 시작해, 매사추세츠만에서 케이프 코드를 따라 서쪽과 남쪽으로 나아가며… 케이프 코드를 돌아서는 다트머스 항구를 돌아… 또한 낸터켓섬, 마사스비녀드섬, 엘리자베스섬까지 아우른다." 그리고 이 보고서에는 이 지역에서 배가 들어오는 항구, 플리머스, 낸터켓의 세 지점을 제외하고는 세관 관리들이 입회하지 않는다고 적혀 있다. 아메리카 대륙과 서인도제도의 모든 세관 구역에서도 이와 유사한 상황이 벌어졌다.[33]

광대한 지리, 집중되지 않은 상업, 세관의 인원 부족 등 여러 요소가 결합해 무역 규정을 위반할 기회를 만들어주었는데, 그 규정이라는 것도 아메리카인의 눈에는 그리 현명하고 현실적이지 않았다. 어느 정도 규모로 탈세와 밀수가 이루어지는지는 아무도 알지 못했다. 토리파 역사가들과 세관 관리들은 밀무역의 규모를 과장하는 경향이 있었고, 반면에 휘그파 역사가들과 18세기 아메리카인은 규모를 축소하려고 했다. 당밀법과 이 법을 계승한 1764년의 설탕법을 계획적으로 위반하는 행위는 관세가 갤런당 1페니로 인하되고 외국령 서인도제도뿐만 아니라 영국령 서인도제도의 당밀에도 공정하게 부과되자 급격히 줄어들었다. 그러나 다른 제품의 밀수는 여전히 성행했다. 예를 들어 버지니아의 라파해녹 세관 지구에는 보르도와 다른 프랑스 항구에서 7척의 배와 2척의 보조선이 들어왔다. 존 윌리엄스는 이 배들이 "화물 없이 바닥짐만 깔고" 왔다고 비꼬아 말했으나, 그 강 연안에 있는 거의 모든 상점에서 프랑스제 와인을 팔았다. 또한 이 가게들에는 차와 외제 리넨들이 가득했는데, 이 물품들은 스코틀랜드에서 네덜란드를 경유해 도착한 배들에서 나온 것이었다. 차는 물품 명세표에 오르는 일이 거의 없었으므로 미신고 밀수품이었다. 이러한 사례들은 무작위로 열거해본 것이다. 그렇지만 18세기에는 그 누구도 대부분의 아메리카 무역이 밀수와 탈세로 이루어진다고 말하지 않았다. 모두가 상업이 적법하게 이루어졌다는 데 동의했다.[34]

영국으로부터 멀어지는 아메리카인

그러나 신설된 아메리카 관세 위원회가 엄격하게 법을 집행하는 것은 전혀 다른 얘기였다. 선임 세관 관리들과 마찬가지로, 위원회는 기대되는 업무, 즉 세관 업무를 엄격하게 집행해 세입을 크게 증가시키는 일은 제대로 하지 못했다. 이러한 실패는 영국 재무부로서는 불행한 일이었다. 그러나 더 나쁜 점은 세관 위원들의 행동이 아메리카인들의 마음을 영국으로부터 더 멀어지게 했다는 것이다. 전에 중립적이었거나 충성스러웠던 상인들, 소규모 선주들, 선원들, 자치에 대한 신념 이외에 공통 사항이 별로 없었던 다른 여러 집단도 영국에 등을 돌리기 시작했다.

세관 위원들은 최근의 소요 사태로 분위기가 험악해진 아메리카에 부임했다. 그들은 영국 행정부가 그러하듯 아메리카인에 대해 의구심을 품고 있었다. 그러나 결정적으로는 그들의 조직 윤리 때문에 자신들의 정체가 드러났다. 그들 중 팩스턴과 헐튼은 자신들의 임무를 행정적이면서도 정치적인 것으로 파악했다. 로빈슨도 같은 생각을 했던 것으로 보인다. 관세 위원회 전체가 자신들의 임무를 아메리카 세관의 개혁은 물론이고 아메리카 정치도 바꾸어놓는 것이라고 생각했고, 이에 대한 증거를 뒤에다 많이 남겨놓았다. 그들이 채용한 사람들, 가령 대리 징수관, 조사관, 승선 세관원, 20척의 배와 선원들을 거느린 공식 해안 경비대 등은 다음과 같은 굳건한 신념을 지니고 그 자리에 부임했다. 식민지의 상인들, 무역업자들, 선원들은 사업가 겸 일꾼일 뿐만 아니라 탈세범, 밀수업자, 나아가 영국의 적이라고 보았던 것이다. 세관 관리들 중 무자비하고 탐욕스러운 자는 아메리카인을 갈취하기 좋은 호구 정도로 여겼다.[35]

봉사 정신이 이토록 해이했으므로, 새로운 법규와 규정은 월권행위의 길을 열었다. 설탕법과 1767년의 톤젠드 세입법은 '관세 갈취'라고 불린 핵심 조항들을 제공했다. 이 새로운 규정에 따르면 식민지 밖으로 나가게 되어 있는 상품이 선적되기 전에 보증금을 걸어야 했다. 짐을 실은 모든 배와 해안에서 약 9킬로미터 이상 떨어진 지점에 있는 배들은 통관 서류와 보증금 예탁 서류를 휴대해야 했다. 식민지 밖으로 나가는 무역선들은 배에 실은 모든 물품의 명세표를 휴대해야 했다. 선주나 화주貨主는 대형 짐을 작게 나누기 전 세관에 자신의 배를 등록해야 했다. 화물을 땅에 내리는 행위는 짐 나누기로 간주됐다. 그리고 해사법원에 압류된 선박과 물품은 주인이 와서 소유권을 주장하기 전에는 국왕의 재산으로 간주됐다. 선주가 소유권을 주장하려면 자신의 무죄를 입증해야 했고 나포에 '합당한 이유'가 있다는 판결이 나오면 모든 재판 비용을 지불해야 했는데, 대개 이유가 있다는 판결이 나왔다.

영국군은 부지불식간에 식민지 권리 침해에 대해 저항하기로 한 모든 부류 아메리카인들의 결심을 더욱 굳혀놓았다. 군대는 세 군데 장소에서 불유쾌한 방식으로 자신들의 존재를 알렸다. 그 효과가 그나마 가장 덜 느껴진 곳은 1769년 봄의 사우스캐롤라이나였다. 그곳에는 1개 연대가 지원 포병대와 함께 세인트 어거스틴의 항구 주둔지로 가던 도중에 잠시 들러 있었다. 찰스턴에는 군대가 사용할 수 있는 병영이 이미 존재하고 있었다. 그러나 보급품은 또 다른 문제였다. 사우스캐롤라이나 의회는 게이지 장군의 요청에도 보급품 예산의 승인을 거부했다. 의회는 영국군에게 그곳에 주둔해달라고 요청하지 않았다고 주장했다. 사우스캐롤라이나 의회는 영국 의회가 식민지에 세금을 부과하는 법령을 철회해준다면, "우리가 보기에 합당하고 필요한" 징발을 넓은 아량으로 수용하겠다고 말했다. 이러한 논법에 게이지 장군은 달리 할 말이 없었고, 그 결과 사우스캐롤라이나 사람들은 군대와 대치할 때조차 톤젠드 정책에 순응하지 않았다.[36]

뉴욕 의회는 단기간의 저항 끝에 1765년 숙영법을 준수했는데, 이는 자유의 아들들을 포함한 많은 시민을 분노하게 만들었다. 영국군은 1766년 봄부터 뉴욕시에 주둔했다. 그들의 주둔은 시민들에게서 그리 환영받지는 못했다. 8월에는 군인들의 얼굴을 묘사하는 가장 친절한 단어가 '악당'이었다. 군대가 광장에 있던 자유의 나무를 베어버렸기 때문에 뉴요커들은 이런 '악당'이라 부르는 무례한 행동이 정당하다고 느꼈다. 군인들 중 한 명에게 그 나무는 '소나무 기둥'에 불과했지만, 이는 수천 명의 뉴요커와 영국군 사이에 싸움의 원인이 되었다. 그 싸움에서 죽은 사람은 없지만 다수가 부상을 당했다. 그 뒤 자유의 아들들이 자유의 기둥을 세우고 군인들이 그것을 베어버림으로써 해마다 폭동이 발생했다. 그러나 죽은 사람은 없었다.[37]

하지만 사망자가 발생하지 않았던 것은 1770년 1월 이전까지 뿐이었다. 이 무렵 뉴욕은 수입 거부 운동을 한창 진행 중이었다. 델런시 가문과 리빙스턴 가문은 전보다 더 애향심을 보이려고 애썼고, 자유의 아들들과 영국군은 서로에게 신물이 났다. 불가피한 충돌이 1월 16일 밤에 벌어졌다. 자유의 아들들이 시민들에게 비번인 영국군 병사에게는 일거리를 주지 말라고 공개적으로 권고했던 것이다. 그러자 여러 명의 영국군 병사들이 자유의 기둥을 베어서 장작으로 만든 뒤 자유의 아들들이 본부로 삼는 술집 앞에 쌓아놓았다. 그러자 자유의

자유의 기둥을 세우는 아메리카인들 미국 혁명 기간 동안 마을광장에는 자유와 독립을 상징하는 '자유의 기둥'이 세워졌는데, 이를 둘러싸고 아메리카인과 영국군은 자주 대치했다.

아들들은 그다음 날 3000명의 지지자들이 지켜보는 가운데 새로운 기둥을 세웠다. 그동안 영국군 병사들이 지저분한 욕설을 퍼붓자 시비가 붙었고 골든힐에서 전면적인 싸움으로 번졌다. 이 싸움은 산발적으로 이틀 동안 계속됐는데, 여러 명이 다쳤고 한 명이 죽었다.

　뉴욕에서 민군 관계가 이처럼 악화됐지만 보스턴의 상황은 훨씬 더 나빴다. 뉴욕은 1766년 봄 소작농의 반란 때 군대를 보내달라고 요청

골든힐 격투 장면 1770년 1월 뉴욕 골든힐에서 아메리카의 자유의 아들들과 영국 병사들이 맞붙었고 한 명의 사망자가 발생했다.

영국 근위보병 영국군은 특유의 붉은 상의의 제복을 입고 있어 레드코트라고 불렸다.

이라도 했었지만 보스턴 시민은 군대의 주둔을 요청한 바 없었다. 영국군은 1768년 9월 말 도시를 위협하려는 듯 일렬로 늘어선 군함들의 호위를 받으며 도시에 들어왔다. 총검을 번쩍거리고 붉은 군복을 입은 영국군은 자그마한 보트와 거룻배를 타고서 기다란 부두에 도착했고, 거기서부터 웅장한 북과 날카로운 파이프 소리를 울리면서 즉각 행동에 나서겠다는 태도로 행진해 도시에 입성했다. 그들의 도착은 많은 보스턴 사람을 불쾌하게 했다. 항구에 들어온 군함들은 무력 대치를 예상해 언제라도 대포를 발사할 태세인 일렬횡대의 전투 대형을 취했다. 뉴욕 사령부에 있던 게이지 장군이 이 대형을 승인했는데, 그는 자신이 반란군 캠프에 부대를 보내는 거라 확신하고 있었다. 장군이 당시 사용했던 단어들은 그의 엄격한 마음가짐을 잘 나타낸다. 그들은 "반란"을 일으켰고, "무법자"이며, "소요죄"를 범했다.[38]

레드코트들은 아무런 저항도 받지 않고 상륙했다. 그들에게 총으로 저항하려던 식민지인의 의지는 핼리팩스에서 보낸 함대가 보스턴 해안 근처에 와 있다는 사실을 알고서는 사라져버렸다. 군함들이 항구로 들어서자, 친 영국파이자 《보스턴 크로니클》 발행인인 존 메인John

Mein의 매정한 언사에 따르면, 매사추세츠 도시회의는 "회의를 마치고 흩어졌는데, 뜨거운 물을 뒤집어쓴 돼지처럼 도시에서 빠져나가기에 바빴다." 보스턴에서 이런 탈주가 시작되자 보스턴 시민들은 당분간 그들 혼자서 영국군과 상대해야 한다는 것을 깨달았다.[39]

보스턴 사람들은 군대에 겁을 먹었지만 위축되지는 않았다. 총독 자문위원들과 도시 행정위원들을 포함한 보스턴 당국자들은 숙소와 보급품 요구에 대해 완강하게 "안 됩니다"라고 대답했다. 그들은 캐슬섬에 병영이 준비돼 있다고 대답했다. 만약 총독과 영국군 지휘관들이 그 섬을 사용하지 않겠다면 돈을 주고 시내에 있는 숙소를 빌리라고 응수했다. 임시 지휘관인 댈림플 대령은 병사들을 개인 주택, 여인숙, 술집 등에 분산 수용하기를 원하지 않았다. 가장 좋은 숙영 조건 속에서도 군기 유지가 어려운데, 숙소가 여러 군데로 분산되면 일사불란하게 지휘하기가 거의 불가능했다.[40]

우리가 앞에서 살펴본 것처럼, 영국군은 불만족스러운 숙소를 그런대로 참고 지내야 했다. 야전 장비를 온전하게 갖춘 29연대는 시청 광장에 텐트를 쳤고, 14연대는 패널 홀에 들어갔다. 그곳은 외풍이 세고 비좁으며 불편한 장소였다. 버나드 총독은 다음 날 총독 자문위원회와 식민지 의회가 회의를 개최하는 시청 건물을 개방했고, 그곳으로 14연대의 병력 일부가 이동했다.

이런 조치는 곧 닥쳐올 겨울 추위에 비하면 허술하기 짝이 없었다. 특히 29연대의 겨울 숙영지를 마련해주는 것이 중요했다. 버나드 총독은 한때 방적 교습소였고 현재는 개인 세입자에게 임대한 '제작소'를 비워서 병사들의 숙영지로 내주라고 지시했다. 그러나 세입자들은 이사 가기를 거부했고, 그 뒤 3주 동안 그린리프Greenleaf 보안관은 버나드 총독과 토머스 허친슨의 독촉에 세입자들을 구슬리다가 나중에는 이사 가라고 위협했다. 보안관은 제작소의 대문이 걸어 잠겨 있고 창문에 창살이 쳐진 것을 발견하고서 강제 침입했으나, 그와 일행은 격분한 세입자들에게 포위되고 말았다. 이런 식의 기괴한 장면이 여러 건 연출됐는데, 이 얘기는 부풀려져서 현지 신문에 보도됐다. 신문 기사에서는 보안관의 퇴거 시도를 "제작소의 포위 공격"이라고 불렀고, 보안관에게는 "장군"이라는 별명을 붙여주었다. "포위 공격"이 절정에 이르자, 세입자의 아이들은 제작공장의 창문에 매달려서 빵을 달라고 소리쳤고, 보안관은 빵을 전달하려는 빵가게 주인을 막고 몽둥이를 휘둘렀다. 머리통이 깨지고 양측에서 온갖 고함소리가 난무한 끝에야 겨우 식량이 전달됐다.[41]

그달이 다 가기 전 29연대는 광장에서 철수했고, 14연대는 시청 광장과 패널 홀에서 빠져나왔다. 두 연대는 민간인들에게서 빌린 창고와 다른 건물들에 들어갔다. 오티스-애덤스 당파의 충실한 지지자인 윌리엄 몰리뉴William Molineux 조차도 영국군에게 건물을 빌려줬는데, 군대의 주둔에는 반대하면서도 그 군대의 돈을 받는 행위에는 아무런 모순을 느끼지 않는 듯했다. 군대의 돈은 다른 사람들의 적개심 또한 누그러트렸다. 영국군이 보스턴에 주둔하면서 이익을 보는 사람들이 있었는데, 몇 부류만 예를 들어보자면 식료품 업자, 빵가게 주인, 여인숙 소유자 등이었다.[42]

군대와 민간인 사이의 갈등이 악화되다

그러나 어떤 상황, 어떤 조치, 어떤 계획도 군대와 민간인 사이의 갈등을 해소해주지는 못했다. 양자 관계는 처음부터 껄끄러웠고, 많은 시민이 병사들에 대해 지속적인 동경과 동정을 느꼈음에도 그런 관계는 변하지 않았다. 군대 내의 엄격한 군기는 군대 기준으로는 전통이었으나 민간인 수준에서 보자면 야만적이었다. 그런 엄격한 군기로 병사들은 한동안 민간인들의 동정을 샀다. 병사들은 사소한 실수를 저질러도 심한 매질을 당했는데, 때로는 1000대의 매질도 드물지 않았다. 통상적으로 연대에서 북치는 병사가 이런 매질을 담당했는데, 보스턴 백인들은 그 상황을 받아들이기가 어려웠다. 왜냐하면 북치는 병사들은 대부분 흑인이었고, 보스턴 사람들이 아는 대부분의 흑인은 당시 노예였기 때문이었다. 10월의 마지막 날 아주 잔혹한 징벌이 부과됐다. 그것은 총살대에서의 처형이었다. 사형수는 탈영하다가 잡힌 병사인 리처드 에임스Richard Ames였는데, 영국군은 다른 병사들에게 본보기를 보이기 위해 광장에 모든 병사를 집합시키고 북이 울리는 가운데 그를 처형했다.[43]

사병들은 이런 징벌의 광경을 보고서도 별로 교훈을 얻지 못한 것처럼 보였다. 실은 교훈을 얻었는지도 모르지만, 아무튼 탈영은 계속되었다. 첫 2주 만에 약 40명이 탈영했고 그 후 거의 매일 밤 몇 명씩 사라졌다. 탈영은 군대 지휘관과 민간인 사이의 악감정을 더욱 부추겼다. 군대는 탈영을 부추긴다면서 민간인을 비난했고, 탈영병들을 무자비한 방식으로 잡아들여서 도시의 시민을 분노하게 만들었다. 군대는 제보자들을 고용하고 수색대를 파견했으며, 일부 군인들은 현지 시민으로 위장해 탈영병 뿐만 아니라 그들의 정체를 모르고 도와준 선량한 시민을 상대로 함정수사를 펼쳤다.

탈영병을 찾아다니는 수색대와 선의로 그들을 감춰주는 시민 사이의 갈등은 시민이 일반 병사들에 대해 느꼈던 미약한 동정심마저도 사라지게 했다. 게다가 주둔군 병사들의 행동은 그나마 남은 동정심마저도 파괴해버렸다. 군인들이 당시의 기준에 비춰 나쁘게 행동했다는 뜻은 아니다. 하지만 군대는 "점령 도시"에 들어온 것처럼 행동했고, 장교들의 묵인 아래 그들은 고적대를 동원해 촌스러운 아메리카인을 놀리는 〈양키 두들〉 노래를 조롱하는 어조로 편곡해 부르며 안식일의 정적을 깨뜨렸다. 또한 그들은 과도하게 술을 마셨는데, 18세기 병사들에게는 그리 이례적인 행동도 아니었다. 보스턴의 목사이며 신중한 사람인 앤드루 엘리엇은 병사들이 시내의 값싼 술값에 '환희'를 느꼈다고 보고했다. 도시의 여자들도 병사들에게 또 다른 종류의 환희를 일으켰는데, 여자들은 강간, 추행, 희롱 등에 시달렸다. 그러나 이보다는 물품의 절도가 더욱 빈번하게 벌어졌고, 도시 사람들은 거리에 도둑과 무장 강도가 증가했다는 사실을 발견하게 되었다.[44]

이런 범죄나 병사들의 행동보다 보스턴 사람들의 이를 갈게 한 것은 군대의 주둔 그 자체였다. 시민들은 시내 한가운데에 들어온 상비군의 레드코트를 날마다 봐야 했고, 보스턴 넥에 주둔한 군대를 날마다 지나쳐야 했다. 그들은 시청으로부터 강제로 탈취한 땅 위에다 초소를 세우기까지 했다. 또한 시민들은 거리에 나와 있는 보초병들로부터 검문을 받아야 했다. 개인적 자유에 익숙한 시민은 모욕을 느꼈고 화가 났으며 명예가 손상되는 느낌을 받았다. 보초병들의 도전은 시민이 부당하다고 느끼는 사태의 명확한 상징이었다. 시민들은 과거에 거리를 자유롭게 왕래할 수 있는 권리를 가졌고 오로지 민간 당국의 통제만을 받았다. 그런데 이제 경계병과 초병이 병영 창고, 장교 숙소, 공공건물 앞에 떡 버티고 서서 자유로운 왕래를 방해했다. 시민은 본능적으로 보초병의 검문에 응답하지 않았고, 때때로 그런 불응 때문에 보초병들에게 체포됐으며, 저항하면 머스킷 소총의 개머리판이나 총검으로 위협을 당했다. 점령 기간이 꽤 길어졌어도 양측은 서로 양보하지 않았고, 이런 불미스러운 사건들이 계속 발생했다. 군대가 철수할 때까지 바랄 수 있는 최선은 불안한 대치였다. '어느 자유민'은 《보스턴 가제트》에 군대는 검문할 수 있는 법적 권리를 가

보스턴 넥 보스턴과 록스베리를 연결해주는 지협으로 록스베리 넥이라고도 불렸다. 이곳에 주둔한 영국군은 주민 통행을 통제해 반발을 샀다.

지고 있을지 모르나, 그렇다고 해서 '흑인, 백인, 회색인' 주민이 반드시 그 검문에 응해야 할 의무는 없다며 다음과 같이 썼다. "나는 나를 검문하는 초병들과 싸우지 않을 것이다. 다만 검문에 불응하면서 묵묵히 지나가는 나에게 시비를 건다면 그들도 무사하지 못하리라." [45]

이런 식의 대치 국면에서 군 지휘관들은 평화와 조화를 원했을지 모르나 대중의 지도자들은 그렇지 않았고, 영리하게 또는 때때로 악의적으로 신문을 이용해 대치 상황을 더욱 악화시켰다. 이데스와 길이 주도하는 《보스턴 가제트》는 그런 상황을 자세히 보도했고, 1768년 10월 대중의 지도자들은 '시대의 저널Journal of the Times'이라는 새로운 기사 시리즈를 냈다. 이것은 영국군과 아메리카 관세 위원회가 점령한 도시 내에서 벌어지는 각종 시사 문제를 충실하게 보도할 목적

뉴욕저널 1768년 12월 24일 자에 영국군의 아메리카 점령으로 발생한 여러 문제점을 다룬 '시대의 저널' 기사 시리즈가 실렸다.

으로 집필된 보고서와 기사들 모음이었다. '시대의 저널'은 처음에 《뉴욕 저널New York Journal》에 게재되었고 나중에는 《펜실베이니아 크로니클》에 전재됐다. 그것은 식민지 내에 널리 전재됐는데, 특히 보스턴에서는 《이브닝 포스트》에 실려서 도시 내에서 벌어지는 잔학 행위의 세부 사항을 시민에게 상기시켰다. 어떤 이야기들은 순전한 날조였는데, 시 당국과 영국군의 표현에 따르면 불순한 날조였다.[46]

'시대의 저널'은 폭력과 억압의 사건들만 다루거나 지어냈지만, 그해 겨울은 큰 위기 없이 지나갔다. 시민들은 6월과 7월에 64연대와 65연대가 도시에서 철수하자 기뻐했다. 주둔 첫해 겨울을 별 문제 없이 넘기자, 영국 정부는 2개 연대로 충분히 보스턴을 제압할 수 있다고 판단했다. 따라서 두 연대는 핼리팩스로 철수했고, 14연대와 29연대만 보스턴에 계속 남았다.

버나드 총독, 회군을 결정하다

1769년 봄이 되자, 민간인이 군대에 대해 느꼈던 위압감이 많이 없어진 대신 소름끼치고 때로 경멸적인 익숙함이 자리잡았다. 싸움은 전보다 더 빈번해졌다. 시민들은 더 자주 싸움을 걸었는데 병사들에게서 자신을 보호하는 방법을 발견했고, 그 과정에서 병사들을 더욱 효과적으로 괴롭히는 방법도 알아냈다. 법은 시민에게 새로운 보호 수단이 되었고, 시민들은 법을 이용해 병사들을 괴롭히려고 했다. 가령 법원은 절도 행위를 하다가 유죄판결을 받은 자가 훔친 물건의 3배 가격으로 보상하지 못할 경우 강제로 그를 일정 기간 동안 의무적으로 노동력을 제공하는 계약 노동자로 만들 수 있다는 법률을 엄격히 적용하기 시작했다. 이 법률은 자주 적용되지는 않았지만, 군 지휘관들에게 충격을 주었다. 이 법이 처음 적용된 1769년 6월 게이지 장군은 유죄 처분을 받은 병사를 군함에 몰래 숨기도록 지시했다. 그러나 이 편법은 필요하지 않았다. 그 병사의 계약 노동 권리를 획득한 민간인이 소액의 보상금으로 법정 밖에서 해결을 보았기 때문이다.[47]

이 무렵 법원은 법정에 출두한 병사들에 대해 점점 엄중한 판결을 내리기 시작했다. 여름과 가을에 싸움이 많이 벌어졌는데, 법원 당국이 이를 엄격하게 처분했고 이어 더 많은 추악한 싸움이 벌어졌다. 첫 번째 사건은 사병 존 라일리John Riley와 케임브리지의 식료품 업자 조너선 윈십Jonathan Winship 사이에 벌어진 주먹다짐이었다. 싸움 직후 윈십은 고소했고 라일리는 체포돼 벌금형에 처해졌는데 그가 벌금을 내지 않자 투옥하라는 명령이 떨어졌다. 라일리를 감옥에 집어넣는 일은 어려웠다. 14연대의 근위 보병들이 그를 데려가려는 치안관을 막으려다 싸움이 붙었던 것이다. 그 싸움이 끝나기 전 14연대의 알렉산더 로스Alexander Ross 중위가 나타났다. 그의 의도가 싸움을 말리려고 했던 것인지 아니면 폭동을 더 키우려고 한 것인지는 드러난 증거로는 명확히 알 수 없지만 어쨌든 그는 체포당했다. 결국 로스 중위와 부하 사병 네 명은 유죄판결을 받고 벌금형에 처해졌다. 이 판결은 양측 모두에게 만족스럽지 않은데 특히 군인들은 자신들을 지켜줘야 할 법

원이 오히려 적대적이라고 생각하게 되었다.[48]

10월에 벌어진 두 번째 사건은 군인들의 이런 불만을 더욱 강화했다. 그것은 보스턴 넥의 보초병이 공격당한 사건인데, 다음 세 가지 주목할 만한 사항이 있었다. 첫째, 몰스워드Molesworth 대위는 보초병들에게 보스턴 시내 깊숙이 밀고 들어가 "너희를 타격하는 어떤 시민에게든 총검을 들이밀라"는 명령을 내렸다. 둘째, 데이너Dana 판사는 분명 영국군에 대한 편견을 가지고 있었다. 그는 예비 심리에서 병사들에게 이렇게 연설했다. "누가 너희를 여기에 데려왔는가? 누가 너희를 불렀는가? 무슨 권한으로 보초를 서고, 무장한 채 거리를 행진하는가? 그것은 매사추세츠 지방의 법률에 어긋나고 너희는 그 법률을 위반했으므로 여기에 출두한 것이다. 우리는 너희 보초병들을 원하지 않는다. 우리는 우리 자신의 무기를 갖고 있고 그걸로 우리를 지킬 수 있다. 너희는 소수일 뿐이니 우리를 자극하지 않도록 조심하라. 만약 도발할 경우 그 책임은 너희가 져야 한다." 셋째, 군인들을 공격한 보스턴 넥의 군중은 매우 폭력적이었다. 이제 법원 안에 들어온 그들은 영국군 장교를 보석으로 석방하는 문제에 대해 다음과 같은 고함으로 응수했다. "그 장교를 밧줄로 묶어 보석하라."[49]

현지 법원의 이러한 태도는 보스턴에 주둔한 영국군의 불리한 입장을 잘 보여준다. 법원과 대부분의 판사는 영국군에게 등을 돌렸고, 영국군을 후원할 것으로 기대되었던 민간 당국은 전혀 도와주지 않았다. 이 무렵 총독 자문위원회는 민중의 손에 들어가 있었다. 시청회의 또한 마찬가지였다. 총독에게는 군대를 움직여 행동에 나서도록 명령할 능력이 없었다. 결국 영국군은 적대적인 민중의 압박 아래 크게 위축됐다.

버나드 총독은 자신과 영국군의 상황에 희망이 없다고 판단해 1769년 8월 1일 영국으로 되돌아갔다. 그의 출발은 소란스러운 축하 분위기를 만들어냈다. 신문들은 조롱하는 시를 써서 일련의 비난을 쏟아냈다. 민병대는 축하의 대포를 쏘았고, 모닥불을 피웠으며, 버나드는 자신을 실은 배가 보스턴 항구를 빠져나가는 동안 축하의 교회 종소리를 내내 들어야 했다.[50]

오티스와 로빈슨의 '신사의 결투'

버나드가 떠나고서 한 달 후에 총독을 오랫동안 괴롭혀온 제임스 오티스가 심한 타격을 받았다. 그것은 버나드가 그토록 원했던 것이기도 했다. 보스턴 점령의 긴장이 점점 높아지자, 오티스의 일탈적이고 변덕스러운 기질은 더욱 눈에 띄게 두드러졌다. 오티스는 싫어하는 사람들에게 자주 심한 욕설을 퍼붓는 경향이 있었다. 그 욕설을 듣고 난 뒤 피터 올리버는 오티스에 대해 이렇게 말했다. "만약 소란을 피우는 것이 재주라고 한다면, 그는 그 기술을 완벽하게 갖추었다."[51] 이제 군대와 총검 뒤에 숨어 있는 세관 위원들을 마주하게 되자, 오티스는 그들을 강하게 공격할 수 없는 자신의 무능력 때문에 더욱 날뛰었다. 신문의 공격에 동참하는 것만으로는 분명 충분하지가 않았다. 그는 쉴 새 없이 욕설을 퍼부었다. 존 애덤스는 오티스의 이런 태도에 대해 대화에서 운신의 여지를 남겨두지 않는다고 말했다. 오티스가 증오하는 대상인 존 로빈슨이 9월 초에 오티스와 대화를 나누게 되었다. 오티스는 로빈슨을 지목하면서 그가 자신의 성격과 행동에 대해 명예를 훼손하는 편지를 본국 정부에 써서 보냈다고 비난했다. 그러나 오티스는 이런 대화만으로는 만족하지 않았고 점점 더 로빈슨에게 분개했다.

여름이 끝날 무렵에 보스턴의 분위기는 아주 험악했다. 신문들은 도시의 공기를 혼탁하게 만들려고 최선을 다하고 있었고, 양측은 음모와 모함의 어두운 소문을 계속 쏟아냈다. 한편에는 애덤스, 오티스 일행이 있었고, 다른 편에는 세관 위원들, 인쇄업자 존 메인, 토리파 관리들과 동조자들이 있었다. 오티스는 이제 더 이상 참을 수 없다고 생각하며 9월 14일 자 《보스턴 가제트》에다 존 로빈슨을 향해 공개적으로 협박을 퍼부었다. "그는 '공식적으로' 또는 그 외의 다른 방법으로 영국 정부에게 나에 대해 비방하고 있는데, 그만두지 않으면 나는 그의 머리를 깨버릴 수 있는 자연적 권리를 갖고 있다." 그 시대의 자연권론을 가장 폭넓게 적용한 이 성명은 틀림없이 재치 있게 말하려는 의도였지 진지하게 한 말은 아니었다.[52]

그러나 상대방 측에서는 이 말을 진지하게 받아들였다. 다음 날 저녁, 토리파들과 영국 민간인 관리, 장교들이 자주 가는 킹스트리트의 술집인 브리티시 커피 하우스의 분위기가 그것을 잘 보여주었다. 그 술집은 제임스 오티스를 존경하는 사람들이 모이는 장소는 결코 아니었다. 로빈슨은 저녁이면 그 술집에 친구들과 모여서 술을 마셨다. 그런데 9월 5일 밤 오티스가 로빈슨을 찾아서 그 술집에 들렀을 때, 여러 명의 로빈슨 친구들이 이미 와 있었다. 로빈슨은 곧이어 술집에 나타났는데, 그때 오티스가 '신사의 결투'를 요구했다. 권총 결투가 위법이므로 로빈슨이 그와의 주먹 싸움에 응해달라는 요구였다. 오티스는 주먹 싸움을 거리에서 할 생각이었다. 술집보다는 거리가 더 유리한 장소였기 때문이다. 오티스가 몸을 돌려 술집에서 나가려고 하자, 로빈슨이 그의 코를 확 붙잡았다. 18세기 신사가 남에게 코를 붙잡히는 것은 커다란 모욕이었다. 그러자 오티스는 주먹을 내뻗어서 로빈슨의 손을 쳐냈다. 이리하여 술집 안에서 싸움은 벌어졌다. 다른 사람들도 싸움에 끼어들었다. 그러자 술집 밖에 있던 오티스의 친구, 존 그리들리John Gridley가 오티스를 구하러 뛰어들었지만 오히려 심하게 얻어 맞았다. 오티스는 머리에 깊은 상처를 입고 여러 군데 타박상을 입은 상태로 적진에서 빠져나왔다. 로빈슨이 입은 피해라고는 겉옷이 호주머니까지 찢어진 것뿐이었다.

비록 오티스가 술집에서의 싸움에는 패배했으나 언론플레이에서만큼은 승리했다. 《보스턴 가제트》는 이 사건을 대서특필했다. 오티스와 그리들리가 술집에서 죽치고 있던 세관 관리들을 상대로 "남자답게 저항"했다고 상세히 보도했다. "민중들" 또한 영웅적이었다. 그들은 적시에 술집에 도착해 자신들의 투사들을 구해냈고, 존 로빈슨과 그의 친구들은 술집 뒷문으로 비겁하게 꽁무니를 내뺐다는 것이다.[53]

로빈슨은 만만한 공격 목표였으며 과격분자들이 볼 때 로빈슨의 친구인 《보스턴 크로니클Boston Chronicle》의 발행인 존 메인처럼 위험한 인물은 아니었다. 오티스와 그의 동료들이 격분한 한 가지 사항은 존 메인이 단독으로 그의 신문에다 수입 거부 운동을 비난하는 글을 게재한 일이었다. 메인의 방법은 파괴적이었다. 그는 표면적으로는 수입 거부 합의에 동의하면서 실제로는 그 합의를 위반한 사람들의 명단을 신문에다 공개했다. 그는 이 명단을 현지 세관 기록에서 찾아냈다고 보도했다. 명단에는 존 핸콕의 이름도 들어 있었다. 핸콕은 금지 품목인 영국산 리넨을 수입했다는 비난을 부정했고, 그 대신 합법 품목인 러시아산 면포, 목면, 리넨 옷감 등을 수입했다고 시인했다. 메인은 세관 기록을 보도하는 것에 그치지 않고, 당시의 통상적인 수법대로 인신공격을 하기 시작했다. 그는 창의적으로 쏘아붙였다. 토머스 쿠싱은 "찌질이"로, 오티스는 "돌대가리"로, 핸콕은 "바보 조지 또는 젖소"라고 불렀다. 핸콕이 그 집단의 뒷돈을 대는 사람이라는 뜻으로 젖소라는 별명을 붙였던 것이다. 이런 별명만으로 충분하지 못했는지, 메인은 핸콕을 이렇게 묘사했다. "기다란 귀를 가진 마음씨 좋은 청년이다. 얼굴에는 바보 같은 미소가 감돌고, 머리에는 바보 같은 모자를 썼으며, 두 눈에는 안대를 붙였고, 옷을 잘 차려입고 많은 사람에게 둘러싸여 있다. 그들 중 일부는 그의 귀를 쓰다듬고, 일부는 밀짚으로 그의 코를 간질이며, 나머지 사람들은 그의 호주머니를 뒤진다."[54]

존 메인은 이틀 뒤 자신이 너무 지나쳤다는 사실을 깨달았다. 그는 10월 28일 늦은 오후 킹스트리트에서 자신을 기다리던 군중의 공격을 받고 가까스로 달아났다. 처음에는 영국군의 병영이자 본부인 경비대에 숨어들었고, 그다음에는 영국군 사병으로 변복해 댈림플 대령의 집으로 피신했다. 그날 밤 또 다른 군중이 세관의 앞잡이로 보수를 받으면서 제보자 노릇을 해온 것으로 널리 알려진 조지 게일러George Gailer라는 사람을 붙잡아 얼굴에 타르를 칠하고 깃털을 붙이는 것으로 분풀이를 했다. 메인은 붙잡히면 타르와 깃털보다 더한 보복을 당하리라는 것을 알고 11월에 군함을 타고서 영국으로 떠났다.

이러한 행동은 보스턴에서는 포위당한 민중의 자연스러운 반응으로 이해됐다. 그들은 자신들을 기생충 같은 세관 당국과 영국군의 피해자라고 생각했다. 군중의 폭력은 그들의 깊은 피해의식을 덜어주지 못했고, 새해가 시작되면서 뜨거운 감정과 노골적인 폭력은 더욱 강렬해졌다.

세금 징수관에게 보복하는 보스턴 시민들 아메리카 선원들이 자유의 나무 아래에서 영국 세금 징수관의 몸에 타르를 부어 깃털을 붙이고 입에 차를 쏟으며 분풀이를 하고 있다.

열한 살 소년이 '세관의 앞잡이' 리처드슨의 총에 사망하다

수입 거부 운동과 영국군 점령은 식민지인의 정서를 계속해서 격앙시켰다. 새해 1월에 수입 거부 운동을 이끄는 상인 지도자들은 토머스 허친슨의 두 아들이 수입 금지를 위반하고서 차를 수입하려고 한다는 사실을 발견했다. 지도부는 허친슨이라는 이름만 들어도 복수부터 먼저 생각하는 경향이 있었다. 그들은 차를 수입하는 두 아들에게 물품을 포기하고 사업을 그만두라고 요구했다. 허친슨 가문이 이를 거부하자, 군중이 그 가문 소유의 창고를 파괴하겠다고 위협하고 나섰다. 그제야 토머스 허친슨은 항복했다.

군중의 위협에 겁먹지 않는 사람은 드물었다. 특히 그들이 타르와 깃털로 부드러운 폭력을 가하는 데에는 당해낼 재간이 없었다. 그렇지만 어떤 상인은 때때로 수입 거부 합의에 서명하는 것을 거부할 정도로 고집스러웠다. 그들 중 한 사람 테오필러스 릴리Theophilus Lillie는 1월 초에 합의에 거부하는 이유를 《보스턴 뉴스레터Boston News-Letter》에 기고했다. 그는 이렇게 썼다. "이들은 본인이나 대표가 동의하지 않은 법률에 복종하기를 거부하는 사람들이다. 그런 사람들이 동시에 아주 기이하게도 어떤 법률을 만들어서 나 자신이나 나의 대표가 동의하지도 않은 그 법률에 복종하기를 요구한다." 이 선언은 진실을 말하고 있기에 사람들을 불편하게 했다. 릴리의 결론은 더욱 분통 터지게 하는 것이었다. 그는 국왕 정부에 대한 노예제 운운은 잘못된 주장이라고 말했다. "나는 100여 명이나 그보다 많은 사람보다는 차라리 단 한 명의 주인 밑에서 노예가 되는 것이 낫겠다. 나는 주인이 한 명이면 그가 누구인지 알기에 그의 비위를 맞출 수 있다. 그러나 그 100여 명에 대해서 말하자면, 나는 그들을 어디서 발견해야 하는지 알 수 없고 그들이 내게 무엇을 기대하는지도 알지 못한다." [55]

릴리는 보스턴의 비공식 지도자들에게 공개적으로 도전함으로써 자신을 공격 목표로 만들어버렸다. 릴리에 대한 제재 조치의 책임자가 새뮤얼 애덤스 무리라는 명확한 증거는 없지만, 그 조치의 면면을 살펴보면 그들이 배후라는 점을 추측해볼 수 있다. 그들은 2월 22일

아침이 될 때까지 기다렸다가, 주로 청소년들로 구성된 무리에게 팻말을 들려 릴리의 가게 앞으로 몰려가게 했다. 팻말에는 "수입상"이라고 적혀 있었는데, 수입 거부 합의의 위반자라는 뜻이었다. 거기에 모여든 군중은 그전 달의 다른 유사한 경우에 나타난 사람들과 동일한 집단이었다. 그들은 그 시기에 다른 수입상들을 괴롭혔었고, 이제 릴리를 공격하러 온 것이었다.[56]

릴리의 이웃인 에버니저 리처드슨Ebenezer Richardson이 그 팻말을 떼어내려고 하다가 군중의 눈총을 받았다. 리처드슨은 그전에 보스턴 상인들의 정보를 세관에 제공해왔는데, 그 과정에서 '세관의 앞잡이'라는 별명이 붙었다. 그는 이제 용감하게도 무모한 행동을 하고 있었다. 그가 릴리를 위해 팻말을 떼어내려던 시도는 실패로 돌아갔고, 군중은 그의 집까지 따라갔다. 그들은 그곳에서 서로 욕설을 주고받았는데, 군중 가운데서 이런 욕설도 터져 나왔다. "이 빌어먹을 개자식, 어서 밖으로 나와. 네놈의 심장과 간을 꺼내 먹어버리겠어." 리처드슨은 밖으로 나오지 않았다. 그러나 집의 창문들이 부서지자 그는 엽총을 들고 나와 군중에게 발사했다. 그 결과 열한 살 소년 크리스토퍼 세이더Christopher Seider가 사망했고, 그 외에 한 명이 부상을 당했다. 그러자 군중이 그에게 달려들었다. 잘 알려진 자유의 아들인 윌리엄 몰리뇌가 개입해 간신히 리처드슨은 목숨을 건졌다. 그해 하반기에 리처드슨은 살인죄 판결을 받았으나 상급심에서 국왕이 그를 사면했다.[57]

크리스토퍼 세이더의 죽음은 애덤스 집단의 목적에 알맞는 사건이었다. 그들은 세이더의 장례식에서 그저 한 소년의 죽음을 애도하고 그를 매장한 것이 아니었다. 그들은 그 행사를 영국의 법률에 대한 도전 행위로 격상시켰다. 수천 명이 넘는 많은 군중이 장례 행렬에 참가했다. 존 애덤스가 말한 '무수히 많은 소년들'이 관대 앞에 서서 걸어 갔고, 그 뒤를 또한 무수히 많은 여인과 남자들이 따라갔다. 이 대규모 군중은 소년의 죽음에 대한 공포 이상의 것을 드러냈다. 이는 군중이 영국의 정책을 얼마나 혐오하는지 생생하게 보여주는 사건이었다.[58]

이런 감정은 그 뒤 2주 동안 여러 형태로 표출됐고, 더 많은 폭력 사태를 유발했다. 톤젠드 법을 규탄하고 수입 거부 합의를 확보하려고 애쓰는 동안에도, 도시는 현재 영국군 연대에 점령되어 있다는 사실을 잊지 않았다. 군인과 민간인 사이의 갈등이 날마다 눈앞에서 벌어지는 상황이니 도시는 그 사실을 잊으려고 해도 잊을 수가 없었다.

싸움은 세이더의 장례식 다음 주에 다시 불붙었다. 아무도 그런 싸움을 계획하고 조종하지는 않았지만, 군인들이 도시를 점령한 기간이 길어지고 세이더의 죽음 같은 사건들로 분위기가 점점 침울해지자 시민들은 전보다 더 노골적으로 감정을 표출했다.

보스턴 사람들 중에서 적개심을 가장 강하게 품은 집단은 반쯤 숙련된 노동자와 일용 노동자들이었다. 이 노동자들 중에는 거친 사람들도 있었는데, 특히 젊은 혈기가 넘치는 청년 노동자들은 저녁에 술집에서 럼주를 한 잔 걸치고 나서면 주먹 싸움을 하려고 들었다. 그들은 군인들을 좋아하지 않았기 때문에 노골적으로 그런 감정을 표시했다. 특히 보스턴에 주둔한 군인들이 때때로 그들의 일거리를 빼앗아 가는 일이 벌어진 이후에는 더욱 그러했다. 보스턴에 주둔 중인 군인들은 비번일 때에는 민간인의 일을 허용하는 군 규정을 적극 활용했다. 18세기에 벌어진 이런 야간 부업의 가장 나쁜 점은 군인들이 때때로 정해진 보수보다 적은 돈을 받고도 일을 하려고 했다는 것인데, 심지어 민간인 노동자가 받는 것보다 20퍼센트나 적은 액수도 받아들였다. 이 때문에 노동자들은 다른 사람들보다 영국군을 미워해야 할 이유가 더 많았다.

'견제 없는 권력'에 시민들 희생되다

세이더의 장례식 이후 주먹 싸움을 잘하는 젊은 노동자들은 평소보다 더 적극적으로 시빗거리를 찾아 나섰다. 그들은 3월 2일 어떤 비번 군인이 존 그레이John Gray의 로프 제작소에 일을 찾아 들어오면서 그런 시비의 기회를 잡았다. 로프 제조공이 일을 찾느냐고 묻자 군인은 그렇다고 했고, 존 그레이는 "우리 집 똥통을 치우라"고 대답했다. 모욕을 당한 군인은 그레이를 구타했고 이어 사람들의 공격을 받자 잠시 물러갔다. 그러나 그 군인은 친구들과 함께 다시 돌아왔고 곧 커다란 싸움이 벌어졌다. 그다음 날에도 싸움이 벌어졌고, 몽둥이와 단검이 사용되는 것이 목격됐으며, 점점 더 많은 사람이 싸움에 끼어들었다. 3월 4일은 일요일이었고 비교적 조용했지만 그다음 날 양측에 더 많은 싸움이 벌어질 것이라는 소문이 나돌았다.[59]

그날 밤에 벌어진 일은 양측의 음모나 계획에 의한 것은 아니었고 순전히 깊은 증오심과 악운의 결과였다. 증오심에 찬 민간인과 군인 무리가 상대방을 찾아서 거리를 배회했던 것이다.[60]

킹스트리트의 세관 근처에서 오후 8시경에 시작된 소규모 시비가 민간인을 불러 모았다. 이미 많은 사람들이 싸움의 기회를 노리고 있었던 것이다. 견습공인 에드워드 게리쉬Edward Gerrish가 킹스트리트에서 만난 군 장교를 모욕하면서 그날 밤 충돌이 시작됐다. 게리쉬는 29연대의 장교들 중에는 남자다운 놈이 없다고 소리쳤다. 세관 근처 초소에서 경계를 서던 초병 휴 화이트Hugh White는 게리쉬의 야유를 듣고 서 그런 대담한 말을 한 견습공의 귀를 주먹으로 한 방 갈겼다. 그 당 시 킹스트리트와 로열 익스체인지 레인의 교차로에는 또 다른 비번 군인들이 있었는데, 그들 중 한 명이 역시 게리쉬를 구타했다.[61]

1770년의 보스턴 거리에는 가로등이 없었으나 거리는 달빛을 받아 환했고, 두껍게 쌓인 눈과 얼음에 빛이 반사되어 군인과 민간인은 서 로를 알아볼 수 있었다. 비번 군인들은 이제 그 현장을 떠났다. 아마도 초병 휴 화이트 근처에 모인 군중보다 숫자가 적은 데다 인근 거리에 서 일어난 다른 싸움에 끼어들어야 했기 때문일 것이다. 게리쉬에게 벌어진 일은 틀림없이 상당히 과장돼 입소문으로 금세 널리 퍼져갔 고, 몇 분 사이에 20명 이상의 청년과 소년이 모여들었다. 그들은 곧 화이트에게 욕설을 퍼붓기 시작했다. "보초 놈, 이 빌어먹을 바보 개자 식."[62] 화이트는 욕설을 조용히 들어 넘기지 않았고, 계속 괴롭히면 총 검을 들고 달려들겠다고 위협했다. 그 위협은 더 심한 욕설을 이끌어 냈고, 그와 함께 눈뭉치와 얼음덩어리가 날아왔다. 그러자 화이트는 세 관 문앞으로 후퇴해 문에다 등을 기대면서 늘어나는 군중과 대치했다.

한 블록 위에 화이트의 초소가 내려다보이는 본부 초소가 있었는 데, 그곳에서 야간당직 중이던 토머스 프레스턴Thomas Preston 대위는 그 광경을 불안하게 지켜보았다. 아일랜드 사람인 프레스턴은 당시 40세 였고 경험 많은 장교였다. 하지만 어떤 경험도 분노한 군중을 다루기 에는 충분하지 못했다. 프레스턴은 군중이 저절로 흩어지기를 바라며 끈질기게 기다렸다. 그러나 흩어지기는커녕 군중은 점점 더 늘어났 고, 거리에 불을 끄기 위해 나온 시민들까지 더해져 숫자가 더 많아졌 다. 그들 중에 분명 악의를 품은 어떤 사람이 "불이야"라고 소리쳤고,

인근 교회에다 킹스트리트에서 불이 났다는 메시지를 전했다. 그러자 불을 끄는 데 도움이 필요하다는 신호인 교회 벨이 울렸다. 세관앞 군중에 합류한 사람들 중에는 자루와 양동이를 들고 나온 사람도 있었다. 자루는 화재 피해자의 소유물을 담기 위한 것이었고, 양동이는 물을 나르기 위한 것이었다. 다른 사람들은 몽둥이, 칼, 심지어 소년들의 자치기 놀이에 사용되는 막대기를 들고 있었다.[63]

이처럼 사람들이 속속 몰려드는 것을 보고서 프레스턴 대위는 저녁 9시경 휴 사병을 구조하러 가야겠다고 결심했다. 그는 이어 여섯 명의 사병과 한 명의 하사로 구성된 보초 소대에게 출동을 지시했다. 아마도 화이트의 초소로 걸어 내려가 그와 함께 본부 초소로 돌아오려는 의도였을 것이다. 화이트에게 가는 길은 그리 어렵지 않았다. 보초 소대는 2열 종대에 착검 상태로 군중 사이를 걸어갔다. 소대가 화이트의 초소에 도착하자 군중은 그들을 둘러쌌고, 소대는 화이트와 함께 포로 신세가 되었다. 게다가 설상가상으로 군중과 보초 소대 중에는 그레이의 로프 제작소에서 서로 싸웠던 사람들이 끼어 있었다. 프레스턴 대위는 군중에게 포위되자 이해는 할 수 있지만 그럼에도 어이 없는 두 가지 실수를 저질렀다. 그는 보초 소대에게 현장 도착 즉시 화이트와 함께 위쪽의 본부 초소로 곧장 올라가라고 지시하지 않았고 되려 2열 종대를 1열 횡대로 산개시켜서 세관을 중심으로 반원형의 대형을 취하게 했다. 그리고 부하들에게 머스킷 소총에 탄환을 장전하라고 지시한 것이다.

그 뒤 15분 동안 양측 사이에는 험악한 대치전이 벌어졌다. 더 많은 사람이 거리에 나왔고 군중은 반원형의 대형을 이룬 병사들을 압박했다. 군중 사이에서 "저들을 죽여라"하는 소리가 터져 나왔고, 눈뭉

보스턴 학살을 묘사한 폴 리비어의 판화 보스턴 부두 노동자들과 영국 주둔군 사이에 시작된 사소한 시비가 11명이 죽고 다치는 커다란 유혈 사태로 번졌다.

치와 얼음덩어리가 날아들었다. 군인들도 거기에 대응해 같이 욕설을 퍼부으면서 머스킷 소총을 절반쯤 내려서 총구를 군중 쪽으로 향하게 했다. 몇몇 무모한 자들이 군인들의 반원형 대형을 가볍게 스치면서 막대기로 머스킷 소총을 툭툭 건드리며 어디 쏠 테면 쏴보라고 약을 올렸다.

프레스턴 대위는 보초 소대를 이끌고 화이트를 구원하러 갈 때, "부하들을 잘 관리하라. 만약 그들이 발사하면 자네 목숨도 위태롭다"는 말을 상부에서 들었다. 프레스턴은 "저도 그 점을 잘 알고 있습니다"

라고 대답했다.[64] 이제 군중이 대형을 압박해 들어오고, 프레스턴은 총구들의 라인 끝에 서 있었다. 소음이 더욱 심해지고 군중이 추가 행동을 취할 조짐을 보이는 가운데, 리처드 팜스Richard Palmes라는 상인이 앞으로 나서면서 프레스턴 대위에게 또 다른 경고를 했다.

두 사람이 대화를 나누는데, 전투 대형의 끝에 서 있던 사병 휴 몽고메리Hugh Montgomery에게 얼음덩어리가 날아와 얼굴을 때리자 그는 그 타격으로 쓰러졌거나 혹은 뒤로 움찔 물러나다가 미끄러운 바닥에 넘어졌다. 그런데 그가 다시 일어서더니 그만 그대로 총을 발사해 버렸다. 이 최초의 총성 직후 짧은 정적이 흘렀고, 곧 나머지 병사들이 방아쇠를 당기기 시작했다. 이 불규칙한 총격은 열한 명을 맞추었다. 세 명이 즉사했고 한 명은 몇 시간 뒤에 사망했으며 다섯 번째 사람은 며칠 뒤에 사망했다. 여섯 명의 부상자는 목숨을 건졌다.

그 뒤 24시간 동안 공공질서는 완전히 무너진 것 같았다. 적어도 1000명 이상으로 추정되는 군중이 총격 직후에 사방으로 달아났다. 분노한 군중은 프레스턴, 초병 소대, 영국군에게 복수를 하려 했다. 총독은 이들을 상대로 용기와 판단력을 보여주었다. 그는 프레스턴과 초병들을 투옥해 군중의 분노를 일부 진정시켰다. 그러나 14연대와 29연대의 존재 자체는 일반 대중에게 엄청난 분노를 안겨주었다. 허친슨은 이 부대에게 도시에서 철수하라고 명령하고 싶지 않았으나 몇 시간 더 관찰하고 다음 날 도시의 여론을 살펴본 뒤 철수를 명령했다.

부대가 철수하자, 민중의 지도자들은 조기 재판 쪽으로 시선을 돌렸다. 여기서 그들은 상급 법원의 판사들과 만났다. 판사들은 도시의 광포한 분위기 속에서 공정한 재판을 하기가 어렵겠다고 판단해 가을까지 공판을 연기했다. 다시 군중이 봉기할 가능성은 여전히 있었지만 가을이 되자 민중의 열기는 어느 정도 가라앉았고 공공 치안도 확보되고 있다는 판단 아래 재판이 시작됐다.

존 애덤스는 모든 영국인은 공정한 재판을 받을 자격이 있으며 인기 없는 사건이라도 정의를 지키기 위해 적극 맡아야 한다고 확신했기에, 프레스턴 대위를 변호했다. 법원은 많은 증인들의 다양한 증언을 들었고, 프레스턴 대위가 무죄라고 판정했다. 초병들은 처벌을 면했으나 우발적 과실치사로 유죄판결을 받고 목사의 훈계 혜택benefit of clergy을 호소한 두 명의 초병은 얼굴에 낙인이 찍힌 뒤 방면됐다.[65]

1770년의 나머지 달에는 보스턴에서 추가 폭력 사태는 더이상 없었지만, 1765년 이래 도시를 찾아온 분노와 증오는 사라지지 않았다. 아메리카의 다른 지역에서도 이와 비슷한 정서가 보스턴의 살인사건으로 새로운 힘을 얻었다. 이 사건에는 곧바로 학살이라는 명칭이 붙었다. 학살은 영국의 권력이 아메리카에서 무슨 짓을 벌이고 있는가에 대해 강력한 의문을 불러일으켰다. 1765년 이래 아메리카에서 영국 권력의 적법성은 의문시되어왔다. 이제 그 권력은 질문자들에게 목적이 무엇인지 분명하게 보여주었다.

영국과 아메리카 식민지를

보스턴 학살이 실제 일어났던 보스턴 의사당 앞 오늘날 올드 스테이트 하우스 광장 바닥에 둥근 문양으로 학살 장소를 표시해 추모하고 있다.

갈라놓은 정치체제 문제는 1765년 이래 분명해졌다. 다수의 아메리카인이 자신들의 동포와 국왕과 영국 의회를 위해 그 문제를 명확하게 밝히려고 시도했다. 그들은 아메리카에서는 성공했지만 영국에서는 실패했다. 그렇지만 그들과 대부분의 아메리카 동포는 오래된 정치체제 질서 내에서 해결안을 찾아내기를 희망했다. 톤젠드 법이 야기한 위기와 주요 도시의 수비대 주둔은 정치체제 문제의 해결을 더욱 긴급한 사안으로 만들었다. 영국 측 주장의 가장 심각한 영향은 상당 기간 분명하게 밝혀져 있었다. 그러나 매사추세츠 의회는 다음 해에 이렇게 주장했다. "견제 없는 권력은 모든 자유를 파괴한다."[66]

견제받지 않은 권력은 보스턴의 자유와 목숨을 파괴했다. 피해자들은 엄청난 분노를 느꼈고, 영국과 아메리카의 관계를 정의하는 정치이론을 냉정하게 검토할 수 없게 되었다. 그래도 그 뒤 몇 년 동안 아메리카인은 영국의 정치체제에 대해 계속 생각했고 이에 따라 그들은 자신의 정치체제에 대해서도 깊이 생각하게 되었다. 몇 년 전 식민지에서 널리 존경받은 윌리엄 피트는 영국 의회에 나가서 아메리카인은 "영국의 자식이지 사생아가 아니다"라고 말했다. 그러나 실제 경험은 많은 아메리카인으로 하여금 과연 피트의 말이 사실인지 의문을 품게 만들었다. 보스턴 학살로 이어진 최근의 역사 때문에 그들은 새로운 발견을 하게 되었다. 어쩌면 그들은 영국의 서자일지 모르나, 그래도 아메리카의 적자라는 점이었다.

개정판에 부쳐

이 책을 시작했을 때, 나는 미국과 서구 문명의 역사에서 아주 중요한 사건에 대해 대규모 이야기를 쓰게 되어 아주 흥분했다. 지금도 그 흥분을 느끼고 있으며, 이야기체 역사narrative history의 가능성을 더욱 확신하게 되었다. 이 개정판은 이야기체 역사서이며, 내가 개정판에서 증보한 내용은 초판에서 말했던 이야기의 범위를 더 확대한 것이다.

이 책의 주요 강조점은 미국 독립 혁명의 정치적인 측면인데, 여기서 정치라 함은 아주 폭넓게 정의된 정치적인 생활을 의미한다. 그러나 크게 보면 이 개정판은 사회사의 범주에 들어가기도 한다.

《미국인 이야기》1, 2, 3권에서 수정된 내용은 다음과 같다.

1권 1장에서는 영국의 재정-군사 국가를 한 절로 다루었다. 1권 6장에서는 1764~1776년 동안 영국이 취한 조치들에 대해 일반 대중이 폭도와 폭동의 형태로 내보였던 반응을 다루었다.

2권 5장에서는 1776년 봄 독립 선언을 지지하는 초창기의 지지 성명에 관한 정보를 추가했다. 여기서는 폴린 마이어Pauline Maier의 《아메리카의 성경American Scripture》에 신세를 졌다.

3권 2장에서는 군대 내의 의료 관계에 대해 다루었다. 3권 3장에서는 독립 혁명 속 여성의 역사에 대한 정보를 추가했고, 아메리카 인디언에 대한 새로운 내용을 설정했다. 3권 4장에서는 영국인과 아메리카인이 치른 서로 다른 전쟁의 차이점에 대해 간단히 서술했고, 3권 8장에서는 헌법의 비준에 대한 정보를 추가했다. 그리고 3권 뒷부분에 에필로그를 새롭게 넣어 끝맺었다. 이 책이 처음 나온 1982년 이래 출판된 책들에 관한 새로운 참고문헌 자료도 추가했다.

이 개정판을 준비하는 과정에서 다수의 전문 역사가, 일반 독자, 학생에게 도움을 받았다. 다음 열 명의 옛 대학원 제자들을 먼저 열거하고 싶다. 루스 블로크, E. 웨인 카프, 재클린 바바라 카, 캐롤라인 콕스, 찰스 핸슨, 리처드 존슨, 캐롤린 내프, 마크 카치아 - 리들, 찰스 로이스터, 빌 영스. 이들은 나에게 많은 것을 가르쳐주었고, 저서와 논문을 통해 미국 혁명과 미국 사회에 관한 여러 가지 사안을 내게 알려주었다.

그리고 지난 여러 해 동안 이곳 버클리의 학부 학생들은 내게 많은 도움과 격려를 해주었다. 여기에서 그들의 이름을 일일이 열거하지는 못하지만 그들의 열성적인 도움만큼은 감사하고 싶다. 또한 나는 미국 혁명에 대해 글을 쓴 역사가들에게서도 많은 도움을 받았다. 비록 참고문헌에 그들의 저작을 밝혀놓았지만, 그것으로 내가 입은 신세를 충분히 표명했다고 보지는 않는다.

나는 이 책이 처음 나온 뒤 3년 동안 미국 혁명에 관심이 있는 또 다른 집단을 만나 많은 대화를 나누었다. 그들은 로드아일랜드주의 뉴포트에 있는 해군 전쟁대학의 전쟁 및 전략 세미나에 참석한 미 해군과 해병대의 장교들이었다. 그들은 혁명의 군사적, 해군적 역사뿐만 아니라 혁명의 모든 측면에 대해 커다란 흥미를 표시했다. 또한 나는 그들의 세미나 교수인 월턴 파울러, 로버트 제네트, 닐 헤이먼 등에게도 큰 신세를 졌다.

몇 년 전에 나에게 커다란 격려를 해준 또 다른 장교는 존 갤빈 장군이었다. 그는 최근에 나토 사령부에서 은퇴했다. 갤빈 장군은 렉싱턴 전투를 다룬 나의 논의에서 잘못된 부분을 수정해주었다.

주니아타 대학의 데이비드 슘 박사의 수업을 들었던 학부 학생들은 2년 동안에 걸쳐 내게 여러 유익한 제안을 해주었다. 나는 그 학생들과 그들의 선생님에게 감사를 표시한다.

고故 C. 밴 우드워드는 내가 이 책을 처음 집필할 때 옥스퍼드 미국사의 총 편집인이었다. 그는 내가 일일이 열거하지 못할 정도로 많은 방식과 아주 자상한 마음가짐으로 내게 도움을 주었다. 나는 그분의 자상함과 슬기로움을 결코 잊지 못할 것이다. 또한 그분의 저서에서 많은 영감을 받았음을 여기에 밝혀둔다.

지난 여러 해 동안 옥스퍼드 대학 출판부의 셸던 마이어, 레오나 캐플리스 등에게서 많은 지혜로운 말을 들었고, 좀 더 최근에 이 개정판을 집필하면서는 피터 지나와 그의 조수인 푸라하 노턴에게서 큰 도움을 받았다.

수석 책임 편집자인 조엘린 오상카는 자상하면서도 능숙한 솜씨로 이 개정판을 발간하는 데 처음부터 끝까지 감독해주었다. 이런 어려운 일을 멋지게 해낸 그녀에게 감사의 말을 전하고 싶다. 현재의 총 편집자인 데이비드 케네디는 늘 가까운 곳에 있으면서 믿음직한 격려를 아끼지 않았다.

나의 모든 저작에서 늘 그러했듯이, 나의 멋진 아내 비벌리는 가장 나를 잘 도와주었다. 이 책을 헌정한 내 딸 홀리는 늘 멋진 영감의 원천이었다.

버클리, 2004년 9월
로버트 미들코프

편집자의 글

로버트 미들코프의 《The Glorious Cause》 초판은 '옥스퍼드 미국사' 시리즈의 첫 번째 권으로, 1982년에 출간됐다. 그 당시 이 시리즈를 기획한 총 편집자였던 고ᵗᵉ C. 밴 우드워드는 저자의 '주제를 능숙하게 다루는 솜씨'를 칭찬하면서 이렇게 말했다. "《The Glorious Cause》는 이 시리즈의 편집 의도와 목적을 능숙하면서도 멋지게 구체화했다." 사실 우드워드와 그의 저명한 협력자인 리처드 호프스태터는 그전 여러 해 동안 이 시리즈를 구상하면서 편집 방향을 설정해놓았다.

이 개정판에서 로버트 미들코프는 학자와 저자로서 놀라운 기량을 다시 한 번 발휘하면서 미국 혁명이라는 아주 복잡하고 문제 많은 시기의 역사를 매우 탁월하게 재현했다. 그러나 초판의 구조와 이야기 줄거리는 그대로인데, 특히 역사의 우연성, 사건의 흐름을 형성하는 야심적이고 변덕스러운 발전 양상은 그대로 유지되어 있다. 미들코프는 지난 20년 동안 축적된 학문적 성과에서 비롯한 새로운 발견 사실과 관점을 현명하게 삽입함으로써 여러 곳에서 문채文彩를 빛내고 이야기의 내용을 더욱 풍성하게 만들었다. 독자들은 이 개정판에서 식민지 반란이 일어나기 직전의 영국 사회에 대해 크게 증보된 논의를 발견할 수 있을 것이다.

당시 산업혁명은 경제적, 사회적 관계에서 대규모 변화를 일으켰는데, 영국의 노쇠한 정부 제도는 아메리카 식민지의 불안정한 상태라는 문제에 맞서서도 변할 줄을 몰랐다. 또한 미들코프는 1775년 이전 미국 대중의 반영反英 시위에 대한 새 자료를 광범위하게 추가했다. 독립 선언에 대한 논의, 전쟁 수행 과정에서의 대륙회의의 역할, 독립 전쟁에서의 노예, 인디언, 여성의 역할, 국왕파의 곤경, 군복무의 어려움과 천연두의 위협, 특히 의학 지식이 잘 발달되어 있지 않았던 당시 부상자들의 끔찍한 운명 등도 폭넓게 다루었다. 또한 저자는 영국과 미국의 전쟁 사상과 전략, 미국 헌법의 비준 등에 대해서도 새로운 해석을 제시했다.

이렇게 개정 작업을 벌이면서, 미들코프는 당초 우드워드와 호프스태터가 구상했던 이 시리즈의 높은 목표에 충실하게 부응했다. 그 목표는 엄정하면서도 상상력 넘치는 역사 연구의 최고 결실을 일반 대중에게 널리 나눠주자는 것이었다. 우드워드는 이렇게 말했다.

"이 시리즈에 참여하는 각각의 저자는 일반 교양인이 손쉽게 접할 수 있는 읽기 쉬운 텍스트를 써내야 하고, 동시에 다양한 수준의 학생들에게 해당 시대의 이야기체 역사의 본질은 물론이요 최근의 연구 성과에 대한 종합적 판단을 제공해야 한다."

전문적인 연구 성과를 건전하면서도 감동적인 이야기로 엮어내는 것은 역사가의 최고 기술이다. 또한 역사가가 지켜야 하는 가장 까다로운 의무이기도 하다. 우드워드는 이런 과업 덕분에 "현대인이 미국 역사를 올바르게 이해할 수 있으며, 그런 지식이 없는 현대인은 과거에 대한 엉터리 지식을 갖춘 채 현재와 미래를 헤쳐 나가게 된다"라고 말했다.

이 시리즈는 현재 준비 중이며 앞으로 여러 권이 나올 예정이다. 지금까지 나온 책은 미들코프의 이 책 이외에, 제임스 맥퍼슨James McPherson의 《Battle Cry of Freedom》, 제임스 패터슨James Patterson의 《Grand Expectation》, 나의 《The American People in Depression and War, 1929~1945》 등인데, 독자에게 사랑을 많이 받았다. 이런 열광적인 반응은 미국사의 중요한 주제에 대한 노련한 학자들의 견해가 반영된 역사서에 대해 폭넓은 수요가 있다는 뜻이다. '옥스퍼드 미국사'는 그런 수요를 충족시키고자 하며, 이 책의 개정판은 그런 지속적인 노력의 중요한 일부다.

옮긴이의 글

로버트 미들코프《The Glorious Cause》의 초판은 원래 1982년에 나왔다. 이후 독자들의 많은 사랑을 받게 되자 그동안 학계에 나온 최신 정보를 반영해 2005년에 개정판을 냈는데,《미국인 이야기》(전3권)는 바로 그 개정판을 완역해 분권한 것이다.《The Glorious Cause》는 옥스퍼드 대학 출판부에서 12권의 프로젝트로 기획한 미국사 시리즈의 첫 권으로, 그 뒤 출간된 같은 시리즈 책들의 모범을 제공하기도 했다. 그 모범은 미국의 역사를 학술적이고 전문적인 관점에서 기술하기보다는, 일반 독자도 쉽게 이해할 수 있도록 이야기체 역사로 써내려 간다는 것이었다. 바로 이런 집필 취지 덕분에 옮긴이도 처음부터 끝까지 아주 재미있게 읽었으며, 이 책에서 기술된 미국사의 흐름에 흥미를 느껴 같은 시리즈에서 소개된 건국 이후의 역사를 다룬《Empire of Liberty》와 남북 전쟁을 다룬《Battle Cry of Freedom》을 함께 읽으며 번역에 임했다.

《The Glorious Cause》에서는 미국 독립 혁명의 과정을 전·중·후의 3단계로 나눠서 각 단계별로 흥미진진하게 이야기를 전개하고 있다. 독립 전쟁 전에 아메리카 식민지의 거주민은 본국 영국 정부에 대영 제국 전체가 아닌 오로지 식민지에만 부과하는 세금을 재고해달라고 호소했다. 그들이 이렇게 완강하게 나온 이유는 그런 과세를 결정할 권한이 영국 의회에는 없다는 것이었다. 영국 의회에 아메리카 식민지의 대표가 의원으로 진출해 있지도 않은데 어떻게 세금을 매길 수 있으며, 한 나라, 한 동포라고 하면서 어떻게 영국 본토에는 해당되지 않는 세금을 식민지에만 매길 수 있느냐는 것이었다.

이처럼 세금을 완강하게 반대한 데에는 자유라는 개념이 엄청난 힘으로 작용했다. 당시 아메리카에는 유럽 대륙과는 달리 유서 깊은 군주제나 귀족제의 전통이 없었다. 그래서 아메리카인은 모든 사람이 평등하다는 생각을 품고 있었으므로, 누구나 다 자기 자신을 자유인이라고 생각했다. 그들이 생각하는 자유는 인신, 재산, 소유한 사람_{노예}에 대한 재산의 보유 권리와 밀접하게 연결되어 있었다. 자유라는 것은 이 세 가지를 빼놓으면 공허한 개념에 지나지 않았다. 정당하지 못한 세금은 내 돈을 강제로 빼앗아가는 것이므로 곧 나의 자유를 침탈하는 것이라는 얘기다. 아메리카 식민지인은 영국 왕의 10펜스가 소중하다면 자신들의 1페니도 똑같이 소중하다고 주장했다. 영국 정부는 프랑스나 스페인 같은 외국 군대, 인디언, 서부 지역의 무법 정착자들로부터 식민지를 보호하려면 군대가 주둔해야 하고 그 군대 유지비를 수익자 부담 원칙에 따라 식민지에 일부 내라고 하는데 무엇이 문제냐고 버텼고, 과세권을 영국 의회와 국왕의 통치권과 같은 것으로 보아 조금도 물러설 생각이 없었다. 이리하여 서로 양보할 생각이 없는 양측은 전쟁에 돌입했다.

전쟁 중의 사건은 아무래도 전투의 전개 양상에 집중되는데, 양군은 모두 엄청난 약점을 갖고 있었다. 우선 영국군에 대해 말해보자면, 그들은 영국에서 3000마일이나 떨어진 아메리카로의 보급과 병력 지원을 충분히 받지 못했다. 당연히 영국군 사령관은 매번 전투에서 패배하면 안 된다는 강박관념에 사로잡혔고, 그러다 보니 너무 조심해다 이긴 전투를 놓치는 일이 빈번했다. 게다가 게이지-하우-클린턴-콘월리스로 이어지는 영국군 총사령관은 가능한 한 빨리 전쟁을 종결시키고 싶어 했으나, 아메리카 대륙군은 그런 상대방의 작전을 꿰뚫어보고 있었기 때문에 도망치며 수비하는 장기전을 선택했다. 또한 영국군 장군끼리의 불신과 시기심 때문에 군대의 효율적인 지휘가 더욱 어려웠다.

대륙군의 주력은 제대로 훈련되지 않은 민병대였는데, 조지 워싱턴은 이런 군대를 맡아서 과연 18세기 최강국인 영국의 군대를 상대로 이길 수 있을지 깊은 회의를 느꼈다. 그러나 전쟁이 전개되면서 워싱턴의 자신감은 점차 높아졌고, 독립 전쟁은 자유인과 용병, 민중과 직업군인의 갈등으로, 자유의 명예로운 대의를 지키기 위해 나선 대륙군이 이길 수밖에 없다고 휘하 부대를 끊임없이 격려했다. 사실 전투능력은 떨어지지만 13개 식민지 전역에서 무한히 병력이 충원되는 대륙군과, 전투력은 높지만 병력 보충이 제대로 안 되는 영국군의 전투는 처음부터 영국군이 불리한 전쟁이었다. 다시 말해, 영국은 전투가 벌어지는 곳에 일정한 규모의 군대를 한시적으로 파견하여 재빨리 승부를 결정짓는 재래식 전쟁을 전개한 반면에, 아메리카는 19세기의 대규모 징집 군대를 예고하는 국민 개병제皆兵制 형태의 전쟁을 수행했다. 아메리카는 정치에서도 그랬던 것처럼 전쟁에 관해서도 군주제 하의 영국과는 다른 구상을 했다. 권리와 자유를 강조한 그들의 전쟁은 왕조를 지키기 위한 유럽의 앙시앵 레짐ancien regime, 구체제 하의 전쟁과는 달랐다. 이런 차이점 때문에 결국 아메리카가 전쟁에서 승리를 거두었다. 8년에 걸친 일진일퇴의 공방 끝에 콘월리스 휘하의 영국군이 요크타운에 갇혀서 결국 항복했을 때, 뉴욕이나 기타 지역에 영국군이 아직 많이 남아 있었는데도 영국이 종전에 합의할 수밖에 없었던 것은 이런 불리한 배경 때문이었다. 게다가 영국의 적수인 프랑스와 스페인이 아메리카 편을 들어 독립 전쟁이 유럽 전쟁으로 확대될 기미를 보이자 영국은 마침내 손을 들고 말았다.

전쟁이 끝난 뒤에는 대륙회의 시절의 연방 정부를 고수할 것이냐, 아니면 각 주가 독립된 국가 형태를 유지하는 느슨한 정치체제를 유지할 것이냐를 두고 13개 주 사이에서 격론이 벌어졌다. 그러나 연방주의자가 이겨서 미국 헌법이 제정됐고, 결국 신생 미국이 건국됐다. 신생 미국이 생겨난 과정은 호설편편好雪片片이라는 화두를 생각나게 한다. 눈이 다 제멋대로 떨어져 내리지만 결국에는 하얀 설경을 만들듯이, 13개 주가 저마다 자기주장을 폈지만 결국에는 미합중국을 만들어내는 데 성공했다. 하지만 이 건국에 문제가 없는 것은 아니었다. 앞에서 자유의 문제를 말했는데, 노예 소유의 자유는 정말로 까다로운 문제였다. 모든 인간은 평등하게 태어났다고 미국 헌법에서 선언해놓고 막상 흑인 노예는 거기에서 제외해버렸으니, 이는 백인만의 평등이고 결국 어떤 사람들백인은 다른 사람들흑인 노예보다 더 평등하다고 말하는 모순어법이 되었다. 건국의 아버지들은 이런 모순을 첨예하게 느끼고 있었으나, 노예제도 하나 때문에 연방이 깨어지는 것보다는 그 문제를 양보하더라도 연방 수립이 먼저라고 판단해 이 문제에 대해 눈감았다. 그러나 이 중대한 문제는 시간이 지나가면 저절로 해결될 그런 성질의 것이 아니었다. 헌법 제정 이후에도 자유란 곧 노예에 대한 재산권이라고 생각하는 사람들은, 바로 그 독립 혁명의 대의_{자유}를 내세우며 노예 해방에 결코 찬성하지 않으려고 했다. 그리하여 이 문제의 해결을 위해서는 링컨 대통령의 등장을 기다려야 했다. 옥스퍼드 미국사 시리즈의 한 권으로 이미 출간되어 있는 제임스 맥퍼슨의 《Battle Cry of Freedom》은 남북 전쟁의 전반적 양상을 아주 재미나게 서술하고 있다. 《The Glorious Cause》를 읽은 독자는 틀림없이 이 남북 전쟁 책과 건국 이후 신생 미국이 호설편편의 방식으로 발전해나가는 과정을 다룬 고든 우드의 《Empire of Liberty》에도 관심을 갖게 되리라고 믿는다.

시중에는 미국 독립 혁명에 대한 본격적인 책자가 거의 나와 있지 않다. 여기에 번역한 《The Glorious Cause》는 그런 결핍을 보완해줄 아주 좋은 책이라고 생각한다. 옮긴이는 옥스퍼드 미국사의 선두타자로 이 책을 선정한 것은 참으로 적절하다는 생각도 들었다. 이 훌륭한 책을 번역하는 내내 지적인 흥분과 전율을 느꼈고, 에드워드 기번이 환생해 18세기 미국 역사를 집필한 것 같은 착각을 느끼기도 했다. 기번은 객관적이면서도 유머러스하고 때로는 냉소적인 어조로 글을 써나간 역사가인데, 그런 분위기를 이 책에서도 많이 느낄 수 있었다. 이 책에는 18세기 당시의 유럽과 영국, 아메리카 식민지의 대국적 그림과 전쟁의 흥미로운 경과가 박력 있고 재치 넘치는 문장 속에 잘 묘사되어 있다. 미국 역사, 나아가 세계의 역사에 관심 있는 독자들에게 꼭 권하고 싶다.

미주

1장 견제받는 대국

1. 피트에 관한 이야기는 18세기 후반의 영국을 다룬 거의 모든 표준적인 연구서들에서 발견된다. 그의 생애에 대해서는 다음 자료를 참조하라. Basil Williams, *The Life of William Pitt, Earl of Chatham*(2 vols., London, 1913). 아메리카의 7년 전쟁에 대해서는 Gipson, *British Empire*, vols. VI-VIII에 자세히 다루어져 있다. Howard H. Peckham, *The Colonial Wars, 1689~1762*(Chicago, 1964)에도 간단하지만 훌륭한 역사가 들어 있다. 책 제목들의 약자 리스트는 이 책의 1115쪽에 실려 있다.

2. J. H. Plumb, *Man and Centuries*(Boston, 1963). 나는 이 책에서 많은 정보를 얻었고, 같은 저자의 *The Origins of Political Stability*(Boston, 1967)도 참고했다.

3. J. H. Plumb, *Man and Centuries*, 4~7.

4. 영국의 회화와 산문에 관심이 있는 독자들은 영국 화가들의 그림을 보고 18세기의 위대한 작가들의 글을 읽음으로써 관심을 충족시킬 수 있을 것이다.

5. Dorothy Mashall, *English People in the Eighteenth Century*(London, 1956), 165에서 인용했다.

6. J. H. Plumb, *Man and Centuries*, 9~14.

7. 나는 영국 사회의 윤곽을 묘사하는 데 다음 자료를 참조했다. G. E. Mingay, *English*

Landed Society in the Eighteenth Century(London, 1963); J. Steven Watson, *The Reign of George III, 1760~1815*(Oxford, 1960); T. S. Ashton, *An Economie History of England : The Eighteenth Century*(New York, 1955). "유대인 법안"에 대해서는 Thomas W. Perry, *Public Opinion, Propaganda and Politics in Eighteenth Century England : A Study of the Jew Bill of 1753*(Cambridge, Mass., 1962)을 보라.

8. Dorothy Marshall, *Eighteenth Century England*(New York, 1962), 222~223.

9. 위의 책, 224~225.

10. Thomas Hobbes, *Leviathan*, ed., Michael Oakeshott(Oxford, 1957), 73~74.

11. *Bleak House*, chap. 12.

12. Fortescue, ed., *Correspondence of George the Third*, IV, 220~221.

13. 조지 3세에 대한 심도 깊은 분석은 다음 자료에서 찾아볼 수 있다. John Brooke, *King George III*(New York, 1972); Sir Lewis Namier, *Personalities and Powers : Selected Essays*(New York, 1965); Richard Pares, *King George III and the Politicians*(Oxford, 1953); Romney Sedgwick, ed., *Letters from George III to Lord Bute, 1756~1766*(London, 1939).

14. Brooke, *King George III*, 41에서 인용했다.

15. Sidney Webb and Beatrice Webb, *English Local Government from the Revolution to the Municipal Corporations Act, IV : Statutory Authorities for Special Purposes*(London, 1922), 353.

16. 영국의 재무-군사 상태에 대하여 본격적인 연구를 시작한 저서는 P. G. M. Dickson의 *The Financial Revolution in England : A Study in the Development of Public Credit, 1688~1756*(New York, 1967)이다. 딕슨은 영국의 군사력을 설명하는 과정에서 세수보다는 차입과 국가 부채를 훨씬 더 강조하고 있다. John Brewer의 *The Sinews of Power : War, Money and the English State, 1688~1763*(Cambridge, Mass., 1990)에서는 딕슨의 저서가 독창적이라고 인정하면서도 딕슨의 차입 강조는 잘못된 것이라고 주장한다. 이 두 책은 18세기 영국의 재무-군사 상태를 연구하는 역사가들에게 큰 도움이 된다. 나는 브루어의 훌륭한 책으로부터 많은 정보를 얻었고, 그것을 이 절에서 폭넓게 활용했다.

17. Brewer, *The Sinews of Power*, 95~114.

18. 위의 책, 92~95, 여러 곳.

19. 잉글랜드 은행에 대해서는 다음 자료를 참조하라. Dickson, 48~49; H. V. Bowen, "The Bank of England During the Long Eighteenth Century, 1694~1820" in R. Roberts and D. Kynaston, eds., *The Bank of England*(Oxford, 1995), 1~18.

20. 행정부의 성장에 대해서는 Brewer, *Sinews of Power*의 3장에 잘 서술되어 있다.

21. Brewer, 29.

22. 이 육군과 해군 문제에 대해서는 다음과 같은 훌륭한 저서와 논문들의 도움을 많이 받았다. N. A. M. Rodger, "Sea Power and Empire, 1688~1793" in P. J. Marshall, ed., *The Oxford History of the British Empire, Vol. II : The Eighteenth Century*(Oxford, England, 1998), 1969~1983; N. A. M. Rodger, *The Wooden World : An Anatomy of the Georgian Navy*(London, 1986); Jeremy Black and Phlip Woodfine, eds., *The British Navy and the Use of Naval Power in the Eighteenth Century*(Leicester, England, 1988). 특히 Daniel A. Baugh, Jeremy Black, Richard Middlton, Julian Gwyn의 에세이들; Paul M. Kennedy, *The Rise and Fall of British Naval Mastery*(London, 1976), 97~118.

23. 주 22의 저서들 이외에 다음 저서를 참조하라. Daniel A. Baugh, "British Strategy During the First World War in the Context of Four Centuries : Blue-Water Versus Continental Commitment" in Daniel M. Masterson, ed., *Naval History : The Sixth Symposium of the U. S. Naval Academy*(Wilmington, Del., 1987), 85~110(특히 86~92 참조)

24. 이 문단과 관련해 간략하면서 예리한 정보를 얻고자 한다면 다음 자료를 참조하라. Don Higginbotham, *The War of American Independence*(Bloomigton, Ind., 1971; pb. 1977), 123~124. Sylvia R. Frey, *The British Soldier in America : A Social History of Military Life in the Revolutionary Period*(Austin, Tex., 1981)은 장교들과 병사들에 관한 많은 내용을 제공한다.

25. Oliver Morton Dickerson, *American Colonial Government, 1696~1765* (Cleveland, Ohio, 1912); Andrews, *Colonial Period*, IV.

26. Andrews, *Colonial Period*, IV, 특히 10장.

2장 두 번 태어난 사람의 자녀들

1. 초창기의 중요한 봉기에 대한 표준 연구서는 David S. Lovejoy의 *The Glorious Revolution in America*(New York, 1972)이다.

2. Stuart Bruchey, *The Roots of American Economic Growth, 1607~1861*(New York, 1965), 1~73; Richard Pares, *Yankees and Creoles : The Trade Between*

North America and the West Indies Before the American Revolution(Cambridge, Mass., 1956); James B. Hedges, *The Browns of Providence Plantation : Colonial Years*(Cambridge, Mass., 1952).

3. *BF Papers*, V, 337~416을 참조하라. 또한 주에 제시된 참고문헌들도 참조하라.

4. *Historical Statistics of the United States : Colonial Times to 1970*(Bicentennial ed., Washington, D.C., 1975), 1168(1770년에 대한 수치는 459, 822).

5. James G. Leyburn, *The Scotch-Irish : A Social History*(Chapel Hill, N.C., 1962), 157~325.

6. Andrews, *Colonial Period*, III, 302~303.

7. Ian Charles Cargill Graham, *Colonists from Scotland : Emigration to North America, 1707~1783*(Ithaca, N.Y., 1956), 185~189.

8. *Historical Statistics*, 1168.

9. Bridenbaugh, *Cities in Revolt*, 5, 216.

10. *Historical Statistics*, 1189~1191(담배 수출), 1192~1193(쌀).

11. Bruchey, *Roots of American Economic Growth*, 22~23.

12. G. B. Warden, "Inequality and Instability in Eighteenth-Century Boston : A Reappraisal", *JIH*, 6(1976), 593.

13. Rowland Berthoff and John M. Murrin, "Feudalism, Communalism and the Yeoman Freeholder", in Stephen G. Kurtz and James H. Hutson, eds., *Essays on the American Revolution*(Chapel Hill, N.C., and New York, 1973), 267n, fn. 27.

14. 펜실베이니아의 쇠 생산에 대한 표준 연구서는 Arthur G. Bining, *Pennsylvania Iron Manufacture in the Eighteenth Century*(Harrisburg, Pa., 1938)이다.

15. Bridenbaugh, *Cities in Revolt*, 346.

16. Gary B. Nash, "Urban Wealth and Poverty in Pre-Revolutionary America", *JIH*, 6(1976), 545~584.

17. 위의 책.

18. 이 일반화는 식민지 시대의 사회사들과 *Historical Statistics*에서 뽑은 것이다.

19. Sung Bok Kim, *Landlord and Tenant in Colonial New York : Manorial Society, 1664~1775*(Chapel Hill, N. C., 1978), 87~128.

20. Patricia Bonomi, *A Factious People : Politics and Society in Colonial New York*(New York, 1971), 196~197.

21. Gregory A. Stiverson, *Poverty in a Land of Plenty : Tenancy in Eighteenth-Century*

Maryland(Baltimore, 1977), 137~142.

22. Clinton Williamson, *American Suffage from Property to Democracy, 1760~1860*(Princeton, N.j., 1960), 13, 17~28.

23. Charles S. Syndor, *Gentlemen Freeholders : Political Practices in Washington's Virginia*(Chapel Hill, N.C., 1952), 여러 곳; Jere Daniell, "Politics in New Hampshire under Governor Benning Wentworth, 1741~1767", *WMQ*, 3rd Ser., 23(1966), 76~105.

24. John A. Schutz, *William Shirley*(Chapel Hill, N.C., 1961).

25. James H. Hutson, *Pennsylvania Politics, 1746~1770 : The Movement for Royal Government and Its Consequences*(Princeton, N.J., 1972). 펜실베이니아의 초창기 정치에 대해서는 Alan Tully, *William Penn's Legacy : Politics and Social Structure in Provincial Pennsylvania, 1726~1755*(Baltimore, 1977)을 참조하라. 틸리는 이 흥미롭고 귀중한 책에서 펜실베이니아 정치의 갈등 상황을 그리 중요하게 보지 않는다.

26. 뉴욕을 다룬 책자로는 다음과 같은 훌륭한 자료가 있다. Stanley N. Katz, *Newcastle's New York : Anglo-American Politics, 1732~1753*(Cambridge, Mass., 1968). 로드아일랜드에 대해서는 다음 자료를 참조하라. Lovejoy, *Rhode Island Politics*. 메릴랜드에 대해서는 다음 자료를 참조하라. Charles Barker, *The Background of the Revolution in Maryland*(New Haven, Conn., 1940); Dounell M. Owings, *His Lordship's Patronage : Offices of Profit in Colonial Maryland*(Baltimore, 1953). 노스캐롤라이나에 대해서는 다음 자료를 참조하라. Jack P. Greene, *The Quest for Power : The Lower Houses of Assembly in the Southern Royal Colonies, 1689~1776*(Chapel Hill, N. C., 1953). 가장 일반적인 설명은 다음 자료를 참조하라. Bernard Bailyn, *The Origins of American Politics*(New York, 1968).

27. 초창기 아메리카의 종교적인 배경에 대해서는 다음 자료를 참조하라. Sidney E. Ahlstorm, *A Religious History of the American People*(New Haven, Conn., 1972).

28. C. C. Goen, *Revivalism and Separatism in New England, 1740~1800*(New Haven, Conn., 1962).

29. 식민지 시대의 장로교에 대한 이 논의는 다음 자료에 근거했다. Leonard J. Trinterud, *The Forming of American Tradition : A Re-examination of Colonial Presbyterianism* (Philadelphia, 1949).

30. Ahlstrom, *Religious History*, 230~259; Joseph E. Illick, *Colonial Pennsylvania : A History*(New York, 1976), 243~245.

31. Michael Kammen, *Colonial New York : A History*(New York, 1975), 231에서 인용했다.

32. 위의 책, 235~237. 나는 중부 식민지 지역에 대해서는 다음 자료에서 많은 도움을 받았다. Martin E. Lodge, "The Great Awakening in the Middle Colonies"(unpub. Ph.D. dissertation, University of California, Berkley, 1964); Lodge, "The Crisis of the Churches in the Middle Colonies, 1720~1775", *PMHB*, 95(1971), 195~220.

33. 영국 국교회주의에 대해서는 G. M. Brydon, *Virginia's Mother Church*(2vols., Richmond, Va., 1947), 침례교도에 대해서는 Rhys Isaac, "Evangelical Revolt : The Nature of the Baptists' Challenge to the Traditional Order in Virginia, 1765~1775", *WMQ*, 3rd Ser., 31(1974), 345~368을 참조하라.

34. Cotton Mather, *Ratio Disciplinae Fratrum Nov-Anglorum*(Boston, 1726), 16.

35. Bailyn, *Origins of American Politics*, 96.

3장 혁명의 태동 : 위에서부터 아래로

1. J. Steven Watson, *The Reign of George III, 1760~1815*(Oxford, 1960), 67~75. 뉴캐슬에 대해서는 다음 자료를 참조하라. Reed Browning, *The Duke of Newcastle*(New Haven, conn., 1975).

2. Romney Sedgwick, ed., *Letters from George III to Lord Bute, 1756~1766*(London, 1939), 135. 아메리카에 군대를 주둔시키기로 한 결정에 대해 심도 깊은 연구를 찾는다면 다음 자료를 참조하라. John Shy, *Toward Lexington : The Role of the British Army in the Coming of the American Revolution*(Princeton, N.J., 1965), 45~83.

3. Shy, *Toward Lexington*, 68~69.

4. 서부와 무역청에 대해서는 다음 자료를 참조하라. Arthur H. Basye, *The Lords Commissioners of Trade and Plantations, 1748~1782*(New Haven, conn., 1925).

5. Shy, *Toward Lexington*, 72~80은 영국 정부가 의회의 문제를 잘 다룬 사실을 강조한다.

6. George Rude, *Wilkes and Liberty*(Oxford, 1962), 17~36; Gipson, *British empire*, X, 184~194.

7. 서부와 영국 정책을 이해하게 해주는 소중한 자료는 다음과 같다. John R. Alden, *John Stuart and the Southern Colonial Frontier*(Ann Arbor, Mich., 1944); Jack M. Sosin, *Whitehall and the Wilderness : The Middle West in British Colonial Policy,*

1760~1775(Lincoln, Neb., 1961).

8. Jensen, *Founding*, 55~57.

9. 위의 책, 56~58.

10. 위의 책, 56.

11. Clarence W. Alvord, *The Mississippi Valley in British Politics*(2 vols., Cleveland, Ohio, 1917)은 아직도 서부와 영국 정책의 연구를 시작하는 데 출발점이 되는 저서다. 아래 주 13을 참조하라.

12. Howard Peckham, *Pontiac and Indian Uprising*(Princeton, N.J., 1947).

13. 선언문은 *EHD*, 640~643에 재판되어 있다. 또한 다음 자료를 참조하라. R. A. Humphreys, "Lord Shelburne and the Proclamation of 1763", *EHR*, 49(1934), 241~264.

14. Alvord, *Mississippi Valley*, I, 여러 곳.

15. Gipson, *British Empire*, X, 200.

16. 위의 책, 182~184.

17. 위의 책, 184~194.

18. Morgan and Morgan, *Stamp Act Crisis*, 22.

19. Allen S. Johnson, "The Passage of the Sugar Act", *WMQ*, 3rd Ser., 16(1959), 511.

20. 밀수업자들의 벌금 납부에 대해서는 다음 자료를 참조하라. Morgan and Morgan, *Stamp Act Crisis*, 26.

21. Victor L. Johnson, "Fair Traders and Smugglers in Philadelphia, 1754~1763", *PMHB*, 83(1959), 125~149, 특히 139, 147.

22. Morgan and Morgan, *Stamp Act Crisis*, 23.

23. Danby Pickering, ed., *The Statutes at Large*(109 vols., Cambridge, 1762~1866), XXVI, 33~51.

24. 이 문제들은 다음 자료에 심도 깊게 다루어져 있다. Oliver M. Dickerson, *The Navigation Acts and the American Revolution*(Philadelphia, 1951), 172~189; Thomas C. Barrow, *Trade and Empire : The British Customs Service in Colonial America, 1660~1775*(Cambridge, Mass., 1967).

25. Bernard Knollenberg, *Origin of the American Revolution, 1759~1766*(New York, 1960), 181~184.

26. *BF Papers*, X, 371~372; XI, 19, 181에서 인용했다.

27. Gipson, *British Empire*, X, 208에서 인용했다.

28. Morgan and Morgan, *Stamp Act Crisis*, 23.

29. Frederick B. Wiener, "The Rhode Island Merchants and the Sugar Act", *NEQ*, 3(1930), 471.

30. Gipson, *British Empire*, X, 209~210.

31. *Newport Mercury*(R.I.), Dec. 10, 1764. 다른 증거에 대해서는 다음 자료를 참조하라. Morgan and Morgan, *Stamp Act Crisis*.

32. Morgan and Morgan, *Stamp Act Crisis*, 43~44.

33. 폴리 호와 존 로빈슨에 대해서는 위의 책, 40~47을 참조하라.

34. Dickerson, *Navigation Acts*, 179~184.

35. Jensen, *Founding*, 72~74.

36. Charles M. Andrews, "The Boston Merchants and the Non-Importation Movement", CSM, *pubs.*, 19(Boston, 1918), 159~259.

37. Andrews, "State of the Trade", 위의 책, 379~390.

38. "An Essay on the Trade of the Northern Colonies"은 *Providence Gazette*(R.I.), Jan. 14, 21, 1764에 실렸다.

39. 이 책의 2장을 참조하고, 식민지 경제에 대한 참고문헌들도 살펴보라. Richard Pares, *Yankees and Creoles : The Trade Between North America and the West Indies Before the American Revolution*(Cambridge, Mass., 1956).

40. 다음 식민지들의 입법부가 행동에 나섰다. 매사추세츠, 코네티컷, 로드아일랜드, 뉴욕, 펜실베이니아, 뉴저지, 버지니아, 노스캐롤라이나, 사우스캐롤라이나. 뉴저지의 입법부는 소집되지 않았으나, 나는 여기에 포함시켰다. 위원회가 입법부를 대행한 것처럼 보이기 때문이다. 다음 자료를 참조하라. Knollenberg, *Origin of the American Revolution*, 214.

41. Morgan, ed., *Prologue*, 9~10에 재판된 문서들에서 인용했다.

42. Knollenberg, *Origin of the American Revolution*, 218.

4장 인지세법 위기

1. *Commons Journals*(London, 1764), XXIX, 935.

2. Morgan and Morgan, *Stamp Act Crisis*, 55.

3. 대리인들의 보고서에 대해서는 다음 자료를 참조하라. Morgan, ed., *Prologue*, 27~28; William Knox, *The Claim of the Colonies to an Exemption from Internal Taxes*(London, 1765); Lewis Namier, "Charles Garth, Agent for South Carolina",

EHR, 54(1939), 632~652.

4. Jared Ingersoll, *Mr. Ingersoll's Letters Relating to the Stamp Act*(New Haven, Conn., 1766), 2~3, 5.

5. 인용문들에 대해서는 다음 자료를 참조하라. Ingersoll to Whately, July 6, 1764, in The New Haven Colony Historical Society, *Papers*, 9(1918), 299~300. 인지세법의 준비 과정에 관한 주의 깊은 설명으로는 Morgan and Morgan, *Stamp Act Crisis*, 53~70을 참 조하라. P. D. G. Thomas, *British Politics and the Stamp Act Crisis : The First Phase of the American Revolution, 1763~1767*(Oxford, 1975)는 여러 면에서 모건의 해석에 도 전하고 있다. 그러나 모건의 결론에는 설득력이 있다.

6. Morgan and Morgan, *Stamp Act Crisis*, 68~69.

7. 자레드 잉거솔은 그 만남에 대한 보고서를 코네티컷의 피치 지사에게 써 보냈다. Feb. 11, 1765, *Fitch Papers*[Connecticut Historical Society, *Collections*, 18(Hartford, Conn., 1920)], II, 324~325.

8. 위의 책.

9. Edmund S. Morgan, "The Postponement of the Stamp Act", *WMQ*, 3rd Ser., 7(1950), 372. 나는 인지세법의 초기 역사를 재구성하는 데 이 논문의 내용을 따랐다.

10. Bernhard Knollenberg, *Origin of the American Revolution, 1759~1766*(New York, 1960), 223.

11. Morgan, ed., *Prologue*, 32.

12. 위의 책.

13. 위의 책.

14. 콘웨이의 연설은 위의 책, 34~35.

15. McIlwaine and Kennedy, eds., *Jour. Va. Burgesses*, X, 360. 다른 많은 문서들과 함께 인지세법의 이해에 필수인 결의안들은 Morgan, ed., *Prologue*에 재판됐다.

16. 신부의 대의에 대해서는 다음 자료를 참조하라. Richard L. Morton, *Colonial Virginia* (2vols., Chapel Hill, N.C., 1960), II, 751~819; Richard Beeman, *Petrick Henry : A Biography*(New York, 1974), 13~22; Rhys Isaac, "Religion and Authority : Problems of the Anglican Establishment in Virginia in the Era of the Great Awakening and the Parson's Cause", *WMQ*, 3rd Ser., 30(1973), 3~36.

17. Lewis C. Gray, *History of Agriculture in the Southern United States to 1860*(2vols., Washington, D.C., 1933)은 전쟁 이전의 담배농사에 대한 훌륭한 연구서다.

18. Beeman, *Petrick Henry*, 16.

19. 위의 책, 19에서 인용했다.

20. 인지세법 결의안의 역사는 Morgan and Morgan의 *Stamp Act Crisis*, 88~97에 재구성되어 있다. 공저자가 인용한 핵심적 소스는 Morgan, *Prologue*, 46~48에 재판됐다. 다음 자료를 참조하라. Edmund S. Morgan, ed., "Edmund Pendleton on the Virginia Resolves", Irving Brant, "Comment on the Pendleton Letter", *MdHM*, 46(1951), 71~80.

21. McIlwaine and Kennedy, eds., *Jour. Va. Burgesses*, X, 360.

22. Beeman, *Patrick Henry*, 33~35에서는 다음과 같은 설득력 있는 주장을 펼친다. 헨리는 대부분의 버지니아 의회 의원들처럼 높은 교육을 받지 못했고 그들보다 정치적 경험도 적었지만, 의회의 민주적인 폭동을 이끌지 않았다. 그런 폭동은 없었다.

23. "Journal of a French Traveller in the Colonies, 1765", *AHR*, 26(1921), 726~747 (745~746에서 인용했다).

24. Morgan, ed., *Prologue*, 48.

25. June 24, 1765.

26. *Maryland Gazette*(Annapolis), July 4, 1765.

27. 이 글은《메릴랜드 가제트》에 실려 있다. 프랑스 여행자의 이야기는 약간 다르다.

28. Morgan, ed., *Prologue*, 62~63.

29. 매사추세츠 정계의 분열을 추적한 책으로는 다음 자료들이 유익하다. John J. Waters and John A. Schutz, "Petterns of Massachusetts Colonial Politics : The Writs of Assistance and the Rivalry Between the Otis and Hutchinson Families", *WMQ*, 3rd Ser., 24(1967), 543~567; John A. Schutz, *Thomas Pownall*(Glendale, Calif, 1951) and *William Shirley*(Chapel Hill, N.C., 1945); Ellen Brennan, *Plural Office-Holding in Massachusetts, 1760~1780*(Chapel Hill, N.C., 1945); John J. Waters, *The Otis Family in Provincial and Revolutionary Massachusetts*(Chapel Hill, N.C., 1968). Bailyn, *Ordeal of Hutchinson*은 특별히 가치가 있다.

30. Bailyn, *Ordeal of Hutchinson*, 47~50; Waters, *Otis Family*, 104~105.

31. 버나드에 대한 통찰로는 다음 자료가 가장 좋다. Channing and Coolidge, eds., *Barrington-Bernard Correspondence*.

32. Waters, *Otis Family*, 118~119.

33. Brennan, *Plural Office-Holding*, 32.

34. Bailyn, *Ordeal of Hutchinson*, 47~50.

35. Waters, *Otis Family*, 120~121.

36. L. Kinvin Wroth and Hiller B. Zobel, eds., *Legal Papers of John Adams*(3vols., Cambridge, Mass., 1965), II, 106~147.

37. Waters, *Otis Family*, 148~149.

38. 소논문은 *A Vindication of the British Colonies*(Boston, 1765)과 *Brief Remarks on the Defence of the Halifax Libel on the British-American-Colonies*(Boston, 1765)이다.

39. *Boston Evening Post*, May 13, 1765.

40. *BG*, July 8, 1765.

41. 위의 책, July 8; Aug. 5, 12, 1765.

42. Jensen, *Founding*, 108에서 인용했다.

43. Morgan and Morgan, *Stamp Act Crisis*, 121~122.

44. Governor Bernard to Lord Halifax, Aug. 15, 1765, in Morgan, ed., *Prologue*, 106~108.

45. 위의 책, 107.

46. 위의 책, 107~108. 또한 다음 자료를 참조하라. *BG*, Aug. 19, 1765(supplement); Morgan and Morgan, *Stamp Act Crisis*, 123~125; Thomas Hutchinson, *The History of the Colony and Province of Massachusetts-Bay*, ed., Lawrence Shaw May(3vols., Cambridge, Mass., 1936), II, 87.

47. Morgan, ed., *Prologue*, 108.

48. Morgan and Morgan, *Stamp Act Crisis*, 125.

49. Bailyn, *Ordeal of Hutchinson*에 세심하게 설명되어 있다.

50. Bernard to Halifax, Aug. 31, 1765, *EHD*, 676.

51. Thomas Hutchinson to Richard Jackson, Aug. 30, 1765, in Morgan, ed., *Prologue*, 109; Hutchinson, *History*, ed., Mayo, III, 89~91. 8월 27일에, 타운은 폭력에 대한 "완전한 증오"를 선언했다. BRC, *Reports*, XVI, 152.

5장 반응

1. Morgan and Morgan, *Stamp Act Crisis*, 156~157, 여러 곳.

2. McIvers to Cadwallader Colden, n.d., in Edmund B. O'Callaghan, ed., *Documents Relative to the Colonial History of the State of New York*(15vols., Albany, N.Y., 1856~1887), VII, 761.

3. *BF Papers*, XII, 260~261; *Pensylvania Gazette*(Phila.), Aug. 29, 1765.

4. 인용에 대해서는 Jeremy Belknap, *The History of New Hampshire*(3vol., Philadelphia, 1784~1792), II, 333을 참조하라. 에피소드 전체에 대해서는 Morgan and Morgan, *Stamp Act Crisis*, 154를 참조하라.

5. Lovejoy, *Rhode Island Politics*, 16~17. 나는 이 장의 여기저기에서 이 훌륭한 연구서의 신세를 많이 졌다.

6. 위의 책.

7. Carl Bridenbaugh, *Peter Harrison : First American Achitect*(Chapel Hill, N.C., 1949), 124~125.

8. "무리들"에 관해서는 다음 자료를 참조하라. Moffet to Benjamin Franklin, May 12, 1764, *BF Papers*, XI, 192; Howard to Franklin, Nov. 16, 1764. 두 번째 인용에 관해서는 같은 책 459를 참조하라.

9. Lovejoy, *Rhode Island Politics*, 49~50.

10. *Newport Mercury*(R.I.), Aug. 20, 1764. 또한 Aug. 27, Sept. 3, 10, 17, 24, Oct. 1, 29, Nov. 12, 19, 26, Feb. 25, March 11, 18, 1765의 이슈들을 보라.

11. *BF Papers*, XI, 460.

12. *Providence Gazette*(R.I.), Sept. 15, 1764.

13. *Brief Remarks on the Defence of the Halifax Libel on the British-American-Colonies*(Boston, 1765).

14. Lovejoy, *Rhode Island Politics*, 37~38.

15. *Providence Gazette*, Aug. 24. 1765.

16. *EHD*, 674.

17. 위의 책.

18. 위의 책.

19. Morgan, ed., *Prologue*, 112.

20. 웨버에 관해서는 다음 자료를 참조하라. Morgan and Morgan, *Stamp Act Crisis*, 191~194.

21. 위의 책, 221~237.

22. 뉴잉글랜드의 대각성에 대해서는 다음 자료를 참조하라. Edwin Scott Gaustad, *The Great Awakening in New England*(New York, 1957). 이 단락에 대한 상세한 내용은 다음 자료를 참조하라. Edmund S. Morgan, *The Gentle Puritan : A Life of Ezra Stiles, 1727~1795*(New Haven, Conn., 1963), 20~41.

23. Morgan, *The Gentle Puritan*, 103~107.

24. Julian P. Boyd and Robert J. Taylor, eds., *The Susquehannah Company Papers* (11vols., Wilkes-Barre, Pa., 1930~1971).

25. Morgan and Morgan, *Stamp Act Crisis*, 228~230.

26. Gipson, *American Loyalist*.

27. New Haven Colony Historical Society, *Papers*, 9(1918), 327.

28. *Connecticut Gazette*(Hartford), Aug. 9, 1765.

29. Gipson, *American Loyalist*, 167~168, 168n, fn. 1.

30. 위의 책, 168~172. 172에서 인용했다. 9월 18일과 19일의 사건 동안 그에게 강제된 사임에 대한 잉거솔의 설명을 보려면 다음 자료를 참조하라. *Connecticut Gazette*, Sept. 27, 1765; *Mr. Ingersoll's Letters Relating to the Stamp Act*(New Haven, Conn., 1766), 62~68.

31. Gipson, *American Loyalist*, 169.

32. 위의 책, 171.

33. *Georgia Gazette*(Savannah), Oct. 10, 1765의 이야기를 참조하라.

34. John Brooke, *King George III*(New York, 1972), 109~122; J. Steven Watson, *The Reign of King George III, 1760~1815*(Oxford, 1960), 109~112.

35. P. Langford, *The First Rockingham Administration, 1765~1766*(Oxford, 1973).

36. 호레이스 월폴은 이렇게 지적했다. 그 법의 단속을 실제로 시행해보기도 전에 그 법을 철폐하자고 영국 의회에 요구하면 의회는 순순히 받아들이려고 하지 않을 것이다. "When do princes bend but after a defeat?", Walpole, *Memoirs of the Reign of King George the Third*(4vols., London, 1845), II, 219.

37. Gipson, *British Empire*, X, 373.

38. Copeland, ed., *Correspondence of Edmund Burke*, I, 223~224. 그렌빌에 관해서는 "The Grand Financier behaved like a rash hot boy", 같은 책, I, 225. 국왕의 연설은 다음 자료에 들어 있다. William Cobbett, comp., *Parliamentary History of England from the Earliest Period to the Year 1803*(36vols., London, 1806~1820), XVI, 83~84. 그렌빌은 국왕의 연설이 "폭도의 대장"에 의해 집필된 것 같다고 말했다. Fortescue, ed., *Correspondence of George the Third*, I, 202.

39. Copeland, ed., *Correspondence of Edmund Burke*, I, 231~233; Morgan, ed., *Prologue*, 130~131; G. H. Gutteridge, ed., *The American Correspondence of a Bristol Merchant, 1766~1776 : Letters of Richard Champion*(Berkeley and London,

1934), 9~12; Lucy S. Sutherland, "Edmund Burke and the First Rockingham Ministry", in Rosalind Mitchison, arr., *Essays in Eighteenth Century History from the English Historical Review*(London, 1966), 45~71.

40. *EHD*, 686~691; Morgan, ed., *Prologue*, 129~131.

41. Cobbett, comp., *Parliamentary History*, XVI, 97. 이 단락의 인용문과 그다음의 두 인용문은 97~100의 연설문에서 나왔다.

42. 위의 책.

43. 위의 책의 그렌빌의 연설, 101~103.

44. 피트의 답변에 대해서는 위의 책, 103~108.

45. 위의 책.

46. 위의 책.

47. Historical Manuscripts Commission, *Report on the Manuscripts of Mrs. Stopford Sackvill*(London, 1994), I, 104.

48. Morgan, ed., *Prologue*, 130~131; Copeland, ed., *Correspondence of Edmund Burke*, I, 231~233.

49. 콘웨이의 결의안에 대해서는 다음 자료를 참조하라. Lawrence Henry Gipson, "The Great Debate in the Committee of the Whole House of Commons on the Stamp Act, 1766, as Reported by Nathanael Ryder", *PMHB*, 86(1962), 11~14; Conway to George III, Feb. 4, 1766, Fortescue, ed., *Correspondence of Goerge the Third*, I, 254~255.

50. 이 논의는 다음 자료에서 찾아볼 수 있다. Gipson, "Great Debate", *PMHB*, 86(1962), 11~25.

51. 위의 책, 25~31. 인용에 대해서는 다음 자료를 참조하라. Walpole, *Memoirs*, II, 285.

52. P. D. G. Thomas, *British Politics and the Stamp Act Crisis : The First Phase of the American Revolution, 1763~1767*(Oxford, 1975), 194~210; Morgan, ed., *Prologue*, 131~134.

53. *EHD*, 686~691; Gipson, "Great Debate", *PMHB*, 86(1962), 31~33. 프랭클린의 진술에 대해서는 다음 자료를 참조하라. *BF Papers*, XIII, 159.

54. 이 단락의 인용문과 그 앞의 인용문은 다음 자료에서 나왔다. *BF Papers*, XIII, 156; D. S. Watson, "William Baker's Account of the Debate on the Repeal of the Stamp Act", *WMQ*, 3rd Ser., 26(1969), 261.

55. Gipson, "Great Debate", *PMHB*, 86(1962), 39~41.

6장 셸던의 페니

1. *New London Gazette*(Conn.), Nov. 1, 1765, reprinted in Bernard Bailyn, "Religion and Revolution : Three Biographical Studies", *PHA*, 4(1970), Appendix B, 163.

2. John Locke, *Two Treatises of Government*, ed., Peter Laslett(Cambridge, 1960), II, 123. 또한 같은 책, I, 42~43; II, 32~40, 101~102를 참조하라.

3. Jonathan Mayhew, *The Snare Broken*(Boston, 1766), 4, 13.

4. H. Trevor Colbourn, *The Lamp of Experience : Whig History and the Intellectual Origins of the American Revolution*(Chapel Hill, N.C., 1965), 30, 183~184, 194~198.

5. (Boston, 1764), reprinted in Bernard Bailyn, ed., *Pamphlets of the American Revolution, 1750~1776, I*; *1750~1765*(Cambridge, Mass., 1965), 418~482. 인용은 448쪽을 참조하라.

6. 오티스의 논문에 대한 베일린의 해설과 주석은 소중하다. 다음 자료를 참조하라. *Pamphlets*, I, 409~417, 717~724.

7. 특히 다음 자료들을 참조하라. Mayhew, *The Snare Broken*; Richard Bland, *The Colonel Dismounted*(Williamsburg, Va., 1764) and *An Inquiry into the Rights of the British Colonies*(Williamsburg, Va., 1766); Maurice Moore, *The Justice and Policy of Taxing the Amrican Colonies*(Wilmington, N.C., 1765); Jack P. Greene, ed., "Not to be Governed or Taxed", *VMHB*, 76(1968), 259~300; Daniel Dulany, *Considerations on the Propriety of Imposing Taxes in the British Colonies*(Annapolis, Md., 1765).

8. 예를 들면 다음 자료를 참조하라. Bland, *Inquiry*, 14~26.

9. Morgan, ed., *Prologue*, 9, 11.

10. 버지니아에 관해서는 위의 책, 14~17. 로드아일랜드와 메사추세츠에 관해서는 Morgan and Morgan, *Stamp Act Crisis*, 34~36을 참조하라.

11. (New Haven, Conn., 1764), reprinted in Bailyn, ed., *Pamphlets*, I, 385~407.

12. Bailyn, ed., *Pamphlets*, I, 391, 394, 405에서 인용했다.

13. Morgan, ed., *Prologue*, 62~69.

14. 위의 책, 62.

15. "내부 정치체제"에 관해서는 위의 책, 53.

16. Stephen Hopkins, *The Rights of Colonies Examind*(Providence, R.I., 1765) in

Bailyn, ed., *Pamphlets*, I, 507~522.

17. *New London Gazette*(Conn.), Sept. 20, 1765, reprinted in Bailyn, "Religion and Revolution", *PAH*, 4(1970), Appendix B, 146~149.

18. Butterfield et al., eds., *Diary of John Adams*, I, 263; *New London Gazette*(Conn.), Sept. 20, 1765, in Bailyn, "Religion and Revolution", *PAH*, 4(1970), Appendix B, 146~149; "Letters from Andrew Eliot to Thomas Hollis", MHS, *Colls.*, 4th Ser., 4(Boston, 1858), 400; Greene, ed., "Not to be Governed", *VMHB*, 76(1968), 266~268.

19. Morgan and Morgan, *Stamp Act Crisis*, 290~291에서는 음모에 대한 아메리카인의 공포를 간단히 다루고 있다. 혁명 전쟁 이전에 음모론이 아메리카인의 사상에 끼친 영향을 자세히 알고자 한다면 다음 자료를 참조하라. Bernard Bailyn, *The Ideological Origins of the American Revolution*(Cambridge, Mass., 1967), 144~159. 특히 이 책의 3장과 4장에 잘 다루어져 있다. 나는 베일린과 모건의 책에 큰 신세를 졌다.

20. Carl Bridenbaugh, *Mitre and Sceptre : Transatlantic Faiths, Ideas, Personalities, and Politics, 1689~1775*(New York, 1962)에서는 주교 제도에 대한 아메리카인의 공포를 상세히 논의하고 있다. "프랑스화한 당파"에 대한 전형적인 언급에 대해서는 다음 자료를 참조하라. Stephen Johnson, *Some Important Observations*(Newport, R.I., 1766), 15.

21. Bailyn, *Idealogical Origins*, 99~102.

22. 주에서 언급한 모건과 베일린의 저서들은 아메리카의 주장을 원칙의 선언으로 간주한 최초의 저서들이다.

23. 잉거솔의 자세한 견해를 파악하기 위해서는 Gipson, *American Loyalist*를 참조하라.

24. 다음 자료를 참조하라. Bailyn, *Ordeal of Hutchinson*; Lovejoy, *Rhode Island Politics*.

25. Bernard Bailyn, *The Origins of American Politics*(New York, 1968)에서는 정치적 상황을 자세히 논의한다.

26. 위의 책, 66~83, 여러 곳.

27. 18세기의 급진적 휘그 사상과 그 17세기적 배경을 다룬 기본서는 Caroline Robbins, *The Eighteenth-Century Commonwealthman*(Cambridge, Mass., 1959).

28. 인용은 John Trenchard와 Thomas Gordon의 저서 *Cato's Letters*, 25번과 33번에서 가져온 것이다. 나는 1724년에 런던에서 출간된 4권짜리 책을 사용했다. David Jacobson은 이 편지들을 잘 선별하여 *The English Libertarian Heritage*(Indianapolis, Ind., 1965)라는 책으로 펴냈다.

29. *Cato's Letters*, 98번.

30. Morgan and Morgan, *Stamp Act Crisis*, 119~158, 180~204, 여러 곳.

31. Jesse Lemisch, "Jack Tar in the Streets : Merchant Seamen in the Politics of Revolutionary America", *WMQ*, 3rd Ser., XXV(1968), 371~407은 대표적인 글이다.

32. "하얀 참나무들"에 의한 개입은 다음 자료에 서술되어 있다. James H. Hutson, "An Investigation of the Inarticulate : Philadelphia's White Oaks", *WMQ*, 3rd Ser., XXVIII(1971), 3~25. 이것은 레미쉬의 여러 결론에 성공적으로 도전하고 있는 논문이다.

33. Hutson, "An Investigation," 여러 곳. 대중 봉기에 의해 제기되는 문제는 아주 복잡한데, 내 이야기에서는 간단하게 요약되어 있다. 관련 문헌은 아주 많다. 서로 다른 관점에 대해서는 다음 자료를 참조하라. Alfred Young, ed., *The American Revolution : Explorations in the History of American Radicalism*(DeKalb, Ill, 1976); Pauline Maier, "Popular Uprisings and Civil Authority in Eighteenth-Century America", *WMQ*, 3rd Ser., XXVII(1970), 3~35; Paul A. Gilje, *The Road to Mobocracy : Popular Disorder in New York City, 1763~1834*(Chapel Hill, 1987); Ann Fairfax Withington, *Toward a More Perfect Union : Virtue and the Formation of American Republics*(New York, 1991).

34. 이 주제의 배경에 대해서는 다음 자료를 참조하라. Edmund S. Morgan, "The Puritan Ethic and the American Revolution", *WMQ*, 3rd Ser., 24(1967), 3~43.

7장 찰스 톤젠드의 유산

1. *Journals of Capt. John Montressor*(New York, 1881), 368.

2. *BG*, May 26, 1766. 또한 다음 자료를 참조하라. "Diary of John Rowe", 62.

3. *BF Papers*, XIII, 282.

4. Gipson, *British Empire*, XI, 9.

5. Robert A. Rutland, ed., *The Papers of George Mason, 1725~1792*(3vols., Chapel Hill, N.C., 1970), I, 65~66; James Truslow Adams, ed., "London Merchants on the Stamp Act Repeal", letters of Feb. 28, March 18, June 23, 1766, MHS, *Procs.*, 55(Boston, 1923), 215~223.

6. *BG*, March 31, 1766, April 14, 1766에서 인용했다.

7. *BG*, March 31, 1766.

8. *Boston Evening Post*, May 5, 1766.

9. Jensen, *Founding*, 193~197.

10. Morgan and Morgan, *Stamp Act Crisis*, 234~235.

11. 이 인용은 Gipson, *American Loyalist*, 221에서 나왔다. 다음 자료도 참조하라. Morgan and Morgan, *Stamp Act Crisis*, 235~237.

12. Jensen, *Founding*, 186~214에서는 정치의 반동에 대해 자세히 논의한다.

13. 펜실베이니아의 정치와 인지세법에 관해서는 다음 자료를 참조하라. James H. Hutson, *Pennsylvania Politics, 1746~1770*(Princeton, N.J., 1972), 192~215, 여러 곳.

14. Jensen, *Founding*, 196~197.

15. 위의 책, 209~211.

16. 위의 책, 211.

17. 위의 책, 211~214.

18. Gipson, *British Empire*, XI, 39~66에서는 숙영법과 억제법(이 법은 발효되지 않았다)을 논의한다.

19. P. Langford, *The First Rockingham Administration, 1765~1766*(Oxford. 1973), 236~263.

20. 새로운 정부의 구성에 대한 나의 이야기는 다음 자료를 따른 것이다. John Brooke, *The Chatham Administration, 1766~1768*(London, 1956), chap. 1. 타운센드에 관해서는 특히 다음 자료를 참조하라. Sir Lewis Namier and John Brooke, *Charles Townshend*(New York, 1964).

21. Copeland, ed., *Correspondence of Edmund Burke*, I, 224.

22. Brooke, *Chatham Administration*, 11.

23. 위의 책.

24. 위의 책, 73~74, 여러 곳.

25. R. A. Humphreys, "Lord Shelburne and British Colonial Polacy, 1766~1768", *EHR*, 50(1935), 257~277.

26. Brooke, *Chatham Administration*, 68~116.

27. 이 단락과 그에 앞서 세 단락에서 전개된 이야기는 다음 자료에 근거했다. Namier and Brooke, *Charles Townshend* ; Brooke, *Chatham Administration*, 여러 곳.

28. Jensen, *Founding*, 224~227.

29. 위의 책, 227~228.

30. 나미어와 브루크의 연구가 여러 방면에서 유용하지만, 타운센드의 "최종적인" 삶은 기록

으로 남아 있다.

8장 보스턴이 선두에 나서다

1. Richard Henry Lee to John Dickinson, March 1768, James Cutis Ballagh, ed., *The Letters of Richard Henry Lee*(2vols., New York, 1911~1914), I, 27. 그는 7월에 디킨슨에게 찬양의 편지를 보내 아메리카인의 위기에 처한 자유를 그들에게 "적절히 경고"한 것에 대해 감사했다. 같은 책, 29.

2. *Boston Evening Post*, Sept. 7, 16, 27, Oct. 12, 1767.

3. 위의 책, Nov. 2, 1767.

4. 이 편지들은 곧 "농부의 편지들"로 불렸는데, *Pennsylvania Chronicle and Universal Advertiser* (Phila.)에 12회에 걸쳐 연재됐다. 최초의 연재분은 1767년 12월 2일에 나왔다. 나는 Forrest McDonald 편집의 *Empire and Nation*(Englewood Cliffs, N.J., 1962) 판본을 사용했다.

5. David L. Jacobson, *John Dickinson and the Revolution in Pennsylvania, 1764~1766*(Berkeley and Los Angeles, 1965)는 전기적인 세부사항과 날카로운 분석을 담고 있다. McDonald, *Empire and Nation*은 간단한 스케치를 포함한다.

6. McDonald, *Empire and Nation*, xiii.

7. 인용에 관해서는 다음 자료를 참조하라. *Letters 3*("사랑하는 부모님에게서…") and 11("무서운 전조…") from Virgil, *Aeneid*, Book 3.

8. BRC, *Reports*, XVI, 227~229.

9. (Ann Hulton), *Letters of a Loyalist Lady*(Cambridge, Mass., 1927), 8.

10. BRC, *Reports*, XVI, 229~230; Jensen, *Founding*, 270.

11. 버나드의 진술에 관해서는 다음 자료를 참조하라. Channing and Coolidge, eds., *Barrington-Bernard Correspondence*, 132. 드 베르트와 셸번의 편지에 대해서는 다음 자료를 참조하라. Harry Alonzo Cushing, ed., *The Writings of Samuel Adams*(4vols., New York, 1904~1908), I, 134~152, 156.

12. Jensen, *Founding*, 270~271.

13. "사적인 도당"에 관해서는 다음 자료를 참조하라. Channing and Coolidge, eds., *Barrington-Bernard Correspondence*, 146. Jensen, *Founding*, 249~250은 "회람 편지"의 통과에 관한 훌륭한 설명을 제공한다.

14. *EHD*, 714~716.

15. Mcllwaine and Kennedy, eds., *Jour. Va. Burgesses*, XI, 143, 145, 149, 151, 157, 161, 165~171. 여러 카운티들—체스터필드, 헨리코, 딘위디, 아멜리아—의 호소문은 뉴욕 입법부의 정지에 대해서 항의하면서 "아주 위험한 조치이며, 자유민의 자유를 파괴하는 것처럼 보인다"라고 했다. 같은 책, 145.

16. Jensen, *Founding*, 252. Charles F. Hoban, ed., *Pennsylvania Archives*, 8th Ser., VII(Harrisburg, Pa., 1935), 6189~6192에서 인용했다.

17. 위의 책.

18. *BG*, Feb. 22, 28(워렌의 인용), March 7, 1768(카운슬과 함께한 버나드의 언쟁); *Letters to the Ministry from Governor Bernard, General Gage, and Commodore Hood*(Boston, 1769), 8("극악한 명예훼손"), 9(오티스에 대한 버나드).

19. 인용에 대해서는 *Letters to the Ministry*, 11; *BG*, March 7, 1768을 참조하라. 허친슨의 부분은 Jensen, *Founding*, 254~255에서 설명된다.

20. *Letters to the Ministry*, 13~17; "Diary of John Rowe", 65~66; George G. Wolkins, "The Seizure of John Hancock's Sloop Liberty", MHS, *procs.*, 55(Boston, 1923), 269~270.

21. Jensen, *Founding*, 281.

22. 위의 책.

23. Customs Commissioners to Lords of Tresaury, March 28, 1768, in Wolkins, "Seizure", MHS, *procs.*, 55(1923).

24. Wallace Brown, "An Englishman Views the American Revolution : The Letters of Henry Hulton, 1769~1776", *HLQ*, 36(1972), 15~24.

25. Wolkins, "Seizure", MHS, *procs.*, 55(1923), 264.

26. 위의 책, 251, 262~263.

27. 위의 책, 273~276.

28. Oliver M. Dickerson, *The Navigation Acts and the American Revolution* (Philadelphia, 1951), 231~242.

29. Wolkins, "Seizure", MHS, *procs.*, 55(1923), 281. 그다음 날 작성된 버나드의 이야기는 *Letters to the Ministry*, 20~21에 들어 있다. 또한 다음 자료를 참조하라. "Diary of John Rowe", 67.

30. Wolkins, "Seizure", MHS, *procs.*, 55(1923), 281.

31. *Letters to the Ministry*, 22, 24.

32. BRC, *Reports*, XVI, 259; *Letters to the Ministry*, 25.

33. Wolkins, "Seizure", MHS, *procs.*, 55(1923), 270.

34. 인용과 투표에 관해서는 *BG*, July 4, 1768을 참조하라. 또한 다음 자료를 참조하라. "Diary of John Rowe", 68; *Letters to the Ministry*, 32.

35. *BG*, July 11, 1768.

36. 위의 책, Aug. 8, 1768.

37. *Letters to the Ministry*, 38, 450~456; "Diary of John Rowe", 68.

38. Channing and Coolidge, eds., *Barrington-Bernard Correspondence*, 167~170.

39. *BG*, Aug. 22, 1768; "Diary of John Rowe", 68~69.

40. *Letters to the Ministry*, 52. *BG*, Sept. 5, 1768의 기사에 버나드가 인용되어 있다. 또한 다음 자료를 참조하라. 같은 책, Sept. 19, 1768.

41. BRC, *Reports*, XVI, 260~261.

42. 위의 책, 264.

43. "Letters from Andrew Eliot to Thomas Hollis", MHS, *colls.*, 4th Ser., 4(Boston, 1858), 428.

44. *BG*, Sept. 26, 1768. *BG*, Oct. 3, 1768에 "결과"가 실려 있다.

45. Jensen, *Founding*, 294~296에는 이 사건들에 대한 사려 깊은 논평이 들어 있다.

46. "Diary of John Rowe", 69.

9장 영국의 서자들

1. *Letters to the Ministry from Governor Bernard, General Gage, and Commodore Hood*(Boston, 1769), 57~60, 67~68; "Diary of John Rowe", 69.

2. *EHD*, 716~717.

3. 메릴랜드와 이 단락의 인용문에 대해서는 다음 자료를 참조하라. William H. Browne et al., eds., *Achives of Maryland*(65vols., Baltimore, 1883~1952), XXXII, 243~245; LXI, 406~407, 420.

4. Jensen, *Founding*, 258~259(Delaware); William W. Abbott, *The Royal Governors of Georgia*(Chapel Hill, N.C., 1959), 148~149; William L. Saunders, ed., *Colonial Records of North Carolina*(10vols., Raleigh, N.C., 1886~1890), VII, 881("절제된 행동").

5. Lovejoy, *Rhode Island Politics*, 133.

6. Richard Maxwell Brown, *The South Carolina Regulators*(Cambridge, Mass., 1963), 1~82.

7. Jensen, *Founding*, 260; Edward McCrady, *The History of South Carolina Under the Royal Government, 1719~1776*(New York, 1899), 603~613.

8. Charles F. Hoban, ed., *Pennsylvania Archives*, 8th Ser., VII(Harrisburg, Pa., 1935), 6168~6169, 6271~6280.

9. Jensen, *Founding*, 262.

10. 위의 책, 262~264.

11. McIlwaine and Kennedy, eds., *Jour. Va. Burgesses*, XI, 145~146.

12. BRC, *Reports*, XVI, 222~224. 다음 단락의 인용에 관해서는 다음 자료를 참조하라. 같은 책, 227~229.

13. "Diary of John Rowe", 63.

14. 위의 책, 65~66; Charles M. Andrews, "The Boston Merchants and the Non-Importation Movement", CSM, *Pubs.*, 19(Boston, 1918), 204~206.

15. James H. Hutson, *Pennsylvania Politics, 1746~1770*(Princeton, N.J., 1972), 2219~2223.

16. "Diary of John Rowe", 68; Andrews, "The Boston Merchants", CSM, *Pubs.*, 19(1918), 206~208.

17. Andrews, "The Boston Merchants", CSM, *Pubs.*, 19(1918), 210~214. 수입 거부에 대해서는 다음 자료에 멋진 내용이 들어 있다. Arthur Meier Schlesinger, *The Colonial Merchants and the American Revolution, 1763~1776*(New York, 1957).

18. F. M. Caulkins, *History of Norwich, from Its Possession by the Indians to 1873*(New London, Conn., 1874), 369.

19. Andrews, "The Boston Merchants", CSM, *Pubs.*, 19(1918), 215~221.

20. Schlesinger, *Colonial Merchants*, 135~137. 버지니아의 결의안은 *TJ Papers*, I, 27~31 에 수록, 출판됐다.

21. Charles A. Barker, *The Background of the Revolution in Maryland*(New Haven, Conn., 1940), 320~323. Ronald Hoffman, *A Spirit of Dissension : Economics, Politics, and the Revolution in Maryland*(Baltimore, 1973), 85~87에서는 메릴랜드 의 합의안이 많은 심각한 제약을 포함하지 않았다고 지적한다.

22. Schlesinger, *Colonial Merchants*, 148~149.

23. 위의 책, 140~147.

24. 위의 책, 147~148.

25. *Newport Mercury*(R.I.), Oct. 16, 1769(인용). 다음 자료를 참조하라. Schlesinger, *Colonial Merchants*, 152~154. 다음 두 단락의 이야기는 슐레징거의 책에 바탕을 둔 것이다. 로이드에 대한 인용은 Bridenbaugh, *Cities in Revolt*, 282에 나와 있다.

26. Schlesinger, *Colonial Merchants*, 105~134, 여러 곳.

27. Charles S. Olton, *Artisans for Independence : Philadephia Mechanics and the American Revolution*(Syracuse, N.Y., 1975), 29~47, 여러 곳.

28. Edward McCrady, *The History of South Carolina, 1670~1783*(4vols., New York, 1897~1902), 646~654.

29. *The Preceedings of the Committee Appointed To Examine into the Importation of Goods by the Brigantine Good Intent*(Annapolis, Md., 1770), reprinted in *MdHM*, 3(1908), 141~157, 240~256, 342~363.

30. Schlesinger, *Colonial Merchants*, 156~209.

31. Thomas C. Barrow, *Trade and Empire : The British Customs Service in Colonial America, 1660~1775*(Cambridge, Mass., 1967), 186~188.

32. George Wolkins, ed., "Letters of Charles Paxton, 1768~1769", MHS, *procs.*, 56(Boston, 1923), 348("수치"). 세관 위원들에 대한 표준 연구서로는 다음 자료를 참조하라. Oliver M. Dickerson, *The Navigation Acts and the American Revolution* (Philadelphia, 1951).

33. Joseph R. Frese, ed., "The Royal Customs Service in the Chesapeake, 1770 : The Reports of John Williams, Inspector General", *VMHB*, 81(1973), 280~318. 인용에 관해서는 다음 자료를 참조하라. Barrow, *Trade and Empire*, 269.

34. Frese, ed., "The Reports of John Williams", *VMHB*, 81(1973), 292.

35. Wallace Brown, "An Englishman Views the Amreican Revolution : The Letters of Henry Hulton, 1769~1776", *HLQ*, 36(1972), 1~26.

36. Jensen, *Founding*, 339.

37. 이 단락의 사건들과 다음 단락의 사건들에 대해서는 다음 자료를 참조하라. Roger J. Cham-pagne, *Alexander McDougall and the American Revolution in New York*(Schenectady, N.Y., 1975), 23~26.

38. John Alden, *General Gage in America*(Baton Rouge, La., 1948), 161~162.

39. Hiller B. Zobel, *The Boston Massacre*(New York, 1970), 97.

40. 위의 책, 100~101.

41. Oliver Morton Dickinson, comp., *Boston Under Military Rule as Revealed in a Journal of the Times*(Boston, 1936), 8~9.

42. Zobel, *The Boston Massacre*, 104.

43. 위의 책.

44. "Letters from Andrew Eliot to Thomas Hollis", Jan. 29, 1769, MHS, *Colls.*, 4th Ser., 4(Boston, 1858), 437("환희"); Dickinson, comp., *Boston Under Military Rule*, 29.

45. *BG*, Feb., 6, 1769.

46. Dickinson, comp., *Boston Under Military Rule*.

47. Zobel, *The Boston Massacre*, 136.

48. 위의 책, 137~138.

49. 위의 책, 141~142.

50. 위의 책, 133~134.

51. Butterfield et al., eds., *Diary of John Adams*, I, 225.

52. 오티스는 이 문제와 관련해 다른 세관 위원들도 공격했다.

53. 이 단락과 그 앞 단락의 세부사항과 인용에 대해서는 *BG*, Sept. 11, 1769를 참조하라.

54. 다음 자료에서 인용했다. Zobel, *The Boston Massacre*, 156; John E. Alden, "John Mein : Scourge of Patriots", CSM, *Pubs.*, 34(Boston, 1943), 571~599.

55. Jan. 11, 1770.

56. L. Kinvin Wroth and Hiller B. Zobel, eds., *Legal Papers of John Adams*(3vols., Cambridge, Mass., 1965), II, 396~398("편집자 노트").

57. 위의 책, 419. 인용과 관련해서는 *Rex v. Richardson*에서의 리처드슨 증언을 참조하라. 편집자 노트에서는 사실에 관련된 세부 사항을 제공하고 있다. 또한 Zobel, *The Boston Massacre*, chap.15에 들어 있는 귀중한 이야기도 참조하라.

58. Butterfield et al., eds., *Diary of John Adams*, I, 349~350n.

59. Zobel, *The Boston Massacre*, chap.16에서는 학살에 이른 여러 사건들에 대해 자세히 서술했다.

60. 보스턴 학살에 대한 나의 이야기는 Wroth and Zobel, eds., *Legal Papers of John Adams*, III을 바탕으로 재구성한 것이다. 이 자료는 그 뒤에 벌어진 재판 사건의 기록도 포함하고 있다. 또한 Zobel, *The Boston Massacre*, chap.16도 활용했다.

61. Wroth and Zobel, eds., *Legal Papers of John Adams*, III, 50; Zobel, *The Boston Massacre*, 185~186.

62. Wroth and Zobel, eds., *Legal Papers of John Adams*, III, 52~53.

63. Zobel, *The Boston Massacre*, 186~193.

64. Wroth and Zobel, eds., *Legal Papers of John Adams*, III, 55

65. 위의 책, 312~314.

66. *BF Papers*, XVIII, 149.

참고한 주요 도서들의 약어표

AHR	*American Historical Review*
Andrews, ***Colonial Period***	Charles M. Andrews, *The Colonial Period of American History*(4vols., New Haven, Conn., 1934~1938)
Bailyn, ***Ordeal of Hutchinson***	Bernard Bailyn, *The Ordeal of Thomas Hutchinson* (Cambridge, Mass., 1974)
BF Papers	Leonard W. Labaree et al., eds., *The Papers of Benjamin Franklin*(21vols., to date, New Haven, Conn., 1959~)
BG	Boston Gazette
BRC, ***Reports***	Boston Records Commission, *Reports of the Boston Records Commissioners*(31vols., Boston, 1876~1904)
Bridenbaugh, ***Cities in Revolt***	Carl Bridenbaugh, *Cities in Revolt : Urban Life in America*, 1743~1776(New York, 1955)
Burnett, ***Continental Congress***	Edmund Cody Burnett, *The Continental Congress*(New York, 1941)

Butterfield et al., *Diary of John Adams*	Lyman H. Butterfield et al., eds., *Diary and Aotobiography of John Adams*(4vols., Cambridge, Mass., 1961)
Channing and Coolidge, eds., *Barrington-Bernard Correspondence*	Edward Channing and Archibald Cary Coolidge, eds., *The Barrington-Bernard Correspondence, 1760~1770*(Cambridge, Mass., 1912)
Copeland, ed., *Correspondence of Edmund Burk*	Thomas W. Copeland, ed., *The Correspondence of Edmund Burk*(10vols., Chicago, 1958~1978)
CSM, *pubs.*	Colonial Society of Massachusetts, *Publications*
"Diary of John Rowe"	"Diary of John Rowe", Massachusetts Historical Society, *Proceedings*, 2d Ser., 10(Boston, 1896), 60~108
EHD	Marrill Jensen, ed., *English Historical Documents*, vol. IX : *American Colonial Documents to 1776*(New York, 1955)
EHR	*English Historical Review*
Farrand	Max Farrand, ed., *The Records of the Federal Convention of 1787*(rev. ed., 4vols., New Haven, Conn., 1966)
Fortescue, ed, *Correspondencd of George the Third*	Sir John Fortescue, ed, *The Correspondencd of King George the Third from 1760 to December 1783*(6vols., London, 1927~1928)
Freeman, *GW*	Douglass Southall Freeman, *George Washington : A Biography*, completed by J. A. Carroll and Mary W. Ashworth(7vols., New York, 1948~1957)
Gipson, *American Loyalist*	Lawrence Henry Gipson, *American Loyalist : Jared Ingersoll*(1920 ; reprint ed., New Haven, Conn., 1971)
Gipson, *British Empire*	Lawrence Henry Gipson, *The British Empire Befor the American Revolution*(15vols., Caldwell, Idaho, and New York, 1936~1970)

GW Papers	George Washington Papers, Library of Congress, Washington, D.C., microfilm, 124 reels
GW Writings	John C. Fitzpatrick, ed., *The Writings of George Washington from the Original Manuscript Sources, 1745~1799*(39vols., Washington D.C., 1931~1944)
HL	Henry E. Huntington Library, Snn Marino, California
HLQ	*Huntington Library Quarterly*
JCC	Worthington C. Ford et al., eds., *Journals of the Continental Congress, 1774~1789*(34vols., Washington D.C., 1904~1937)
Jensen, Founding	Merrill Jensen, *The Founding of a Nation : A History the American Revolution, 1763~1776*(New York, 1968)
JIH	*Journal of Interdisciplinary History*
JM Papers	W. P. Hutchinson, William M. Rachal, and Robert Rutland, eds., *The Papers of James Madison*(12vols, to date, Chicago and Charlottesville, Va., 1962~)
LMCC	Edmund C. Burnett, ed., *Letters of Member of the Continental Cingress*(8vols., Washington D.C., 1921~1936)
Lovejoy, Rhode Island Politics	David S. Lovejoy, *Rhode Island Politics and the American Revolution, 1760~1775*(Providence, R.I., 1958)
Mcllwaine and Kennedy, eds., Jour. Va. Burgesses	H. R. Mcllwaine and John Pendleton Kennedy, eds., *Journal of the House of Burgesses of Virginia(1619~1776)* (13vols., Richmond, Va., 1905~1915)
MdHM	*Maryland Historical Magazine*
MHS, Colls.	Masatchusetts Historical Society, *Collections*
MHS, Procs.	Masatchusetts Historical Society, *Proceedings*
Morgan, ed., Prologue	Edmund S. Morgan, ed., *Prologue to Revolution : Sources and Documents on the Stamp Act Crisis, 1764~1766*(Chapel

Hill, N.C., 1959)

Morgan and Morgan,   Edmund S. Morgan and Helen M. Morgan, *The Stamp Act*
      Stamp Act Crisis   *Crisis : Prologue to Revolution*(Chapel Hill, N.C., 1953)

         NCHR   *North Carolina Historical Review*

         NEQ   *New England Quarterly*

         PAH   *Perspectives in American History*

    Peckham, *Toll*   Howard H. Peckham, ed., *The Toll of Independence :*
               Engagements and Battle Casualties of the American
               Revolution(Chicago, 1974)

         PMHB   *Pensylvania Magazine of History and Biography*

Rakove, *Biginnings of*   Jack N. Rakove, *The Biginnings of National Politics : An*
    National Politics   *Interpretive History of the Continental Congress*(New York,
               1979)

         SCHM   *South Carolina Historical Magazine*

    Sheer and Rankin,   George F. Sheer and Hugh F. Rankin, *Rebels and Redcoats*
    Rebels and Redcoats   (New York, 1957)

    Stedman, *History of*   Charles Stedman, *The History of the Origin, Progress, and*
    the American War   *Termination of the American War*(2vols., Dublin, 1794)

       Stevens, ed.,   Benjamin Franklin Stevens, ed., *The Campaign in Virginia*
    Clinton-Cornwallis   *1781. An Exact Reprint of Six Pamphlets on the Clinton-*
        Controversy   *Cornwallis Controversy with⋯ Letters⋯* (2vols., London,
               1888)

Sylett and Cooke, eds.,   Harold C. Sylett and Jacob E. Cooke, eds., *The Papers of*
    Papers of Hamilton   *Alexander Hamilton*(26vols., New York, 1961-1979)

        TJ Papers   Julian P. Boyd, et al., eds., *The Papers of Thomas Jefferson*
               (19vols., to date, Princeton, N.J., 1950~)

         VG   *Virginia Gazette*(Williamsberg)

VHMB	*Virginia Magazine of History and Biography*
Ward	Christopher Ward, *The War of the Revolution*, ed., John Richard Alden(2vols., New York, 1952)
Wickwires, *Cornwallis*	Franklin B. Wickwires, *Cornwallis : The American Adeventure*(New York, 1970)
Willcox, *Portrait of a General*	William B. Willcox, *Portrait of a General : Sir Henry Clinton in the War of Independence*(New York, 1964)
Willcox, ed., *Clinton's Narrative*	William B. Willcox, ed., *The American Rebellion : Sir Henry Clinton's Narrative of His Campaigns, 1775~1782, With an Appendix of Original Documents*(New Haven, Conn., 1954)
WMQ	*William and Mary Quarterly*

참고문헌에 관한 노트

이 책은 나의 기존 저서들 이외에 다른 역사학자들의 저서에 크게 빚지고 있다. 나는 다음과 같은 학자들의 저서와 논문으로부터 큰 도움을 받았다. 버나드 베일린, 줄리언 P. 보이드, 어빙 브랜트, E. 제임스 퍼거슨, 더글러스 사돌 프리먼, 로렌스 헨리 깁슨, 아이라 D. 그루버, 메릴 젠슨, 포레스트 맥도널드, 피어스 매크시, 에드먼드 S. 모건, 헬렌 M. 모건, 루이스 네이미어, J.H. 플럼, 존 샤이, 크리스토퍼 워드, 프랭클린 B. 위크와이어, 메리 위크와이어, 윌리엄 B. 윌콕스, 기타 많은 학자들. 이런 학자들의 이름을 열거하기는 했지만 그들이 써놓은 저작에 내가 동의한다는 뜻은 아니다. 또한 그들도 내가 이 책에 써놓은 것에 모두 동의하지는 않을 것이라고 본다.

이 책에서 다룬 대부분의 중요한 문제들에 대해서, 나는 18세기의 원천 자료들을 많이 참고했다. 나는 그 자료를 주에서는 언급했으나 이 참고문헌에 관한 노트에서는 언급하지 않는다. 물론 나는 소수의 샘플만 읽었다.

다음에 이어지는 노트에서 나는 내가 주에 언급한 인용 저서들을 되풀이하지 않았으며, 내가 참고한 모든 저서들을 열거하지도 않았다. 미국 혁명에 대해 좀 더 깊이 연구하고자 하는 사람들에게 유익하다고 생각되는 일부 주요 저서들만 언급했다. 이것은 미국 혁명에 관한 충분하고도 만족스러운 참고 문헌 노트는 아니고, 또 그런 노트를 작성할 수도 없다. 주나 이 노트에 언급된 저서들 대부분은 나름대로 참고문헌을 포함하고 있다. 미국 혁명에 관한 문헌 은 방대하며 계속 늘어나고 있다.

W. A. Speck, *Stability and Strife : England, 1714~1760*(Cambridge, Mass., 1977)은 영국 측의 배경을 연구하는 데 좋은 출발점이다. 주에 인용된 저서들 이외에 다음 자료를 참 조하라. H. J. Habakkuk, "England", in A. Goodwin, ed., *The European Nobility in the Eighteenth Century*(London, 1967); J. D. Chambers, *Population, Economy and Society in Pre-Industrial England*(Oxford, 1972). 영국 군중에 대해서는 다음 자료에서 가장 유용하게 연 구됐다. E. P. Thomson, "The Moral Economy of the English Crowd in the Eighteenth Century", *Past and Present 50*(1971). 영국 국교회에 대해서는 탁월한 다음 자료를 참조하 라. Norman Sykes, *Church and State in England in the Eighteenth Century*(Cambridge, 1934). 재정적 변화에 대해서는 다음 자료가 탁월하다. P. G. M. Dickson, *The Financial Revolution*(Oxford, 1967). R. Davis, *A Commercial Revolution : English Overseas Trade in the Seventeenth and Eighteenth Centuries*(London, 1867)는 짧지만 유용하다. 또한 다 음 자료를 참조하라. J. D. Chambers and G. E. Mingay, *The Agricultural Revolution, 1750~1780*(London, 1966); Phyllis Deane, *The First Indurstrial Revolution*(Cambridge, 1965).

미국 혁명의 "시대"를 스케치하는 전기들도 종종 유익한 정보를 제공한다. J. M. Plumb, *Sir Robert Walpole : The Making of a Statesment*와 *Sir Robert Walpole : The King's Minister*(Boston, 1956, 1961)가 훌륭하다. 또한 다음 자료를 참조하라. Reed Browning, *The Duke of Newcastle*(New Haven, Conn., 1975); Ross J. S. Hoffman, *The Marquis : A Study of Lord Rockingham, 1730~1782*(New York, 1973). 주에 언급된 전기들은 특히 유용한데, Basil Williams(피트)와 John Brooke(조지 3세)의 전기가 그러하다.

Edmund S. Morgan and Helen M. Morgan, *The Stamp Act Crisis : Prologue to Revolution*(Chapel Hill, N.C., 1953)과 Bernard Bailyn의 세 저서인 *The Ideological Origins of the American Revolution*(Cambrudge, Mass., 1967), *The Origins of American Politics*(New York, 1968), *The Ordeal of Thomas Hutchinson*(Cambridge, Mass., 1974) 등에서는 독립 선언 이전에 영국의 조치에 저항한 미국의 사상적 토대를 예리하게 분석하고 있다.

아메리카측 저항의 정치적 성향에 대해서는 다음 자료들에 완벽하게 재구성되어 있 다. Merrill Jensen, *The Founding of a Nation : A History of the American Revolution,*

1763~1776(New York, 1968); Robert J. Taylor, *Western Massachusetts in the Revolution*(Providence, R.I., 1954); Charles A. Barker, *The Background of the Revolution in Maryland*(New Haven, Conn., 1940); Jere R. Daniell, *Experiment in Republicanism : New Hampshire Politics and the American Revolution, 1741~1794*(Cambridge, Mass., 1970); Kenneth Coleman, *The American Revolution in Georgia, 1763~1789*(Athens, Ga., 1958); W. W. Abbot, *The Royal Governors of Georgia, 1754~1775*(Chapel Hill, N.C., 1959); David S. Lovejoy, *Rhode Island Politics and the American Revolution, 1760~1776*(Providence, R.I., 1958); Ronald Hoffman, *A Spirit of Dissension : Economics, Politics, and the Revolution in Maryland*(Baltimore, 1973); Oscar Zeiehner, *Connecticut's Year of Controversy, 1750~1776*(Chapel Hill, N.C., 1949); Bernard Mason, *The Road to Independence : The Revolutionary Movement in New York, 1773~1777*(Lexington, Ky., 1966); Larry R. Gerlach, *Prologue to Independence : New Jersey in the Coming of the American Revolution*(New Brunswick, N.J., 1976); Richard M. Jellison, ed., *Society, Freedom, and Conscience : The Coming of the Revolution in Virginia, Massachusetts, and New York*(New York, 1976).

Perry Miller의 "From the Covenant to the Revival" in *Nature's Nation*(Cambridge, Mass., 1967)이라는 논문은 종교와 혁명의 관계를 연구하는 귀중한 출발점이 된다. Alan Heimert, *Religion and the American Mind*(Cambridge, Mass., 1966)는 도발적이다. Edmund S. Morgan, *The Gentle Puritan : A Life of Ezra Stiles, 1727~1795*(New Haven, Conn., 1962); Henry F. May, *The Enlightment in America*(New York, 1976); Ernest Lee Tuveson, *Redeemer Nation : The Idea of America's Millennial Role*(Chicago, 1968); James West Davidson, *The Logic of Millennial Thought : Eighteenth-Century New England*(New Haven, Conn., 1977); Frederick V. Mills, Sr., *Bishops by Ballot : An Eighteenth-Century Ecclesiastical Revolution*(New York, 1978); Carl Bridenbaugh, *Mitre and Sceptre : Transatlantic Faiths, Ideas, Personalities and Politics, 1689~1775*(New York, 1962); Philp Greven, *The Protestant Temperament*(New York, 1977).

혁명의 도래를 이해하는 데 도움을 주는 다른 자료들로는 다음과 같은 저서들이 있다. Carl Bridenbaugh, *Cities in Revolt : Urban Life in America, 1743~1776*(New York, 1955); Gary B. Nash, *The Urban Crucible : Social Change, Political Consciousness, and the Origins of the American Revolution*(Cambridge, Mass., 1979); Jack Greene, *The Quest for Power : The Lower Houses of Assembly in the Southern Royal Colonies, 1689~1776*(Chapel Hill, N.C., 1963); Charles S. Olton, *Artisans for Independence : Philadelphia Mechanics and the American Revolution*(Syracuse, N.Y., 1975); Alison Gilbert Olson, *Anglo-American*

Politics : *The Relationship between Parties in England and Colonial America*(Oxford, 1973); Roger J. Champagne, *Alexander McDougall and the American Revolution in New York*(Schenectady, N.Y., 1975); Aubrey C. Land, *The Dulanys of Maryland*(Baltimore, 1955) ; Pauline Maier, *From Resistance to Revolution : Colonial Radicals and the Development of American Opposition to Britain, 1765~1776*(New York, 1972); J. R. Pole, *Representation in England and the Origins of the American Republic*(London, 1966); Michael Kammen, *A Rope of Sand : The Colonial Agents, British Politics, and the American Revolution*(Ithaca, N.Y., 1968); David Ammerman, *In the Common Cause : American Response to the Coercive Acts of 1774*(Charlottesville, Va., 1974); Richard D. Brown, *Revolutionary Politics in Messachusetts : The Boston Committee of Correspondence and the Towns, 1772~1774*(Cambridge, Mass., 1970).

Douglas Southall Freeman, Christopher Ward, Piers Mackesy, John Richard Alden, William B. Willcox, Franklin B. and Mary Wickwire, Ira D. Gruber, John Shy 등의 훌륭한 저작들은 영국과 아메리카의 전쟁을 이해하는 데 필수적이다. Page Smith, *A New Age Now Begins : A People's History of the American Revolution*(2vols., New York, 1976)은 군사작전에 관한 훌륭한 설명을 제공한다. Mark M. Boatner Ⅲ, *Encyclopedia of the American Revolution*(Bicentennial ed., New York, 1976)은 전쟁에 관해 쓰여진 가장 유용한 저서다. Charles Royster, *A Revolutionary People at War : The Continental Army and American Character, 1775~1783*(Chapel Hill, N.C., 1979)은 전쟁의 장교와 병사들에 관해 사려 깊게 평가했다. 또한 다음 자료를 참조하라. Jonathan G. Rossie, *The Politics of Command in the American Revolution*(Syracuse, N.Y., 1975); Jonathan R. Dull, *The French Navy and American Independence : A Study of Arms and Diplomacy, 1774~1787*(Princeton, N.J., 1975); Don Higginbotham, *The War of American Independence : Military Attitudes, Policies, and Practice, 1763~1780*(New York, 1971); Eric Robson, *The American Revolution in Its Political and Military Aspects*(London, 1955); Theodore G. Thayer, *Nathanael Greene : Strategist of the American Revolution*(New York, 1960); M. F. Treacy, *Prelude to Yorktown, the Southern Campaigns of Nathanael Greene*(Chapel Hill, N.C., 1963).

위에 언급된 저서들은 영국의 군대와 군사 전략에 관해 많은 정보를 제공한다. 보급군 수에 대해서는 다음 두 책이 중요하다. R. Arthur Bowler, *Logistics and the Failure of the British Army in America, 1775~1783*(Princeton, N.J., 1975); Norman Baker, *Government and Contractors : The British Treasury and War Supplies, 1775~1783*(London, 1971). 아메리카에서의 영국군의 활동에 관한 다른 면에 대해서는 다음 자료를 참조하라. George A. Billias, ed.,

George Washington's Opponents(New York, 1969); J. E. D. Binney, *British Public Finance and Administration, 1774~1792*(Oxford, 1959); David Syrett, *Shipping and the American War, 1775~1783*(London, 1970). Paul H. Smith, *Loyalists and Redcoats : A Study in British Revolutionary Policy*(Chapel Hill, N.C., 1964)는 특별히 가치 있는 저서다.

혁명의 외교술에 대해서는 다음 자료들이 핵심 저서다. Samuel Flagg Bemis, *The Diplomacy of the American Revolution*(Washington, D.C., 1935, and Bloomington, Ind., 1957); Richard B. Morris, *The Peacemakers : The Great Powers and American Independence*(New York, 1965) ; Felix Gilbert, *To the Farewell Address : Ideas of Early American Foreign Policy*(Princeton, N.J., 1961); Lawrence S. Kaplan, ed., *The American Revolution and "A Candid World"*[(Kent, Ohio), 1977]에 있는 James H. Hutson and William C. Stinchcombe 의 논문들.

전쟁 중 또는 전쟁 직후의 사회, 아메리카의 경제, 정치 등은 서로 관련되어 있는 주제 들이다. Merrill Jensen의 여러 책들은 연구의 출발점을 제공하지만 조심스럽고 유보적인 마 음으로 읽어야 한다. *The Articles of Confederation*(Madison, Wis., 1940; paperback ed., 1959); *The New Nation : A History of the United States during the Confederation, 1781~1789*(New York, 1950); *The American Revolution within America*(New York, 1974). John Fiske가 1780 년대를 명명한 용어인 "위기의 시대"를 논한 Jensen의 저작을 읽은 독자들은 다음 자료도 도 움이 된다고 생각할 것이다. Edmund S. Morgan' "Conflict and Consensus". chapter 6 in *The Challenge of the American Revolution*(New York, 1976). Jackson Turner Main도 내부 혁명을 다룬 여러 권의 귀중한 저작을 써냈다. *The Antifederalist : Critics of the Constitution, 1781~1788*(Chapel Hill, N.C., 1961); *The Social Structure of Revolutionary America*(Princeton, N.J., 1965); *Political Parties before the Constitution*(Chapel Hill, N.C., 1973). Jack N. Rakove, *The Beginnings of National Policies : An Interpretive History of the Continental Congress*(New York, 1979) 또한 가치 있다.

혁명 중의 여성들을 사려 깊게 평가한 책들로는 다음 자료를 참조하라. Mary Beth Norton, *Liberty's Daughters : The Revolutionary Experience of American Women, 1750~1800*(Boston and Toronto, 1980); Linda K. Kerber, *Women of the Republic : Intellect Ideology in Revolutionary America*(Chapel Hill, N.C., 1980). 인디언에 관해서는 다음 자료를 참 조하라. Barbara Graymont, *The Iroquois in the American Revolution*(Syracuse, N.Y., 1972); James H. O'Donnell III, *Southern Indians in the American Revolution*(Knoxvill, Tenn., 1973). 흑인에 관해서는 다음 자료를 참조하라. Winthrop D. Jordan, *White Over Black : American Attitudes Toward the Negro, 1550~1812*(Chapel Hill, N.C., 1968); Edmund S. Morgan,

American Slavery, American Freedom : The Ordeal of Colonial Virginia(New York, 1975);
Benjamin Quarles, *The Negro in the American Revolution*(Chapel Hill, N.C., 1961); William M.
Wiecek, *The Sources of Antislavery Constitutionalism in America, 1760~1848*(Ithaca, N.Y.,
1977); Duncan J. Macleod, *Slavery, Race and the American Revolution*(Cambridge and New
York, 1974).

　　법률에 관한 질문은 혁명이 전개되는 모든 과정에 개입되어 있다. James H. Kettner, *The
Development of American Citizenship, 1608~1870*(Chapel Hill, N.C., 1978)은 훌륭한 연구서
이다. 또한 다음 자료를 참조하라. Morton J. Horwitz, *The Transformation of American Law,
1780~1860*(Cambridge, Mass., 1977); John Philip Reid, *In a Defiant Stance*(University Park,
Pa., 1977); John Philip Reid, *In Defiance of the Law*(Chapel Hill, N.C., 1981).

　　1780년대의 국제론에 대해서는 다음 자료를 참조하라. Forrest McDonald, *We The
People : The Economic Origins of the Constitution*(Chicago, 1958). 다른 관점을 제시하는
자료는 다음과 같다. E. James Ferguson, *The Power of the Purse : A History of American
Public Finance, 1776~1790*(Chapel Hill, N.C., 1961); Gordon S. Wood, *The Creation of the
American Republic, 1776~1787*(Chapel Hill, N.C., 1969).《연방주의자 논집》을 대체할 자료
는 없다. 그러나 국제론을 연구하는 학자에게는 Douglass Adair, in Trevor Colbourne, ed.,
Fame and the Founding Fathers(New York, 1974) 속의 논문들이 도움이 된다. Garry Wills,
Explaining America : The Federalist(New York, 1981)는 고무적이고 통찰력이 있다.

참고문헌에 관한 노트 1982~2004년

이 책이 1982년에 출간된 이래 혁명의 모든 과정에 대한 다수의 새로운 저서들과 논문들이 마치 홍수가 난 것처럼 쏟아져 나왔다. 다음에 제시하는 자료들은 필연적으로 불완전할 수밖에 없다. 이 노트는 혁명 시대의 전사(全史)를 다룬 저서들에서 시작해, 혁명의 시기적 단계를 추적하고, 그 과정에서 중요한 문제와 주제들에 대해 특별히 신경을 썼다. 나는 여기저기에서 초판에 반드시 포함시켜야 했으나 그렇게 하지 못한 책들을 언급했다. 그런 분야의 책들은 너무 많아서 일일이 다 거명하지 못하는 것이 유감이다.

일반적인 연구와 논문 : Edmund S. Morgan, *Inventing the People : The Rise of Popular Sovereignty in England and America*(New York, 1988)는 혁명의 역사에서 1차적 중요성을 가진 주제에 관해 많은 통찰과 독창적 시각을 제시한다. *To Begin The World Anew : The Genius and Ambiguities of the American Founders*(New York, 2003)에 들어 있는 Bernard Bailyn 의 멋진 논문들은 좀 더 범위가 넓은 주제를 다룬다. Bailyn, *Faces of Revolution : Personalities and Themes in the Struggle for American Independence*(New York, 1990)도 마찬가지로 도발적이다. 혁명 운동이 일으킨 변화들의 '급진적' 측면을 신선한 시각으로 바라본 책은 Gordon Wood, *The Radicalism of the American Revolution*(New York, 1992)이다. 이 책은 Wood

의 *Creation of the American Republic*과 함께 읽어야 한다. (앞의 '참고문헌에 관한 노트' 참조). Theodore Draper, *A Struggle for Power : The American Revolution*(New York, 1996)은 가치가 있다. John Ferling, *Setting the World Ablaze : Washington, Adams, Jefferson and the American Revolution*(New York, 2000).

18세기 혁명의 포괄적 비교 검토를 위해서는 다음 자료를 참조하라. R. R. Palmer, *The Age of Democratic Revolution : A Political History of Europe and America, 1760~1800*(2vols., Princeton, N.J., 1959, 1964). Ronald Hoffman and Peter J. Albert가 편집한 시리즈인 *Perspectives on the American Revolution*(Charlottesville, Va., 1981~)은 외교, 노예제, 군대의 역사, 남부의 오지, 평화의 조성, 여자, 경제, 종교와 입헌주의 등 각각의 주제를 다루지만 함께 살펴보면 혁명의 문제들을 폭넓게 관찰한다. Jack P. Greene, *Interpreting Early America : Historiographical Essays*(Charlottesvill, Va., 1996)는 영국의 식민지와 혁명에 관한 역사 문헌의 문제에 집중하지만 그런 사건들 자체에 대해서도 중대한 논의를 포함하고 있다. 그 외에 가치 있는 논문들로는 다음 자료를 참조하라. P. J. Marshall, *The Oxford History of the British Empire : The Eighteenth Century*(Oxford, 1998); Jack P. Greene and J. R. Pole, *The Blackwell Encyclopedia of the American Revolution* (Oxford, 1991).

영국측 배경 : Paul Langford의 다음 두 책은 정치와 사회에 대하여 많은 것을 알려준다. *A Polite and Commercial People : England, 1727~1783*(Oxford, 1989); *Public Life and the Propertied Englishman, 1689~1798*(oxford, 1994). 재무 - 군사 상태에 대해서는 다음 자료가 큰 도움을 준다. John Brewer, *The Sinews of Power : War, Money and the English State, 1688~1783*(Cambridge, Mass., 1990) 영국의 상인과 대서양 공동체에 대한 신선하면서도 예리한 설명은 다음 자료를 참조하라. David Hancock, *Citizens of the World : London Merchants and the Integration of the British Atlantic Community, 1735~1785*(Cambridge, 1995). 위에서 인용한 P. J. Marshall의 제국 관련 책자도 영국에 관해 많은 정보를 포함하고 있다. 또한 다음 자료를 참조하라. Elijah H. Gould, *The Persistence of Empire : British Political Culture in the Age of the American Revolution*(Chapel Hill, N.C., 2000); Kathleen Wilson, *The Sense of the People : Politics, Culture, and Imperialism in England, 1715~1785*(Cambridge, 1985). Linda Colley, *Britons : Forging the Nation, 1707~1837*(New Haven, Conn., 1992)은 영국의 국가적 정체성을 다룬 소중한 연구서다. John Brewer, *The Pleasures of the Imagination : English Culture in the Eighteenth Century*(Chicago, Ill., 1997)는 문화의 여러 측면들을 폭넓게 다룬다. 영국 지도자들을 다룬 최근의 전기로는 다음의 것이 뛰어나다. Philp Lawson, *George*

Grenville : A Political Life(Oxford, 1984); N. A. M. Rodger, *The Insatiable Earl : A Life of John Montagu 4th Earl of Sandwich*(London, 1993); Peter D. C. Thomas, *John Wilkes : A Friend to Liberty*(Oxford, 1996).

혁명적 운동 1763~1776년 : 이것은 많이 연구된 주제다. 이 시기의 여러 측면을 다룬 유익한 연구서로는 다음과 같은 것들이 있다. John L. Bullion, *A Great and Necessary Measure : George Grenville and the Genesis of the Stamp Act, 1763~1765*(Columbia, Mo., 1982); Peter D. G. Thomas, *The Townshend Duties Crisis : The Second Phase of the American Revolution, 1767~1773*(Oxford, 1987); Peter D. G. Thomas, *Tea Party to Independence : The Third Phase of the American Revolution, 1773~1776*(Oxford, 1991); Malcolm Freiberg, *Prelude to Purgatory : Thomas Hutchinson in Provincial Massachusetts Politics, 1760~1770*(New York, 1990); Edward Countryman, *A People in Revolution : The Revolution and Political Society in New York, 1760~1790*(Baltimore, Md., 1981); John E. Selby, *The Revolution in Virginia, 1775~1783*(Willamsburg, Va., 1988); Ann Fairfax Withington, *Toward a More Perfect Union : Virtue and the Formation of American Republics*(Oxford, 1991); Paul A. Gilje, *The Road to Mobocracy : Popular Disorder in New York City, 1763~1834*(Chapel Hill, N.C., 1987); Richard L. Bushman, *King and People in Provincial Massachusetts*(Chapel Hill, N.C., 1985); William Pencak, *War and Politics in Provincial Massachusetts*(Boston, 1981); David Hackett Fischer, *Paul Revere's Ride*(Oxford, 1994); Pauline Maier, *American Scripture : Making the Declaration of Independence*(New York, 1997). 이 책은 다음 책들과 함께 읽어야 한다. Carl Becker, *Declaration of Independence*(1922); Jerrilyn Greene Marston, *King and Congress : The Transfer of Political Legitimacy, 1774~1776*(Princeton, N.J., 1987).

혁명을 지지하는 영국인들에 대해서는 다음 자료를 참조하라. John Sainsbury, *Disaffected Patriots : London Supporters of Revolu-tionary America, 1769~1782*(Kingston and Montreal, Canada, 1987). 더 폭넓은 연구로는 James Bradley, *Popular Politics and the Ameri-can Revolution in England : Petitions, the Crown and Public Opi-nion* (Macon, Ga., 1986)을 참조하라.

혁명가들의 전기 : 혁명 지도자들을 연구한 책은 많은데 그중에서도 다음과 같은 것들이 있다. Edmund S. Morgan, *Benjamin Franklin*(New Haven, Conn., 2002)은 훌륭한 연구서다. H. W. Brands, *The First American : The Life and Times of Benjamin Franklin*(New York, 2000); Walter Isaacson, *Benjamin Franklin : An American Life*(New York, 2003);

Robert Middlekauff, *Benjamin Franklin and His Enemies*(Berkeley, Calif., 1996); Garry Wills, *Cincinnatus : George Washington and the Enlightenment*(Garden City, N.Y., 1984); Paul Longmore, *The Invention of George Washington*(Berkeley, Calif., 1984); Richard Brookhiser, *Founding Father : Rediscovering George Washington*(New York, 1996); Don Higginbotham, ed., *George Washington Reconsidered*(Charlottesvill, Va., 2001)는 여러 역사 가의 논문을 모은 것이다. John Ferling의 다음 두 책은 아주 뛰어나다. *The First of Men : A Life of George Washington*(Knoxville, Tenn., 1988)과 *Setting the World Ablaze : Washington, Adams, Jefferson, and the American Revolution*(New York, 2000). John Adams는 바로 위의 책에 잘 다루어져 있다. Ferling은 John Adams에 대해 다음과 같은 독자적 저서도 냈다. *John Adams : A Life*(Knoxville, Tenn., 1992). 또한 다음 자료를 참조하라. David McCullough, *John Adams*(New York, 2001)는 스케일이 크고 아름답게 쓰여진 책이다. Joseph Ellis, *Passionate Sage : The Character and Legacy of John Adams*(New York, 1993)는 훌륭한 소책자다. Ellis, *Founding Brothers*(New York, 2001)와 *American Sphinx : The Character of Thomas Jefferson*(New York, 1997)은 자극적이기는 하지만 미흡한 연구서다. Jefferson에 대한 연구 서는 많지만 그중에서도 다음 자료가 뛰어나다. Herbert E. Sloan, *Principle and Interest : Thomas Jefferson and the Problem of Debt*(New York, 1995); Peter S. Onuf, *Jefferson's Empire : The Language of American Nationhood*(Charlottesville, Va., 2000)는 귀중한 논문 모 음집이다.

지명도가 떨어지는 지도자들에 대한 책으로는 다음 자료를 참조하라. John Keane, *Tom Paine : A Political Life*(Boston, 1995); Milton Flower, *John Dickinson : Conservative Revolutionary*(Charlottesville, Va., 1983); Keith Krawezynski, *William Henry Drayton : South Carolina Revolutionary Patriot*(Baton Rouge, La., 2001); Stanley E. Godbold and Robert H. Woody, *Christopher Gadsden and the American Revolution*(Knoxville, Tenn., 1983). Ronald Hoffman, *Princes of Ireland, Planters of Maryland : A Carroll Saga, 1500~1782*(Chapel Hill, N.C., 2000)는 내용이 풍부하고 통찰력 넘치는 연구서다.

전쟁 : Piers Mackesey(1964), Don Higginbotham(1971), Russell Weigley(1977) 의 연구서가 나온 이래 1982년부터 개괄적인 연구서는 나오지 않았다. 그렇지만 1급 의 연구서들은 많이 있는데 다음과 같다. Jeremy Black, *War for America : The Fight for Independence, 1776~1783*(New York, 1991); Stephen Conway, *The War of American Independence*(London, 1995); John Buchanan, *The Road to Guilford Courthouse : The American Revolution in the Carolinas*(New York, 1997); Walter Edgar, *Partisans and*

Redcoats : The Southern Conflict that Turned the Tide of the American Revolution(New York, 2001); John Resch, *Suffering Soldiers*(Amherst, Mass., 1999); Stephen Brumwell, *Redcoats : The British Soldier and War in the Americas, 1755~1763*(Cambridge, 2002)은 혁명 전의 영국 군인들의 사회사를 다룬 귀중한 연구서다. 또한 다음 자료를 참조하라. Charles P. Neimeyer, *America Goes to War : A Social History of the Continental Army*(New York, 1996). Neimeyer는 다음 자료와 함께 읽어야 한다. Sylvia R. Frey, *The British Soldier in America : A Social History of Military Life in the Revolutionary Period*(Austin, Tex., 1981); Lawrence Delbert Cress, *Citizens in Arms : The Army and Militia in American Society to the War of 1812*(Chapel Hill, N.C., 1982); Richard M. Ketchum, *Saratoga : Turning Point of America's Revolutionary War*(New York, 1997); Don Higginbotham, *George Washington and the American Military Tradition*(Athens, Ga., 1985); John R. Galvin, *The Minute Men : The First Fight : Myths and Realities of the American Revolution*(Washington, D.C., 2d revised ed., 1989). Caroline Cox, *A Proper Sense of Honor : Service and Sacrifice in George Washington's Army*(Chapel Hill, 2004) 등은 대륙군에 대한 우리의 사고방식을 크게 바꾸어놓을 것이다. David Hackett Fischer, *Washington's Crossing*(New York, 2004)은 훌륭한 연구서다.

미국의 사회

대규모 연구서들 : 사람들의 이민과 이동은 위기의 시절에 계속됐다. Bernard Bailyn의 다음 두 저서는 사회의 큰 윤곽을 명확하게 파악하는 데 도움을 준다. *The Peopling of British North America : An Introduction*(New York, 1985); *Voyagers to the West*(New York, 1986). Bernard Bailyn and Philp D. Morgan, *Strangers Within the Realm : Cultural Margins of the First British Empire*(Chapel Hill, N.C., 1991)는 혁명에 관련된 논문들을 모은 것이다. Jacqueline Barbara Carr, *After the Siege : A Social History of Boston, 1775~1800*(Boston, 2004)은 혁명 과, 한 주요 도시에서의 혁명의 여파를 다룬 훌륭한 연구서다. T. H. Breen, *The Marketplace of Revolution*(New York, 2004)은 아메리카 내의 소비활동을 독립과 연결시켜서 살펴본 저서다.

종교 : Patricia U. Bonomi, *Under the Cope of Heaven : Religion, Society, and Politics in Colonial America*(New York, 1986)는 종교와 혁명에 관해서 한 장만 할애하고 있지만 전 반적으로 이 주제를 이해하는 데 도움이 된다. Charles W. Akers, *Divine Politician : Samuel Cooper and the American Revolution in Boston*(Boston, 1982)은 한 보스턴 목사의 혁명 활 동을 다룬 멋진 연구서다. John K. Nelson, *A Blessed Company : Parishes, Parsons and Parishioners in Anglican Virginia, 1660~1776*(Chapel Hill, N.C., 2001)은 버지니아 정부

와 영국 국교의 권력을 다룬 수정주의적 저서다. 좀 더 폭넓은 연구서로는 다음 자료를 참조하라. Christine Leigh Heyrman, *Southern Cross : The Beginnings of the Bible Belt*(New York, 1997). 영국 국교주의와 제국주의적 정서에 대해서는 다음 자료를 참조하라. Peter M. Doll, *Revolution, Religion, and National Identify : Imperial Anglicanism in British North America, 1745~1795*(Madison, Wis., 2000). 혁명이 뉴잉글랜드의 가톨릭과 종교적 관용에 미친 영향에 대해서는 다음 자료를 참조하라. Charles P. Hanson, *Necessary Virtue : The Pragmatic Origins of Religious Liberty in New England*(Charlottesville, Va., 1998).

경제 : 연구의 출발점은 John J. McCusker and Russell R. Menard, *The Economy of British America, 1607~1789*(Chapel Hill, N.C., 1985)이다. Richard Buel, Jr., *In Irons : Britain's Naval Supremacy and the American Revolutionary Economy*(New Haven, Conn., 1998)는 전쟁과 경제를 다룬 최근 저서들 중 가장 중요한 것이다. 다음 저서도 중요하다. Thomas M. Doerflinger, *A Vigorous Spirit of Enterprise : Merchants and Economic Development in Revolutionary Philadelphia*(Chapel Hill, N.C., 1986). Ruth Wallis Herndon, *Unwelcome Americans : Living on the Margins in Early New England*(Philadelphia, Penn., 2001)는 1750~1800년의 가난한 사람들의 삶을 재구성했다. Bruce Mann은 다음 저서에서 법률과 대중의 태도를 다루었다. *Republic of Debtors : Bankruptcy in the Age of American Independence*(Cambridge, Mass., 2002). Ronald Hoffman et al., eds., *The Economy of Early America : The Revolutionary Period, 1763~1790*(Charlottesville, Va., 1988)은 귀중한 논문들을 모아놓은 것이다. John J. McCusker, *Rum and the American Revolution*(New York, 1989)은 이와 관련된 중요한 주제를 다룬다.

여성 : Ronald Hoffman and Peter J. Albert, eds., *Women in the Age of the American Revolution*(Charlottesville, Va., 1989)은 해당 분야의 석학들의 다양한 논문들을 한데 묶어 훌륭한 출발점을 제시한다. Joy Day Buel and Richard Buel Jr., *The Way of Duty : A Women and Her Family in Revolutionary America*(New York, 1984)는 정보가 많고 읽기에 재미있다. 또한 다음 자료도 참조하라. Lisa Norling, *Captain Ahab Had a Wife : New England Women and the Whalefishery, 1720~1870*(Chapel Hill, N.C., 2000).

노예제 : Philp D. Morgan, *Slave Counterpoint : Black Culture in the Eighteenth-Century Chesapeake and Low County*(Chapel Hill, N.C., 1998)와 Ira Berlin, *Many Thousands Gone : The First Two Centuries of Slavery in North America*(Cambridge, Mass., 1998)는 혁

명 시대 이상의 범위를 다루지만 혁명을 이해하는 데 큰 도움을 준다. 흑인의 저항에 대해서는 다음 자료를 참조하라. Sylvia R. Frey, *Water from the Rock : Black Resistance in a Revolutionary Age*(Princeton, N.J., 1991)는 완벽하면서도 통찰력 넘치는 책이다.

인디언 : Colin G. Galloway, *The American Revolution in Indian County : Crisis and Diversity in Native American Communities*(Cambridge, 1995)는 최근에 나온 자료들 중 출발점이 되는 저서다. 그 외의 훌륭한 저서로는 다음과 같은 것들이 있다. Richard White, *The Middle Ground : Indians, Empires, and Republics in the Great Lakes Region, 1650~1815*(Cambridge, 1991); James K. Merrell, *The Indian's New World : Catawbas and Their Neighbors from European Contact Through the Era of Removal*(Chapel Hill, N.C., 1989); Daniel K. Richter, *The Ordeal of the Longhouse : The Peoples of the Iroquois League in the Era of European Colonization*(Chapel Hill, N.C., 1992).

국왕파 : 국왕파에 관한 최근의 연구서들은 국왕파의 신념과 사상이 복잡함을 보여준다. 그중에서도 다음 저서들이 중요하다. Sheila L. Skemp, *William Franklin : Son of a Patriot, Servant of a King*(Oxford, 1990)과 Janice Potter, *The Liberty We See : Loyalist Idealogy in Colonial New York and Massachusetts*(Cambridge, Mass., 1983). 또한 다음 자료도 참조하라. Jack P. Greene, ed., *The American Revolution : Its Character and Limits*(New York, 1987)에 실려 있는 Robert Calhoon의 멋진 논문이 있다. Calhoon은 아메리카에서 달아나지 않은 불평불만자들이 사회 내로 재통합되는 과정을 날카롭게 논의하고 있다. 앞의 참고문헌 노트에 소개되지 않은 연구서들로는 다음과 같은 것들이 있다. Carol Berkin, *Jonathan Sewall : Odyssey of an American Loyalist*(New York, 1974); John E. Ferling, *The Loyalist Mind : Joseph Galloway and the American Revolution*(University Park, Penn., 1977); Ann T. Zimmer, *Jonathan Boucher : Loyalist in Exile*(Detroit, Mich., 1978). Bernard Bailyn(*Thomas Hutchinson*), Wallace Brown(*King's Friends*), Robert Calhoon(*Loyalists in Revolutionary America*), William K. Nelson(*American Tory*), Mary Beth Norton(*British Americans*) 등은 각주에 인용되어 있는데 아직도 기준을 제시하는 책들이다.

1787년의 헌법제정과 입헌주의 : 1780년대를 다룬 최근의 저서로, Richard B. Morris, *The Forging of the Union, 1781~1789*(New York, 1987)는 입헌주의 운동에 대해 포괄적인 개관을 제시한다. 헌법제정회의에 관해서는 다음 자료를 참조하라. Carol Berkin, *A Brilliant Solution : Inventing the American Constitution*(New York, 2000). 이 책은 대륙군

과 초창기 민족주의 운동의 상관관계를 다룬 독창적 저서다. E. Wayne Carp, *To Starve the Army at Pleasure : Continental Army Administration and American Political Culture, 1775~1783*(Chapel Hill, N.C., 1984)은 훌륭한 가치가 있다. Jack N. Rakove, *Original Meanings : Politics and Ideas in the Making of the Constitution*(New York, 1986)은 필독서다. Rakove, *James Madison* and *the Creation of the American Republic* (Glenview, Ill., 1990)은 훌륭한 소(小) 전기다. 포괄적인 설명을 원한다면 다음 자료를 참조하라. Lance Banning, *The Sacred Fire of Liberty : James Madison and the Founding of the Federal Republic*(Ithaca, N.Y., 1995). 다음 자료에는 헌법과 헌법제정에 관한 중요 논문들이 들어 있다. Richard Beeman, Stephen Botein, and Edward C. Carter, II, eds., *Beyond Confederation : Origins of the Constitution and American National Identity*(Chapel Hill, N.C., 1987). 이 논문집은 1987년에 나온 두 번째 논문집과 비교해봐야 한다. Leonard W. Levy and Dennis J. Mahoney, eds., *The Framing and Ratification of the Constitution*(New York, 1987). Levy와 두 학자는 헌법에 관해 훌륭한 (학문적) 참고자료를 편집했다. *Encyclopedia of the American Constitution*은 4권으로 된 큰 책인데 2권으로 묶여 나왔다(New York, 1986). 이 책은 식민지 시대부터 1985년까지 미국 입헌주의의 멋진 역사를 다룬다. 또 다른 가치 있는 포괄적 저서는 Jack P. Greene, *Peripheries and Center : Constitutional Development in the Extended Politics of the British Empire and the United States, 1607~1788*(Athens, Ga., 1986)이다. 또한 다음 자료도 참조하라. Forrest McDonald, *Novus Ordo Seclorum : The Intellectual Origins of the Constitution*(Lawrence, Kan., 1985) ; Donald Lutz, *The Origins of American Constitutionalism*(Baton Rouge, La., 1988) ; Morton White, *Philosophy, The Federalist and the Constitution*(New York, 1987). 비준과 그 직후의 시기를 다룬 최근의 두 연구서는 다음과 같다. Saul Cornell, *The Other Founders : Antifederalism and the Dissenting Tradition in America, 1788~1828*(Chapel Hill, N.C., 1999); David J. Siemers, *Ratifying the Republic : Antifederalists in Constitutional Time*(Stanford, Calif., 2002).

넓은 범위 : 이 참고문헌 노트에 언급된 책들 중 많은 책이 그들에 부여된 소제목보다 더 넓은 범위의 의미를 가지고 있다. 또 많은 다른 책이 미국 혁명과 직접적인 관련은 없으나 미국 혁명과 중요한 연결 관계를 가지고 있다. 여기서는 그런 책들을 다음과 같이 소수만 제시해보았다. Ralph Lerner, *Revolutions Revisited : Two Faces of the Politics of the Enlightenment*(Chapel Hill, N.C., 1994); Ruth Bloch, *Visionary Republic : Millennial Themes in American Thought, 1756~1800*(Cambridge, Mass., 1985); David Brion Davis, *Revolutions : Reflections on American Equality and Foreign Liberations*(Cambridge, Mass., 1990).

찾아보기

460

사진 제공

1장

프랑스 과학 한림원 ⒸBenh LIEU SONG

프랑스 베르사유 궁전 ⒸKimberly Vardeman

호턴 홀 저택 ⒸKimberly Vardeman

잉글랜드 은행 ⒸEluveitie

2장

청교도 집회소 올드십 교회 ⒸMichael Carter

로드아일랜드 특허장 ⒸNorth Wind Picture Archives/Alamy Stock Photo

18세기 초 조지아 식민지 ⒸAbbus Archive Images/Alamy Stock Photo

뉴욕 인근 허드슨강 ⒸMatthias Manske

대각성 운동의 설교 장면 ⒸBolton Library & Museum Services, Bolton Council

3장

오하이오강 주변의 평원 ⒸAparkswv

뷰트 총리를 공격하는 군중 ⒸHistorical Images Archive /Alamy Stock Photo

4장

1765년 보스턴 폭동 ⓒNorth Wind Picture Archives /Alamy Stock Photo

5장

인지세법에 저항하는 '자유의 아들들' ⓒThe Granger Collection /Alamy Stock Photo

7장

톤젠드 법 포스터 ⓒAF Fotografie /Alamy Stock Photo

8장

하버드 대학교 매사추세츠 홀 ⓒDaderot

자유의 아들들 그릇 ⓒBostonHistoryGuy

9장

자유의 기둥을 세우는 아메리카인들 ⓒLibrary of Congress, Prints & Photographs Division, [LC-DIG-pga-02159]

보스턴 학살이 실제 일어났던 보스턴 의사당 앞 ⓒMat_cross

미국인 이야기 1

2022년 1월 14일 초판 1쇄 찍음
2022년 1월 21일 초판 1쇄 펴냄

지은이 로버트 미들코프
옮긴이 이종인

단행본 총괄 차윤석
편집 석현혜 장윤혁
마케팅 김세라 박동명 정하연 이유진
제작 나연희 주광근
표지 디자인 황일선
본문 디자인 디자인서가
지도 이승정
사진 북앤포토
인쇄 영신사

펴낸이 윤철호
펴낸곳 ㈜사회평론
등록번호 10-876호(1993년 10월 6일)
전화 02-326-1182(마케팅), 02-326-1543(편집)
주소 서울시 마포구 월드컵북로6길 56 사평빌딩
이메일 editor@sapyoung.com

ISBN 979-11-6273-201-4 03940

미국인 이야기 시리즈